Knaur.

Knaur.

www.annewest.de

Weitere Bücher von Anne West im Knaur Taschenbuch Verlag:
Erste Hilfe für Verliebte
Warum Männer so schnell kommen und Frauen nur so tun als ob
Gute Mädchen tun's im Bett – böse überall
Sag Luder zu mir
Schmutzige Geschichten
Kamasutra ohne Leistenbruch (Co-Autorin)

Über die Autorin:
Anne West lebt als freie Autorin in Hamburg. Nach ihrem Debüt als jüngste Redakteurin bei *Penthouse* arbeitete die »Freizeit-Sexual-Anthropologin« als freie Journalistin, unter anderem für die Zeitschriftenverlage Axel Springer, Bauer und Burda.

Anne West

Der Venus-Effekt

Spielregeln für Liebe, Sex
und andere lustvolle Kleinigkeiten

Knaur Taschenbuch Verlag

Besuchen Sie uns im Internet:
www.knaur.de

Originalausgabe Juli 2006

Ein Unternehmen der Droemerschen Verlagsanstalt
Th. Knaur Nachf. GmbH & Co. KG, München

Redaktion: Marko Jacob
Umschlaggestaltung: ZERO Werbeagentur, München
Umschlagabbildung: Getty Images, München
Satz: Adobe InDesign im Verlag
Druck und Bindung: Clausen & Bosse, Leck
Printed in Germany
ISBN-13: 978-3-426-77900-2
ISBN-10: 3-426-77900-5

2 4 5 3 1

Inhalt

»Ja, Frauen wollen mit Männern schlafen, mit ihnen leben, mit einem oder so vielen wie möglich. Sie wollen sich gut damit fühlen, gut aussehen, Geld verdienen oder sich von Männern beschenken lassen. Sie wollen Orgasmen und Romantik, sie wollen scharfe Klamotten und verführen, sie wollen ihre Ruhe und nicht den Bauch einziehen, sie wollen Leben, Leben, Leben und kein Instrument abstruser Politik sein. Sie wollen ganz und gar Frau sein und sich nicht einreden lassen, das reinere, feinere, unabhängige oder bessere Geschlecht zu sein, nur um dann letztlich dazustehen und nicht zu wissen, was wir bitte sehr mit diesen falschen Lorbeeren anfangen sollen. Helfen sie uns bei der Sehnsucht nach Liebe? Treiben sie uns den Appetit auf Sex mit dem Gelegenheitslover aus? Scheuchen sie unsere Hoffnungen wie eine Schar Krähen auf? Schluss mit Mythen und Klischees, wir masturbieren und lügen und hören nicht zu, wir parken großartig ein, laufen tagelang in Hosen mit elastischem Bund herum, bevor wir uns wieder aufrüschen, sind nicht treuer als Männer und schon gar nicht lustloser; wir wollen Chefs sein, haben aber auch Spaß daran, die Arbeit zu vermeiden, aber vor allem wollen wir uns nicht länger dafür entschuldigen, dass wir auf Männer stehen. So, und jetzt reicht es mit Aschenbrödelei und Lara-Croft-Getue, lasst uns endlich wieder Frauen sein.«

(Tagebuch-Eintrag vom 30. August 2005)

Vorwort

Einmal sollte man nur so zur Probe leben dürfen;
und dann noch einmal richtig.
Alexander Roda Roda, alias Sandór Friedrich Rosenfeld
(1872–1945, österreichischer Schriftsteller)

Mit acht Jahren begann das Spiel: Was werde ich sein, wenn das Jahr 2000 da ist? Ich rechnete hoch, schätzte, dass ich dann also 27 sein würde, demnach uralt und fürchterlich erwachsen, verheiratet, mit zwei Kindern und einem weiß gekalkten Haus am Meer mit Rosenstöcken (rosa, war ja klar) an der Eingangstür. Dazu eine Hausperle, eine Mischung aus gütiger Oma und resolutem Moralbesen, die mir die lästige Hausarbeit abnahm, und zwei schnieke Autos in der breiten Auffahrt, bar bezahlt.

Den Mann auf dem Zukunfts-Schnappschuss stellte ich mir nicht genauer vor, er wogte wie ein diffuses Bild von Großstadtlichtern im Nebel der Hoffnungen hin und her, verblieb aber sonst in der Dunkelheit meiner Vorstellungskraft wie das Land neben der Autobahn in tiefer Nacht. Der würde sich schon finden, wie sich alles findet – Mama hatte schließlich auch einen Kerl –, das ist also eine natürliche und damit beschlossene Sache. Es war schön mit ihm, er war nicht das wichtigste, aber es war für sie natürlich, ihn zu wollen. Er war eben da, in ihrem Leben, aber nicht ihr Mittelpunkt; diese Einstellung übertrug sich auf ihre Töchter.

Einen Mann nicht zu brauchen, erschien mir logisch – aber einen zu wollen als selbstbestimmte Konsequenz. Einen Mann wahrzunehmen, wie er ist, war natürlich; ihn kritisch zu sehen, habe ich erst von anderen Frauen »gelernt«. Von Frauen, die Männer verachteten, fürchteten, bekämpften. Und sich doch nach einem sehnten.

Insgeheim wollte ich schon da nicht nur einen Mann, sondern viele.

Inzwischen bin ich 32, lebe in einem innerstädtischen Altbau, keine Kinder, dafür zwei Autos, die ihre besten Tage bereits hinter sich haben, die einzige lebende Pflanze ist ein halbmeterhoher Basilikumbusch, und was ich vom Leben sonst noch will, ist ein Motorradführerschein, inbrünstige Liebesgefühle und die Sicherheit, das Leben ausgekostet zu haben. Ob mit einem Mann oder vielen, wird sich zeigen.

Heiratsanträge habe ich viele bekommen: manchmal noch, während der Kerl gerade in mir steckte, einen in der Garderobe eines österreichischen Fernsehsenders, und besonders amüsant fand ich jene von verheirateten Männern. So schön geübt.
Doch vor den Anträgen stand meist eins: Männer wichen aus und zurück. Sobald eine Art Verbindlichkeit am Horizont des koitalen Vergnügens auftauchte, gingen sie in Deckung. Das ging nicht nur mir so, auch andere Frauen fragten sich: Was ist los mit den Kerlen? Sie laufen schneller weg, als man ihnen die Vorwahl aufgeschrieben hat! Eine Verabredung zum Kino zu bekommen ist heute schwieriger als einen grußlosen One-Night-Stand. Sind die Herren beziehungsunfähig oder schlicht beziehungsunlustig? Und: Liegt es wirklich an den Männern, weil wir Frauen ja ach so gut sind und uns ständig richtig verhalten? Oder reagieren Männer nur auf das, was Frauen ihnen entgegenbringen – nämlich allzu oft hysterische Manipulationsversuche, erotische Höchstanforderungen, Verachtung und damit einfach zu viele Widersprüche? Eben war er noch der Held, in den sie alles hineinträumte; jetzt beklagt sie sich, dass er ein eigenes Leben hat und nicht willens ist, es nach ihrem auszurichten? Selbständig soll er sein, aber nicht zu sehr; ein Macho, aber nicht zu mir, stark, aber nicht dominant, beschützend, aber nicht einengend, einfühlsam, aber kein Weichei, verständnisvoll, aber nicht ständig Verständnis für sich einfordernd, mit mir tanzen soll er, aber nicht mit meiner Freundin, sich pflegen, aber nicht eitel sein ... wir Frauen wollen alles – und oft ist das zuviel. Denn Männer

sind nun einmal so, wie sie sind, da können wir noch Jahrhunderte drauf verschwenden, sie umzumodeln, es wird nicht klappen. Sie werden sich auf einsame Inseln zurückziehen und nur jene Frauen drauflassen, die es draufhaben: sie so zu lassen, wie sie sind. Und sich zur Abwechslung auch in die Beziehung einbringen, anstatt nur zu fordern.

Weil nichts schöner ist, als so zu sein, wie man ist, und das gute Gefühl zu haben, dass beide etwas füreinander tun wollen. Beide. BEIDE! Um sich dann nicht ständig ungenügend vorzukommen.

Ich arbeite für Frauenzeitschriften, lese viel und zähle hochpolitische Frauen zu meinen Freundinnen. Je älter wir werden und je mehr in der Medienwelt über Mannsein und Frausein schwadroniert und künstlich psychologisiert wird, desto mehr rückte auch für mich persönlich die Frage nach dem »Frausein« ins Interesse und in unsere Gespräche. Vor allem, weil mich, weil uns, Frauen zwischen 25 und 65, Klischees aufregen. Klischees, die behaupten, Frauen seien ja eben doch sanfter, lustloser, treuer als Männer; aber auch Vorurteile wie: Frauen brauchen keine Männer, oder: Frauen von heute nehmen sich, was sie wollen. Das sind alles Sätze, die in uns herumschwirren, obgleich sie es doch nur deshalb gibt, weil auf einer Doppelseite in Magazinen nicht mehr Platz ist: Phrasen, Parolen, Panikmache.

Begucke ich mir Frausein heute, im 21. Jahrhundert, so haben sich die Frauentypen in ihren Extremen verwässert. Es gibt sie zwar immer noch, die Toskana-Menstruations-Leinenhosen-Fraktion, die eine Geburt nur unter Schmerzen als richtige Geburt ansehen; ebenso die geborenen Reihenendhaus-Mütter mit perfektem Kartoffelsalat zum Klassentreffen, die sich ohne Mann und Familie hilflos fühlen würden – aber dazwischen gibt es massenhaft unsichere Frauen, die zwischen dem Extrem »allein, emanzipiert, sei gefälligst glücklich darüber« und der Sehnsucht von »nur mit Kerl bin ich was« interpolieren. Sie sind vernünftig genug, um zu wissen, dass nicht erst der Ehering sie zu einem vollwertigen Menschen macht, aber sie wollen auch nicht belächelt werden für ihre Sehnsucht, geliebt zu werden. Sie sind gebildet in Sachen Beziehungsführung, sehen den Feminismus in seiner Härte kritisch, aber schreien nach dem neuen Mann, der ihnen bitte passen soll. Es soll immer nur der Mann sein, der sich ändern muss, flexibel wie Quecksilber. Mann hat aber keine Lust auf Frauen, die nicht wissen, was und wen sie wollen, die alle Männer in einen Sack stecken, die tricksen, manipulieren, erziehen, locken, verführen, die fordern – ohne zu geben! Männer lieben Frauen, nach wie vor, sie wollen und können auf Dauer nicht ohne Frauen, doch sie haben Angst, als Mensch zweiter Klasse gesehen zu werden, selbst wenn sie aus Versehen ein »Traumtyp« sind. Das Wörtchen »nur« bei der Beschreibung »Er ist doch nur ein Mann« ist so abwertend, dass Männer sich abwenden und flüchten.

Doch wir Frauen bekennen uns nach und nach wieder dazu, Männer zu mögen, aber wissen nicht, wie wir an sie herankommen sollen. Wir fordern wieder richtige Männer und dass die Männer sich ändern sollen.

Aber vielleicht sollten Frauen erst einmal ihren Ton ändern? Diesen klagenden Tonfall, der Männer per se als schuldig abstempelt: Ein Mann ist schuldig, wenn er einer Frau die Tür aufhält (»Hältst du mich für behindert oder was?«), aber auch wenn er es nicht tut (»Hast wohl keinen Respekt vor mir, wie?«) – ein Mann ist schuldig, weil er ein Mann ist.

Frauen haben Angst, die Emanzipation aufzugeben und sich dem Schicksal Reihenendhaus zu ergeben, wenn sie ihre Sehnsüchte offenbaren, und haben verlernt, ihren Instinkten zu trauen. Stattdessen psychologisieren sie herum oder folgen den Tips aus diversen Blättern und Styling-Shows. Sie möchten sich gern wieder von Männern zum Essen einladen lassen, sich erobern lassen, aber fürchten den Vorwurf, damit so was von gestern zu sein, so

was von ... konservativ, traditionell, mittelalterlich, vor-revolutionär! Verrat!
Ach, Frauen, als ob man sich gleich aufgeben müsste, der Liebe wegen!

Ja, ich weiß, es ist nicht einfach, vielleicht geht es Ihnen auch wie mir: Ich ringe, trotz meines Willens, mich nicht von Modediktaten unterwerfen zu lassen, manchmal mit meinem Anblick im Spiegel, kneife hier und dort hinein, untersuche meinen Hintern auf Präsenz und Knackigkeit. Dann schüttele ich wieder den Kopf über mich und weiß doch zu genau, dass das Glück im Leben, mein Menschsein, nicht von meiner Kleidergröße abhängt.
Und so ist es auch mit anderen Regeln des Menschseins: Vom Kopf her weiß ich, dass ich den Verlockungen von Werbung, Frauenzeitschriften, Parfümherstellern nicht zu trauen brauche; aber dann meldet sich von anderer Stelle etwas in mir, will die romantische Illusion von einem schönen Körper, schönen Dingen, die das Leben einfacher machen sollen, glauben und sich ergeben. Und das alles nur, weil ich auf der Suche bin, Sehnsucht habe nach dem Ankommen, zu Hause sein, sich niederlassen. All die bescheuerten Wegweiser am Rande helfen nun aber mal gar nicht dabei. Sie verstellen uns den Blick.

Manchmal erscheint mir das Leben wie eine Aneinanderreihung von Versuchen, dann wieder wie ein Ozean der Möglichkeiten. Bedauerlich, nur einige Tropfen davon kosten zu können! Manchmal will ich nur meine Ruhe, allein sein, dann wieder frage ich mich, ob es je ein Mann mit mir länger als 48 Stunden ertragen will.
Manchmal sehe ich zurück auf all diese Beziehungen, jedesmal sagte ich »Ich liebe dich« und meinte es so, und keiner blieb, oft genug ging ich. Manchmal habe ich das Gefühl, ich bin keine Frau für einen Mann, weil einer allein es für mich auch nicht wäre; dann ist das Ziehen und Zerren so stark, der Wunsch nach

einem Mann, dessen Gesicht ich sehen will, bevor ich sterbe, dass ich mich fast schäme, es zuzugeben, bei all dem emanzipatorischen Gefasel da draußen. Die Vernunft weiß, dass nichts für ewig hält, das Gefühl hofft auf das Glück, und eine dritte Stimme sagt sorgenvoll: Immer derselbe bis zum Schluss?! Hast du dir das gut überlegt?

Warum ich Ihnen das erzähle? Vielleicht, weil Sie ähnlich ticken. Weil Sie klug genug sind zu durchschauen, dass weder Magazine noch Ratgeber oder gar Politik uns das Leben vorleben, sondern oft genug nur Träume darstellen. Weil Sie dünn sein wollen, obwohl Sie genau wissen, dass ein flacher Bauch kein Glück garantiert. Weil Sie politisch sind und für die Gleichberechtigung aller Frauen auf der Welt sind, sich aber verwundert fragen, warum es ein feministisches Ziel sein soll, Männern überlegen zu sein. Vielleicht, weil Sie ohne Mann sind oder nur halbherzig mit einem zusammen, oder weil Sie alles wollen, aber nicht wissen, wie Sie es kriegen können. Vielleicht, weil Sie Ihren Beruf lieben, aber eine innere Unruhe verspüren, weil Sie auch heiraten wollen, nur passt Ihnen das gerade nicht so recht in den Kram.

Vielleicht, weil Sie an sich die Dualitäten kennengelernt haben: Ich bin eine selbstbewusste, emanzipierte, arbeitende Frau, die eine Menge Autarkie besitzt und sie auch behalten will – aber die Sehnsucht nach einer Liebe ist genauso da, für die Sie das Leben ändern würden, einem Mann, für den Sie aufregende Dessous kaufen, dem Sie gefallen wollen.

Und vielleicht, weil Sie es wie ich satt haben, von den Verfechterinnen des antiquierten Hardliner-Feminismus vorgeworfen zu bekommen, sich nach einem Mann zu sehnen. Obwohl Sie doch studiert und so viel erreicht haben! (Ironie OFF). Falls Sie gerade sauer werden: Die Frauenbewegung war gut, notwendig, bewundernswert. Aber nicht alles an ihr ist so perfekt, dass wir Frauen von heute uns an sie klammern müssten wie an die letzte Würde. Der Feminismus ist verbesserungswürdig, er sollte zum Beispiel Männer in das Leben einer Frau integrieren.

Ganz entspannt könnten Sie und ich uns zwar auch zurücklehnen in das gemachte Bett der Gesellschaftsklischees, die sich seither aufgeschüttelt haben: Frauen sind das anständigere, chancenreichere, sensiblere, gesündere Geschlecht; Frauen gehört die Zukunft, Frauen dies, Frauen das, Frauen müssen nicht mehr kochen können, das wäre ja hausbacken, und die einzige Überraschung an Pasta Surprise ist, dass das Salz fehlt. Patati, patata.
Oder wir könnten in Panik ausbrechen: Nie gab es so viele Singles, Ausrufezeichen! Mit 30 ist man bereits Spätgebärende, mit oder ohne Mann! Klügere Frauen bleiben länger allein, Männer verweigern die Zeugung, Männer können sich nicht mehr binden, sondern betreiben fuck'n'ciao, Frauen ziehen Männer als Chefs vor und intrigieren ständig gegeneinander, Europa stirbt aus, und keine Liebe hält für ewig.
Ich entscheide mich für einen dritten Weg und verlange, dass der Feminismus neu definiert werden sollte.

Ich möchte die altbekannten, zu oft vorgetragenen Argumente einfach nicht mehr hören: Ich liege unten, also lasse ich mich beherrschen? Ich liebe einen Mann und möchte Exklusivität, weil es meinem inneren Sehnen entspricht, aber das ist nicht gut, weil ich dadurch eine Art kapitalistischen Polizeistaat will? Ach du je.
Ich stelle es in Frage, dass Sex, der zwischen zwei Menschen, die sich mögen, begehren, sogar lieben, auch nur im entferntesten etwas mit Politik zu tun hat. Kein Wunder, dass vielen Frauen der Spaß am Sex verging, wenn sie nicht mal mehr bequem unten liegen dürfen, weil sie dann gleich als Verräterin dastehen. Und nicht mal zugeben dürfen, wie geil es ist, gefickt zu werden.
Oben liegen, Pumps wegwerfen, fremder Leute sexuelle Freiheiten verwirklichen und dafür die eigene Illusion von Romantik und Ex-

klusivität aufgeben? Oh, nein, bitte nicht. Ich will mich nicht ausruhen auf diesen unreflektierten Forderungen unserer Vorgängerinnen, ich werde wütend bei all den eindimensionalen Sichtweisen, die mich in meinem Frausein einschränken. Ich habe keine Lust mehr, Binden zu tragen, um mein Frausein bei der Menstruation ganz und gar zu spüren, ich halte nichts davon, mit grauen Strähnen durchs Leben zu laufen, nur weil Männer damit sexy aussehen, und ich weigere mich, Intimwaschlotions zu verwenden oder mir einreden zu lassen, Frauen könnten nicht einparken! Und für den Fall, dass es noch in den Köpfen herumspukt: Nein, Frauen sind nicht weniger trieborientiert als Männer, wir mögen Sex (wenn er gut ist besonders). Und nein, wir sind nicht treuer, wir reden nur seltener über Fremdgänge.

Außerdem habe ich es satt, immer wieder zu lesen, was sich Frauen so angeblich alles wünschen: einen Macher, der sie beschützt, Kohle nach Hause bringt, groß und mit breiten Schultern. Ha! Wäre auch nur ein moderner Mann nicht so eine Mimose und würde den besseren Kontoauszug seiner Lebensgefährtin nicht gleich als Angriff auf seine Potenz werten, wären Frauen auch nicht so erpicht auf einen Großverdiener. Wir brauchen nicht den Versorger, wir benötigen dringend einen entspannten Kerl, der stolz ist auf sein erfolgreiches Weib, anstatt sich in die Hose zu machen, sie wäre ihm aufgrund ihres Geldes überlegen.

So, und mir reicht's auch mit den Neofeministinnen, die sich alles versagen, was sie in den Verdacht bringen könnte, einen Hauch altes Rollenmuster zu vertreten: nicht kochen zu können, das vielgelittene Beispiel, um bloß nicht als traditionell gelernte Spießerin zu gelten, die für das alte Rollenmuster Süppchen anrührt. Verdammt, ich kann gut kochen, es wird mich nicht beim Karrieremachen hindern! Frauen, die stolz darauf sind, es nicht zu können, und andere Frauen dafür verachten, dass sie es tun, würde ich gern fragen: Habt ihr solche Angst vor einem Mann? Ich bin's leid, dass Frauen anderen Frauen übelnehmen, wenn sie kurze Röcke und hohe Schuhe tragen, ich bin's leid, dass Frauen hochmütig über Männer lächeln, aber hintenrum fragen, wie sie ihn denn bekommen können; und ich wünschte, wir hätten den Herren nicht das In-den-Mantel-Helfen und Rechnungen-Bezahlen verboten, dann hätten wir jetzt nicht so viele ungeschickte, unhöfliche Männer, die einer Frau nicht mehr den ihr gebührenden Respekt erweisen.

Nein, Frauen wollen nicht gegen Männer leben, auch nicht ohne sie, sondern schlicht miteinander. Wer besser oder anders ist, darum geht es eigentlich nicht, auch wenn gerade solche Themen zur Zeit der Renner sind. Vor allem uns gegenseitig immer die Unterschiede unter die Nase zu reiben ist ja recht amüsant – doch im wesentlichen unterscheiden sich Frauen und Männer in ihren Fähigkeiten, Talenten, Macken und Handlungen exakt in zwei Dingen auffällig: in der Häufigkeit der Masturbation und in der Weite beim Kugelstoßen. Ansonsten sind wir uns, auf die Menge gesehen, ähnlicher, als veraltete Forschungen uns glauben machen wollen. Nein, Männer haben übrigens kein Untreue-Gen und können sehr wohl zuhören. Verblüffend, was Männer noch alles wissen, was man ihnen vor Monaten an den Kopf geworfen hat ...

Eine Frau muss auch nicht mehr heiraten, um sich als vollwertiger Mensch zu fühlen, aber ich mag es, einen Mann so verrückt zu machen, dass er fast auf die Idee kommt, mich zu fragen. Ich muss kein Baby bekommen, um mich als Frau zu bestätigen, aber ich schätze es, wenn ein Mann mit Kindern umgehen kann. Ich will nicht auf meinen Fuckable-Faktor reduziert werden, aber ich höre es gern, wenn mich ein Mann sexy nennt. Ich liebe es, mein Geld allein zu verdienen und nur für mich auszugeben, aber genauso schätze ich das männliche Geschenk: Opernkarten, Handtäschchen, Ohrringe, geklaute Blumen, Gedichtbände – her damit! Ich bin stark genug, mein Leben zu stemmen und für sämtliche Entscheidungen den Rücken gerade zu machen – und ich brauche es, mich an einer

männlichen Schulter anzulehnen, ihn machen zu lassen, was immer er denkt, was richtig ist.
Ich bin ein undankbares Weib, das mit all diesen Widersprüchlichkeiten den Sinn von Frauenbewegung und Feminismus über den Haufen wirft und bequem für sich auslegt: Ich will frei und stark sein, aber nicht allein sein, wenn ich schwach bin. Und ich will schwach sein dürfen.
Kennen Sie dieses Gefühl? Wenn ja, sind Sie im Venus-Effekt genau richtig. Denn ich möchte hier unsere ureigenste Weiblichkeit verteidigen und Sie auffordern, sie einzusetzen bei dem schönsten Lebensversuch, den es gibt: die Liebe zu finden. Eine, mehrere. Und sie zu pflegen und einzuladen, sich möglichst lange zwischen einem Paar niederzulassen und das Leben zu einer Zeit zu machen, auf die man am Ende des langen Tages zurücksieht und denkt: Ja. Ich habe ein geliebtes Leben geführt.

Vorspiel

Jede Frau ist eine Venus

Sie ist ein ganzer Planet mit einem eigenen Universum – das übrigens dem männlichen Universum teilweise recht ähnlich ist, ganz gleich, was »Experten« zu den sogenannten Klischee-Unterschieden zu sagen haben.

Eine Venus ist weder nur Mutter wie Gaja, die Erde; noch Kerl, wie Mars, der Kriegsgott. Sie ist jene Frau, die die scheinbaren Widersprüche ihrer Wünsche akzeptiert, lebt und verteidigt. Die alles sein möchte: geliebtes Weib, Gefährtin, Mutter, Mädchen, Hure, Löwin, ganz sie selbst und fähig, sich zu mögen mit allen Untiefen und Stärken. Sie ist vollkommen, so unperfekt, wie sie ist, ein eigenständiger Planet – der es aber durchaus schätzt, in seinem Universum auf den einen oder anderen Mars zu treffen, mit dem sie ein wenig um die Sonne kreiseln kann.

Übrigens: Die Venus ist der hellste Planet der Milchstraße, verrät das Onlinelexikon Wikipedia, und ist in der Mythologie unter dem Namen Aphrodite bekannt, die Göttin der Liebe und Schönheit; als Venus Libentina war sie die Göttin der sinnlichen Lust. Im alten Ägypten verband man den Wandelstern mit der Göttin Isis und in der germanischen Mythologie mit der Göttin Freyja (altnordisch »Herrin«) beziehungsweise Freia, auf die unser Wochentagsname für den Freitag zurückgeht. Mit der Renaissance hat sich für den Planeten der Name Venus (lat. »Anmut«, »Liebreiz«) der römischen Liebesgöttin durchgesetzt, der Name einer altitalienischen Gartengöttin, die später der griechischen Aphrodite gleichgesetzt wurde. Das aber nur nebenbei, um den Hintergrund des reizvollen Etiketts »Venus« zu erläutern, das sich vor allem aus den historischen wie mythologischen Bedeutungen von Liebe, Lust, Wandelbarkeit und Dynamik zusammensetzt.

Seit der Antike wird sowohl für den Planeten als auch für die Göttin Venus das Pentagramm, ein fünfzackiger Stern, bestehend aus fünf Alpha-Dreiecken, als Symbol benutzt – Metapher des weiblichen Prinzips und gleichbedeutend mit dem »Goldenen Schnitt«. In der Astrologie ist die Venus unter anderem das Symbol des Bindungsvermögens.
Besonders der Begriff »Goldener Schnitt« hat es mir angetan, und das kleine Wort »Bindung«.
Der etwas komplizierte Titel »Venus-Effekt« hat etwas mit den beiden Begriffen zu tun: Es ist die Kunst, das Leben ausgewogen anzugehen und die Bedürfnisse zu verbinden anstatt voneinander auszuschließen. Mehr als nur ein Entweder-Oder daraus zu machen. Es nicht nur auf ein Element oder zwei zu reduzieren, zum Beispiel nur auf Erfolg und Schönheit. Oder Liebe und Kinder. Oder Bildung und Sex. Oder nur Sex und Erfolg.
Wir wollen alles? Bitte sehr, dann leben wir doch auch danach, mit den fünf wichtigsten Lebensinhalten, die sich nicht ausschließen müssen:
Herz, Hirn, Authentizität, Erotik, Liebesfähigkeit.
Nicht weniger, nicht mehr, aber das alles mit vollem Willen. Um Frieden zu schließen mit dem Sehnen nach stark sein, aber auch mal schwach. Um mal die Machisma herauszukehren, dann wieder das Weibchen. Und noch so viel mehr, was Frausein zu bieten hat.

Die 5 Thesen zum Venus-Effekt

1. Die Lebensleitfäden: Allein, emanzipiert und glücklich oder zweisam und damit traditionell verkommen sind zwei Extreme, die nicht lebbar sind.
2. Frausein ist mehr als nur die Wahl zwischen Emanze und Weibchen.
3. Männer sind nicht unsere Feinde. Doch wir sind auf dem besten Wege, es mit ihnen zu verscherzen, solange wir sie verächtlich

als das unterlegenere, weniger wertvolle Geschlecht betrachten.

4. Unsere Mediengesellschaft hat dazu beigetragen, dass wir das natürliche Gefühl für unseren Körper, unsere Sehnsüchte und Lebenswelten verloren haben. Wir jagen Idealen von Kleidergrößen hinterher, wie ein Mann aufzureißen ist, wie eine Beziehung zu führen sei und wie alles immer ganz doll aufregend zu sein hat.
5. Wenn jede Frau heute beginnen würde, Männer nicht mehr als Unfall der Natur zu sehen, aufhören würde, den Idealmann zu suchen und ihn nach der Findung erst mal genüsslich umzuerziehen, und aufhören würde, ihr Leben nach den spitzen Kommentaren anderer Frauen auszurichten – dann setzt der Venuseffekt ein. Ein Effekt, der Frauen ihre ureigene Weiblichkeit wieder näher bringt, und der Effekt, dass wir gemeinsam das Pendel stoppen, das im Moment in die Richtung schwingt: Männer sind Unterdrücker/arm dran/Schweine/unsicher/müssen sich ändern/sind beziehungsunfähig und Frauen sind toll/aber alle Singles/und wissen nicht weiter.

Eine Venus ist klug genug, um Männer nicht allein als Mängelwesen anzusehen, die es zu erziehen, zu knacken, zu nehmen oder zu stutzen gilt; sie hat das Hirn einzusehen, dass es zwar politisch korrekt ist zu behaupten, Mädchen und Frauen seien ständig im Nachteil. Doch sie weiß auch von den Jungs, die keiner ernstnimmt, von den Männern, die große Jungs werden, von den Jungs im Erwachsenenkostüm, die sich fast dafür rechtfertigen müssen, dass sie dummerweise ein Mann geworden sind, und sie weigert sich, Klischees anzunehmen, die sich andere erdacht haben. Sie weiß, dass Männer keine natürlichen Feinde sind und dass es unter Männern genauso viele Idioten gibt wie: unter Frauen!
Eine Venus hat das Herz zu begreifen, dass Männer nicht schlechter sind, nur anders, und dass wir mit ihnen auf Dauer nicht werden

leben können, wenn wir sie verachten, belächeln oder ihnen das Etikett Weichei anhängen. Komisch, ein ganzer Mann soll er sein, aber dass er ein Mann ist, ist irgendwie auch nicht okay? So kann es nicht gehen! Lasst Männer Männer sein, die Lust darauf haben, Mann zu sein; und Frauen – seid Frauen. Nehmt Männer, wie sie sind (sie sind nur anders, nicht schlechter, und vor allem: es gibt keine anderen), anstatt das Leben damit zu vergeuden, sie einem Ideal anzupassen, das wir selbst nicht kennen.

Deswegen ist dies kein reiner Lustratgeber, sondern er umfasst noch mehr als den wonnevollen Teil des Lebens. Ich hoffe, Sie amüsieren sich, das Mühsamste haben Sie hiermit bereits hinter sich gebracht.

Liebe

**Nimmt man sie nicht ernst, macht sie keinen Spaß.
Nimmt man sie ernst, bricht sie uns das Herz.**

Die Liebe. In unserer Gesellschaft wird sie allzuoft behandelt, als sei sie eine Diät, bei der es nur auf die korrekte Abmessung der Kalorien oder Zusammenstellung der Zutaten ankäme, um sie zum Erfolg zu bringen. Dabei weiß niemand so recht, wie dieser Erfolg aussehen soll. 24 Stunden glücklich bis ans Lebensende? Wohl kaum. Zufrieden mit dem einen bis zum Schluss? Schon eher. Erfüllt von einer Beziehung, die das Leben lebenswert macht? Ganz bestimmt. Und gerade wenn man denkt, man lebt in einer wunderbaren Ehe, geht die Tür auf, herein kommt ein ganz anderer Mensch – und man verliebt sich neu. Scheinbar willkürlich tritt die Liebe auf den Plan oder schleicht sich weg.

In der Werbung wird die Kraft der Liebe inzwischen genutzt, um Erinnerungen wachzurufen an Erlebnisse, die wir gar nicht hatten. Früher war's der Sexappeal, der Produkte bewarb und Eigenschaften herausstellte, die das Produkt nicht besaß; inzwischen ist es die gefühligere Ebene, die zur Verführung der Zielgruppe missbraucht wird. Kleines Beispiel gefällig? Gut, Spot läuft: Verklärte Bilder vom Sommer, ein Junge auf dem Treckeranhänger, bekleidet mit einem – heute in der sogenannten großstädtischen Szene wieder zu bewundernden – Nickirolli in Farben von reinster Augenquälerei. Vorne dran am Anhänger der Trecker und ein Opi wie aus dem Bilderbuch nicht erlebter Kindertage. Dazu eine Stimme aus dem Off, sinngemäß: »Mein Opa war der glücklichste Mensch, den ich kannte. Er durfte den ganzen Tag Trecker fahren – und hatte Oma zur Frau.« Schnitt auf Oma, eine hochgewachsene Frau mit Dutt und gütigem Gesicht. Er umarmt sie, fast küsst er sie, sie wehrt schamhaft ab und lässt ihn statt dessen in den Topf auf dem Landhausküchenherd gucken. Aus dem Off weiter: »Sie schnitt für uns immer extra Wurst in ihre Eintöpfe. Sie konnte so gut kochen! Da ging Liebe durch den Magen ...« Opi guckt Omi traumverloren und zutiefst glücklich an. Omi guckt zurück. Enkelchen im Nickiungetüm freut sich auch sehr und verwandelt sich dann in einen schmucken Webdesigner oder IT-Consultant, wie auch immer die Dinger heute heißen. Dann Totale auf »Suppenlunchpaket mit Extra-Würsten«. Die Stimme aus dem Off materialisiert sich: Junger schmucker Typ, der eigentlich ganz klug aussieht, sinniert darüber, woher die Leute Omas Rezept haben, und freut sich immer noch sehr. Eine neue Stimme aus dem Off behauptet, dass das zugeschweißte Single-Fresspaket aus dem Kühlregal noch mit Liebe gekocht sei. Spot Ende.

Ein Produkt der konsumorientierten Wegwerfgesellschaft wird mit der Suggestion von »Liebe« – so wie sie vor 50 Jahren mal war, als Opi noch der Herr im Hause und Omi die Kaiserin des Herdfeuers war – künstlich aufgewertet und uns kalt serviert. Na, Mahlzeit.

Fassungslos hielt ich inne mit meinem (selbstgekochten) halbprovenzalischen Eintopf mit Rotweinfond, die Soße tropfte vom Löffel auf mein höchst privates Holzfällerhemd, in dem mich sonst keiner sieht, und fragte mich, ob das sein darf. Dass das Wesen der Liebe, egal ob durch den Magen oder den Schnellkochtopf, so entweiht werden dürfte.

Vielleicht bin ich zu selbstgefällig oder zu naiv, aber mir wurde immer kälter in der Herzgegend, als ich durch die Kanäle zappte. Ein Parfüm, das mit der Illusion von der Ewigkeit des Liebesglückes kokettiert. Ein Kinderauge, das Mami liebend betrachtet, weil sie es mit Industriezuckerwaren vollstopft. Ein agiler älterer Herr, der in drei Minuten ein Schnellgericht für seine Frau bereitet und mit ihr nachher durch die geräumige Küche tanzt (unsichtbarer Untertitel: Liebe hält ewig, und Männer kochen für ihre Frauen).

Ich beschloss schlagartig, mal wieder eine Fernsehpause von zwei, drei Jahren einzulegen, wie ich es bisweilen halte (schöne Grüße an die GEZ).

Die Liebe! In Aufreißgerichten! Hilfe! Und der Werbe-Opi hatte so glückliche Augen, dass ich auch sofort alt sein wollte und einen Mann, der mich mit so verzehrendem Blick ansieht, weil ich eine Dose aufwärme und Wiener Würstl hineingebe und das dann Kochen mit Liebe nenne!
Liebe. Das, was uns im Herzen bewegt, nicht in der Lendengegend. Das, was uns suchen lässt, hoffen, sehnen, Schmerz ertragen, Freude empfinden. Ein so hohes Gut, was bitte macht sie dann in der Werbung?

Doch jetzt Schluss mit Werbung. Fernsehen verdummt, warum klauen die Leute nicht mehr Bücher? Klauen Sie meine!
Zurück zur Liebe.
Weil die Liebe für uns lebenswichtig ist, wollen wir es in einer Partnerschaft ganz besonders richtig machen. Sammeln Punkte auf »Streit- und Lobkonten«, wie es therapeutisch veranlagte Bücher vorschlagen. Wollen eine Partnerschaft »gestalten«, »an ihr arbeiten«, verstricken uns zwischen Taktik und Täuschung und wundern uns, warum all diese fachlich kompetenten Tips so wenig und auf Dauer bringen, wenn es um die eigene Liebesbeziehung geht. Frauen loben sich den Mund fransig, weil sie gelesen haben, dass Männer das brauchen, und Männer tragen sich wichtige Tage im Kalender ein, weil sie hörten, dass Frauen das mögen.
Oberflächliche Handlungen ersetzen aber nicht das Gespür für die Beziehung zueinander. Wir denken mehr nach und fühlen weniger nach.
Wir jagen der romantischen Idiotie von »Liebe für immer« hinterher und reagieren doch panisch, wenn nach der Verliebtheit erste Wölkchen am rosaroten Himmel aufziehen. Wir hoffen auf Freiheit und absolute Verschmelzung zugleich und meinen, der »passende« Partner würde schon all das erfüllen, was wir hoffen. Dabei vergessen wir, dass er das auch von uns erhofft ... So schleichen sich Streit und Machtkämpfe ein, die man nie führen wollte, das Miteinander wird

hölzern, künstlich, schwer, ist von Zweifeln und Hilflosigkeit bedroht, von der Angst zu scheitern. Man fragt sich, wie es sein kann, dass man den anderen liebt, aber nicht mit ihm leben kann. Ist die Liebe zu klein? Zu groß? Zu blind? Soll ich ihn manipulieren, oder macht er das mit mir? Sollen wir zusammenziehen oder lieber allein in den Urlaub fahren? Ist eine Beziehung steuerbar – aber die Liebe nicht? Darf ich mit meinem Partner rechnen, oder ist er nicht auch genauso unberechenbar wie meine Reaktionen? Zu viele Fragen – und zu viele Antworten, vor allem, von zu vielen fremden Leuten: Experten, Fachpersonal für Gefühl und Alltag, die vergessen, dass Liebe immer noch ein Rätsel ist.
Fazit: Liebe lässt sich nicht planen, kontrollieren oder gar steuern. Und: Sie ist nicht die einzige Basis für eine Beziehung!
Das haben wir doch alle bereits gemerkt: Es reicht nicht, jeden Tag »Ich liebe dich« zu sagen, damit die Liebe sich erfüllt. Es reicht nicht, sich darauf zu verlassen, dass die Liebe reicht, um sich immer zu verstehen und behutsam miteinander umzugehen. Und Liebe allein ist keine Garantie für eine gelungene Partnerschaft.

Die Mythen der Liebe

Mythos 1: Nur die Liebe auf den ersten Blick ist wahre Liebe.
Mit Verlaub: Liebe auf den ersten Blick ist ungefähr so zuverlässig wie eine medizinische Diagnose nach dem ersten Händedruck. Die Romantiker behaupten zwar, es gibt sie, die Liebe auf den ersten Blick, doch sie sei so selten wie One-in-a-million. Um genau zu sein, glauben 92 Prozent der Deutschen an sie und 54 Prozent mochten sie sogar schon selbst einmal erlebt haben. Diesem Liebesideal, wo Schicksal und Timing sich vermengen, wird oft Zeit des Lebens wahnwitzig nachgejagt. Es gibt dabei nur ein klitzekleines Problem: Die Liebe auf den ersten Blick hält in den wenigsten Fällen.

Die Bezeichnung »Liebe auf den ersten Blick« ist etwas schwammig, wenn man von der Idee ausgeht, dass die Liebe ein tiefes Gefühl ist, das nicht über Nacht entsteht, sondern im Laufe einer Partnerschaft wächst. Nach dieser Grundidee kann es »Liebe« auf den ersten Blick nicht geben.

Und vor allem, dieser erste Blick, kann der nicht auch etwas kurzsichtig sein? Optische Signale sind für uns die wichtigsten sexuellen Reize, unsere Augen sind im Laufe der Evolution zu Hochleistungssehorganen herangereift. Ehe wir einen potentiellen Partner hören, riechen und fühlen, sehen wir ihn. In Sekundenschnelle strömen Hunderttausende von Sinnesreizen auf unser Gehirn ein. Sie werden verarbeitet, und sehr schnell stellt sich das grundsätzliche Gefühl ein: sympathisch oder unsympathisch. Unser Gehirn schwingt im »Schaltkreis der Liebesreize«: Der Thalamus ist die Schaltstelle, in der Sinneseindrücke bewusst gemacht werden, in der Amygdala findet die emotionale Bewertung statt: mag ich, brauch ich, will ich, erinnert mich an ... und heraus kommt: die schöne Illusion, dass die Idee der Liebe mit diesem Menschen ohne viele Worte zu leben ist. Verliebt in den Grundgedanken der Liebe. Und letztlich die Hoffnung auf das Schicksal, das bitteschön den Gong schlägt, mindestens.

Damit wird die Liebe allerdings so überhöht, dass wir Gefahr laufen, auch danach mehr die Idee der Liebe zu leben, anstatt ihre Lebbarkeit zu überprüfen!

Ich rasselte neulich, also vor bald zwei Jahren, auch in dieses Dingeding hinein: Da stand er vor mir, ich beschloss, er sei der Vater meiner ungeborenen Kinder und jener, der mich zu Grabe tragen sollte – und versuchte fortan, die Begegnung und letztlich auch Beziehung mit diesen Wünschen zu vereinbaren, sie dahingehend zu steuern, um dieses Ideal zu erfüllen, auf das ich bis dahin so sehnsüchtig gewartet hatte.

Dass dieser Mann nicht der Mann war, mit dem ich diese schönen Liebespläne verwirklichen konnte, erfuhr ich erst spät – also erst nachdem wir uns mehr und mehr kennenlernten, so etwa nach drei Monaten. Als sich der Schleier lichtete und ich ihn so sah, wie er ist, nicht so, wie ich ihn mir brennend gewünscht hatte. An dieser Stelle: Verzeihung, Raphael, ich bin so klug und habe doch all mein Sehnen projiziert. Und übrigens, du Sack, hättest auch mal netter sein können – welcher Mann darf schon einer Frau ungestraft sagen: »Du hast aber zugenommen«, mitten in der schönsten Umarmung, und dann noch erwarten, sie würde ihn weiterhin vergöttern? Elende Kamikaze-Ehrlichkeit, echt! Dabei weiß doch inzwischen fast jeder, dass süße kleine Komplimentslügen für den Erhalt einer Liebe zuträglicher sind als falsch verstandene Offenheit in allen Belangen.

Ich möchte nicht abstreiten, dass es diesen Gong gibt. Wir entscheiden immer, bei jedem Menschen, der uns über den Lebensweg hoppelt, innerhalb eines Wimpernschlags, ob er uns anzieht oder eben nicht. Millisekunden, die entscheiden; aber sollten wir ihnen die Entscheidung für den Rest unseres Lebens überlassen?!

Psychologen entzaubern das Geheimnis dieser Liebe per Wimpernschlag. Sie behaupten, dass Anhänger der Blitzsekunde-Liebe innerlich längst auf die Begegnung vorbereitet waren und sie sehnsüchtig erwarteten – die Illusionen stehen bereit, nur das Gesicht fehlt, in das sie hineingeträumt werden können. Angeblich bündeln die Anhänger der Angucken-und-lieben-Theorie alle Liebeswünsche ihrer längeren Solistenzeit auf das unbekannte Wesen, das nur zur richtigen Zeit am richtigen Ort war, um bei den Ausgehungerten die Liebe auf den ersten Blick auszulösen.

Auch den Ursprung dieses wunderbaren Phänomens haben die Anthropologen (die immer nur beobachten, aber nicht mitmachen) längst entschlüsselt. Ganz am Anfang der Menschheitsgeschichte mussten die paarungswilligen Damen und Herren in Sekundenbruchteilen, und vor allem ohne großes Palaver, entscheiden, ob der Kandidat vor ihnen als »Beschützer und Ernährer« beziehungsweise

»Muttertier« geeignet sei. Diese rasche Urteilsfähigkeit bricht heute bei den ach so zivilisierten Menschen in der Liebe auf den ersten Blick gelegentlich wieder hervor.

Immerhin haben jeder dritte Mann und jede vierte Frau ihre Sofort-Liebe geheiratet. Wobei sie übrigens auch nicht seltener als der Durchschnitt vor dem Scheidungsrichter landen. In England und Frankreich waren es sogar knapp die Hälfte, die ihre Überraschungsliebe ehelichten. In den USA dagegen liegt die Quote der Hochzeiten von Ein-Blick-eine-Liebe-Paaren bei gerade einmal drei Prozent. Und die wollen uns weismachen, Hollywood spiegle das Leben wider?! Nebbich.

Fazit: Genießen Sie einen Gong, wenn er Sie trifft. Doch wenn das Dröhnen nachgelassen hat, lernen Sie sich bitte erst kennen, bevor Sie hinterher erschaudernd sagen: »Er war meine große Liebe, doch wir passten nicht zusammen.« Seien Sie offen im Herz, doch klar im Geist, der eine simple Wahrheit leise funkt: Manchmal sind die großen Lieben nicht jene, die groß beginnen und klein enden, sondern jene, bei denen es einfach in tausendundeinem Belang schlicht: passt. Ganz undramatisch.

Das gilt auch für Liebe, die erst nach dem zweihundertsten Blick eintrifft. Wobei Sie hier den unerlässlichen Vorteil genießen, den anderen eher so einschätzen zu können, wie er ist, anstatt sich in ihn hineinzuträumen und auf ihn die Beziehung zu projizieren, die Sie gern hätten.

Mythos 2: Liebe ist ewig – und ewig hält nur die wahre Liebe, alles, was endet, kann keine gewesen sein.

Nur im Urlaub gibt es die ewige Liebe. Für vierzehn Tage.

Die Liebe an sich ist tatsächlich ewig. Sie existiert schon seit Jahrtausenden und hält die Menschheit zusammen. Sie ist. Liebe ist.

Doch was ist mit der Idee, dass Liebe zwischen einem Paar für immer halten sollte? Viele, die sich an dieses Ideal klammern, stehen deshalb auch Beziehungen durch, die eine Qual sind. Dabei besitzt

nichts eine Garantie auf Lebenszeit, außer Montblanc-Füller. Andere dagegen bezichtigen sich oder gescheiterte Pärchen, dass es offensichtlich keine Liebe gewesen sein kann, wenn es nach drei Tagen, Jahren, Jahrzehnten vorbei ist. Doch Liebe hat kein offizielles Verfallsdatum. Es gibt sogar Ein-Tages-Lieben, an denen sich zwei treffen, sich lieben und wissen, dass das eine einmalige Chance war, die sie wahrgenommen haben. Mehr ist nicht drin, muss aber auch nicht, weil sich alles in den 24 Stunden entfaltet hat, was Liebe mitbringen kann. Geborgenheit. Lust. Leidenschaft. Interesse. Wohlfühlen. Vertrauen. Eine schöne Zeit. Und dann – ist sie vorbei.
Es ist deshalb höchst unfair, einem anderen Menschen das Versprechen abzuringen, uns für immer zu lieben. Er will es, ja, in diesem Moment will er nichts so sehr, als Sie für immer lieben. Nehmen Sie es als schönste Liebeserklärung, jedoch nicht als Liebesversicherung. Wenn der Tag kommt, an dem die Liebe sich wegschleicht, abhanden kommt wie ein Hausschlüssel, ein Traum in der Nacht, dann pochen Sie nicht auf das Versprechen. Es war nur das Versprechen eines ehrlichen Versuches.

Mythos 3: Liebe lässt sich lernen, steuern, fördern ...

Die Liebe ist eine geheimnisvolle Macht, aber viele behaupten, dass sie dennoch bestimmten Spielregeln folge. Und dass diese Regeln erlernbar seien. Würden Liebende die Regeln kennen und ihr Verhalten danach ausrichten, dann stünde einer lebenslangen und zugleich intensiven Liebe nichts im Wege. Der Hamburger Autor und Psychologe Michael Mary widerspricht diesen Thesen in seinem Buch *Mythos Liebe* und zeigt: Liebe im allgemeinen und Paarbeziehungen im besonderen entziehen sich der bewussten Steuerung. Sie sind eines der letzten Abenteuer des Lebens. Sie kontrollieren zu wollen wäre absurd.
Ich schließe mich vorbehaltlos meinem Vorredner an:
Liebe lässt sich nicht steuern.
Und das ist die einzige »Spielregel« für Liebe.

Mythos 4: Jede neue Liebe ist wie ein neues Leben.

Allem Anfang wohnt ein Zauber inne, und die größte Magie besitzt der Beginn einer neuen Liebe. Panisch-entzückt schauen wir nach vorn, wollen alte Fehler nicht wiederholen und die Verliebtheit ewig hüten. Doch auch in der besten Partnerschaft gibt es diese kleinen Häkchen, an denen jede von uns erkennt: Nicht jede neue Liebe ist wie ein neues Leben.

Um genau zu sein: Eigentlich ist jede neue Liebe eine weitere Variante Ihrer ersten Liebe. Die Premieren-Schmetterlinge im Bauch hinterlassen Spuren in Ihrem persönlichen Beziehungscharakter, prägen sogar Beziehungen, die Sie 20 Jahre später führen.

Die erste Liebe bleibt unvergessen, sie ist maßgeblich mitbeteiligt an dem, was Psychologen »love map« nennen: dem Bauplan Ihres Liebesstils. Bei diesem persönlichen Faltblatt nimmt die erste Liebe den größten Raum ein, ist aber nicht allein verantwortlich für Ihren eingeschliffenen Liebesstil, sondern wichtiger Teil einer Mischung: aus Kindheitserfahrungen, bei denen sich Vorlieben für Aussehen und Wesenszüge prägen, sowie die Basis Ihres Beziehungsstils – ob Sie Beziehungen vertrauensvoll-sicher begegnen, ängstlich-vermeidend oder unsicher-klammernd. »Vorführmodell« ist die Beziehung Ihrer Eltern und die Liebe, die Ihnen entgegengebracht wurde; dabei entwickeln sich Selbstbewusstsein und Eigenliebe. Bis wir etwa zehn Jahre alt sind, festigt sich dieser Grundstil, so US-Forscher John Money. Ihre erste Test-Liebe ist der Mann, der die größte Präsenz hat; meist der Vater. Bei ihm erleben wir, ob wir als Frau wahrgenommen werden und dass Liebe und Schmerz aus derselben Quelle kommen. Auch außerhalb der Familie nehmen wir Musterbeispiele auf: über Freundschaften, die uns stärken oder enttäuschen – und die Gesellschaft, in der wir leben. Effekt: Noch bevor wir uns als sexuelles Wesen wahrnehmen, besitzen wir Sehnsüchte und Muster, die die erste Liebe außer Kraft setzt oder sie – wahrscheinlicher – festigt.

Die erste Liebe trifft uns in der schwierigsten Zeit. Wir wissen nicht, wer wir sind, Hormonhaushalt und Gefühlswelt in Aufruhr. Wir sind 12, 13 oder 16, hochemotional, aber ohne Fähigkeit, Emotionen zu deuten. Neurologen haben nachgewiesen, dass Jugendliche nicht in der Lage sind, Gefühle einzuordnen, die Gehirnareale scheinen dafür noch nicht »aktiviert« zu sein. Ausgerechnet während der Phase der Selbstfindung platzt sie hinein, die rosarote Wolke. Völlig unkritisch und aufnahmefähig wie ein Schwamm lassen wir uns auf die erste Liebe ein. Es interessiert uns wenig, dass wir da schon einem kindlichen Vor-Beziehungsstil folgen. Die eine verliebt sich in den Deutschlehrer, weil seine Distanz sie unbewusst an ihren Vater erinnert. Die andere in einen Popstar, weil seine Aufmerksamkeit sie aufwerten würde. Die übernächste entdeckt den Außenseiter als Seelen-Pendant.

»Die erste Liebe geschieht ohne Abwehr, Misstrauen und Widerstand«, bestätigt der Hamburger Paartherapeut Michael Cöllen. »Deshalb trifft sie Sie mit Wucht und prägt das weitere Beziehungsleben. Gelingt sie, zumindest eine Zeitlang, im Vertrauen, ist es wahrscheinlich, dass auch weitere Beziehungen vertrauensvoll gelingen.« Das sind die schönen Lieben, denen wir wehmütig nachsehen, die wir verklären oder mit Erwartungen überfrachten, wenn wir der Jugendliebe wiederbegegnen. Gelungene erste Lieben können Ihnen ein gutes Beispiel sein – wie, erfahren Sie nach der Anleitung zum »Bilanzziehen«.

Doch was, wenn sie nicht gelingt? Unerwiderte, fatale Liebe, die auch mit Sex nicht zu retten war? Klar ist: Die erste Liebe legt fest, wie wir uns als Frau begreifen, zeigt uns, wie uns ein Mann als Frau behandelt. Es knallen zwei Welten aufeinander, natürlich, aber tragisch in der Pubertät: die weibliche, die ihre Außenwirkung testet, nach Zuwendung sucht – und die männliche, die ihre Stärke in sich sucht, in Unabhängigkeit.

Die erste Liebe stellt unser Beziehungsideal in Frage: Wir wollen Liebe für immer, gleichzeitig tobt die leidenschaftliche Lust im Körper. Das Ideal ist nicht erlebbar – aus »Altersgründen«: Wir sind noch nicht reif für lebenslange Bindung. Die Sehnsucht bleibt. Eine Idee, wie das gelingt, lässt auf sich warten.

Die Beziehungsbilanz

Um die »Logik« Ihres Beziehungsstils sichtbar zu machen, werden Sie bewusste als auch unbewusste Muster aufdecken. Das gelingt Ihnen mit einer dreiteiligen Bilanz: die Eigenschaften Ihrer bisherigen Partner, die Bilanz der bisherigen Beziehungen und das Ergründen Ihrer Wünsche mit der Frage: Was wünsche ich mir von einer Liebe? Was von dem, was ich tue, bringt mich dem näher?

Ziel der Liebesbilanz: der Vergleich zwischen dem Wunsch, wie es sein sollte, und dem, wie es ist. Mit dieser Frage decken Sie außerdem auf: Ihre unbewussten Muster, destruktives wie konstruktives Verhalten. Die bewussten, wie »Ich weiß, dass ich einen Hang zum Zicken habe, wenn alles gut läuft, um mich seiner Liebe auch unter Druck zu versichern« oder »Ich entscheide mich gegen das Zusammenziehen, weil ich sonst zum gefallsüchtigen Hausmütterchen mutiere«, kennen Sie ja gut genug.

Unterstützen Sie Ihren Findungskurs schriftlich. Schreiben Sie, beginnend bei der ersten Liebe, die Namen der bedeutsamsten Romanzen untereinander. Notieren Sie daneben die Beziehungsfaktoren: Was zog beim ersten Blick an? Was funktionierte in der Beziehung? Was nicht? Wie fühlten Sie sich während der Beziehung? Wie lange dauerte sie? Wie war die Trennung? Der Grund? Was ähnelte der ersten Liebe? Schreiben Sie zu jedem der Männer drei, vier bestimmende Eigenschaften.

Ziehen Sie nun erste Bilanz: Welche Ähnlichkeiten besaßen Ihre Partner? Funktionierte etwas immer wieder nicht? Was sind die Unterschiede zwischen der ersten Liebe und allen anderen – oder gibt es keine?

Jetzt haben Sie einen Überblick über »Wiederholungstaten« im Positiven wie Negativen. Nehmen Sie sich Ihre Revivals nicht übel – etwa 44 Prozent aller Frauen (ddp-Umfrage) neigen dazu, ähnliche Beziehungen zu führen wie die davor.

Der zweite Schritt: Fragen Sie sich, was Sie dafür oder dagegen tun, um Ihre Wunschvorstellung Ihrer Liebe zu leben. Lassen Sie Männer dafür büßen, dass Ihr erster Freund mit einer Blondine fremdging? Profitieren Beziehungen davon, dass Ihre erste geprägt war von Zärtlichkeit? Sie können selbst am besten reflektieren und ehrlich feststellen: Dort sabotiere ich eine Beziehung, aus alten Ängsten oder ungeheilten Wunden; hier bin ich dagegen gut. Versuchen Sie herauszufinden, wie alt Ihre Muster sind – und fragen Sie sich, ob diese Ängste denn nicht inzwischen besser zu den Akten als in Ihr Leben gehören. Dabei liefert die erste Liebe die beste Vorlage, weil alles noch pur und ungefiltert geschah. Zu verstehen, welche Mechanismen sie am Laufen gehalten haben oder auch nicht, hilft Ihnen heute, Ihre Beziehung zu gestalten und sie nicht einfach nur geschehen zu lassen.

Tragen Sie dazu im dritten Schritt all die positiven Merkmale Ihrer ersten Liebe zusammen.

Das ist Ihr innerer Schatz: Denn in diesen Aspekten lebten Sie angstfrei.

Wagen Sie einen Schritt in die unkritische Art, die Sie als Teenager besaßen. Erinnern Sie sich, wie unvoreingenommen Sie bei der ersten Liebe waren? Alles an ihm war bedeutsam und interessant, alle Ihre Sinne erlebten die Freuden der Begegnung; Sie ließen sich ständig etwas einfallen, um ihn zu umgarnen. Ängste, die Sie heute mit sich herumschleppen, hatten Sie nicht – sondern reagierten natürlich und frei von Taktik. Diese Unvoreingenommenheit ist es, die es sich lohnt zurückzuerobern. Das Staunen, das Interesse, die Energie, die Sie in den Erhalt der frühen Liebe steckten – das wird Ihre heutige, erwachsene Liebe bereichern. Trauen Sie sich, neben Ihrer Musterkorrektur – die mal besser, mal weniger gut, aber vor allem langsam verläuft – Ihre heutige wie Ihre erste Liebe zu sehen. Mit all den Hoffnungen, dem Engagement, sich zu bemühen, auf dass es für immer sein könnte. Denn jetzt haben Sie endlich die Reife dazu.

Mythos 5: Wenn die Beziehung nicht funktioniert, dann liebt er mich nicht (mehr).

Nein, es ist viel schlimmer: Wenn er keine Lust mehr hat, mit Ihnen zu schlafen, oder wenn er keine Zeit mehr darauf verwendet, Sie zu streicheln, *dann* sollten Sie sich fragen, ob die Liebe noch lebt oder zu einem schlichten Liebhaben verwandelt ist. Oder schlimmer noch: längst zu Ende, und zu einer Angst vor der Trennung, einem Verharren im Gewohnten geworden ist.

Eine Beziehung funktioniert nicht von selbst, und die Liebe kann den Job auch nicht für Sie erledigen. Liebe und Beziehung haben nichts miteinander zu tun, wenn es um das Gelingen einer Beziehung geht; die Liebe mag sich von Wohligkeiten der Beziehung ernähren, lässt sich nieder, fühlt sich wohl, wird gehätschelt; aber die Beziehung wird nicht von Liebe gerettet, geführt, aufgebaut: das müssen Sie tun. In jedem Handeln.

Es kann sogar sein, dass zwei sich lieben, aber nicht miteinander auskommen können. Sie wagen es, probieren, stoßen an Grenzen, nur Stress, und da bleibt die Tatsache: Offenbar reicht die Liebe nicht, um die Dinge passend zu machen, obgleich sich jeder dabei verbiegt. Wie bei Marie und Andreas: er in Hamburg, sie in Frankfurt. Im Urlaub getroffen, geliebt, probiert. Nach einer Weile gibt er auf, denn: Er hat Angst. Seine Mail enthält nur wenig Aufschluss, vom Sinn her erzählt er, dass es sich wie eine Verpflichtung anfühlte, weiter mit ihr zu machen, dass er sein Leben eh nicht auf die Reihe bekommt, dass er nicht weiß, wie es in seinem Herzen aussieht, dass er nicht geben kann, weil er sich selbst gerade kaum im Leben zurechtfindet und so weiter. Nicht lachen! Das sind Männerprobleme, die wir Frauen nicht nachvollziehen können oder wollen, weil wir anders gestrickt sind. Wir würden uns selbst dann auf eine Beziehung einlassen, wenn wir gerade den Job gekündigt bekommen oder umziehen müssen. Die wenigen Frauen, die solche merkwürdigen Dinge sagen wie: »Ich muss mich zur Zeit auf meine Karriere konzentrieren, da passt eine Beziehung einfach nicht rein ...«, sagen damit eigentlich nur charmant: »Du bist es nicht, Schatz, für den ich sogar mein Leben ändern würde oder ihm zumindest einen Teil darin einräumen.« Wie es bei Marie und Andreas weitergeht, bleibt offen: Denn seine Liebe ist da, aber sein Handeln bleibt aus.

Mit den Herren sieht es in Sachen »Handeln« nicht ganz so einfach aus. Sie befürchten Veränderung, Anpassung, Verpflichtung, Mühe, Anstrengung, Verlust, Verletztwerden, wenn sie eine Beziehung führen sollen, die nicht einfach nur einfach ist. Weil die Distanz zu groß ist zwischen den Wohnorten oder weil er drei Kinder von drei Frauen hat, weil er ihr Chef ist oder umgekehrt oder weil die beiden so oft aneinanderrasseln, dass für mehr als Arbeiten, Lieben und Streiten kein Platz im Leben ist. Dann lassen sie die Liebe ziehen, sehen ihr ein Leben lang waidwund nach, aber sind zu feige, mutlos, kraftlos, um zu schauen, was sonst noch so drin wäre.

Manch einer sagt jetzt: Ja, aber wenn die Liebe nur groß genug wäre, dann ... dann wäre auch Distanz kein Problem, oder Kinder, oder sonstige persönliche Lebensumstände!

Ja, nein, weiß nicht. Ich traue es dem Menschen an sich nicht zu, trotz heftiger Liebesgefühle oder was er dafür hält sein Leben drastisch zu ändern, in die Hand zu nehmen oder auf eine Beziehung einzustellen. Liebe ist in Hollywoodfilmen vielleicht der Antrieb, um das Leben zu ändern – im wirklichen Leben jedoch ändert sich aus Liebe wenig über Nacht, sondern nur im Laufe der Zeit, mit viel Vor und Zurück.

Und wieso? Menschen kuscheln sich ein in das Nest, das sie sich gebaut haben. Selbst wenn das Nest Dornen hat, wie eine zerrüttete Ehe, bleiben sie darin sitzen. Das Leid ist selbst dann authentischer als das Glück, wenn es ihnen vor die Nase gehalten wird. Einen Sprung ins Ungewisse wagen, dafür Dinge aufgeben, die man sich doch so mühsam erarbeitet hat, und alles »nur« wegen der Liebe, von der man doch weiß, dass sie enden kann, Schmerzen mitbringt, Ungewissheiten, Verpflichtungen oder gar Entscheidungen fordert, die das Leben prägen ... och, nö. Lieber nicht. Dann schon eher ab und an ein bisschen fremde Haut riechen, schmecken, und anschließend schnell zurück ins alte Leben.

Sie beharren weiter: Wäre die Liebe groß und gegenseitig, dann würde er doch ... Aber: Lässt sich Liebe in groß, klein, mittel einteilen? Oder in ein bisschen, wenig, gar nicht, ganz und gar? Oder in kurz, lang (ewig geht ja nun nicht mehr, wie wir wissen, sie kommt vor, ist aber nicht das Maß aller Dinge und vor allem nicht die Regel!), nur für einen Augenblick oder gar: manchmal?

Natürlich, es gibt die Liebelei, die Liebesaffäre, die heimliche Liebe, die durch ihre Intensität oder zeitlichen Begrenzungen definiert werden.

Könnten Sie sich mit der Idee anfreunden, dass all das dennoch Facetten der Liebe sind, ohne gleich daran zu denken, dass Liebe eine gemeinsame Zukunft, Exklusivität, Treue, Beziehung, Seelenverwandtschaft und monogamen Sex bedeuten muss? Anstatt also zu monieren, dass ein Mann sein Leben nicht ändert und eine Beziehung wagt, wenn doch so was wie Liebe bei Ihren Begegnungen mitschwang, sich zu freuen: Ich habe geliebt, ich wurde geliebt. Nicht so, wie ich es vielleicht auf Dauer brauche, aber so, dass ich das Leben, die Zeit dabei genossen habe.

Hören Sie auf, sich zu zermartern, ihm vorzuwerfen: Du hast mich nie geliebt, oder sich selbst: Ich bin auf ihn hereingefallen, ich bin nicht liebenswert genug, sonst hätte er doch ...

Die Liebe ist nach wie vor ein tückisches, wundervolles Geheimnis.

Es schleicht sich an, bleibt, manchmal eine Nacht oder drei, manchmal für Jahrzehnte. Es ist ungerecht, einem anderen mangelnde, unehrliche, unwahre Liebe vorzuwerfen, wenn aus der Begegnung nichts wird. Sie war eben nur: kurz. Aber dafür nicht minder wahr. Sie ging zum nächsten, Erinnerung hallt ihr nach, sie hinterlässt Sehnsucht. Sie können sich vor solchen Situationen nicht bewahren, es kann Ihnen im Leben immer wieder passieren, dass die Liebe, das Biest, nur kurze Schauer regnen lässt und sich dann für eine Seite wieder verzieht, während die andere noch von ihr erfüllt ist. Wie oft passierte es schon andersherum bei Ihnen, dass er Sie lieben mochte, für Sie aber nicht mehr drin war als gelegentliches Streicheln oder Kaffeetrinken? Und gab es dafür eine Erklärung, außer jener, dass der Funke verloren war, der das Feuer auf lange Sicht am Leben gehalten hätte? War der Funke zwar mal da, aber er verschwand ... einfach so?

Und doch. Die Sehnsucht der Frauen nach Liebe, die funktioniert.

»Die einen wollten mich ficken, die anderen heiraten. Mich zu lieben war keiner bereit«, sagte mal eine Frau, die neben mir auf einem Hocker saß am Tresen der Bar im Atlantic. Dieser Satz hat mich verfolgt, er ist so anders als alles, was Ratgeber sagen, meinen, erklären, hoffen.

Ich scheitere bis heute daran, ihn zu erklären. Ist es die Sehnsucht nach einer Liebe, die wärmt, erfüllt; die aber auch fähig ist, eine Beziehung führen zu können, äußerer Faktor eines inneren Gefühls? Ist es der Warnschrei einer Frau, die damit sagen will: Verdammt, ich bin ein Mensch, ich will nicht mehr länger nur in zwei Kategorien eingeteilt werden, in das Mädchen, das gevögelt werden kann, oder in die Frau, die Mann heiratet, weil es sich so gehört? Sondern die schreit: Liebe mich! Aber schachtel mich nicht ein. Liebe mich. Liebe.

Ausatmen.

Die Anti-Liebesmythos-Regeln der Venus

- Liebe kann nicht alles. Es ist an uns, sie zu pflegen; aber bei aller Pflege kann sie trotzdem flöten gehen. So ist das Leben, nicht einfach nur meine Schuld.
- Anstatt den Leuten zu glauben, die meinen, viel über Liebe zu wissen, glaube ich lieber an die Liebe selbst.
- Die Liebe bindet sich nicht an Regeln, wir können nur eine Beziehung regeln, in der Liebe Raum hat.
- Liebe kennt unermesslich viele Wege zu glücken. Jene, an denen sie scheitert, sind uns allerdings bekannter.
- Es ist in Ordnung, wenn ich jede Menge Ahnung von Sex und Beziehungen habe, aber keine von der Liebe. Das geht den meisten so – wir sind alle unzulänglich und erwarten dennoch, der Partner sei perfekt zu uns.
- Es gibt weder »Regeln für gelingende Partnerschaften« noch »Geheimnisse der guten Ehe« oder »Spielregeln der Liebe«, die für alle gleichermaßen gelten. Es gibt keine Methoden, die sich aus einer Paartherapie auf das eigene Leben restlos und ruckizucki übertragen lassen.
- Beziehungen lassen sich kaum zielgerichtet und fürs Leben beeinflussen; auch wenn ich »Beziehungsarbeit leiste«, ist das keine Garantie für die Liebe.
- Es gibt keinen »Erfolg« in der Liebe, und es wäre müßig, die Liebe wie eine Karriere, ein sportliches Training, wie eine Fremdsprache anzugehen. Sie ist ein Gefühl, ein großes, das sich jedoch den meisten Geling-Rezepten absolut entzieht.
- Die Liebe interessiert es herzlich wenig, wenn ich Beziehungsarbeit vorantreibe, wie die »richtige Kommunikation«, »Wiederbelebung der Leidenschaft«, »Arbeit an meiner Persönlichkeit« oder sonstigem persönlichkeitsoptimierenden – mit Verlaub – Blödsinn. Damit lässt sich vielleicht der Alltag willentlich gestalten, aber nicht das Gefühl von Liebe sonderlich beeinflussen.

- Eben wegen dieser Tatsachen fühle ich mich weniger schuldig, wenn was schiefgelaufen ist, denn es liegt dann nicht an meiner mangelnden Motivation und Fähigkeit, sondern an dem letzten Geheimnis, was die Liebe mir zeit meines Lebens angedeihen lassen wird: dass ich zwar weiß, was sie scheitern lässt, aber nicht, wie ich sie halte. Damit werde ich leben müssen, aber auch fähig sein, Liebe zu genießen, anstatt mich weiterhin an ihr abzuarbeiten.

Die Wahrheit über die Liebe

Die Liebe kennt keine Regeln

es ist unsinn
sagt die vernunft
es ist was es ist
sagt die liebe

es ist unglück
sagt die berechnung
es ist nichts als schmerz
sagt die angst
es ist aussichtslos
sagt die einsicht
es ist was es ist
sagt die liebe

es ist lächerlich
sagt der stolz
es ist leichtsinnig
sagt die vorsicht

es ist unmöglich
sagt die erfahrung
es ist was es ist
sagt die liebe
(Erich Fried)

Die Liebe ist ein elendes Biest. Sie kommt um die Ecke, wenn man sie nicht erwartet. Sie vergeht, obwohl man doch alles »richtig« gemacht hat. Sie ist fragil und täuscht Stärke vor, sie verlangt Futter und lockt damit, dass sie nie vergeht, wenn man sie nur ordentlich verschwenderisch aufteilt.

Aber das Leben ist anders.

Liebe ist unlogisch, sie kommt, wann sie will, und verlässt uns über Nacht. Trotzdem versuchen Paare, sie mit Regeln und Rezepten zu bewahren: Doch das »Wenn-dann«-Prinzip funktioniert in einer Beziehung selten.

Regeln funktionieren zwar für eine Partnerschaft, aber nicht für die Liebe. Sie ist unplanbar.

»Ja, mein Liebling.« Das ist zum Beispiel das Geheimnis meiner Eltern für eine inzwischen 40-jährige Ehe und 43 Jahre Liaison, wie sie es nennen, damit sie bloß nicht als konventionell dastehen. Sie haben ihr ganzes Liebesleben lang niemals in Partnerschafts-Ratgeber geschaut, seit 30 Jahren getrennte Schlafzimmer, sagen »Ich liebe dich« zueinander, wenn der andere am wenigsten damit rechnet, und halten beim Autofahren immer noch Händchen. Er schenkt ihr gern geklauten Flieder, und manchmal singt sie noch für ihn Chansons, barfuß in der Küche. Sie werden miteinander alt werden und glücklich sein, den Weg miteinander begangen zu haben, obwohl sie sich zwischendurch gegenseitig hätten an die Wand nageln können vor Wut, Ärger, Verzweiflung und wegen der Frage: »Will ich diese Ehe noch? Will ich diesen Menschen noch?« Auf die Frage, wie sie es schaffen, sich die Liebe zu erhalten, haben sie aber nicht mal eine druckreife Antwort parat! Selbst »Ja, mein Liebling« ist natürlich kein Trick, um all die Alltagskämpfe zu überstehen, von der Babyfrage bis zum Einkommen, vom Seitensprung bis hin zu »Was gibt's zu essen?«

Die Beziehung als »Wesen«

Eins und eins macht drei. Wenn zwei aufeinandertreffen, und daraus eine Beziehung wird, könnte man das, was zwischen ihnen entsteht, als eine Art Wesen betrachten, schlägt Michael Mary vor, Autor von so großartigen Büchern wie *5 Lügen, die Liebe betreffend.*

Wie ein Kind, bei dem man auch nicht vorhersehen kann, was daraus wird. Wie lernt die Liebe laufen? Wann ist sie trotzig? Ist sie wild oder spielerisch, zart gebaut oder voller Ecken und Kanten? Wie wird sie uns überraschen? Und vor allem: Was erwarte ich von unserer Beziehung, unserem »Liebes-Kind« – und was bringt sie tatsächlich an Talenten und Power mit?

Dass Wunsch und Wahrheit auseinanderklaffen, ist völlig normal – und doch verwenden viele Paare die meiste Zeit darauf, die Beziehung ihren Wünschen oder einer »Idealbeziehung« anzugleichen, anstatt die Eigenarten ihrer Liebe zueinander zu entdecken. Dass das genauso unmöglich ist, wie das perfekte Kind auf die Welt zu bringen, das Atomphysiker wird, Schönheitskönigin und Tochter Teresa zugleich, ist eigentlich logisch. Und doch tun viele so, als ob das die einzige Möglichkeit sei, Liebe zu leben, und einer Form nachzujagen, die nichts mehr mit den beiden Beteiligten zu tun hat.

Wenn Sie sich Ihre Liebe zueinander als kleines Menschlein vorstellen – wie sähe sie aus? Ein zartes, fein gewebtes Geschöpf? Ein handfester Lausbub? Ein verspieltes Trotzköpfchen oder doch eher ein träumerisches Ding? Oder vielleicht eine Frühgeburt, nur eine Idee einer Beziehung, im Überschwang von drei erotischen Nächten? Wie fühlt es sich an, was da zwischen Ihnen ist? Behandeln Sie es so, wie Sie dieses Kind behandeln würden, um gut zu ihm zu sein.

Aber erkennen Sie auch, wenn die Beziehung alles andere ist als ein lebensfähiges Wesen.

Der Vorteil der Methode, die gemeinsame Gestaltung der Liebe als Tochter oder Sohn zu sehen, liegt auf der Hand: Anstatt über die vermeintlichen Verfehlungen des anderen zu klagen – du hast keine Zeit, du bist zu uninteressiert an Sex, du kannst dich nie auf Spontaneität einlassen –, spricht man über die Beziehung. Was ihr guttut, um zu leben. Dass der Beziehung gemeinsame Aktivitäten fehlen. Dass der Beziehung mehr Erotik wohltäte, damit sie weiterhin sonnig und warm bleibt. Dass der Beziehung Überraschungen und Aufmerksamkeiten ohne großen Grund abhanden gekommen sind und sie deshalb traurig in der Ecke hängt und bald gar keine Lust mehr hat, sich ins Leben zu stürzen. Damit nehmen sich Paare den Druck, der oder die »Richtige« zu sein, die auf den anderen adäquat reagieren müssen, um weiterhin geliebt zu werden. Auch Streitigkeiten verlaufen anders, wenn weniger mit Vorwürfen und Schuld hantiert wird – sondern sich als Team gemeinsam um das Baby »Beziehung« bemüht und gekümmert wird.

So lassen sich viele Sollbruchstellen umgehen. Anstatt zu sagen: »Wäre er der Richtige, würde er mit mir zusammenziehen«, könnte man vielmehr überlegen: Täte es unserer ganz eigenen Beziehung gut, oder würden wir sie dann einsperren? Oder statt sich zu fragen: »Warum fährt er am Wochenende allein weg, liebt er mich nicht genug?«, könnte man auch fragen: »Was macht das mit unserer Beziehung, braucht sie diese Luft zum Atmen?« Auch für Paare, bei denen einer damit hadert, zu gehen oder zu bleiben, ist die Frage nach dem »Beziehungskind« hilfreich: Bringt mir die Beziehung das, was ich mir erhoffe?, anstatt zu sagen: »Wäre der Mensch anders, würde er besser zu meinen Erwartungen passen, also ändere ich ihn oder warte darauf, dass er sich ändert.« Beispiel: Sie will Kinder, er aber nicht. Die Schuldfrage fällt weg: Du willst keine Kinder, also schränkst du meine Hoffnungen ein –, sondern es ist die Beziehung zueinander, die es verhindert.

Ist sie deshalb »schlechter« als andere? Nein. Sie hat dann nur andere Anforderungen.
Müssen wir überhaupt all das tun, was von einer »funktionierenden Beziehung« erwartet wird, oder sollten wir nicht längst damit beginnen, unseren eigenen Weg zu finden? Wie will unsere spezielle Liebe im Alltag gelebt werden?
Liebe funktioniert nicht von selbst, nur weil sie da ist. Doch sie braucht eine andere Art der Aufmerksamkeit als allgemeingültige Gesetze und Regeln der Partnerschaft. Sie braucht das genaue Hinsehen, was zwischen zwei Menschen stattfindet.
Eine Beziehung muss nicht alles sein, um »gut« zu sein. Also erotisch, romantisch, zärtlich, familiär, freundschaftlich, zweckgebunden und intellektuell anregend. Nur weil man sich zufällig liebt, ist eine Beziehung nicht auf all diesen Gebieten automatisch perfekt. Und doch empfinden viele Paare es als Schwäche, wenn einige der Faktoren verschwinden oder nicht vorhanden sind – sie versuchen, die Beziehung künstlich damit anzureichern, anstatt das wahrzunehmen, was sie am stärksten verbindet. Bei den einen ist es Sinnlichkeit, Erotik, Romantik. Bei den nächsten tiefe Freundschaft, der Wunsch nach Familie und Geborgenheit. Bei den übernächsten stehen geistiger Austausch und dieselben Geschäftsinteressen im Vordergrund ihrer Anziehung.
Anstatt dem nachzujagen, was Sie beide eher weniger verbindet, sollten Sie herausfinden, was genau Ihre zarten und starken Bande sind. Verbindet Sie die Lust auf ein Nomadendasein – dann sollten Sie nicht zusammenziehen. Verbindet Sie die Lust auf Familie? Dann müssen Sie nicht auf Teufel komm raus die besten Liebhaber der Welt werden! Verbindet Sie Erotik? Was wollen Sie denn dann im 24-Stunden-Alltag voneinander, da blühen keine Spannungen mehr! Die meisten Beziehungen enden unter anderem deshalb, weil wir alles von einer Beziehung wollen, anstatt ihre einzigartige Besonderheit wahrzunehmen und diese zu pflegen. Wir überfordern uns schlichtweg mit dem Mythos der Liebe, alles zu liefern.

Manchmal kommt bei der Suche nach den stärksten Seilschaften zueinander mehr heraus, als Sie ahnen. Anstatt auf den dünnen Bändchen herumzuhacken, sollten Sie genau hinsehen, was die großartigen Verbindungen sind.

Aber Vorsicht: Denn manchmal ist da auch weniger, als Sie gehofft haben.

Oft genug reagiert Ihre Beziehung auch anderes, als Sie es geplant haben. Am Anfang war alles prima – Sie liebten sich, setzten Kinder in die Welt –, und plötzlich ist da nur noch Stress. Dabei haben Sie sich das beide doch so schön vorgestellt! Und nun? Versuchen Sie doch mal die Sichtweise, dass das »Beziehungskind« Ihnen ganz individuell etwas sagen möchte. Anstatt nach vorgefertigten Erklärungen zu suchen – alle Paare mit Kind streiten sich, man braucht Alleinzeit, man braucht Kommunikation, man braucht Ersatzhandlungen für ausbleibenden Sex –, sollten Sie Ihre Beziehung fragen: Was ist los? Bist du verunsichert? Was brauchst du? Und finden die Antwort, die nur Sie beide bestimmen können, niemand sonst. Chaos und Krisen gehören zu einer Beziehung dazu – ohne sie würde sie sich nicht entwickeln.

Denn Ihre Beziehung reagiert auch wie ein eigenständiges Wesen auf das, was Sie tun, lassen, entscheiden. Sie bleibt nie dieselbe. Aber Sie sind ja auch nicht mehr die Frau von früher. Alles, was Sie in der Zeit, in der Sie mit Ihrem Partner zusammensind, tun, wirkt direkt auf die Beziehung und die wieder auf Sie. Es ist eine Dynamik, die entsteht. Und die ist nicht steuerbar – aber beweglich. Wenn sich eine Krise eingeschlichen hat, kommt sie nie über Nacht. Verfolgen Sie Spuren zurück, und reden Sie vor allem Klartext mit Ihrem Liebsten. Ohne direkte Benennung Ihrer Befindlichkeiten können Sie sonst nicht darauf kommen, was sich in Ihrer Beziehung wie verändert hat. Er vermisst zum Beispiel die Aufregung der ersten Verliebtheit? Erinnern Sie sich gemeinsam daran. Ihnen fehlen tiefe Gespräche? Wann und warum haben Sie damit aufgehört? Vielleicht haben Sie sich bereits alles gesagt, und der Beziehung täte nun Handeln gut?

Nur die Liebe, die ist noch, was sie ist – unfassbar, rätselhaft, überraschend, wundervoll, verletzlich, gewaltig, unberechenbar, mit neuen Facetten an jedem Tag.
Und der beste Grund, um zu leben und etwas daraus zu machen.

Hat die Liebe eine Form?

Nein. Und doch wurden ihr verschiedene Namen gegeben, weil der Mensch nun mal so ist: Es soll nichts geben, was er nicht erkennt, weil es sich sonst seiner Kontrolle entziehen könnte.
Die großen Schreiber der Literatur plädierten durchweg für die romantische Liebe – und ihre Beziehungen waren gekennzeichnet von Leidenschaft, Eifersucht und Verzweiflung. Anders als in anderen Formen der Liebe geht der Mensch in der romantischen Liebe nahezu in einem anderen Menschen auf; in einer romantischen Liebe ist jegliches Objektivitätsgefühl verzerrt, wir sind geradezu »blind«.
Unter Psychologen gibt es keinerlei Übereinstimmung in der Definition der romantischen Liebe. Die Psychologin Dorothy Tennov prägte dafür den Begriff *Limerenz* (lat. Grenze; Schwelle oder griech. Teich, See; Sumpf): Dies sollte zur Beschreibung einer besonders heftigen oder mit heftigen Gefühlsstürmen einhergehenden Liebe dienen. Der Zustand der Limerenz ist gekennzeichnet durch die unablässige gedankliche Beschäftigung mit der geliebten Person, die kleinste Geste und jedes Wort des Partners wird voll Furcht oder Freude aufgenommen, jedes Wort wird genauestens auf seine mögliche Bedeutung hin analysiert.
Wenn ich mich so umsehe, sind wir alle limerenzgestört: Entweder suchen wir genau nach diesem Eintopf aus Sturm und Drang, oder wir haben gerade eine dieser Begegnungen hinter uns, fühlen uns leer, ausgebrannt, verlassen und um die Liebe betrogen. Warum hat all diese viele Liebe nichts genutzt, wieso hat es nicht geklappt?
Manche sogar beklagen, dass es im Laufe einer Beziehung nicht mehr dieses *Je ne sais pas quoi* des Anfangs gibt, die bibbernde Leidenschaft, verzehrende Sehnsucht, Kribbeln ohne Ende, Sex jeden

Tag und das Gefühl, etwas ganz Besonderes zu beginnen. Es gibt inzwischen ganze Bücher, die das scheinbare Leid beklagen: Ich liebe dich, aber ich bin nicht (mehr) verliebt in dich.
Ich sach mal: Na und?
Ist doch schön! Die Liebe ersetzt nach und nach die Verliebtheit. Es ist ein ruhiger Fluss, eine Menschenliebe, die sich aufblättert, das wachsende Vertrauen in exakt einen Menschen, der uns näher ist als andere. Der uns kennt, den wir kennen. Respektieren, akzeptieren, lieben. Was genau ist so schlimm daran, dass die Verliebtheit fehlt? Dass das Jibbern auf Neues weggefallen ist? Dass es der bekannte Körper ist, der bei uns Knöpfe drückt? Dass es nicht mehr der Anfang ist, an dem alles möglich ist, sondern der Weg, der bereits weit vorangeschritten ist und nicht mehr alle Möglichkeiten zu besitzen scheint?
Ich verstehe bis heute nicht die Sehnsucht der Paare, die dem Anfang nachweinen, obwohl sie doch schon viel weiter sind, obgleich sie sich doch lieben. Ja, es war schön, aber es ist vorbei. Eine schöne Zeit ist einer anderen gewichen. Oder ist die Klage nicht eigentlich ein Bedauern, dass die Beziehung nicht so geworden ist, wie sie es am Anfang versprach? Falls Sie mir die Sehnsucht erklären können, bitte, trauen Sie sich, unter www.annewest.de gibt's einen Kontaktbutton, ich bin neugierig, wo jetzt das Problem liegt, dass es nicht mehr so kribbelt wie zu Beginn, dafür aber wärmt und das Leben zu einem lebenswerten Dasein macht.
PS: Wenn es das Kribbeln der Lust ist, das kann ich verstehen. Ist aber eine andere Geschichte!

Wenn Sie indes kein Limerenz-Liebender sind, helfen Ihnen vielleicht die Definitionen des Soziologen John Alan Lee weiter:

1. *Eros:* Diese Form von Liebe basiert auf körperlicher Anziehungskraft. Meist ist diese so schnell wieder vorüber, wie sie begonnen hat. Eine feste, dauerhafte Beziehung ist hier in den selten-

sten Fällen zu erwarten. Sprich: ficken, ficken, ficken. Kann ja auch sehr schön sein.

2. *Ludus:* (lat. Spiel) beschreibt die spielerische Liebe, mit Täuschungsmanövern, Eifersüchteleien et cetera. In der Regel zeigen die Partner kein großes Verantwortungsbewusstsein gegenüber einander. Sprich: Etwas, was wir mit Anfang 20 gern betrieben haben, mal will er dich sehr, dann gar nicht mehr, und um ihn zu halten, sind wir mal Zicke, mal Luder, dann wieder Hauskätzchen – aber mit Partnerschaft hat das alles wenig zu tun. Dumm nur, wenn man das auch noch bis in die 30 und darüber hinaus zieht, dann hat man den Salat, mit Typen Ende 30 umgehen zu müssen, die kein Wort der Eindeutigkeit finden, immer noch an Freiheit und Abenteuer glauben und den Samstagabend mit den Kumpels vorziehen.
3. *Storge:* bedeutet Wärme und Zuneigung. Eine Liebe, die sich langsam, ohne Verrücktheiten aufeinander zu bewegt. Storge entspringt der Freundschaft. Es ist die beständige Form der Liebe. Und jene, die als soooo langweilig empfunden wird. Es ist die Liebe zwischen netten Männern und netten Frauen, die eines Tages durchknallen und nach dem brennenden Bett suchen und sich fragen, ob sie was verpasst haben, wenn sie so gar keine dramatischen Szenen hinter sich haben oder selten um die Partnerschaft kämpfen mussten. Es ist zwar die stabilste Art der Liebe, aber sie ist auch für den drängenden Menschen die merkwürdigste: Sie ist ein ruhiges schönes Fahrwasser, etwas, mit dem der neugierige, leidenswillige, dynamische Mensch so ungern leben mag. Aber warum eigentlich nicht?
4. *Mania:* ist die stürmische Art der Liebe. Der manisch Liebende wird von starken Antrieben bestimmt – das Bedürfnis nach Aufmerksamkeit und Zuwendung seitens der geliebten Person ist unstillbar. Findet sich durchaus bei Geliebten von Gebundenen, bei Söhnen aller Art, bei Stalkern oder Menschen mit geringem Selbstwert, die sich durch die Existenz des anderen definieren.

5. *Pragma:* eine eher pragmatische, unterkühlte Form der Liebe. Der pragmatisch Liebende sucht sich seinen Partner nach einer gedanklichen »Checkliste« aus, die von ihm gewünschte Eigenschaften aufweist. Vermehrt im Internet zu finden, wo die Häkchenlisten gerne stehen. Im Zweifel lieben auch traditionelle Herren mit Kohle so, weil sie bei der Partnerwahl nicht nach Herz, sondern nach Status gehen. Sollen sie doch, hält meist auch ganz gut, wenn man sich gegenseitig eben die Herzensangelegenheiten verschweigt. Regen Sie sich nicht auf als Romantiker, es gibt so viele Lebensmodelle, die auch dann funktionieren, wenn nicht das Schicksal zwei zusammenbrachte.
6. *Agape:* bezieht sich auf das christliche Konzept der Liebe, als nicht fordernd, geduldig, freundlich und allumfassend. Interessant ist, dass Lee eingesteht, er selbst habe nicht ein einziges Beispiel uneingeschränkter Agape finden können, so dass man wohl annehmen darf, dass diese Form der Liebe eher ein Ideal bleiben wird. Obgleich: Das Helfersyndrom, das die meisten Frauen von uns haben, ist so etwas wie eine schiefe Agape. »Er braucht mich, deswegen wird er mich nicht verlassen«, ist zwar keine selbstlose Einstellung und fordert immerhin Dankbarkeit, aber sie ist eine hübsche, verbreitete Abart unter den Liebesformen.

Liebe ist, wenn zwei sich anschauen und dasselbe Gesicht machen

Die Liebe weiß traditionell nichts von dem, was Sie wollen. Ob Sie einen großen blonden Kerl wünschen, der gut Auto fahren kann und beim Zähneputzen nicht das Wasser laufen lässt, der Kinder mag und Ihnen im Flugzeug die Hand hält, der Sie beim Einschlafen löffelt und beim Onanieren gefälligst an Sie denkt und nicht an gesichtslose Pussys – all das ist für die Liebe irrelevant. Sie wird weder dafür sorgen, dass sich all Ihre Wünsche erfüllen, noch Sie dabei unterstützen, den gefundenen Mann in den Mann dieser Träume umzuwandeln.

Die Liebe ist vielleicht ein Geheimnis, das geheim bleiben muss, um zu funktionieren; es ist wie in der römischen Sage, als die schöne Göttin Psyche jede Nacht von Amor besucht wurde. Er versprach stets wiederzukommen, aber nur, wenn sie das Licht ausmachte und ihm nicht ins Gesicht sah. Als Psyche dennoch, getrieben von der Neugier, der Liebe auf den Grund zu gehen, eine Öllampe entfachte, entschwand der Liebesgott und kam nicht wieder.

Genauso flüchtig und die Entzauberung vermeidend ist die Liebe: Da treffen Sie zum Beispiel einen Mann, der in 99 von 100 Punkten auf Ihr inneres Beuteschema anspricht. Jedoch: Er ist Ihnen sympathisch, mehr jedoch nicht; es ist dieser andere, im Vergleich zur inneren Liste eher unzulängliche Kerl, bei dem Sie Schweißausbrüche, Knieflattern und Herzpurzelbäume spüren. Es ist ganz einfach: Schlägt die Liebe erst einmal zu, lassen sich tausend Gründe für Ihre Wahl finden; fehlt die Liebe, wären alle guten Argumente nichtig.

Was an »Liebe dich selbst« wirklich so dran ist

Der Satz »Liebe dich selbst« mutet ja einerseits ein wenig esoterisch an, andererseits schwingt auch der Aufruf zum Egoismus mit. Doch etwas Wahres ist daran, an dem Satz: Wenn Sie sich selbst lieben, dann wird es anderen leichter fallen, Sie ebenso zu mögen. Der Effekt ist simpel: Jemand, der sich selbst mag, schätzt, kennt, liebt, dem traut man zu, dass er sein Leben eigenverantwortlich lebt und vor allem emotional autark genug ist, um nicht von anderen dauernd zu verlangen: Liebe mich und mach mich glücklich!

Wenn Frau ein eigenes Leben hat, es führt, ausfüllt – dann wird es ihr nicht so schnell passieren, dass ihr ein Mann davonläuft aus Angst, er werde jetzt ihr neuer Lebensmittelpunkt und Austragungsort ihrer diversen Umerziehungsmethoden, Liebesbeweise und -einforderungen, um letztlich als Statist zu enden, bei einer Hochzeit in Weiß, sie sieht aus wie ein Sahnebaiser, er darf an der richtigen Stelle Ja sagen. Irks. Nein, lieber wäre es ihm, und dafür würde er bis ans Ende der Welt mit einer Frau gehen, wenn sie ein eigenes Leben hätte, in dem sie ihm nur einen festen Platz einräumt. Denn dann braucht er kein schlechtes Gewissen mehr zu haben, dass er auch ein eigenes Leben hat und es weiterhin lebt, auch wenn die beiden zusammensind.

Fazit: Eine Frau, die sich selbst liebt und nicht ständig von anderen Liebesbeweise einfordert – ob in Form von Komplimenten oder Beschwichtigungen à la »Nein, Schatz, du hast nicht zugenommen ...« –, wirkt auf Männer wie in Cognac getränkte Zuckerstückchen auf Fliegen. Jemand, der nicht ständig Interesse für sich einfordert, sondern aufgrund seiner gelassenen Selbstliebe sehr wohl fähig ist, Interesse am anderen zu bekunden, kickt mehr als jedes »Ich-mache-mich-interessant«-Getue. Sie sind interessant, wenn Sie sich für ihn interessieren.

Höchst anziehend. Denn wenn sie selbst glaubt, dass etwas an ihr dran ist, dann spricht auch ihre Ausstrahlung für sie, in ihrem Gang, in ihren Augen liegt ein »Ich weiß«. Dieses Sich-seiner-selbstbewusst-Sein törnt an. Und wenn so eine Frau auch noch ehrliches Interesse zeigt und bekundet, was soll man dem noch entgegensetzen außer Hingabe?

Wobei es bei der ganzen Liebe-dich-selbst-Sache auch einen kleinen Schatten gibt, wie bei jeder guten Sache: Wenn die Einstellung ausufert in »Nur das Beste ist gut genug für mich, gut allein reicht nicht, gut ist nicht gut genug, es muss perfekt sein, ER muss perfekt sein«. Dann schlägt die Selbstliebe bald in Arroganz um. In eine Arroganz, die sich in übercoolem Gebaren ausdrückt, in einem Abkanzeln des Verehrers, als sei er Kaugummi unterm Absatz, und in heimliches Zweifeln des Nachts, wenn sich die Schatten der Sehnsucht in den Fensterecken der Seele einnisten: Wenn ich doch so toll bin, warum finde ich keinen Mann? Alles Idioten, die haben mich gar nicht verdient! Aber, ach, vielleicht bin ich doch eben nicht gut genug? Doch, ich werde es ihnen beweisen! Ich werde eben noch unnahbarer sein, das wirkt geheimnisvoll und anziehend, und dann werde ich sie alle abblitzen lassen, bis er, bis der eine kommt ...

Von der gesunden Selbstliebe zum kranken Selbstwahn ist es nur eine kleine Umdrehung mehr. Die meisten Frauen leiden jedoch mehr unter dem Wahn als unter ihrer Selbstliebe; sie wählen sich Männer, die eher gut aussehen als ihnen gut tun, sie halten sich für eine Göttin in spe (es gibt ja auch genügend Lifestyle-Tips, die ihnen dabei behilflich sind), und dafür kommt eben nur ein Gott in Frage.

Sich für »normal« zu halten ist out; in jeder Frau steckt natürlich mehr als etwas Normales. Sich mit einem normalen Mann zu vergnügen kommt dabei nicht in Frage.

Und das ist der Moment, wo »Liebe dich selbst« zum Paradox verkommt: Vor lauter Ansinnen, gut zu sich zu sein, verpassen diese Frauen das Beste, was ihnen passieren könnte: mit einem unperfekten Mann eine unperfekte Beziehung führen. Denn das Leben ist mehr als eine Hollywood-Romanze, und es dauert auch länger als 120 Minuten. Es ist ein tägliches Kraulen und Kämpfen und Machen und Tun und Versuchen und Probieren und Scheitern und Bessermachen ... es ist viel mehr als das, was zwischen zwei Buchdeckeln steht, auch zwischen diesen beiden.

So ist das Leben, und eine Venus wird es zu nehmen wissen, wenn sie vor allem Liebe für sich selbst übrig hat und sich selbst dann mit sich versöhnt, wenn eine Beziehung scheitert, sie sich beim Träumen ertappt oder mal wieder dabei ist zu vergessen, was sie wirklich braucht und will. Weil sie schon wieder komische Zeitschriften gelesen hat. Na und – sie sind Eiscreme fürs Gemüt, nur ernähren sie uns nicht.

So heißen Sie die Liebe willkommen

Zuerst stand hier als Kapitelüberschrift »Wie Sie die Liebe stärken können«. Dann setzte sich die Liebe eines Nachts zu mir und hauchte: »Schätzchen, mich kann man nicht stärken, ich wachse von selbst, wenn mir ein Paar Raum und Zeit dafür lässt. Aber es gibt wenig, was du aktiv tun kannst, um mich zu erhöhen. Es gibt dagegen mehr, was du machen kannst, um mich zu verscheuchen.« Ich wachte auf und sah ihr ins Gesicht; da machte sie sich auf und davon.

Also löschte ich brav alle Einträge zu diesem Thema, wie Sie die Liebe stärken können, und begann noch mal neu.

Zunächst möchte ich Ihnen von John Gottman erzählen, einem Beziehungsforscher aus den USA. Er wird der Guru der Liebe genannt, aber Etiketten helfen uns auch nicht weiter. Was ich an seinen Aussagen spannend fand, war die Wahrhaftigkeit seiner Warnung vor den »Apokalyptischen Reitern der Liebe«: 1. Kritik, 2. Verteidigung, 3. Verachtung, 4. Rückzug und 5. Machtdemonstration. Die Apokalyptischen Reiter hat der Liebesforscher Gottman in seinem »Ehelabor« an der Universität von Washington in Seattle als die fünf stärksten Liebesstörer zusammengefasst: Er beobachtete Paare bei Auseinandersetzungen. Anschließend blieb er mit ihnen in Kontakt, um sich immer wieder nach ihrer Ehe zu erkundigen. Es zeigte sich: Diejenigen, die später unglücklich waren oder sich scheiden ließen, hatten schon beim Streit Jahre zuvor fatale Verhaltensweisen an den Tag gelegt. Gottman taufte diese Liebeskiller die »Apokalyptischen Reiter«. Verblüfft stellte er fest, dass sich mit ihrer Hilfe das Schicksal einer Ehe geradezu mit mathematischer Präzision vorhersagen lässt. 15 Minuten Streit reichen dem Gefühlsgeometriker, und er kann vorhersagen, welches Paar zusammenbleibt und welches sich trennen wird – Trefferquote: 83 Prozent.

»Die 5 Apokalyptischen Reiter der Liebe«

1. Kritik. Es besteht ein Unterschied zwischen Kritik und Beschwerde: »Immer lässt du alles rumliegen, du bist so was von faul!« - oder »Es stört mich, dass deine Socken herumliegen. Kannst du die bitte wegräumen?«
2. Verteidigung. Auf Kritik reagiert man instinktiv mit einer Rechfertigung: »Ja, aber ich arbeite den ganzen Tag und hab nicht die Zeit, ständig aufzuräumen.« Die Verteidigung ist zwar verständlich, aber sie ist unproduktiv, weil sie den Streit eskalieren lässt.
3. Verachtung. Diese krasse Form der Kritik zielt nicht darauf ab, das Verhalten des anderen zu verändern, sondern nur darauf zu verletzen: »Als ob du wüsstest, was Arbeit ist!«
4. Rückzug. »Mauern« ist ein anderes Wort für dieses typische Problem, auf das wir alle reagieren, wenn Vorwürfe oder Kränkungen auf uns einprasseln. Einfach weggucken. Nicht mehr reagieren. Aufstehen und den Raum verlassen.
5. Machtdemonstration: »Ich kann meine Socken liegen lassen, wo ich will. Ich zahl hier die Miete.«

Alles, was ich sonst noch anmerken könnte, worunter die Liebe leidet, wird hinfällig, denn die Liebe macht sich in der Tat ganz schnell davon, wenn sie oft unter diesen Killern zu leiden hat – vor allem Verachtung, wie ich finde. Wie oft höre ich Paare miteinander sprechen, als würden sie sich hassen, anstatt seit Jahren zusammenzusein; wie sie einander herumkommandieren, aufziehen, vor anderen blamieren, sie mit verächtlichen Spitznamen betiteln.

Und diese fünf Mistbacken zeigen sich nicht nur als Kommunikationssünden, sondern ebenso im nonverbalen Umgang: Die Machtdemonstration eines Mannes, der seiner Frau gönnerhaft auf den Hintern klopft, vor anderen, oder der Frau, die mit anderen flirtet, während er kochend danebensitzt. Das demonstrative Augenrollen vor anderen, wenn er ihr etwas sagt und umgekehrt, das Bestrafen durch Liebesentzug und, und, und. Wenn man sich die Liebe als Wesen vorstellt, das vorbeischaut, um ein Paar zu beglücken, dann ist es nicht verwunderlich, wenn es sich in so einer Stimmung zurückzieht.

Soviel zu den Liebeskillern.

Was die Liebe braucht, um zu bleiben

Wie genau lassen wir der Liebe denn nun Raum und Zeit, um sich auszubreiten, damit sie wärmt, bleibt und die Partnerschaft zu etwas macht, auf das man am Ende des Lebens zurückblickt und sagt: Ja, ich habe mein Leben in Liebe verbracht?

1. Die Beziehung bejahen und einsehen, dass sie Pflege braucht, damit die Liebe nicht welkt. Wer absolute Zahlen bevorzugt, bittesehr: 20 Minuten täglich. Um sich zuzuhören, zärtlich zueinander zu sein, dem anderen zu zeigen, dass man an ihn denkt, auch nach 20 Jahren noch.
2. Darauf verzichten, den anderen umzustimmen, ganz gleich bei welcher Meinungsverschiedenheit. Es kommt nicht darauf an, wer recht hat, denn auch wenn man einen Streit gewinnt, so verliert die Beziehung etwas: gegenseitige Akzeptanz.
3. Nicht versuchen, Rezepte von außen auf die eigene Liebesbeziehung zu übertragen. Zum Beispiel die berühmte Streitkultur, mit Formulierungsänderungen oder Konfliktlösungsmodellen, ist unbrauchbar – denn jeder Mensch tickt anders. Man hat zu Hause nie die klinische Situation wie während einer Partnertherapie, wo der Therapeut gemeinsam mit dem Paar Streit »übt«. So ein Kram ist Humbug, jedes Paar hat seine ganz eigene

Gesprächskultur, auch glückliche Paare schreien sich an, vergreifen sich im Ton oder kommen mit ollen Kamellen rüber. Die einzige liebeserhaltende Maßnahme sollte sein, einlenken zu können, den Streit nicht bis über die Nacht zu ziehen und sich schlafen zu legen, ohne dass die Sache gegessen ist. Und, ach ja, ein »Tut mir leid« und ein »Ich liebe dich«, erst recht, wenn wir nicht einer Meinung sind, helfen mehr als jede andere Streitstrategie.

4. Ergreifen Sie Partei für den Partner, selbst dann, wenn Sie nicht gleich verstehen, was eigentlich los ist. Sich gegenseitig das Angebot zu machen, zueinander zu stehen, anstatt sich selbst Kompetenz zu beweisen. Ihn zu maßregeln, mit Ratschlägen zu überschütten oder ordentlich Kontra zu geben pusht vielleicht das Ego, aber nicht die Beziehung.
5. Lassen Sie es zu, dass Sie sich gegenseitig beeinflussen. Hören Sie aufeinander.
6. Behandeln Sie sich gegenseitig mit Respekt. Manieren im Umgang miteinander fördern die Liebe mehr als zwei Ferienwochen auf den Seychellen plus Brilli und Heiratsantrag. Oft behandeln wir Fremde höflicher als unsere Partner, dabei haben die Fremden uns nicht mal Liebe geschworen ...
7. Verwöhnen Sie sich gegenseitig mit Liebesbekundungen. Liebe ist das einzige, das wächst, wenn man es verschwendet.

Liebesbeweise ohne dramatische Worte

Es sind nie die wenigen großen ultraromantischen Einmalhandlungen, die eine Liebe zum Blühen bringen, sondern die stille Romantik des Alltags. Das Einanderwahrnehmen, das Aufeinandereingehen in jeder möglichen Situation. Es geht nicht darum, sich einander möglichst oft zu offenbaren und Liebe zu schwören, sondern um

zahllose, winzige Zuwendungen. Vertrauen, Geborgenheit, Zusammengehörigkeitsgefühl entstehen nicht, nachdem Sie sich in drei Marathonnächten alle Ängste, Zweifel, Hoffnungen, bahnbrechenden Erlebnisse und sexuellen Phantasien gebeichtet haben – sondern im Laufe der Zeit, in der an jedem Tag eine Kleinigkeit, eine winzige Aufmerksamkeit den Beweis erbringt: Ich liebe dich nicht nur, sondern nehme dich und deine Bedürfnisse wahr, ich verstehe dich, ich will mit dir leben. Denn auch wenn der Beginn, die Verliebtheit, die dramatischen Liebesbekundungen, der Flirt, die erotische Ekstase ein Paar zusammenführt, so ist jener Teil, bei dem es ums Miteinanderleben geht, auf jeden Fall der längere. Und spannendere, weil die Liebe dann nicht mehr mit Tusch begrüßt wird, sondern anders Raum und Ausdruck findet. Im besten Fall, versteht sich – das Werben ist also nicht eine Phase, die nach dem dritten Date einsetzt und mit der Hochzeit oder dem Zusammenziehen oder der ersten Liebeserklärung endet – nein, es dauert an, solange die Beziehung läuft.
Hört sich mühsam an? Ach was, Sie leben es wahrscheinlich schon, ohne zu ahnen, was Sie sich und der Liebe damit Gutes tun:

1. Wenn Sie ein heikles Thema ansprechen wollen, dann beginnen Sie mit einem sanften Auftakt. Der Ton ist entscheidend, nicht das Thema oder ob Sie recht haben oder nicht – ein liebevoller Ton hilft, Konflikte zu einem konstruktiveren Ende zu bringen.
2. Ruhe in die Beziehung bringen: Lassen Sie sich gegenseitig Ihre Auszeiten, bevor Sie miteinander reden; vor allem vor oder nach der Arbeit. Anstatt den Süßen gleich anzunörgeln, wenn er nach Hause kommt, warten Sie. Fällt schwer, lohnt sich aber.
3. Komplimente machen. Täglich eins. Und sei es, wie sehr Sie seine Energie schätzen, die er dem Job entgegenbringt, wie sehr Sie den Blick mögen, mit dem er Sie ansieht, oder dass sein Kaffee der beste ist von allen. Jeder Mensch fühlt sich wohl in

der Gegenwart eines anderen Menschen, der seine Qualitäten sieht, selbst die allerkleinsten. Vorteil ist auch: Oft reagieren Menschen in Streits und Konflikten deshalb mit Mauern, weil sie sich vom anderen abgelehnt, vorgeführt, ungeliebt, ungenügend vorkommen. Mit der inneren Sicherheit, einen Sack voller Komplimente gehört zu haben, wird der Partner nicht so schnell abblocken oder fürchten, Sie würden sich jetzt gleich von ihm trennen wollen – denn er weiß ja, dass Sie ihn grundsätzlich schätzen, nur eben gerade ein Problem haben.

4. Träume akzeptieren. Er will mal fliegen lernen, ein Buch schreiben, mit dem Moped um die Welt fahren, es den Leuten in seiner Heimatstadt so richtig zeigen ...? Belächeln Sie ihn nicht. Nehmen Sie ihn ernst. Würden Sie doch auch wollen, ganz gleich wie absurd Ihre Träume erscheinen mögen.
5. Körperlich sein. Zärtliche Berührungen erinnern an die ersten Kernschmelzen, die Ihre Körper einst miteinander genossen.
6. Arbeit abnehmen. Immer mal wieder Dinge tun, die der andere nicht so gern mag. Nicht ständig, aber mal. Ohne viele Worte.
7. Stellen Sie Ihren Partner nicht ständig hinten an. Arbeit, Verabredungen, die Kinder, die Freundinnen, die Eltern ... und dann, irgendwann, er, weil er »sowieso« da ist? Nein. Schaufeln Sie sich Zeit für ihn frei.
8. Wenn der andere etwas fragt, ist es Ihnen nicht egal. Niemals.
9. Danke sagen. Erst recht, wenn er Ihnen seit 30 Jahren morgens Kaffee kocht, während Sie noch schlummern.
10. Erwarten Sie keine Liebesbeweise, sondern geben Sie welche. Denn Erwartungen bringen Sie nicht weiter. Und wenn Sie sich nach »Beweisen« sehnen, wie nach Blumen, einer Überraschungseinladung ins Kino oder dass er sich am Wochenende Zeit nimmt, um Ihnen zuzuhören, wie die Woche war, dann sagen Sie es eben. Und hören Sie mit dem Zickengetue auf, von wegen: »Aber wenn ich es ihm sage, ist es ja keine romantische Überraschung mehr, und er tut es nur, weil ich es ihm sage,

nicht von selbst, buaah.« Ja und? Wollen Sie nun Blumen oder nicht? Wie sehr wird er sich freuen, zu wissen, wie er Sie erfreuen kann ...

11. Keine Wenn-dann-Bedingungen wie: »Wenn du mich wirklich liebst, dann ... gehst du freitags nicht mit den Kumpeln aus/bist du meiner Meinung/fahren wir jetzt nach Hause.« Liebe ist bedingungsfrei, Ihre Bedürfnisse können Sie auch ohne Erpressung ausdrücken. Druck ist ein Feind der Liebe.
12. Erkennen Sie seine Liebesbeweise, auch wenn Sie sie erst mit Verzögerung wahrnehmen: Er rät Ihnen zum Flachbildschirm, nicht weil er Sie bevormunden will, sondern weil er weiß, dass Ihre Augen es Ihnen danken; er hält Ihre Handtasche fest, obwohl er damit dämlich aussieht; er klagt nicht über den Schuhkaufmarathon ... manche Gunstbezeugungen kommen unglaublich praktisch daher und sind eben kein romantisches Gedicht. Aber zeigen, dass er sich Gedanken um Sie macht. Nehmen Sie es wahr.
13. Take care. Sorgen Sie sich um ihn, ohne ihn zu bemuttern; wenn es draußen kalt ist, nehmen Sie seine Handschuhe mit und reichen Sie sie ihm ohne ein Wort, stellen Sie ihm Zucker griffbereit für den Kaffee hin, auch wenn Sie selbst Zucker vermeiden, decken Sie ihn zu, wenn er sich nachts freigestrampelt hat ... es gibt tausend Möglichkeiten, sich umeinander zu sorgen, ein wenig zu kümmern, in dieser Welt, so sich jeder sonst um sich kümmert oder wahlweise verlangt, der andere hätte sich auf ihn einzustellen.

Das sind keine Regeln für die Liebe

Einzige Regel: Es gibt keine Regeln, die Sie befolgen sollen oder müssen, um die Liebe zu erhalten. Das einzige, was Sie tun sollten ist: sich der Liebe mit Hingabe zu widmen. Sie nicht

steuern, herbeiführen, erlernen wollen. Sie annehmen, wo Sie wollen, sie loslassen, wenn sie gehen will.
Alles andere, was Sie je über Liebe hörten, gehört ins Reich von: Wie führe ich eine Partnerschaft? Doch mit Liebe haben diese Vorschläge und Helfer nichts zu tun! Liebe kommt, wenn Sie beide nicht zusammenpassen, genauso daher, wie sie geht, obgleich Sie versuchten, in einer Beziehung alles »richtig« zu machen.
Das ist die Magie der Liebe, dass sie nichts mit Regeln zu tun hat. Lassen Sie diese Unwägbarkeit, die Unberechenbarkeit zu. Werfen Sie all Ihre Gefühle in die Liebe, zeigen Sie die Liebesgefühle, die Sie haben, aber steuern Sie sie nicht, versuchen sie nicht, sie zu beeinflussen. Regeln Sie nicht. Maßregeln Sie nicht. Erpressen Sie nicht mit Liebe, entziehen Sie sie nicht zur Bestrafung. Fordern Sie von der Liebe nicht, dass Sie Ihre Probleme löst oder von selbst eine Partnerschaft gestaltet. Zeigen Sie Ihre Liebe, aber fallen Sie nicht darauf herein, wenn es heißt: So bleibt die Liebe, so wird sie tiefer, schöner, aufregender ... nein. Liebe ist. Ohne Regeln.

These:
Es gibt keine große Liebe im Leben.
Zumindest nicht nur eine

Ich verdächtige Menschen, die mit Tränen in den Augen behaupten: »Er/Sie war meine große Liebe«, nachdem sie eine scheußliche Beziehung beendet haben, dass sie sich wichtig machen wollen. Wahlweise wollen sie bemitleidet werden oder dem verlassenen Partner noch mal so richtig eine reinbrezeln, ein Versuch des schlechten Gewissens, eine letzte Möglichkeit, ihn zur Umkehr zu bewegen, oder weil es so schön ist zu scheitern.

Autsch, ja, ich weiß. Aber ist es nicht seltsam, dass es so oft heißt: »WAR meine große Liebe?« Wie oft haben Sie schon gesagt: »IST meine große Liebe?« Oder es von anderen gehört, die gerade mit einem Partner durch die Gegend gondeln: »Er/Sie IST meine große Liebe?«

Die große Liebe. Sie scheint oft nur deshalb so unfassbar großartig zu sein, eben weil sie vorbei ist und nicht mehr der Realität standhalten muss. All das Bröckeln und Auseinanderdriften im Alltag einer Beziehung, das ist nicht mehr sichtbar. Was bleibt, ist die Erinnerung an das Gefühl und die Sehnsucht.

War der erste Junge, den ich küsste, meine große Liebe? Zumindest erinnere ich mich noch an das Gefühl. Neulich, der Mann, mit dem ich eineinhalb Jahre verbrachte, da war die Sehnsucht riesengroß. War das eine große Liebe? Die eine, die letzte? Und wenn sie es war, wieso ist sie dann nicht mehr da, verdammt?

Und jetzt, dieser Mann, der mich einfach geheiratet hat – ist das etwas anderes, ist es Liebe, große Liebe oder gar »wahre Liebe«?

Ich möchte behaupten, dass es mehr als eine große Liebe im Leben gibt und damit nicht die »eine große Liebe«.

Was bleibt: wahre Liebe, die sich unter anderem darin zeigt, dass sie weder dramatisch ist noch verklärt, sondern die Sicherheit mitbringt, mit diesem einen Mann das Leben verbringen zu wollen. Weil man mit niemandem lieber zusammen ist, weil man ihm vertraut, weil es kein Drama und kein Leiden gibt – weil es so ruhig und sicher ist, wie es für einen Hollywood-Film sicher viel zu langweilig wäre.

Oder, um meine Freundin W. zu zitieren: »Es ist so schön, dass es manchmal fast langweilig ist. Alles ist klar, auch wenn es mal schwierig ist – selbst dann ist es kein Drama. Wieviel Zeit und Energie ich früher darauf verschwendet habe, über Flirt, Anbaggern, Zurückrufen, Rarmachen nachzudenken, so kommt es mir heute fast so vor, als sei ich nur damit beschäftigt gewesen. Heute ist Liebe einfach da.«

Lust

Je mehr es einem um die Lust geht,
um so mehr vergeht sie einem.
Victor Frankl (1905–1997), österr. Psychotherapeut

Angeblich denken Männer häufiger an Sex als Frauen; aber da entsprechende Umfragen zumeist durch Selbstauskunft beantwortet werden, glaube ich einfach nur, wir Damen ziehen das alte Spiel ab: Geht dich gar nichts an, ich bin ein Gänseblümchen, dann kann ich wenigstens über Sex nachdenken, ohne dass dauernd in der Zeitung steht, wie oft ich es tue.

Ein weiteres Gerücht ist, dass wir Frauen insgesamt lustloser sind. Mein hysterisches Gelächter ob dieser Annahme dürfte inzwischen die Nachbarschaft geweckt haben. Gut, mag sein, dass es für uns Frauen da draußen weniger Unterhaltung gibt, um unsere Lust zu entfachen. In den U-Bahnhöfen der westlichen Welt oder in beliebigen Zeitschriften sorgen halbnackte Frauen in Tangas, zerrissenen Jeans oder eingeölten Dekolletés sicher für mehr Spaß bei Männern und Lesben als bei uns. Auf der anderen Seite ist der visuelle Genuss beim Anblick strammer nackter Männermuskeln auch nicht so richtig spannend; obgleich, und bei der Gelegenheit auch gleich mal die Enttarnung eines Vorurteils, das bewegte Bild – sprich: ein Porno – kann uns Frauen schon anregen.

Auf der anderen Seite ist die Masse an nacktem Fleisch auch eine saublöde Entschamisierung: Seit Sex erlaubt ist, kickt er irgendwie nicht mehr so, oder welcher Mann über 16 kriegt noch feuchte Hände beim Anblick eines, sagen wir mal, nackten Knies? Keiner. Sex mag ja ein Produkt gut verkaufen, aber es trägt nicht dazu bei, den Sex zu verbessern. Schade. Wir sind oversexed und underfucked.

Aber zurück zur Lust, die vor dem Sex steht, im besten Falle. Niedlich, die Annahme, wir Damen wären immer noch, oder schon wieder, so ein feinsinniges Geschlecht, das mit den Begleiterscheinungen körperlicher Tätigkeit nix am Hut haben möchte. Die Frisur! Die Tagesdecke! Die Nachbarn! Klischee, Klischee, Klischee. Es gibt genauso viele verklemmte Männer wie Frauen, aber auch genauso viele lustvolle Frauen wie Männer; die Geschlechter unterscheiden sich darin weniger, als es wem auch immer lieb ist. Wir haben eine Vagina und gedenken auch, sie einzusetzen, also, aufgepasst, Männer, jegliches Opfergehabe ist nur ein Mittel, um einen ganz anderen Zweck zu verfolgen, auch das können einige Damen hervorragend: Sex oder Lust beziehungsweise Unlust als Waffe zu nutzen. Als Bestrafung, als Verlockung, als Rache.

Machen Männer aber auch, bevor es jetzt wieder gleich zu einem Klischee kommt, wonach Frauen das grausamere Geschlecht sind, wenn es um emotionale Kriege geht. Auch Männer verweigern die Lust.

Und leider im vermehrten Maße, vor allem, seit Frauen ihre Lust deutlicher zeigen. Ja, das tun wir. Wir kaufen uns Spielzeug und Dessous und mieten Hotelzimmer, ärgern uns mit halterlosen Strümpfen herum, die in den ungünstigsten Augenblicken am Knöchel herumrollern, haben vier Liebhaber gleichzeitig und trinken Ananassaft, damit ihm der Cunnilingus besser mundet.

Das ist die eine Seite.

Die andere ist so schmucklos wie ein Toblerone-Regal: Frauen haben Lust, aber verlieren kein Wort darüber, was sie wollen, wie sie es wollen, wie sie es anders haben wollen, als sie es bekommen, und schweigen sich auch über ihre geheimsten und heißesten Phantasien aus. Es gab Anfang des Jahres 2006 eine Sexstudie, in Auftrag gegeben von *Cosmopolitan.* Ich hatte den Fragenkatalog zusammengestellt, weil ich neugierig war, wie die Menschen es mit der Kommunikation über Sex hielten, welche Wünsche sie haben, welche sich davon erfüllen und ob sie gern über Sex reden.

Das Ergebnis: Nein, tun sie nicht. 92 Prozent der Befragten reden nicht gern über Sex, schon gar nicht über ihren eigenen. Frauen

sprechen nicht über ihre Gelüste, und das mag ein Grund sein, warum alle (Männer-)Welt behauptet, Frauen seien unlustiger. Die Wahrheit sieht jedoch anders aus: Sie sind lustvoll. Nur schweigen sie sich aus, und Männer denken, sie dürften nicht nachfragen. Oder traut ihr euch bloß nicht, Herrschaften? Aus Angst, nicht genügen zu können? Ehrlich gesagt, das nervt.
Andererseits frage ich mich, wieso Frauen schweigen, oder, so eine andere Studie unter Paaren in Hamburg, nach drei Jahren Beziehung die Initiative einstellen. Ist es vielleicht so, dass Frauen Männer bewusst an die kurze Leine legen, in der Hoffnung, sie so bei der Stange zu halten? Ist sie eine Kopfsache, die vorgeschobene Lustlosigkeit, oder resultiert sie daraus, dass Sex weniger Spaß macht im Laufe der Zeit? Und wenn ja: An wem liegt es – an der Antriebslosigkeit der Damen oder an der mangelnden Qualität der partnerschaftlichen Erotik?
Dennoch ist die Lust – ähnlich wie die Liebe – ein fragiles Geschöpf. Sie erweckt jedoch den Anschein, etwas robuster bei den Herren zu sein als bei den Damen; uns vergeht sie ja bereits angeblich, wenn er diskret ins Kissen rülpst, während er sich auf uns abarbeitet. Angeblich, denn selbst das ist kaum in Regeln oder Muster zu pressen.
Manchmal ist die Lust eine Sache des Hormonzyklus, manchmal eine Frage der Kussfähigkeiten des Gegenübers. Manchmal kann das Gegenüber alles richtig machen, noch so sexy sein, geradezu perfekt aussehen – aber wo das Gefühl nicht bei der Sache ist. Tja. Manche Frauen lieben Sex, wenn sie lieben, und finden ihn öde, wenn er ohne Verliebtheit daherkommt. Andere denken, sie müssten zu Sex lieben, aber stellen mit Mitte 30 fest, dass sie auch dann Lust haben, wenn der Kerl ihnen nur für eine Nacht statt fürs ganze Leben zusagt.
Lust ändert sich, sie vergeht, entsteht scheinbar einfach so. Sie ist ein unberechenbares Teil, die Lust, und doch widmen sich ihr die meisten Tips in Frauen- wie Männerzeitschriften. Vor allem das

ewige »So erhalten Sie die Lust«, »So erwecken Sie sie neu«, So machen Sie Ihrem Mann/Ihrer Frau Lust auf ... Spontansex, Nippelsex, Analsex, Rollenspielsex ...«, bladibla, füllt monatlich Blätter und Hoffnungen; doch eins tritt dabei in den Hintergrund: Lust ist etwas derart Dynamisches, dass sie sich keinen Gelinggarantien unterwirft. Letztlich ist auch das Gegenüber eine unberechenbare Größe, und was bei 30 Frauen funktioniert, ist bei Nummer 31 nur ein Gähner.

Wie sie entsteht

Sigmund Freud hätte dazu eine Menge zu sagen: Er würde wohl erwähnen, dass ein Baby nach dem Lustprinzip agiert und bei dem Erwachsenen die Auslebung der Lust ins Unterbewusste abdriftet, wo sie lauert und uns zu merkwürdigen Gesellen macht. Lust kann sich entfalten beim Schlafen, beim Essen, bei dem Genuss klassischer Musik, bei der Machtausübung, in der Wanne, beim Stillen, Feuerlegen oder beim Schreiben. Oh, ja, dort auch ...

Sexuelle Lust indes ist Libido, Trieb, Gier und Wollust. Die erotische Lust ist die Initialzündung für alles, was sich zwischen zwei Menschen entwickeln kann. Es ist die Spannung, die erst aufgebaut und schließlich erlöst wird. Die Lust ist befriedigt. Die ungelöste, angespannte Lust dagegen ist das schattenhafte Gegenstück, die Frustration, die vor allem dann entsteht, wenn die Lust höher ist als ihre Erfüllung. Männer kennen das: wenn sie Lust haben auf eine Frau und die sie nicht ranlässt. Frauen aber auch: wenn sie ständig kurz davor sind, aber eben nur kurz davor, weil der Herr zu müde ist oder schon fertig, knapp danebenliegt mit seinen Streicheleinheiten oder keine Geduld beweist mit den Eigenheiten des weiblichen Körpers.

Dabei geht es auch unpsychologischer: Lust entsteht dort, wo zwei

sich finden, die sich wie auch immer näherkommen wollen, bei denen die Grundhaltung über Sexualität übereinzustimmen scheint und wo die Stimmung und die Gelegenheit günstig sind.
Rein technisch gesehen entsteht Lust eigentlich durch einen einfachen Vorgang: Die Sexualhormone Östrogen und Testosteron schalten das Neurohormon Oxytocin frei. Dieses »Liebeshormon« wird als Reaktion auf zärtliche Berührungen ins Blut ausgeschüttet und steuert im Verlauf der erotischen Begegnung den Orgasmus, beschert uns letztlich dieses besondere Gefühl von Glück und Geborgenheit.
Die Kettenreaktion im Körper indes ist relativ unkontrollierbar (weswegen allzu betonte, inszenierte Versuche, sie zurückzugewinnen oder zu provozieren, auch nur kurzfristig funktionieren oder scheitern): Der Kuss regt das Limbische System an, aber nur, wenn hier eine Assoziation abgelegt ist, die funkt: hmm, angenehm! In dem Fall flutet der Hypothalamus den Körper mit Lustdrogen, der Hirnstamm dient als Verteiler, das Rückenmark sendet noch mehr Berührungen an Mund, Hände, Rücken, Nacken. Große Freude für alle Muskeln, sie entspannen sich, das Blut fließt schneller, wir erröten, atmen flacher, das Herz pumpt in Aufregung, uns wird heiß, wir beginnen zu schwitzen, Pheromone und andere Duftstoffe entweichen über die Haut, seufz, die steigen beiden zu Kopf und regen noch mehr Lusthormone an. Die Nebennierenrinde ist ebenfalls beschäftigt und putscht mit Adrenalin. Weiter, weiter, mehr Berührung! Das Hirn schaltet Depressionen und Angst aus, das Nervensystem gibt unter der Gürtellinie das Signal: freie Fahrt.
Äh, Moment, und all das passierte eben erst beim lustvollen Kuss! Kein Wunder, dass ein Kuss der Funke ist; kickt er nicht, geht's selten weiter, ganz gleich, was Sie an Verführungsszenarien aufbieten! Erst wenn das Limbische System auf einer sinnlichen Ebene – Sehen, Schmecken, Riechen, Hören, Fühlen, Tasten – zu archaischen Wohlfühlreaktionen gebracht wird, hat die Lust, wie wir sie kennen und schätzen, eine Chance.

Ursprünglich, so vermutet die Anthropologin Helen Fisher, wurden Leidenschaft und Lust von der Evolution »erfunden«, damit der Mensch seine Art erhalte; würde Sex, und vor allem »das davor!«, nicht soviel Freude bereiten, würde wohl heute Meeresgetier die Welt bevölkern. So aber ist Lust eine trickreiche Variante, um den Fortbestand zu sichern.

Fragt sich nur, warum wir uns nicht einfach paaren, Kinder kriegen und in großen Gemeinschaften leben, ohne die Exklusivität, die zum Beispiel eine Ehe verspricht. Dann wäre der Fortbestand doch auch gesichert – was also hat das romantische Ideal der emotionalen reinen Zweisamkeit, ohne störende Dritte und Vierte, bitte sehr mit der Lust zu tun?

Sind zwei verliebt, sehnen sie sich geradezu körperlich nacheinander, nach diesem Rausch an Gefühlen, Emotionen, körperlichen Gelüsten.

Doch es liegt im Wesen der Zeit von etwa drei bis fünf Jahren, dass sich diese Fixierung, die alleinige Lust aufeinander, aufreibt, verfliegt, erledigt.

Bis dahin hat die Liebe ihre Chance, Verliebtheit zu ersetzen; die Liebe, die es möglich macht, es gelassen hinzunehmen, dass ein Paar nicht mehr jeden Tag aufeinander geil ist, sondern sich nur noch einmal im Monat einander hingibt. »Schuld« daran ist eine Art Ruhe-Regler im Gehirn, der Nucleus accumbus. Da das Limbische System der Herrscher unserer Gefühle ist und es partout nicht ertragen kann, auf Dauer in einem von Verliebtheitsanfällen und Lust regierten Kopf zu wohnen, legt es ganz langsam, ganz leise, diesen Regler um. Und eines Morgens sind die Verliebten eben nicht mehr verliebt wie am ersten Tag und wollen nicht jede Berührung gleich in wilden Sex ausufern lassen.

Das ist der Moment, vor dem sich die meisten Menschen fürchten. Sie denken, es stimme etwas nicht in der Liebe oder der Beziehung, weil doch die Lust flöten gegangen ist.

Nun ja, eigentlich ist sie nur wieder in ihren Normalzustand zurückgeglitten. Es ist nicht normal, dauergeil zu sein. Es ist hingegen normal, es nicht zu sein. Komisch, dass wir dieser Tatsache nichts Besseres entgegenzusetzen haben als marktschreierisches Getue auf allen Titelblättern, wie man die Lust wieder zurückholt. Wenn Sie künftig wieder eine dieser Zeitschriften in der Hand halten, ganz gleich ob Nachrichtenmagazin oder Frauenzeitschrift, in denen Ihnen suggeriert wird: Du musst dir Lust zurückholen in der Partnerschaft, sonst geht das nicht gut, dann kaufen Sie sie nicht. Sonst lassen Sie sich noch eine Krise einreden, wo keine ist, da Sie beide zum Beispiel in Ihrer Beziehung andere Lebensbereiche für zentraler halten als Lust und Sex. Liebe, Geborgenheit, gegenseitiges Verständnis, das Leben gemeinsam meistern, beieinander sein, miteinander sein. Wenn es Ihnen gut geht miteinander, dann vergessen Sie's, das Geschrei um die Lust.

Falls Sie mit sich hadern, dass Sie unlustig sind, oder Ihr Süßer Sie nach zehn Jahren gar nicht mehr so hungrig anschaut und Sie beide für sich eine komfortable Situation gefunden haben, in der Sie sich lieben, aber seltener begehren als in der ersten Zeit: dann entspannen Sie sich bitte. Sie haben nichts falsch gemacht, Sie müssen jetzt nicht auf Teufel komm raus loslegen, Dessousläden leerkaufen, Aphrodisiaka inhalieren oder in den Swingerclub, um »normale« Lust zu verspüren – denn Sie sind bereits wieder »normal«.

Das Verfliegen des Drogenrausches, der sich zu Beginn einer Beziehung Ihres Körpers und Ihres Denkens bemächtigt hat, ist ebenfalls eine arterhaltende Maßnahme. Sie wären kaum fähig, im Zustand des verliebten, scharfen Betthäschens Kinder aufzuziehen, geschweige denn Ihr Leben zu meistern.

Es ist die Liebe, die den Platz der Lust und Leidenschaft einnimmt. Nicht komplett, bewahre, wozu sind Sie ein Mensch und haben eindeutige körperliche Bedürfnisse nach Sex – aber die Liebe stellt einen anderen Bindungswunsch dar als die Lust. Sie ist ebenso wie Lust, wie Essen, wie Durst ein elementares Bedürfnis. Ruhe, Geborgenheit, Angekommensein – all das kann ein Mensch jedoch erst dann empfinden, wenn die Lust sich gelegt hat. Erst die Ekstase, der Rausch – und dann die Muße, um herauszufinden, wer der andere eigentlich wirklich ist.

Wie sie bleibt

Etwas anders sieht es aus, wenn Sie beide merken: Hm, der Sex wird weniger, die Lust auch, wir möchten das beide im Auge behalten, denn Sex ist ein wesentlicher Katalysator unserer Beziehung, wir hatten doch soviel Freude miteinander, die kaum ein anderer Lebensbereich ersetzen kann. Auch hier besteht kein Anlass zum Krisengespräch, aber vielleicht zu einer neuen Kommunikation über die Lust.

Die rauschhafte Lust verfliegt nach einem Jahr der Beziehung, die glutvolle Lust verliert sich in drei bis fünf Jahren, die Frequenz der Sexerlebnisse sinkt. Neben Paaren, die das nicht weiter bemerkenswert finden und gut damit leben können, gibt es natürlich auch jene, die sich damit bestimmt nicht arrangieren wollen. Der Schlüssel, um die Lust aufeinander am Leben zu erhalten, ist schlicht: Neugier.

Wir verfallen ausnahmslos alle dem Wahn anzunehmen, wir kennen unseren Partner, nachdem wir sechs, zwölf Monate mit ihm zusammensind. Erst recht auf erotischer Ebene – doch das ist grundsätzlich falsch. Sie brauchen Jahre, Jahrzehnte, um sich gegenseitig ansatzweise so zu kennen, wie Sie heute schon meinen sich zu kennen.

Ebenso ist es mit der Lust: Paare haben die Angewohnheit, sich eine »Comfort Zone« einzurichten, in der sie Sex haben; darin sind die eingespielten Stellungen, die üblichen Berührungen, das gewohnte Drumherum. All das nennt sich: auf der sicheren Seite sein. Daraus bricht niemand so leicht aus, um mal zu schauen, was jenseits dieser bequemen Verkehrszone ist, die nur zu leicht eher verkehrsberuhigt daherkommt.

Die Neugier ist die einzige Form, um Lust auch in Beziehungen leben zu lassen, die länger als drei Jahre andauern. Natürlich, die Lust verändert sich zunächst grundsätzlich: Es ist eben keine fremde Haut mehr, kein fremder Mund mit fremden Gerüchen. Dennoch ist der andere immer noch fremdes, weites Land. Sie zweifeln? Dann gehen Sie doch einfach mal innerlich durch, was Ihr Lover nicht von Ihnen weiß. Weiß er, was Sie beim Onanieren denken? Weiß er, was Sie gern mal ausprobieren würden? Weiß er, welche Bewegung Sie sehr an ihm schätzen und welche nicht; weiß er, bei welchen seiner Vorschläge Sie zusammenzucken würden, ahnt er, wie Ihre Brüste angefasst werden möchten, wenn Sie den Eisprung haben? Weiß er, welche unromantischen, unsittlichen, fragwürdigen Phantasien Sie haben, an was Sie denken oder an wen, wenn er Sie leckt, wie Sie sich mal gern anziehen würden ... wie bitte, das muss er gar nicht wissen? Ja, das ist die eine Sache, aber die andere ist die Bestätigung: Er kennt Sie nicht, genausowenig wie Sie ihn kennen. Und da liegt die Chance der Lust der Langzeitpaare.

Sie haben mehrere Möglichkeiten, je nach Persönlichkeit und Art Ihrer Beziehung, dieses Nicht-Kennen und stetige Neu-Entdecken zu nutzen:

Erstens: Sie können Gespräche über Sex führen und sich gegenseitig mit Phantasien anheizen.

Zweitens: Sie können direkt fragen, was ihm gefällt, ob Sie hier eher das oder dort lieber jenes tun sollen.

Die dritte Möglichkeit ist, dass Sie die Kraft Ihrer unsittlichen, herrlichen, nicht partnerbezogenen Phantasien hernehmen und sich von ihnen tragen lassen. Es ist durchaus legitim, eine Vorstellung von der heißen, brutalen Nummer mit dem Unbekannten im Kopf zu haben, während Sie den Liebsten bitten, Sie von hinten zu nehmen. Denn es wird folgendes passieren: Die Lust im Kopf kickt Ihren Körper an, und die körperliche Lust wird sich auf das tatsächliche, reale Tun übertragen. Sie haben Sex mit dem Fremden in Gedanken und mit dem sehr Bekannten in Ihrem Bett. Nein, das ist nicht verwerflich, und nein, es schadet nicht der Ernsthaftigkeit und Exklusivität Ihrer Herzensbindung. Es ist nur eben eine Form der Lust, die Sie sich neu erschaffen können.

Viertens: Sie beginnen, sich gegenseitig neu zu erkunden. Der Nachteil ist: Wenn nur einer damit anfängt, wird er bald frustriert sein, dass der andere nicht mitzieht und sich nur »bedienen« lässt; Sie sollten also fähig sein, Ihre Absichten in Worte zu kleiden und mit der Aussicht zu locken, dass Sie beide, mit ein wenig Mut, Neugier und Ausdauer, mehr vom Sex haben werden, als wenn Sie beide sprachlos und antriebslos nebeneinanderherdämmern und sich nach Lust sehnen, aber nur abwarten, dass sich von selbst was tut. Zur gegenseitigen Neuentdeckung gehört, den Körper des anderen mal wieder ausgiebig zu berühren, verschiedene sinnliche Experimente zu wiederholen, auch wenn Sie schon vor Jahren meinen geklärt zu haben, dass er auf Seide steht und Sie auf trockene Hände. Ihr neues Mantra könnte sein: »Wie fühle ich mich heute, und wie fühlt er sich heute?« Denn heute ist ein anderer Tag als gestern, als Sie sich beide nach Löffelchen fühlten; aber, wer weiß, vielleicht hätten Sie heute Lust, von ihm Miststück genannt zu werden oder ihm ein herzhaftes »Fick mich« entgegenzuschleudern? Es sind Neugier und Aufmerksamkeit, die sich zwei entgegenbringen, die auf Jahrzehnte für Lust sorgen werden. Nicht täglich, aber wenn es dann passiert, auf wunderschöne, befriedigende Weise.

Die fünfte Möglichkeit ist, sich voneinander ein wenig räumlich und zeitlich zu distanzieren, immer wieder, und sich neu zu erschaffen. Auszeiten voneinander nehmen, Zeit, um sich mal wieder daran zu erinnern, was man sonst noch alles draufhatte, und neue Gebiete zu erforschen. Wer sich zu nah ist, der lässt der Lust keine Luft. Wer täglich aufeinanderhockt, den verbindet vielleicht sehr viel Zusammengehörigkeit – aber es ist die Distanz, die nötig ist, um Sehnsucht zu erschaffen. Sehnsucht der Lust.

Wie sie uns (angeblich) vergeht

Wenn ein Mann keine Lust mehr auf eine Frau hat, ist das so was wie der absolute Super-GAU. Nach einer kurzen Umfrage unter meinen Freundinnen: »Was ist schlimmer: Wenn der Mann dich nicht mehr liebt, oder wenn er dich nicht mehr begehrt?« empfanden 90 Prozent der zehn Befragten (ich hätte auch 100 Frauen fragen können, aber ich denke, es käme dasselbe dabei heraus) es schlimmer, wenn er sie nicht mehr begehren würde. Denn Liebe ist flüchtiger als Lust. So kann ein Mann, der nicht liebt, eine Frau sehr wohl begehren. Aber wenn ein Mann, der eine Frau liebt, sie nicht begehrt – ja, Himmel, was soll man dann mit ihm? Offenbar verzichten Frauen ungern darauf, körperlich geliebt zu werden oder zumindest die Liebe auch in körperlicher Übersetzung zu haben. Vielleicht schlafen sie deshalb mit Männern, von denen sie nicht geliebt werden, weil es sich wenigstens so anfühlt, wenn er mit ihnen schläft.

Die Lust, die er auf eine Frau hat, hat auch mehr mit ihr als Frau, als Person zu tun als die Liebe. Liebe trifft jeden, ein Mann kann sich in eine hässliche, dicke, doofe Person verlieben, so gnädig ist die Liebe. Sie verlässt auf der anderen Seite – und so gerecht ist die Liebe dann auch – selbst jene, die reinste Sexsymbole sind, klug bis zum Umfallen oder der gütigste Mensch in Person. Liebe ist unabhängig von äußeren Attributen, sie schert sich nicht um den Fuckable-Faktor, und sie bringt stets die Hoffnung mit: Wenn er mich nicht liebt, dann tut es ein anderer; denn liebenswert bin ich.

Lust indes, die vergeht, zeigt leider, dass es auch etwas mit den äußeren Attributen einer Frau zu tun hat, dass sie sich per se als Versagerin fühlt. Liebt ein Mann sie nicht mehr, weiß sie instinktiv, dass es mehr an den Eigenarten der Liebe liegt denn an ihr. Vergeht einem Mann aber die Lust auf sie, so setzt sich bei der Frau das unabdingbare Gefühl fest, unattraktiv zu sein, für ihn, für alle Männer. Denn Männer, so immer noch das Klischee, wollen doch immer, ganz

gleich, mit wem, Hauptsache, reinstecken – und ein Mann, der keine Lust hat, das mit ihr zu tun, hält ihr den Spiegel als personifizierte Totalablehnung vor.
Furchtbar! Für jede Frau, ganz gleich ob 25 oder 65, ist die regelmäßig mangelnde Lust eines Mannes ein Schlag ins Gesicht und die Persönlichkeit. Alle Erklärungen, warum ihm gerade die Lust fehlt, sind nicht hilfreich; und wenn, dann nur kurz. Er fühlt sich ihr unterlegen, weil er gerade keinen Job hat und sie Erfolg? Na und, denkt die Frau, was hindert es ihn, mich flachzulegen? Er hat gerade zuviel um die Ohren, er hat Stress, er hat keine Zeit – na und, denkt die Frau, für Quickies war er doch sonst immer zu haben, die fünf Minuten wird er doch wohl erübrigen können? Er gibt zu bedenken, er habe deshalb keine Lust, weil sie ihn überfordere – mit ihrer Leidenschaft, mit ihren Verführungsszenarien, mit ihren Better-Sex-Tips, mit ihrer Sinnlichkeit, der er sich nicht ausliefern mag? Fuck you, stöhnt die Braut innerlich, wie kann es sein, dass eine lustvolle, sinnliche Frau, die willig ist, Lust auf ihn hat, einen Mann verstört – der lügt doch! Der will doch nur vertuschen, dass ich ihn nicht antörne, der gibt mir die Schuld! Selbst die Erläuterungsversuche eines Mannes, der vorgibt, deshalb keine Lust zu haben, weil er sich ungenügend vorkommt und eigentlich täglich damit rechnet, dass sie ihn verlässt, um mit einem Potenzprotz zusammenzuziehen – ja, selbst der verunsichert eine Frau mehr, als er selbst je an Verunsicherung hervorstammeln könnte.
All diese absonderlichen Gedanken strömen durchs Hirn, aber was übrig bleibt, ist: Er hat keine Lust, mit mir zu schlafen. Er hat keine Lust. Er hat keine Lust – auf mich.
Und so, damit dieser Super-GAU nicht eintritt, erhalten wir brav die Lust, holen sie uns wieder, versuchen sie zu manipulieren und irgendwo die Balance zu finden zwischen echter Hingabe und strategischer Planung.
Kein Wunder, dass dabei die Lust tatsächlich vergeht.

Wenn sich fünf Frauen in einem Raum befinden, sind drei davon sexuell gestört. Statisch gesehen zumindest, und eine Umfrage der Urologischen Klinik in Köln »bestätigt« die inoffizielle Panikmache, dass die Lust der Frauen verschwindet. Jede zweite Frau gibt demnach an, dass sie keinen Bock mehr hat. Gestört, rufen da die Mediziner, das weibliche Sexualleben ist: huah, krank!
In den USA ist der Begriff FSD längst Mode, die Female Sexual Dysfunction, was übersetzt heißt: weibliche sexuelle Fehlfunktion. Klasse, es gibt doch noch Gleichberechtigung, nur diesmal sollen Frauen die Versager sein. Der amerikanische Urologenverband »American Foundation for Urologic Disease« fasste unter dieser Wortschöpfung jede Form von mangelnder Libido zusammen. Ob aus fehlendem Interesse (HSSD – Hypoactive Sexual Desire Disorder), Abscheu (SAD – Sexual Aversion Disorder) oder aufgrund von Höhepunkts-Schwierigkeiten (OD – Orgasmic Disorder) – Millionen Frauen sind also nicht mehr ganz in Ordnung. Unnormal.
Betroffen seien 43 Prozent der US-Frauen, führten Dr. Edward Laumann und Kollegen von der University of Chicago in ihrer Studie von 1999 an. Das sind zwar weniger als in Deutschland, die mangelnde Lust sei aber ein »important public health concern« – ein total wichtiges öffentliches Gesundheitsproblem, wie die Autoren feststellen.
Oder doch nur eine eingebildete Volkskrankheit?

Die Pharmaindustrie jedenfalls jubelt. In einer großen Studie wollte ein Konzern, der sonst blaue Pillen für den Herrn herstellt, die Wirksamkeit einer neuen Lustpille anführen – das blaue Lustpillchen für Frauen. Die Fachwelt lauerte gespannt auf Ergebnisse. Dann hörte man nichts mehr.
Wen wundert's: Bei Männern reiche, zumindest nach dem allgemeinen Fachwissen rund um die männliche Lust, ein gut durchblutetes Geschlechtsteil, ein geeigneter Ort und die passende Gelegenheit, um Appetit zu erzeugen. Bei Frauen sei das allein nicht genug: Zwar

lassen sich, zum Beispiel mit Viagra, auch bei Frauen der Blutdurchfluss durch Schamlippen und Klitoris oder die Feuchtigkeit erhöhen. Nur dummerweise reicht uns Frauen das allein nicht, um in Wollust zu verfallen.

Damit ist auch die Behauptung, Frau sei en gros gestört, was die Lustfähigkeit angeht, so ziemlich das Abstruseste, was die Forschung in neuster Zeit so herausposaunt hat.
Glücklicherweise können noch andere Menschen denken: Viele Wissenschaftler wollen die Lust der Frau nicht auf die Genitalien einengen. Ein 2005 im Fachblatt *Journal of Sexual Medicine* gedruckter Artikel räumte mit der Vorstellung auf, die Erregungskurve der Frau würde dem gleichen Muster folgen wie die eines Mannes. Der Vorgang sei ein komplexes Netzwerk, in dem Stimmungslage, Stress, Ablenkungen, Scham, Angst, Belohnung und diverse andere, nichtsexuelle Faktoren eine Rolle spielen, kombinierten Dr. Rosemary Basson und Kollegen vom Vancouver Hospital and Health Sciences Center in British Columbia, wie mir scheint, durchaus zutreffend.
Nur bei einem muss ich vehement widersprechen, ihr prüden Amerikaner und blinden Kanadier: »Frauen erklären sich aus verschiedenen Gründen mit Sex einverstanden - sexuelles Verlangen wird aber nur selten genannt«, so die Doktoren.
Aus welchem Grund haben wir denn sonst noch Sex? Damit *er* Ruhe gibt? Weil die Tagesschau gleich anfängt? Weil Samstag ist? Erpressung? Etwa um Kinder zu zeugen? Oder will ich nur nicht die Wahrheit sehen, gut, eine Wahrheit, die in einer Umfrage stattfand, wo jeder sowieso nicht sagt, was er wirklich denkt und tut?
Meine Damen, meine Herren: Das vermag ich nicht zu glauben, dass wir Frauen selten Verlangen als Anlass zum Sex nehmen! Dass wir unsere Lust nicht laut nennen, mag eine andere Sache sein: Viele Frauen schämen sich immer noch, die Gier auf den anderen zuzugeben, ganz gleich, was Frauenmagazine propagieren. Die selbstbewusste Frau, die sagt: Schatz, ich hab Lust auf dich, ich will mit dir

schlafen, und zwar erst du auf mir, dann von hinten, bis ich komme – nun, die gibt es kaum. Gerade mal 4 Prozent aller Frauen (GEWIS-Umfrage 2006) sind so deutlich zu ihrem Partner, die anderen hoffen darauf, dass er sie verführt, wenn sie ihm subtile kleine Zeichen geben.
Gut, einigen wir uns darauf: Frauen schlafen aus Lust mit einem Mann, aber zugeben tun sie es nicht?

Doch wir waren bei der angeblichen Luststörung der Damen. Die wohl ins Reich der Phantasie und überdramatischen Panikmache gehört.
Genauso wie die Legende, die Lust nähme mit den Jahren ab: Nicht auf das Alter der Frau, sondern auf das der Beziehung kommt es an. »Die meisten Frauen sind nicht so lustlos, wie sie erscheinen«, sagt Sexualtherapeutin Dr. Ulrike Brandenburg, »in der Regel ist das eine rein partnerschaftliche Lustlosigkeit.«
Dennoch spielt das Alter der Frau eine gewisse Rolle:
Mit 20 geht es für sie vor allen darum, Erfahrungen zu sammeln, Neues auszuprobieren, sich seine eigene Moral zu schaffen, sein Frausein zu definieren. Leidenschaft und Unsicherheit treten dabei in gleichem Umfang auf. Man ist zwar verliebt, aber man weiß auch nicht so genau, ob man alles richtig macht, wie man dabei aussieht, ob man den Ansprüchen des Partners genügt. Viele junge Frauen wissen selber noch nicht genau, wie sie einen Orgasmus bekommen, und können dadurch dem Partner ihre Wünsche auch nicht deutlich genug vermitteln. Oder wollen es nicht, weil sie romantisch hoffen: beim Richtigen wird's schon »von selbst« funktionieren.
Mit 30 kennen Frauen ihren Körper in der Regel viel besser. Sie sind hoffentlich gelassener, was ihre Figur und ihr Aussehen angeht. Dementsprechend entspannt können sie ihre Sexualität genießen – sprich: Bauch einziehen oder Über-Performance sollten so langsam passé sein. Zudem entwickeln viele Frauen ein gutes Gespür für ihren monatlichen Zyklus und genießen das Wissen, dass sie um den

Eisprung herum besonders leicht erregbar sind. Allerdings können die Angst vor einer ungewollten Schwangerschaft, Karrierestress, aber auch Schwangerschaft und Geburt die Sexualität erheblich belasten. Ganz abgesehen davon, dass die Ladies genau in dem Alter sind, wo sie vermehrt nach Tips Ausschau halten, wie sie gut im Bett sind – anstatt sich auf ihr Gespür zu verlassen.

Um die 40 beginnen – nach Meinung vieler Sexualforscher – die sexuell besten Jahre. Yeah! Der Östrogenspiegel sinkt langsam ab, während der Testosteronspiegel – das männliche Sexualhormon – leicht ansteigt. Dadurch werden Frauen körperorientierter. Selbstbewusst fordern Frauen jetzt maximale Lust im Bett. Sie wissen, was ihnen gefällt, entwickeln sexuelle Phantasien und sind in der Lage, deutlich zu machen, was sie sich wünschen. Schade: Sie treffen dann auf Männer, die sich eventuell überfordert fühlen von der Kraft der weiblichen Lust oder die selbst gerade mit einem Sinken der Potenz zu kämpfen haben.

Nach 50, 60, 70 ist die Sexualität immer noch hochlebendig. Anders als Männer erfahren Frauen keinen sexuellen Alterungsprozess mit nachlassender Lust, ihre sexuelle Fähigkeit, einen Orgasmus zu genießen, bleibt bis ins hohe Alter erhalten.

Ich kenne genügend Frauen, die erst ab Mitte 30 richtig aufdrehten, trotz Wechseljahren mit 60, 70 eine lustvolle Körperlichkeit empfinden und Berührungen und Sex (wenn auch mit nicht mehr ganz so wilden Experimenten und beinharten Erektionen) genießen, wollen, brauchen.

Ist also immer noch kein Krankheitsbild feststellbar. Aber es ist ja um so vieles schicker, sich selbst eine hanebüchene Maladität zu bescheinigen, als es zu sehen, wie es ist: Die Lust geht aus anderen Gründen als der körperlichen Dysfunktion flöten. Es mag der Kerl sein, die Stimmung, dass er immer noch nicht begriffen hat, dass sie ein Vorspiel braucht und die Klitoris nicht wie ein Rubbelbildchen behandelt werden möchte; die Zeit, die Kids, der Stress oder weil es

eine viel zu verkopfte, leistungsorientierte Angelegenheit geworden ist.
Medikamente gegen die angebliche körperliche Lustlosigkeit gibt es natürlich trotzdem – massenhaft. US-Ärzte entwickelten unter anderem das Psychopharmakon Bupropion. Eine 1999 veröffentlichte Untersuchung zeigte, dass Frauen mit »verminderter sexueller Appetenz« damit besser erregbar waren. Im Kleingedruckten stand dann jedoch die Einschränkung: Die Ladies waren zwar während des Aktes schneller erregbar, hatten aber keineswegs öfters Interesse an Sex. Das medikamentöse Doping beschleunigte zwar die Gier währenddessen, aber erzeugte keine Lust, wo keine war!
Zu funktionieren hieße, gesund zu sein, nicht zu funktionieren also, krank zu sein. Tolle Sicht der Sexdinge, was?
Vor allem, wenn man sich mal den US-Fragenkatalog zur Umfrage ansieht, den FSFI (Female Sexual Function Index). Der Index baut auf die Selbsteinschätzung der Befragten, Frauen sollten angeben, ob sie beispielsweise je an »Mangel an sexuellem Verlangen«, »Schwierigkeiten, erregt zu werden« oder »Besorgnis über die sexuelle Leistung« litten. Wer bei nur einem der Punkte ein Häkchen machte, galt offiziell als gestört.
Also, wenn ich mir die letzte Woche mal so ansehe ... hmm ... Montag keine Lust, Dienstag und Mittwoch, ja, doch, hatte ich, am Mittwoch aber so lang gebraucht, am Donnerstag war super, am Freitag war ich so müde, dass ich mittendrin abbrach, am Samstag nur geträumt, Sonntag nicht mal dran gedacht ... huch! Ich bin gestört! Sie auch? Oder sind wir einfach nur normal und lassen uns, bitte, nicht eine ausgedachte Krankheit einreden?

Weibliche Lust ist ganz einfach nichts, was nach Takt, Frequenz, Ergebnis oder Blutdruck vermessen werden könnte. Oft genug hat man Lust auf Sex, aber nicht mit dem eigenen Partner. Dann dürfen es die schmutzigen Phantasien sein oder doch der Fremdgang. Es liegt nicht am Körper, dass der nicht will, es liegt im Zweifel auch an den Mitspielern.

Und genau dort, an den Zweifeln, ein guter Mitspieler zu sein, setzt die Lustlosigkeit der Männer an. Heutzutage verlieren die Paare schneller die Lust aneinander als noch vor 20 oder 30 Jahren; das gilt keineswegs nur für ältere Menschen, sondern auch für jene, die noch voll in Saft und Kraft stehen. Sexuelle Probleme sind mittlerweile eine Volkskrankheit – meinen Wissenschaftler. Mal wieder. Die gehen so weit, dass sie die Potenz des Mannes als Spiegel seiner Seele benennen.

Da in unserer Gesellschaft Sex immer mehr zum Hochleistungssport entartet, so lärmen die Kritiker, fühlen sich manche Männer dem – oft selbst aufgebauten – Leistungsdruck nicht gewachsen. Sie haben Angst vor dem Versagen im Bett, vor Frauen, die deutlich sagen, was sie wollen, selbst dann, wenn es technisch oder emotional nicht möglich ist.

Aber, Moment: Sind wir verpflichtet, ständig Lust zu haben? Reden wir uns selbst nicht einfach zu oft ein, dass Lustlosigkeit ganz, ganz schlimm ist? War früher der Beischlaf nur eheliche Pflicht (mancher heiratet noch heute, um endlich Ruhe zu haben und eben nicht ständig zum Sex aufgefordert zu werden, um irgendwem was zu beweisen), jetzt haben wir uns »befreit«, aber die Freiheit erscheint bedrohlich. Heute scheint auch die Lust zum Pflichtprogramm zu gehören. Wer nicht begehrt, fühlt sich als Versager. Ein Fünftel der Deutschen leidet mittlerweile an chronischer sexueller Unlust beziehungsweise an Frustration darüber, dass er offenbar nicht soviel Lust empfindet, wie es »normal« zu sein hat.

In dem wir alle den Fokus auf Sexualität ausgerichtet haben – als stärkster Instinkt des Menschen ja eigentlich eine gute Sache –, empfinden wir es um so mehr als Makel, wenn es nicht dauernd perfekt, toll, sexy, erdbebenartig ist. Theoretisch wissen wir ja, dass wir uns keine Sorgen zu machen brauchen, aber praktisch – fühlen wir uns dennoch komisch. Kein Wunder, wie sollte man sich nicht ständig in Frage stellen, wenn man an jeder Ecke, auf jedem Fernsehkanal, jeder Serie, jedem Kiosk, mit »neuen Erkenntnissen« über Lust, Sex und so weiter belästigt wird?

Doch auch die Lust des Mannes ist nicht so einfach, wie es scheinen mag – frei nach dem Klischee: »Männer wollen doch immer, selbst wenn sie nicht können.«
Es mag sein, dass sich Männer mehr der Leidenschaft hingeben können als Frauen, das Denken ausschalten und sich dem Fühlen ergeben. Ein Freund beschrieb es mal so: »Ich lasse mich ganz und gar von dem Gefühl aufsaugen, verschlingen, nehme nichts anderes mehr wahr. Es ist eine absolute Auflösung im Jetzt.«
Beneidenswert! Frauen denken zuviel, statt im Jetzt zu sein. Und so entsteht das dumme Spiel: Sie will ihn bremsen, er will sie antreiben. Männer kommen durchschnittlich innerhalb von elf bis vierzehn Minuten zum Big-O, Frauen brauchen ungleich länger – allerdings nur beim Koitus! Wenn eine Frau es sich bequem selbst macht, erreicht sie innerhalb von drei bis acht Minuten (im Durchschnitt) den Gipfel. Komisch, als ob der Höhepunkt zu schüchtern ist, wenn noch ein Mann dabei ist. Ob technische Ungeschicktheit oder seelische Barrieren oder schlicht die Tatsache, dass die Klitoris eindeutig unterversorgt wird? Jedoch auch andere »Kleinigkeiten« können den weiblichen Orgasmus beim Koitus verschüchtern: Kränkungen aller Art, die aus der Beziehung auf die sexuelle Ebene weitergereicht werden – die der Lady zwar in dem Moment nicht wörtlich einfallen, aber die sich in einer Ecke ihres Wesens festgesetzt haben. Einen Orgasmus haben, sich auflösen, hingeben, diesem Mann da über mir die Genugtuung verschaffen, dass ich mich unter seinen Berührungen enthemme – nein. Nicht dem, der mich gekränkt hat, no way. Auch Eifersucht ist nicht gerade orgasmusfördernd für Frauen (für Männer häufig schon, genauso wie ein Streit!), die heimliche Sorge um seinen Fremdgang belastet mehr, als sie sich entspannen können.

Dennoch ist bei Männern auch nicht Orgasmus gleich Orgasmus: Es gibt, wie bei uns Frauen, kleine, große, flache, verpuffte, unbefriedigende, samenlose, schnelle, gequälte, universumssprengende Orgasmen, je nachdem, wie müde, entspannt, gestresst, betrunken der Herr ist, und: wie er sich zu der Lady unter oder auf ihm hingezogen fühlt. Männer trennen Sex und Gefühle nicht so sauber und klinisch-unbeteiligt voneinander, wie es ihnen ständig nachgesagt wird.
Doch was ist, wenn Männern die Lust vergeht? Jeder zweite Mann über 30 hat oft Frust mit der Lust. Für Frauen wie eine persönliche Beleidigung: Kann er nicht oder will er mich nicht (mehr)?
Erektile Dysfunktion – er kommt nicht hoch – und Appetenzstörung – er hat sowieso keine Lust – heißen die Schatten, die sich nicht nur auf mein Liebesleben legten: etwa sechs bis zehn Millionen deutsche Männer gelten als impotent; 16 Prozent klagen über dauernde Lustlosigkeit; und mit dem Alter schwindet beides: Stand und Appetit. »Die große Unlust« – Sexualtherapeuten orten sie immer deutlicher. Wo noch in den achtziger Jahren in den Praxen von Erektionsschwierigkeiten berichtet wurde, obwohl Mann wollte, zeichnet sich heute ab: der Mann kann, will aber nicht. Die Null-Bock-Generation unter der Gürtellinie.
»Männer wollen immer« ist ein Irrtum. Fast jeder Mann hat in seinem Leben mal mit einem willenlosen Anhängsel zu tun; gelegentliche Impotenz – korrekt: Erektionsstörung – ist eigentlich normal. Doch übersteigerte Vorstellungen vom dauerpotenten Hengst, gepusht durch Medien und Angebereien aus dem Freundeskreis, selbstgemachter Leistungsdruck und Angst vor dem Versagen haben bewirkt, dass mit dem Verlust des Standvermögens auch die Gier geht. Und das ist nicht mal eben mit Sextips oder einer Flasche Wein zum Striptease erledigt – ganz abgesehen davon haben die Herren der (Er)Schöpfung auch noch ihre Probleme mit initiativen, lustvollen, starken Frauen, denen sie sich nicht gewachsen fühlen. Auch die um die 30jährigen hat die Lustlosigkeit erfasst: Männlich wären sie gern – wenn sie wüssten, was das ist. Vorbilder: Fehlanzeige.

Wann ist ein Mann ein Mann?

ER WILL NICHT – die Appetenzstörung

Oft genug sind die Gründe der Verweigerung des besten Stücks und seiner Unlust banal: Müdigkeit, Alkohol, Erschöpfung, Grippe, den Kopf voll mit tausend anderen Sachen, Medikamente, Jobstress, ein schwelender Streit oder eine unerotische Umgebung wie hellhörige Räume. Bevor sich eine Frau also einbildet, er würde sie nicht mehr begehren oder ablehnen, sollte sie eins bleiben: entspannt. Und nicht gleich unter Leistungsdruck geraten, um IHM Schützenhilfe zu leisten – denn mit panikartigen Aufbaumaßnahmen macht man einen normalen Vorfall erst zum Problem.

Er ist aber lustlos – seit Wochen? Der Schweizer Therapeut Jürg Willy meint, dass ein matter Penis etwas »sagt«: »Ich habe Angst vor den Folgen – einer Schwangerschaft, oder dass ich dich verletzte. Ich habe Angst, dass du nicht richtig befriedigt wirst und ich für dich unattraktiv bin. Ich bin müde. Ich bin als Liebhaber nicht gut genug für dich. Ich kenne dich noch nicht genug. Ich finde dich nicht attraktiv. Ich habe ein schlechtes Gewissen, weil ich dich betrogen habe.«

Ein sprechender Penis also. Der auch manchmal sagt: Auf Vorspiel haben Männer keinen Bock! Lass mich rein! Letztlich entsteht Lust immer noch im Kopf – und wenn die »Rotlichtzone« des Limbischen Systems durch Ängste gesperrt ist, läuft auch zwei Etagen tiefer wenig.

ER KANN NICHT – die Erektionsstörung

Nach Definition der Sexualtherapeuten Masters und Johnson bedeutet Impotenz »die Unfähigkeit, eine ausreichende Erektion zu erlangen oder zu erhalten, so dass es in 75 Prozent der Versuche innerhalb von drei Monaten nicht gelingt, den Geschlechtsakt vollständig durchzuführen«. Gefühlvoll wie ein Hackbrett formuliert – was aber sind die Ursachen von physischer Impotenz (dazu gehört auch »Ejaculatio praecox«, »Ejaculatio retarda«; verzögerter oder ausbleibender Samenerguss) – oder schwachen Erektionen *trotz* sexuellen Verlangens?

Dr. Steffen Fliegel, Therapeut aus Köln: »Zu drei Viertel sind die Ursachen organisch – wie Alkoholgenuss, Rauchen, OPs, Diabetes, Herz-Kreislauf-Schwäche, Leber- oder Nierenerkrankungen, Magengeschwüre; bestimmte Medikamente, sehr häufig Störung der Gefäßversorgung oder Prostata-Entfernungen sowie sogar Atemstörungen im Schlaf.« Gefahr erkannt, Gefahr durch Therapie oder eine gesündere Lebensweise gebannt – schön wäre es. Viele Männer geraten trotz des Wissens, dass es aus natürlichen Ursachen nicht so klappt, wie es sollte, in einen Teufelskreis, der durch Versagensängste die Impotenz verstärkt.

Auch Antidepressiva wie Prozac und andere Serotonin-Bomben sind wahre Liebestöter, die das Vergnügungsviertel unter der Schädeldecke stören; ihre Hormone vertragen sich nicht mit »erotischen Signalgebern« wie Dopamin. Stimmungsaufhellende Mittel mit abtörnenden Nebenwirkungen: Schon wird in den USA an Liebes-Elixieren gefeilt, um die durch Prozac peinlich berührte Potenz wieder hochzustemmen.

DAS KÖNNEN SIE ÄNDERN

Die Verlockung ist groß, jetzt drei Tips runterzureißen, wie Sie ihn sofort wieder animieren für alle Zeiten. Doch wir wissen alle: so einfach ist es nicht, mit Licht aus, Kerze an, Strapse knallen lassen. Trotzdem gibt es Verhaltensmuster, zu denen Experten raten, um die Situation zu entspannen:

- Nicht stumm darauf lauern – er weiß sowieso, dass Sie auf ein hartes Kompliment warten. Und gerät zunehmend unter Druck: »Jetzt muss ich's aber bald mal bringen!« Der stille Vorwurf in Ihren Augen ist oft der schlimmste Feind – besser ist, Ihren Zweifeln eine Stimme zu geben.
- Kein Hyperverständnis – er hat sich ja nicht den Arm abgehackt,

sondern eben nur einen blutarmen Penis. Er will Ihnen nicht leid tun, sondern immer noch als attraktiver Mann gelten.

- Vorwürfe anders artikulieren – »Du schläfst überhaupt nicht mehr mit mir – liebst du eine andere?« ist ungefähr so einfühlsam wie eine Blaskapelle. Aber Sie können ihm deutlich machen, dass nicht sein Penis der Mittelpunkt der Ehrerbietung ist, sondern er als Person. Und Sie sich von ihm, nicht von seinem Schwengel, Aufmerksamkeit wünschen.
- Selbstkritik üben – wie sieht es denn mit Ihrer Libido aus? Warten Sie darauf, verführt zu werden, oder neigen Sie dazu, Ihre Lust brachial ausleben zu wollen? Hat er noch Gelegenheit, selbst Appetit zu entwickeln, oder wird es ihm aufgedrängt, so dass er nur mit Phall-Rückzieher reagieren kann?
- Fragen – denn oft ist die Lösung näher, als wir ahnen. Ein Parfüm, das ihn an eine Enttäuschung erinnert. Das Knarren des Bettes. Probleme, die er vom Job nach Hause nimmt. Nehmen Sie nicht gleich das Schlimmste an oder steigern Sie sich in Horrorszenarien rein; behutsame Kommunikation (und bitte NICHT im Bett) kann vieles klären.

DAS KANN NUR ER ÄNDERN

Dr. Rudolf Sander meint, dass der Begriff »Störung« relativiert werden sollte: »Die Etikettierung ›Störung‹ – ob Appetenz- oder Erektionsstörung – impliziert, dass es ›normal‹ ist, dauernd sexuellen Appetit zu haben. Aber wie mit dem Essen ist es so, dass ein Gefühl des Hungers da sein muss, um Appetit zu haben.« Sprich: nicht immer zu können ist normal, immer zu können die Ausnahme. Ein Mann muss sich mit Ängsten und Zweifeln auseinandersetzen und lernen, sie zu artikulieren: denn seine Lustlosigkeit geht nicht allein ihn etwas an. Sie überträgt sich immer auf beide Partner.

Den Durchhänger erkennen – psychisch oder physisch? Bei psychischer Impotenz tritt die Weichheit akut, bei einer bestimmten Person oder einem Ereignis auf, aber Onanie ist möglich; bei physischen

Ursachen ist der Verlauf eher schleichend, morgendliche Erektionen werden selten. Was ein Mann ebenso allein für sich beschließen muss, wenn eine organische Ursache nicht auszuschließen ist: einen Urologen aufsuchen, der ihm durch Diagnose und Beratung die Last der selbst eingeredeten Schuld abnimmt. Sinnvoll ist auch, sich bei einem Apotheker schlau zu machen, welche Medikamenten-Nebenwirkungen zu Lasten der Lust gehen.

DAS KÖNNEN SIE GEMEINSAM ANPACKEN

Um den Kreislauf zu unterbrechen, müssen Sie reden. Über ihn und über sich. Über Wünsche, Sehnsüchte und Ängste, über Erwartungen und eingebildete Anforderungen; über verletzten Stolz und Peinlichkeit. Im schlimmsten Fall kommt dabei raus, dass er Sie zwar gern hat, aber nicht mehr begehrt – und im besten Fall, dass er sie so sehr liebt, dass er befürchtet, Sie durch ein Versagen zu verlieren. Und dazwischen gibt es Hunderte von Schattierungen – die Sie beide entdecken müssen, um gemeinsam etwas zu ändern. »In dieser Zeit ist es jedoch wichtig«, so Prof. Hartmann, »sich gegenseitige Wertschätzung auf andere Weise zu zeigen, weil die Komponente ›Begehren‹ wegfällt.«

Eine von Sexualtherapeuten empfohlene Methode ist, sich den Sex »zu verbieten« – auf unbestimmte Zeit. Liebkosen, streicheln, im Arm halten – ja, aber ohne Muss auf Erfolg im Sinne von Orgasmus. Dadurch wird der Druck genommen, zur Liebe gehöre ein steifer Schwanz. Der kommt nämlich irgendwann von allein wieder – wenn er nicht muss.

Was ich indes verwunderlich finde, um zurückzukommen auf das Herangehen an Lustlosigkeit, ist: In unserer Kultur wird die Lust sehr technisch angegangen. Es gibt Pillen und Zäpfchen, Hormonbehandlungen und Berührungstricks, das große Stochern nach dem G-Punkt und Garantien, ihn oder sie ständig perfekt zu befriedigen. Doch keiner wagt sich so richtig an das diffuse Wort »Atmosphäre«.

Eine Stimmung, eine Umgebung, eine seelische Atmosphäre herzustellen, in der Lust gedeiht, erblüht. Wo es nicht darauf ankommt, wer wann wie zum vaginalen multiplen Orgasmus kommt, sondern sich einfach wohl fühlt. Im Tantra beispielsweise wird viel mehr Wert auf die Stimmung zwischen den Partnern gelegt als auf jeden Stellungstrick.

Sollten wir nicht auch beginnen, der Lust mehr Raum im Kopf, in der Seele, im Herz zu geben, anstatt uns nur auf den Körper zu fixieren?

Sieben Lust-Regeln der Venus

1. Lassen Sie sich nicht einreden, Sie hätten zuwenig oder zuviel Lust. Es sind Ihre Bedürfnisse, und wenn das jemand bemängelt, sollten Sie sich lieber fragen, warum der andere soviel Angst davor hat.
2. Eine Venus fühlt sich weder schuldig, wenn sie Lust hat, noch, wenn sie keine hat. Aber sie sagt und zeigt es ohne Maskerade.
3. Die Venus ist fähig, für ihre eigene Lust zu sorgen – sprich: Sie masturbiert!
4. Sie zeigt Ihrem Mitspieler ihre schönsten Lustknöpfchen – anstatt sie eifersüchtig zu hüten oder darauf zu warten, dass er gefälligst selbst darauf kommt. Im Gegenzug sucht sie auch nach seinen ganz eigenen, individuellen Zonen, anstatt ein Programm herunterzuspulen. Sie ist und bleibt neugierig.
5. Eine Venus nimmt die Lust eines Mannes als Kompliment, nicht als Liebeserklärung oder als Versuch, sie zu unterdrücken.

6. Sie weiß, dass Männer die Überbetontheit an Lust am meisten von der Lust abbringt: Männer merken es, wenn sie manipuliert, ausgetrickst oder nach einem Leitfaden verführt werden.
7. Es kommt mehr auf die Stimmung zwischen Ihnen und Ihrem Liebsten an als auf das, was genau Sie beide miteinander treiben. Nicht die Technik entscheidet über Lust, Gier, Sex und Orgasmus, sondern wie die seelische Atmosphäre zwischen Ihnen ist. Wohl fühlen, loslassen, nicht der Leidenschaft hinterherhecheln, sondern der Lust nur Raum und Zeit zur Verfügung stellen, um sich zu entfalten.

Was Männern Lust macht ...

Eigentlich waren wir Frauen ja optioniert auf scheue Wesen, denen die Lust schneller abhanden kommt, als jemand »Mach mal das Licht an, Hasi, ich will sehen, wie ich dich von hinten ...« sagen kann. Und Männer, tja, denen wurde bisher nachgesagt, sie hätten a) immer Lust (was nicht stimmt) und wären b) hauptsächlich übers Auge anzumachen: ein Rock, ein Ausschnitt, ein Blick. Das ist leider ein bisschen zu einfach, denn auch wenn das kurzzeitige Interesse damit eingefangen wird, so braucht es für das Feuerwerk der Lust noch etwas anderes.

Doch vorher schnell zu den offensichtlichen Lustkillern der Herren und Damen: In Einzelinterviews bei aktuellen Umfragen gaben Frauen und Männer zu, wie schwer Sex sein kann: »Manchmal ist es nur die falsche Musik oder eine blöde Bemerkung, dann ist die Luft raus«, so eine 45jährige Ehefrau. »Der Kopf muss frei sein, die Atmosphäre stimmen, kein Stress herrschen« – das sind die meistgenannten Hemmer bei Frauen. Männer sind ähnlich empfindlich:

»Falsche Worte, das Abschminkritual, zuviel Gelabere vorher und die Ahnung, dass man alles alleine machen muss und sie immer aufs Vorspiel besteht« lauteten die männlichen Lustkiller.

Auffällig, wenn man die intimen Beichten vergleicht: Frauen lassen sich von ihren eigenen Stimmungen lotsen, Männer beklagen sich über Frauenmacken als Urheber ihres Lustknicks! Während Frauen zum Beispiel ihre Abschaltrituale pflegen, um den Alltag aus- und Atmosphäre anzuknipsen, ist es genau diese Verzögerungstaktik, die bei Männern den Rolladen fallen lässt.

Zwischenfazit Eins: Frauen mögen Vorbereitung, Männer Spontaneität.

Also die Kunst, sich dem Moment hinzugeben, ohne sich darüber zu betun, dass die Beine jetzt aber nicht rasiert sind, die Eltern in einer halben Stunde zum Kaffee kommen oder das Licht nicht stimmt – und ohne halbstündiges Warmglühen.

Männer mögen Begeisterungsfähigkeit, Flexibilität, und es macht ihnen Lust zu wissen, dass sie ihre Lust zeigen dürfen, ohne gleich dafür eins übergebraten zu bekommen, nach dem Motto: du Täter, ich Opfer, pfui, wie kannst du nur. Ein schlichtes, gelächeltes »Nein, Schatz, jetzt nicht«, führt zwar auch nicht zu Sex, ist aber höflicher als das, was Frauen meist ihren Herren um die Ohren hauen, wenn es ihn nach einem Spontanfick auf der Tischplatte gelüstet.

Was Männer noch als lustvoll empfinden: wenn das Geben und Nehmen ausgeglichen ist. Dabei scheinen sich junge Männer vor allem mehr Offenheit und Anleitung zu wünschen: »Sex ist für mich nur Stress«, gibt ein 21jähriger Single-Mann zu. »Die Mädels lassen sich bedienen, ich komm mir wie ein Liebeskasper vor.« »Man spürt keine Reaktion!« beschwerte sich ein 24jähriger Solo-Mio: »Wie soll man was anderes machen, wenn man keine Signale kriegt, außer so ein bisschen vorgetäuschte Erregung?« Das Schweigen der Frauen ist für Männer ein Problem, wie ein 26jähriger in seiner Beziehung feststellt: »Meine Freundin hat mehr Erfahrung und lässt es mich spüren – aber sagt nichts. Sie behandelt mich wie einen Anfänger, den man nicht für voll nehmen kann.«

Zwischenfazit Zwei: Männer wollen hören, reden, lernen – und Frauen wollen kommen, ohne viele Worte und Erklärungen.

Was Männer sonst noch gern hätten: keine Frau mit Modelmaß, sondern mit Pfeffer im wie auch immer gearteten Hintern. »Denn selbst Frauen mit toller Figur sind im Bett Liebestöter, irgendwo tut es ihnen weh, sie bewegen sich nicht und beschweren sich, wenn ich ihnen das Haar durcheinanderbringe«, so ein frisch geschiedener 37jähriger. Doch auch im Pärchenalltag ist nicht alles immer gut und befriedigend: »Meine Frau ergreift nie die Initiative«, so ein 39jähriger, »so langsam nehme ich Abschied vom Sex.«

Mehr Initiative, mehr Bewegung und Entgegenkommen und vor allem: dass Frauen nicht ständig Sex mit Identitätsfindung verwechseln, sondern lieber den Spaßfaktor zu zweit sehen könnten, das würde Männern ebensosehr Lust machen.

Wäre es nicht also eine gute Idee, wenn Männer von uns Frauen die Vorbereitung, das Zeitlassen, das Drumherum lernen könnten – und wir von ihnen die Hemmungslosigkeit, die Spontaneität und das Spaßhaben? Was können wir dann miteinander und voneinander haben, als ständig das andere Geschlecht aufzuziehen und verändern zu wollen ...

... und was Frauen auch ab und an als lustvoll empfinden

Frauen mögen höflichen Sex. Komplimentreiches Vorspiel, ausgedehnter Hauptgang, danach Im-Arm-Halten mit weiteren 100 Streicheleinheiten, und alles bitte rücksichtsvoll, einfühlsam und zärtlich. Männer sollten Kavaliere im Bett sein, brav den Vortritt lassen, ganz wie sie es durch zahlreiche Ratgeber und Küchengespräche gelernt haben, Macker haben keinen Zutritt zum Allerheiligsten. Es wird nicht herumkommandiert, sondern wohlerzogen geliebt, am liebsten im Sonnenuntergang unter Palmen.

Mit Verlaub: Ha, ha.

Soviel zum schönen Schein der von Natur aus erotisch friedfertigen Frau – die Wahrheit ist nämlich weniger perwollgewaschen: einige unserer nachtschwarzen Phantasien stellen selbst die zensierten Szenen von *9½ Wochen* in den Schatten, und nicht erst seit Britney Spears »Hit me Baby one more time« flehte, ist klar: Frauen wollen es auch mal härter als nur zart. Demnach spielen für bis zu 38 Prozent aller Frauen gewollte Unterwerfung, ein Hauch Schmerz, spielerische Gewalt, verbale Demütigung oder einfach nur brachiales Überwältigtwerden in heimlichen Gedanken eine betörende Rolle, fand unter anderem die US-Autorin Nancy Friday heraus. Nach einer Umfrage von Henner Ertel, Psychologe aus München, sind es sogar bis zu 65 Prozent, die gelegentlich davon träumen, in erotische Machtspielchen verwickelt zu werden. Zahlreiche Sexualforscher stellen in unabhängigen Studien immer wieder fest: Frauen phantasieren nicht immer nur schön, da geht's zur Sache, wie es kein Pornoregisseur auch nur ansatzweise hinkriegen würde. In vielen von uns – unabhängig von Beruf, Alter oder Stand – schlummern sexuelle Bedürfnisse, bei denen eingefleischte Feministinnen das Grauen bekommen dürften: lustvolle Unterwerfung heißt das Reizwort. Er führt, sie folgt – aus freiem Willen. Oder auch mal andersherum, was aber immer noch anerkannter wäre; so ist die sich hingebende Frau, die sich gern mal dominieren lässt, das ganz große Tabu, das am besten gleich abgeschoben wird in die zwielichtige SM-Ecke. Oder abgewertet wird mit dem Stammtisch-Bonmot: »Die braucht's doch hart, das Luder.«

Gelassen tickt, welche sagt: »Na und?«

Denn es geht dabei noch nicht mal um sadomasochistische Praktiken oder Lack-Leder-Fetisch-Heissa mit Gertenstriemen auf dem Po und Master-Anrede; es geht um den Kick im Kopf, der durch erotische

Machtkämpfe ausgelöst wird. Nicht umsonst sitzt die Feder des weiblichen Triebs zwischen den Ohren – und genau da wird er stimuliert, wenn es um die spannungsgeladene Welt von Dominanz und Überwältigtwerden geht. Oder um Sehnsüchte nach Erfahrungen, die jenseits von Sie-oben-er-unten warten könnten. Wenn er plötzlich härter zufasst, die Handgelenke niederhält. Wenn er uns die Augen verbindet, mit Handschellen, Tüchern, Gürteln fesselt, erregt, doch nicht erlöst. Wenn er weiß, wann es gilt, den Scheinwiderstand zu brechen, mit Wörtern und Befehlen, für die er sonst eine Ohrfeige kassieren würde. Wenn er die Klamotten runterreißt, als sei es das Letzte, was er in diesem Leben tun wird. Wenn er Dinge macht, die wir selten in Frauenzeitschriften zu lesen bekommen werden. Kurz gesagt: wenn er den Domino gibt, absolut Mann ist und uns nach heftigem, wenn auch gespieltem Sträuben überwältigt.

Die Scham über so gänzlich politisch unkorrekte Wünsche ist groß; nicht nur, weil verbrecherische Gewalt gegen Frauen absolut abscheulich ist, sondern weil der Appetit auf Dominanz im krassen Gegensatz zum Selbstbild und dem emanzipatorisch-gefestigten Bild der Frau in der Gesellschaft steht. Warum sonst würden die Medien jedesmal so ein Geschnatter erheben, wenn eine Werbung oder ein Bildband mit Elementen aus der D/S-Szene (Domination & Submission) arbeitet oder mit einem Hauch Haue, Bondage oder sonstigen Unterwerfungsposen daherkommt? Warum gelten bis heute *Basic Instinct* oder *Body of Evidence* als Filme mit »grenzüberschreitenden« Inhalten (gähn)? Wieso sonst darf das »schwache« Geschlecht alles andere als einfach mal schwach sein? Die Botschaft ist klar: Das ist unmodern, das gehört sich nicht, und welche aufgeklärte Frau wirft sich schon einem Macho an den Hals?!
Doch, ja, es ist ganz normal, diese Anwandlungen von Unterwerfungslust zu haben. Viel mehr – solche Grenzüberschreitungen gehören sogar dringend zu einer aufregenden Sexualität dazu und könnten zum neuen Kapitel selbstbewusster Weiblichkeit erwachsen: Die

Aachener Sexualforscherin Ulrike Brandenburg berichtet von einem zunehmenden neuen Typus Frauen, die keine Lust mehr auf den rücksichtsvollen, sanften Mann haben – sie schätzen ihn zwar im Alltag, aber sie vermissen den »echten«, den potenten Mann im Schlafgemach.
Echte Frauen wollen echte Kerle. Soweit die gute Nachricht. Die schlechte: das werden nicht alle so sehen. Das fängt ja schon im eigenen Kopf an, in dem es vor Zweifeln nur so wimmelt.

»Wer ist die fremde Frau in mir?« Das fragt sich manche, die ab und an mehr möchte als Bondage light mit handelsüblichen Seidenschals oder Erdbeeren aus dem Bauchnabel. Die Ursprünge der prickelnden Sehnsüchte nach mehr Härte in der Liebe sind vielfältig – aus Schuldvermeidung zum Beispiel, wie viele Sexualpsychologen vermuten. Wenn die eigene Lust unbewusst als inakzeptabel empfunden wird und erst durch ein spielerisches Aufzwingen Verantwortung an den dominanten Mann abgegeben werden kann – ganz nach dem Motto: »Eigentlich will ich das ja nicht, aber er hat mich mitgerissen. Er hat mich dazu verführt, Hemmungen abzulegen, ich kann nix dafür ...« Diese inneren Widerstände gegen eigene Lüste haben sich oft über Jahre aufgebaut – durch Erziehung, übernommene Normen aus dem Umfeld oder durch das gehegte Wunschbild der »anständigen« Frau. Und die wird eben nur mit Dominanz hin- und weggerissen.
Auch der eigene Selbstwert kann durch stürmisches In-Besitz-Nehmen aufgepäppelt werden: »Er will mich so sehr, dass er seine Selbstkontrolle fallen lässt und rücksichtslos über mich herfällt.« Was für eine romantische Vorstellung, dass ich ihn allein durch mein Dasein entflamme! Diesem narzisstischen Element geht vor allem die Soziologin Isabelle Azoulay auf den Grund (»Gewalt in der sexuellen Phantasie von Frauen«).
Es kann aber auch ganz anders sein – wenn es einfach der Hunger nach mehr Leidenschaft ist, nach Erfahrungen außerhalb von Va-

nilla-Sex. Wenn man einfach müde geworden ist, ihm zu erklären, wie man's denn gerne hätte, und die stundenlangen Zärtlichkeiten schlichtweg langweilen, sein »Ist recht so?« jede Spannung nimmt. Und man sich fragt: wann waren wir zuletzt richtig wild aufeinander, wann bemerkte man die Lustbisse erst beim anschließenden Blick in den Spiegel, und könnte es nicht mal was Neues geben? Wie wäre es mit einer Ausweitung der erogenen Kampfzone vom Körper auf die Persönlichkeit, Phantasie und den Willen?
Und genau das ist der Knackpunkt: eine Frau sollte sich nicht unterwerfen, damit er allein seinen Spaß hat, um Himmels willen, welch mittelalterlicher Schluss! Sie will freiwillig unterworfen werden, nach allen Regeln der Kunst: er soll gleichzeitig konsequenter Verführer *und* Diener ihrer Wollust sein. Die Entscheidung, von ihm überwältigt zu werden, entspringt also nicht einer Schwäche – sondern der Stärke, zu dieser Lust zu stehen! Die Kurve ist nicht leicht zu kriegen, doch immer mehr Frauen haben das Selbstbewusstsein zu sagen: Ich bin stark genug, um auch mal schwach zu werden. Deswegen bin ich noch lange nicht pervers, krank oder masochistisch. Komm her, du Tier, mach mit mir, was du willst – aber so, dass es mir gefällt! Nur: wo kriegt man einen Kerl her, der das begreift, ab und an den Stier rauszuschicken, und womöglich noch ohne viele Worte? Denn darüber reden – es hat schon genug Nerven gekostet, es sich einzugestehen und auf die Moral fremder Leute zu verzichten. Und nun soll aus dem Pantoffelhasen der Potenzhengst werden – was aber, wenn er es nicht richtig macht und mir die Würde nimmt oder ich ihn vor Lachen nicht ernstnehme? Was ist, wenn er mir wirklich weh tut oder mich insgeheim verachtet? Was wird mit unserer Beziehung passieren – wird er dann auch im Alltag den Macht-Macher rauskehren wollen?
Man könnte meinen, in jedem Mann stecke ein geborener »Top« – so nennt es die BDSM-Szene, wenn jemand den anderen (»Sub«, »Bottom«) in Liebe dominiert. Leider ist dem in Wahrheit jedoch ganz und gar nicht so. Leider deshalb, weil eine gute Portion Einfühlsam-

keit, Phantasie, Mut und noch mehr Respekt dazugehört, das Geschenk »Mach mit mir, was du willst« zu verwalten. Und das kann nicht jeder Mann – ob aus Furcht, ihr aus Versehen doch weh zu tun, aus Angst, nicht ihrem mentalen Drehbuch folgen zu können und sich zu ungeschickt anzustellen. Und weil es eben auch nicht zum Selbstbild des zuvorkommenden, zärtlichen und zahmen Gentleman passt: Frauenversteher fassen nicht hart zu, das sei doch bitte nur hirnlosen Hengsten zuzutrauen. Zack, ab in die Klischee-Schublade! Ab zu dem Vorurteil, zwischen Hardcore und Harmlosigkeit gäbe es keine Facetten – klar, wenn pseudoperverse Enthüllungen wie »Ich bin Leder-Fetischistin/Domina/Masochistin« die Gelüste dazwischen verschleiern, dass es auch ein paar Nummern kleiner reicht. Schließlich haben auch genug Männer die Erfahrung gemacht, zum natürlichen Feindbild und Symbol der Gewalt abgestempelt zu werden – wer will da die Gefahr eingehen, sich auch nur andeutungsweise als gewaltbereiter Sexist zu geben?! Machtspiel – das Minenfeld.

Aber betretbar und durchaus erotisierend explosiv, wenn die Grundvoraussetzungen geschaffen sind: »Dazu gehört ein stabiles Gefühl von Verlässlichkeit, Vertrauen und Intimität in der Partnerschaft, will man die Inszenierung von erotischen Unterwerfungsszenarien in die Hände eines anderen abgeben«, sagt Kommunikationspsychologe und Supervisor Aristides Damdounis aus Hamburg. Ebenso die Einsicht, dass Sexualität zwar ein Teil unserer Persönlichkeit ist – aber nicht der lebensentscheidende. Also werden Machtspiele auch nicht zwingend den gemeinsamen Alltag zur übergreifenden Unterwerfungskampagne verändern. »Auf dieser Basis des Respekts und Vertrauens lassen sich rituelle Machtspiele sicher für Herz und Verstand gestalten. Ist diese Geborgenheit da, sind Scham oder voreilige Zensur der eigenen Phantasie fehl am Platz. Wer klug liebt, lässt sich nicht von anderen sagen, was normal ist und was nicht. Der weiß, dass es nicht nötig ist, alle Phantasien umzusetzen, sondern nur jene, die man sich zutraut. Und lässt sich nicht von vornherein verunsichern, ob der andere was falsch machen wird oder die Beziehung kippt.«

Leicht gesagt – denn Männer scheinen weniger über die Lüste der Frauen zu wissen als über Quantenphysik. Man schläft zwar miteinander, aber die Kommunikation über Sex ist eingeschlafen. Dabei wüssten gern mehr als 80 Prozent aller Männer, was sich ihre Liebste wünscht.

Also, bringen wir's ihm schonend bei ...

»Guter Sex braucht eine innere Phantasie«, meint Professor Uwe Hartmann, Sexualwissenschaftler und Psychologe an der Medizinischen Universität Hannover. »Eine Vorstellung, die über das rein Körperliche hinausgeht. Man muss auf den Partner neugierig bleiben, bloß nicht annehmen, man wisse schon alles. Man kann zusammen experimentieren, riskieren, den Grenzgang zwischen Alltag und erotischer Welt wagen.«

Klar, kein Problem. Man legt ihm das Drehbuch *Dominanz daheim* aufs Kopfkissen, und dann ... nein. Es gehört immer noch zu den Phänomenen unserer Zeit, dass wir alle wahnsinnig beredt sind, außer wenn es um die eigenen Bedürfnisse geht. Wer also keine Meisterin der klaren Worte ist, verlegt sich auf die Taktik Lesen, Sehen, Kommentieren, Nachahmen, besser oder anders machen: von Filmen wie *Body of Evidence, Der letzte Tango in Paris, Der Liebhaber* oder zur Not auch *Wilde Orchidee;* über die Lektüre von Klassikern wie *Die Geschichte der O., Venus im Pelz,* oder modernen Erzählungen wie *Quiver* und *Taxi nach Paris,* bis hin zum Anschauungsmaterial in Fotobildbänden von Araki, Roy Stewart oder Jeff Koons. Gemeinsam konsumiert, lassen sich die Reaktionen des Dominos in spe beobachten – macht es ihn an? Ist er irritiert, weil er bisher glaubte, Sie ständen auf Doris-Day-Duselei? Vielleicht erleben Sie auch eine Überraschung – er ist hingerissen, versteht den Wink, sich mit Ihnen auseinanderzusetzen. Es ist viel einfacher, über anderer Leute Obsessionen zu plaudern als gleich über die eigenen – also reden Sie darüber. Was Sie sehen. Wie Sie es empfin-

den. Ob es Sie inspiriert ... und vielleicht wird sich daraus etwas ergeben. Eine Stunde der Geständnisse, eine Situation, ein Spiel, eine zerrupfte Strumpfhose, ein wohliger Klecks Paraffinwachs irgendwo. Überstürzen Sie nichts – eine Mauer aus Moral, Zweifeln und verquasten Vorstellungen über Sex im Grenzwert lässt sich nicht in einer Nacht abtragen, weder Ihre noch seine. Was auch immer passiert – bleiben Sie dran. Wichtig ist, so Kommunikationsprofi Damdounis, auch eine Nachbereitung dessen, was geschah: Was hat mir gefallen, was könnte besser sein, und auf was möchte ich bitte verzichten – hier sollten beide zu Wort kommen. Zu sexuellen Machtspielen gehören Regeln – und Sie müssen sie festlegen: wie »Fesseln ja, knebeln nein. Hart anfassen okay, keine Schläge auf den Po. Slips zerschneiden gerne, aber wehe, es ist der von Palmers! Befehle ja, nur das oder das würde ich nicht tun. Wenn mir etwas wirklich weh tut oder zu weit geht, werde ich ›Schluss jetzt‹ sagen. Und morgen wäre es schön, einfach nur zu kuscheln oder nett essen zu gehen ...«
Unterschätzen Sie nicht die Wirkung, die Ihre ehrlichen, liebevollen Anweisungen für ihn haben werden – »Sie soll mir sagen, was sie mag« steht immer noch ganz oben auf der Rangliste männlicher Wünsche. Endlich weiß er, was er tun kann, darf, soll – und so wendet sich das Unterwerfungsspiel in ein Szenario, in dem Sie die bewusst aktivpassive Bestimmerin sind. Was ist daran bitte verwerflich? »Und das Beste«, prophezeit Damdounis, »wird dann passieren, wenn er innerhalb des Vertretbaren, Vertrauten, auf ganz neue Dinge kommt, die Ihre eigenen Phantasien übertreffen. Wenn er einen Schritt weiter geht und Sie ins Neuland führt – das ist der Stoff, aus dem die Brücken der Lust in der Partnerschaft gebaut werden.«
Hm, lecker. Aber lassen Sie es bitte nicht zum Hochleistungsakt ausarten, weil's jetzt »Trend« ist oder »Mehr Spaß beim Sex auf der Stelle!« gefordert wird. Wie es in der Szene so schön heißt: alles kann, nichts muss. Vor allem nicht dauernd.

Kein Grund, sich zu schämen: Wie Frauen locken

Sie locken mit Versprechen, die sie nie einhalten werden, spielen mit ihrer Attraktivität und wollen nur eins: angesehen und begehrt werden – ohne dabei gleich anfassen zu lassen.

Frau sein heißt auch, sich seines Körpers bewusst zu sein; aber wir tänzeln alle auf dem schmalen Grat zwischen medial verzapfter Perfektionsidiotie und dem allzu menschlichen Drang zu verführen, zu gefallen, ein wenig an Blicken zu lecken und es schön zu finden, attraktiv gefunden zu werden.

Dazu kommt, dass es uns die Erbinnen und Hardcore-Vertreterinnen des Feminismus ordentlich versaut haben, Lust auf Außenwirkung zu haben, auf Sexappeal, auf die Anziehungskraft des weiblichen Körpers.

Schade eigentlich, denn die Anziehungskraft ist immer noch vorhanden, ganz gleich, welche Politik vertreten wird. Seit Jahrmillionen funktioniert das alte Spiel Frau/Mann, und da sollen wir so tun, als wären wir dagegen machtlos?

Eine Venus pfeift auf verklemmten Femi-Quatsch, der eine Frau nur dann als »gut« bezeichnet, wenn sie gefälligst in Sack und Asche geht und laut rülpst. Gut, das ist überspitzt, aber wahr: Eine Frau, die Lust am Sich-selbst-Zeigen hat, wird ausschließlich von Frauen diffamiert. Sie wird als Flittchen, Schlampe, kokettes Luder bezeichnet. Man traut ihr wahlweise nicht das Kopfrechnen zu oder gleich soviel Berechnung, dass sie einen Mann mit Augenzwinkern hinreißt anstatt durch eine vernünftige Diskussion über die indogermanische Konsonantenverschiebung. Ach was, Hinreißen ist sowieso nicht erlaubt. Herzlichen Dank.

Dabei kann es doch so schön sein, Frau zu sein. Und ein wenig mit den Reizen zu spielen – allerdings ohne zu überreizen! Dazu eine Lieblingsphantasie ...

Seine Augen fliehen immer wieder von der Straße in den Rückspiegel. Es gefällt ihm, was er sieht, und er kann nicht wegschauen. Er ist Taxifahrer und willkommenes Publikum für das Paar, das sich auf dem Rücksitz einander hingibt. Ihre weiße Haut auf dem schwarzen Leder, der Ansatz eines halterlosen Strumpfes, seine drängende Hand im Ausschnitt. Sie sieht es an den Augen des fremden Chauffeurs, dass er sie begehrt, und sie weiß: Er wird sie nicht vergessen. Der Mann, von dem sie berührt wird, ist fast nur Staffage, denn nachher, wenn sie die Fahrtquittung bekommt, wird Stolz sie durchfluten. Stolz, sich fremden Augen gezeigt zu haben – ohne verfügbar zu sein.

Für endlose Minuten war sie eine Sexgöttin; selbstbewusst, aufregend, schamlos-schön, und dabei so unerreichbar wie die Venus selbst. Ein selbst inszeniertes Ego-Boosting, wirksamer als wortreiche Komplimente je sein können.

So weit würden Sie nicht gehen? Dabei steckt in jeder Frau eine angeborene Lust, sich zur Schau zu stellen: die Slipline, die über die Hüfthose blinzelt, Brustwarzen, die wie zufällig durch das Satintop pieken, der Gehschlitz im Rock, der einen Hauch von Stay-ups-Spitze offenbart, sobald die Beine übereinandergeschlagen werden, der Träger, der ach so unabsichtlich rutscht und Blicke fängt – erotische Signale haben sich als modische Accessoires in unseren Alltag geschlichen, als gesellschaftlich akzeptierte Spielart des Lockens und Verführens. Wer zugibt, die verstohlenen Blicke männlicher Flanierender auf diese kleinen »Präsente« wahrzunehmen, sie zu genießen, stolz zu sein, für diese Kleinigkeiten angesehen zu werden: Herzlichen Glückwunsch, auch Sie gehören zu den absolut gesunden Exhibitionistinnen.

Eine hochexplosive Mischung, aus Macht, Sinnlichkeit, Selbstwert, Verführung – und Rebellion: denn dass eine Frau mehr zeigt, als sich gehört, ist in dieser Gesellschaft irritierend. Dabei ist unser Schamgefühl nur kulturell, nicht angeboren: Frauen am Amazonas beispielsweise fühlen sich erst dann nackt, wenn sie keine Armbänder tragen!

Eine Frau, die mehr als nur Bein oder Dekolleté zeigt, ob privat oder halböffentlich, zufällig oder gewollt, schmuggelt sich aus dem Wertesystem heraus: Sie pfeift auf Urteile wie »Schlampe« oder »Luder« und beugt sich nicht länger einer verstaubten moralischen Unbedingtheit, die hochgeschlossene Verklemmtheit fordert. Sie setzt der Emanzipation eine lustvolle Krone auf: »Ich liebe Sex, ich liebe meinen Körper, und ich liebe es, begehrt zu werden. Was dagegen?« Die Botschaft zwischen Anmut und Anmache ist längst nicht mehr politisch wie in den siebziger Jahren, als bare Haut von Yoko Ono bis Uschi Obermaier eine Provokation gegen das Bürgertum darstellte. Heute ist es ein Mix aus nackter Eitelkeit, Lust auf Selbstdarstellung und vor allem Freude an erotischer Ästhetik: Ich darf mich schön fühlen, ich darf es zeigen. Die Werbung hat es längst begriffen, dass Frauen nicht mehr als Beute dargestellt werden, sondern als hüllenlose Jägerin, der Körper eine sanfte Waffe.

Zeigelust hat viele Gesichter – für die eine ist es bereits der Kick, das Bauchnabelpiercing vorzuführen, für die nächste, von den Studenten nebenan beim wohligen Sonnenschutz-Einölen beobachtet zu werden, für andere bedeutet es enormen Lustgewinn, sich im Parkhaus beim Sex erwischen zu lassen. Und manche träumen einfach nur davon, so gut strippen zu können, dass der Liebste oder, noch besser, ein ganzer Club voller Kerle allein von ihrem Anblick süchtig wird. Die erotische Zurschaustellung hat in den Kopfkinos zugenommen – in den Solovorstellungen nimmt der Gedanke an das Beobachtetwerden einen wachsenden Stellenwert ein, belegt die exklusive *Cosmopolitan*-Umfrage (GEWIS).
Von der Phantasie zur Wirklichkeit braucht es nur einen Vorhang, der aufgezogen wird: »Exhibitionistische Spiele sind im Kommen«, so Soziologie-Professor Werner Habermehl. Das beginnt bei den beliebtesten Wünschen, es am Strand oder im Wald zu tun (laut Durex-Studie), in der Hoffnung, nicht ganz allein zu sein, und geht weiter zur gezielten Vorführung: delikate Bilder per Handy-MMS verschik-

ken oder gleich auf einschlägige Websites setzen. Auf Raststätten die Ungewissheit genießen, ob jemand durch die beschlagene Autoscheibe starrt. Wie zufällig vor dem erleuchteten Fenster eine Show für die Nachbarn bieten. Die Kamera mitlaufen lassen, den eigenen Orgasmus dokumentieren wie die US-Sex-Künstlerin Natacha Merritt. Oder einfach in der Disco so heiß miteinander tanzen, dass man Eintritt nehmen könnte und Christina Aguilera & Co. wie eine Mickymaushopstruppe aussehen.

In den Blicken nur eines Mannes baden – reicht manchmal nicht. Das Angeln nach Anerkennung wird kreativer und herrlich selbstverliebt: Striptease-Kurs vor Publikum, 24-Stunden-Webcam im Schlafzimmer à la Cam-Girl Jennifer Rigley, die enge Hose, die sich an die Perlschlucht schmiegt und sie damit fokussiert – oder das gezielte Weglassen des Slips, das nicht erst seit *Basic Instinct* für Begeisterung sorgt. Frauen inszenieren und feiern ihre Weiblichkeit neu und in großem Stil. Männermagazine registrieren einen Zulauf an Bewerberinnen für Heftmitte-Bilder, jede vierte deutsche Frau träumt von veröffentlichten Aktaufnahmen. Hotels richten immer mehr Zimmer mit Spiegeln ein, in Internet-Foren bekennen sich Frauen zum taktischen Zeigen, von der halboffenen Umkleide über die Sauna als unverfänglichen Zeigeort oder gelegentliche Auftritte in Tabledance-Bars oder als Aktmodell bei der Kunsthochschule bis hin zu Flirts mit Fremden, wenn der Freund dabeisteht und ihr zusieht. Nicht umsonst hat sie etwas für ihren Körper getan, warum also verstecken, womit sich spielen lässt? Von Jenny Elvers in *Männerpension* bis zu Kim Cattral als Samantha in *Sex and the City*, Jeff Koons und Gattin Cicciolina oder die stolzen Models, die für Fotografie-Legende Helmut Newton ihre Blöße wie eine Rüstung zeigten: Sie zogen sich aus, viele Frauen ziehen nach.

Eva war nackt und fühlte sich wunderbar. Wie sich Adam fühlte, können wir uns gut vorstellen: Er genoss seine gedanklichen Allmachtsphantasien, was er alles tun könnte. Aber nicht tun musste, weil allein das Ansehen beiden entgegenkommt: Sie genießt die Gier seiner Augen, er die Aufführung. Adam hätte sicher auch wie seine Nachfahren gern in wenig subtilen Zeitschriften geblättert und sich an den präsentierenden Damen erfreut. In der Sicherheit seiner Vorstellungskraft kann er alles machen, aber muss seine Manneskraft nicht unter Beweis stellen. Er empfängt eine Massage für die Augen, ohne zur Tat schreiten zu müssen. Er dürfte sich wie im Swingerclub vorgekommen sein – wenige tauschen Partner, 90 Prozent wollen sehen und vor allem: gesehen werden.

Allerdings kickt Beobachtetwerden mehr Frauen als Männer – die sehen lieber zu. Die meisten aus Angst zu versagen, sprich: die Erektion zu verlieren und alle gucken. Der Gesetzgeber zeigt sich verständnisvoll – nur Männer können belangt werden, sich gänzlich textilfrei sehen zu lassen (§ 183 StGB). Das trifft sich, denn Frauen sind rein über die Optik selten zu begeistern. Ob Zeitschriften, in Marmor gehauene Olympioniken oder der brustfreie Baustellen-Beau: für Frauen mäßig spannend. Visuelle Reize reichen nicht. Erst die Idee, wie er riecht, ob er damit umgehen kann, was er an sich hat, bringt uns zum innerlichen Beben.

Das liegt daran, dass Männer- und Frauen-Phantasien zu ähnlich sind! Männer denken, was sie mit dieser Frau machen könnten, und Frauen, was dieser Mann mit ihnen anstellen würde! Beide Male steht der weibliche Körper im Mittelpunkt. Und genau das malen sich Frauen aus, die sich sehen lassen: Was geht in seinem Kopf vor, was er gern mit mir tun würde? Das Interpretieren, das innere Drehbuch, was passieren könnte, reicht für mehr Stoff, als Catherine Millet in ihrem Skandalroman *Das sexuelle Leben der Catherine M.* über Vorführlust je hätte andeuten können.

Letztlich ist es ein Spiel. Das Spiel mit der unbekannten Größe Phantasie – so wissen wir nicht, ob die Monroe es provoziert hatte, als ihr weißes Kleid über dem Luftschacht hochgeblasen wurde; wir wissen nicht, was in den Köpfen der Modelle von Matisse oder Gauguin vorging – nur dass sie sich zeigten, mit Stolz.

Genauso bezaubernd-verspielt wie Marilyn, so taff wie Madonna oder so neugierig wie Sie jetzt vielleicht sind, so grenzenlos ist das Spiel von »Lass mich dir was zeigen«. Ob im Schutz ihrer wilden Gedanken, in der Intimität einer Partnerschaft oder in der Öffentlichkeit, die Sie mit Einblicken an- und aufregen: Sie entscheiden, was, wieviel, wann und wem. Es wird nicht gleich im Blößenwahn enden, wenn Sie heute abend auf den BH verzichten, um auszutesten, wie sehr seine oder fremde Blicke streicheln können. Geben Sie dem Körperteil, das Sie am meisten lieben, eine Chance für stumme Komplimente.
Nur: Wundern Sie sich nicht, wenn Sie es dann bei Frauen schwerer haben ...

Kleine lustvolle Vorschläge für allerlei Gelegenheiten

Komm her, du Tier? Wie bedauerlich: Da mutiert der Mann per Kuschel-Erziehung zum Softlan-Lover im Streichelzoo – obwohl Frauen manchmal nichts lieber hätten als Sex im Raubtierkäfig. Wie praktisch: Fast jeder Mann würde das Tier in ihm gern mal von der Kette lassen. Mutige Frauen locken diesen Instinkt mit Körpersprache:

1. Leder-Lust. Ziehen Sie seinen Gürtel aus der Hose. Schlingen Sie ihn hinterrücks um Ihre Handgelenke, drehen Sie sich um. Wenn er ein Mann und keine Maus ist, wird sein erster Reflex sein, die Schlinge festzuziehen und Sie mit Ihrem Lächeln voran aufs Laken zu stubsen.
2. Andreas-Kreuz, vertikal: Eine Wand im Rücken. Stellen Sie Ihre Beine auseinander, fassen seine Hände, pressen die Arme ausgestreckt an die Wand. Diese Pose ist Provokation pur. Funktioniert auch horizontal – nur dass Sie ihm zusätzlich den Hals zum Biss bieten.

3. »Nicht-doch!«-Spiel: Die Magie liegt in der Balance von Verweigerung und Nachgeben beim Liebesspiel: Winden Sie sich weg, halten Sie seine Hüften fest, drücken die Schenkel zusammen – und machen nach wohl dosierter Kunstpause weiter. Spätestens beim vierten Pseudo-Abbruch wird das Tier an der Kette zerren.
4. Der Aufreißer. Ziehen Sie sich eins dieser Fummel-Kleider mit Druckknöpfen an. Legen Sie seine Hände auf Ihren Busen, schieben Sie die Daumen unter die Knopfleiste. Bedeuten Sie ihm mit leichtem Druck, seine Finger dort zu lassen. Drehen Sie sich abrupt zur Seite, heben dabei Ihre Arme an, so dass das Kleid aufspringt. Jetzt ran an den Mann – er wird unmittelbar reagieren. Falls nicht: Hallo-wach-Pille und weiter bei Punkt 2.

These: Frauen sind chronisch untervögelt

Wir Frauen haben zuwenig Sex. Und wenn wir Sex haben, dann selten den, den wir eigentlich haben wollen: jenen, bei dem uns Zeit gelassen wird. Wo wir nicht befürchten müssen, dem anderen sei es zu mühsam und er bekommt gleich eine Nackenstarre nach drei Minuten Cunnilingus (ja, Lecken, das herrliche gute Lecken, das um so besser ist, je länger und besser er es macht – wenn er nur das verdammte Interesse daran hätte, herauszufinden, was genau »gut« eigentlich bedeutet!), oder ein schlechtes Gewissen haben, weil wir nicht sofort kommen oder wenigstens innerhalb von fünf Minuten.

Stütze ich mich hier auf Statistiken? Nur teilweise, es ist inzwischen hinreichend bekannt, dass wir heute alle weniger Sex haben als noch in den fünfziger Jahren. Sex ist dermaßen medial geworden, kein Wunder, dass die Reizschwellen ebenso höher geworden sind: Ein nackter Busen, ein halber nackter Schenkel, das reißt keinen

Kerl mehr so richtig vom Hocker und hinein in den Sündenstrudel. Paare leben seit Jahren nebeneinander her und schlafen wie Bruder und Schwester nebeneinander.
Mit unserer ach so unverklemmten Art, uns überall mit Sexualität zu umgeben, haben wir uns sauber ein Bein gestellt: Denn jetzt braucht es einen Mordsaufwand, um überhaupt Lust aufeinander zu bekommen. Klar, als Sexautorin habe ich auch meinen Teil dazu getan, doch wer einen Teil meiner Bücher kennt, weiß, dass ich aus Sex kein Muss mache, sondern nur daran erinnere, wie schön er sein kann.
Wenn wir ihn denn mal haben. Doch mit Männern ist irgendwas los. Sie interessieren sich in den seltensten Fällen dafür, wie Frau gehandhabt werden will. Trotz massenhafter Ratgeber, Zeitschriften und Hochkant-Anleitungsvideos ist etwas verlorengegangen: das Gefühl für einen Frauenkörper. Jede meiner Freundinnen, und das sind einige, hat es mehrfach erlebt: Mann wollte oder will erst immer weniger, dann kaum noch Sex. Und erledigt dann nur noch, anstatt sich einzufühlen. Manche finden auch nach dem hundertsten Koitus die Klitoris nicht mit der Hand, andere meinen, Cunnilingus ist etwas, was sich nur in der Werbephase lohnt, aber danach unspannend ist (weil: Was hat er davon?!), der nächste ist schon stolz, wenn er ihn hochbekommt, dreißigmal zustößt und danach fragt, ob er noch dabeisein muss, wenn sie sich allein einen runterholt.
Wir Frauen sind also chronisch untervögelt. Und wer hat schuld? Und wem nutzt es, das zu wissen, wer schuld hat?!
Sind es die Männer, die genervt sind vom Leistungsanspruch, sich dem verweigern und keinen Bock mehr auf die Mühe haben, sich auf einen Frauenkörper einzulassen? Weil sie zwar »wissen«, dass diese Sorte »körperlicher Beziehungsarbeit« nötig ist, aber schlicht keinen Spaß daran haben? Sind es die Frauen, die überall an die Spitze drängen, unabhängig sind, Dominanz versprühen, unbändiges »Ich will aber« um sich schleudern und damit abturnen? Ist es die Rache des Mannes an der über-emanzpierten Frau? Seine Hilflo-

sigkeit, dass er nur mehr für die Liebe gebraucht wird, ihm das aber beileibe nicht reicht? Oder geht es den Herren bloß auf die Nerven, wenn sie ihre Haare nicht ruinieren will, schwitzen eklig findet, dauernd über ihre Problemzonen schwadroniert, die Tagesdecke glattzupft und ihm hinterher auch noch sagt, dass sie das alles schon besser gehabt hätte? Ja, es gibt sie, die ständig mäkelnden Frauen, die darauf warten, dass er ihr den Superorgasmus beschert, schließlich hat sie das Recht dazu. Nur dass Sex eine Sache von Gegenseitigkeit ist, davon haben diese Ladies mit ihrer selbstgerechten Art selten was gehört.

Oder sind es nicht die Frauen und Männer, sind es die Medien? Schließlich sind sie es, die ständig an das »Recht« erinnern, tollen Sex überall zu haben, und uns vorgaukeln, ihn zu bekommen wäre ein Muss und strategisch planbar. Sind es Pornos, Priester, Pin-ups? Sind es Männer, die Angst haben, als Sexualobjekt degradiert zu werden (das muss man sich mal vorstellen, so weit ist es auch schon gekommen!) und deswegen bloß kein guter Liebhaber sein wollen, aus Angst, der Rest der Persönlichkeit interessiert Madame dann nicht?

Oder ist es schlicht die Tatsache, dass Gott sich einen Spaß daraus gemacht hat, als er Mann und Frau konstruierte: Mann will immer, kann aber nicht immer und ist nach fünf Minuten soweit; Frau hingegen will nicht immer, könnte aber, und wenn, dann soll es ein Fest sein, oder wenigstens ab und an ein Fest, bei dem nicht nur der Orgasmus zählt, sondern auch das Gefühl, begehrt zu werden, schön zu sein, sich hingeben zu können und, und, und. Und das passt nun mal selten zusammen.

Ja, ich weiß, es gibt sie, die Liebhaber, die einen enormen Lustgewinn daraus ziehen, es einer Frau richtig geil und nett zu machen, auch nach Jahren noch. Die sich eher die Zunge abbeißen würden, als sich darüber zu beschweren, dass sie eine halbe Stunde bis zum Höhepunkt braucht, die schon dann eine Erektion bekommen, wenn sie ihn berührt, oder die auch nach zwei Jahren noch einen Ständer beim Einschlaflöffelchen bekommen und es als Frage der Ehre ansehen, sich nicht nur auf dem Körper einer Frau zu befriedigen und ansonsten bitte sehr in Ruhe gelassen werden möchten, was zu aufwendige erotische Experimente angeht. Ja, es gibt sie, ich weiß, aber sie sind selten.

Einer meiner Exfreunde (derlei sind einige, na, was soll's) beschwerte sich mal über den Druck, den er von Frauen ausgehend empfindet. All die Verführungsarien in Straps und Glitter, all die Öle, die herausfordernden Blicke: Das war ihm zuviel.

Uff. Ich habe lange darüber nachgedacht, hatte ja auch Zeit, da wir keinen Sex mehr miteinander hatten (und das einer Sexautorin, bitte, was für ein Hohn! Und eigentlich logisch, denn eine Frau, die ständig Sex auf einem Schild vor sich herträgt, kann für Männer so lusttötend sein wie sich an Pralinen zu überfressen).

Und ich sah es ein. Dass er zwar einerseits ein etwas sehr weich gestrickter Mann war, denn es gibt Schlimmeres als eine Frau, von der man geliebt wird und die Lust auf den eigenen Partner hat, ohne dass er sie groß überreden muss; aber dass er andererseits auch eine Erklärung geliefert hat, warum Frauen nicht oft genug, nicht gut genug und nicht überraschend genug gefickt werden: Wir definieren uns sehr über Sex, über Attraktivität und über den blöden Neunziger-Jahre-Spruch: Ran an den Mann, Männer lieben initiative Frauen.

Tun sie nämlich nicht, wenn die Initiative in Forderung umschlägt. Haben wir Damen also schuld?

Jein. Männer mit hohem inneren Standing und einem entspannten Selbstwertgefühl in Sachen eigener Erotik und eigenem Mannsein sehen es lässig, wenn eine Frau ihnen deutlich Lust und Absichten zeigt. Die große Masse an Männern jedoch ist damit überfordert. Männer haben Angst, ihr Schwanz könnte nicht genügen, Frauen, dass sie nicht schön genug sind. Helena- und Amor-Komplex treffen sich auf den Laken: Oha, sie trägt schon wieder den schwarzen Spitzenstring, sie will, dass ich ihr den Macker/Hengst mache. Ojemine, sie hat ein Candle-Light-Dinner bereitet, das wird heut nichts mit einem Quickie, sie will stundenlang sinnliche Spiele machen. Omein-Gott, sie kritisiert mich, weil ich nicht gleich ihre Lustknöpfe finde, sie hat die Macht, mich einen schlechten Liebhaber zu nennen, sie weiß, was sie will, aber ich weiß es nicht, sie will eine Stunde, ich hätte Bock auf scharfe fünf Minuten, och – nee, dann lieber keinen Sex.

Vor lauter Selbstbefreiung, die auch richtig und nötig war, schießen wir Frauen ein klein bisschen übers Ziel hinaus: Wir teilen Männern nämlich unablässig unseren Drang mit. In der Art, wie wir uns anziehen, reden, was wir lesen, wie wir ihn verführen. Und alles in diesen Methoden schreit: Beweise mir, dass ich begehrenswert bin.

Nein, keine Sorge, ich werde nicht versuchen, Ihnen gleich reinzudrücken, dass wir uns alle wieder in keusche Weibchen zurückverwandeln sollen, deren Flirtrepertoire sich auf gelegentliches Augenniederschlagen und Erröten beschränken soll.

Es soll nur eine These sein, wenn ich behaupte: Würden wir Frauen nicht mehr Sex haben, wenn wir ihn Mann sein lassen, ein Mann, der uns verführt, anstatt aufgerufen ist, jetzt mal gefälligst! zu verführen? Wäre es denn nicht vereinbar, einerseits zu wissen, was wir im Bett wollen, es ihm aber andererseits nicht ständig auf die Nase zu binden? Sind Initiative und Ihn-kommen-Lassen denn so große Widersprüche, als dass wir uns nur für einen Weg entscheiden müssen?

Es geht hier nicht um Sittsamkeit oder um die Rolle der Frau in der Gesellschaft. Es geht darum, schönen Sex zu haben. Das Ziel ist das Ziel, der Weg sollte offen sein. Und der bisher beschrittene Weg, mit weiblicher Übererotik, Aggressivität und quengeligem Hopphoppanspruch, kann so nicht funktionieren. Männliche Erotik funktioniert anders, er ist so angelegt, dass er machen will, anstatt gemacht zu werden. Und auch weibliche Sexualität ist eine, die sich sehr wohl fühlt in einem Zurücklehnen, Verführtwerden, Aktivsein, aber ohne gleich als erste zu handeln.

Deswegen mein Vorschlag, den Sie ignorieren oder ausprobieren können: Lassen Sie ihn kommen. Lassen Sie sich verführen, wedeln Sie ihm nicht ständig mit Ihrer Verfügbarkeit vor der Nase herum, die aus dem fehlgeleiteten Selbstbewusstsein entsteht: »Ich nehme mir, was ich will, ich habe das Recht dazu, und außerdem soll er mir beweisen, dass ich sexy bin, oder wieso mach ich hier eigentlich den Aufstand?« Lassen Sie es sein, sich zu denken: Wie kriege ich ihn dazu, mich so zu wollen, wie ich es will?, und geben Sie Raum und Zeit für Begehren.
Definieren Sie sich nicht mehr über Ihren Sexy-Faktor, sondern über Ihre Persönlichkeit. Er sollte Ihnen nicht als Bestätiger Ihrer Attraktivität dienen; sonst wird Sex zu einem Machtspiel. Dabei sollte es doch etwas sein, was zwischen Liebenden oder Lustvollen stattfindet, und weder ein Egopolish noch Druckmittel noch kompliziert sein.
Vielleicht können wir die trockenen Zeiten mit zuwenig Vögelei beenden, wenn Männer mal wieder Jäger sein dürfen. Und wir aufhören, eine Beute zu sein, die sich von allein und mit überfordernden Guck-mal-ich-bin-ja-so-sexy-Attributen vor seine Flinte legt. Oft genug liegt in Ihrer unabsichtlichen Erotik mehr Sexappeal als in jeder Inszenierung.
Was Männer dazu sagen werden? Oh, ich bin mir sicher, erst werden sie die Augen verdrehen und sich dann insgeheim freuen: endlich wieder Mann sein. Nicht mehr Erfüllungsgehilfe. Endlich mal wieder den Triumph spüren, um etwas geworben zu haben. Das gute Gefühl, Mann zu sein und nicht nur Schwanz mit Beinen. Und sie werden wieder den Respekt entwickeln, den man braucht, um Lust und Zeit darauf zu verwenden, den Körper der Freundin, Partnerin zu erkunden. Wie etwas Wertvolles, das seinen Wert aber erst dann wieder offenbart, wenn es sich nicht ständig aufdrängt.
Sollte diese Hoffnung Illusion sein? Ich denke nicht.

Verführung

Das Schlimmste im Leben sind die Versuchungen,
denen man nicht erlegen ist.
*Alan Ayckbourn (*1939, britischer Autor von Theaterkomödien)*

Nennen wir ihn einfach mal Ben. Mit Ben zu schlafen war nicht einfach nur Sex. Es war die Kunst, die Zeit zu vergessen. Vom ersten zweideutigen Blick an, der Rausch beginnt, alles andere ist gleichgültig, die Zeit rast, und plötzlich liegt man fünf Stunden später schweißnass da und hört die Vögel im Morgengrauen zirpen. Dazwischen passierte nicht unbedingt das, was ich noch nicht kannte – aber es passierte anders. Wenn ich an ihn denke, denke ich an erotische Momente, die dem ganzen bekannten Rein-Raus-Spielchen das gewisse Etwas gaben. Wie wir mit Blicken spielten. Wie die Küsse das verrieten, was noch kommt. Wie selbst das gegenseitige Ausziehen zur erotischen Verführung wurde und für Gedanken an meine unrasierten Beine keine Sekunde Zeit war. Mit welcher Hingabe wir allem, was wir taten, Bedeutung gaben, ohne mit einem Schild: »Achtung, ich mach jetzt was ganz Tolles mit dir« herumzukaspern. Anstatt das Programm runterzuspulen, das alle kennen – »Küssen, Vorspiel, Abfahrt, huch, 'ne neue Technik, Nacht Schatz« –, genossen wir genau die Augenblicke, die sonst zu schnell vorbei sind. Wir nahmen sie wahr.

Haben Sie auch einen Ben? Oder mehrere? Wie der eine aus jedem Ausziehen einen Festakt machte, wie Sie mit dem anderen immer noch flirten konnten, bis es ins Bett ging, oder wie es beim nächsten war, mit dieser unglaublichen Nähe, wenn Sie sich ineinander bewegten? Und wie schön es war, diesen »Ben« zu verführen, von ihm verführt zu werden ...

Ich achte seitdem mehr darauf, solche Momente einzufangen. Sie nicht zu übersehen. Mich darin zu wälzen wie in einer Decke. Mich

zu trauen, zu verführen, um sie zu spüren, die Augenblicke der Magie, des Nachgebens. Es ist so schön, etwas nachzugeben, was man sowieso will!
Vor allem bei dem magischen einen Augenblick, von dem es später heißen wird: »Er hat mich verführt. Sie hat mich verführt.« Er dauert nur einen Wimpernschlag, dieser Moment, und vereinigt doch alles, was Verführung jemals versprach. Wenn die Luft brennt. Wer mit den Zündhölzern gespielt hat, weiß man nicht genau – war es der lange Blick in seine Augen, während man daran denkt, wie es wäre, von ihm in den Nacken gebissen zu werden? Das gespielte Verweigern mit dem Senken der Lider? Wann hat er begonnen, zu oft nach einem zu greifen, wie zufällig, und dann redet man über Kinofilme und Freunde, berührt sich selbst, weil man es kaum ertragen kann, dass er einen nicht berührt – aber darunter schwingt mit: Ich will dich anfassen. Ich will dich küssen, komm her. Wenn plötzlich die Idee von Sex im Raum hängt, gibt es zwei Möglichkeiten: auf dieser Welle reiten oder zum Nahkampf übergehen.
Ich brauchte einiges an Jahren und noch mehr an Beziehungen und Begegnungen, um zu lernen: Wenn ich nicht gleich loslege, heißt das nicht, dass der Moment ungenutzt vergeht oder er mir übelnimmt, dass ich mich verweigere. Ich werde auch nicht mehr verlegen, denn ich weiß: Alles ist möglich. Ich kann, muss aber nicht. Ich könnte die Verführung weiterspinnen, mich hingeben, ihn zum Übergriff verführen, die Gelegenheit nutzen.
Oder eben nicht.
Jede Frau hat dieses Gespür, ob oder ob nicht, da muss man sich nicht mal seine geweiteten Pupillen ansehen oder seine irritierten Gesprächspausen, um zu wissen: Da könnte was gehen. Bei dem ganz neuen Mann, bei dem ganz bekannten Mann.
Das Spiel mit dem Feuer.
Nirgends sonst ist es so schön, zu flirten und mit Versprechungen zu ködern, als in diesem Moment. Ich bin ganz Frau in meinen Blicken, meinem scheinbaren Nicht-Wissen um die Spannung zwischen uns,

und agiere harmlos, aber reizvoll. Jag mich, sagt mein Körper, vielleicht erlegst du mich; komm schon, ich mach dich verrückt, bis du nicht mehr kannst und nach mir greifst.
Vielleicht spreche ich es aus, diesen schlichten Satz »Ich will mit dir schlafen«, vielleicht frage ich ihn auch »Willst du mit mir schlafen?«, wenn mir nach einem »Ja, ja, JA!« ist, vielleicht rücke ich aber nur dichter ran und schweige beredt. Vielleicht massiere ich seine Hand oder fange leise an zu knurren. Vielleicht ist es ein Anfang. Vielleicht nur ein Spiel. Aber es kann nie zu lang dauern ...
Aber was ist, wenn ich meine, nicht verführerisch zu sein? Da ist er, der Gedanke, just in dem Moment, wo er der Verführung nachgab.
Ich hasse es nach wie vor, das Ausziehen, bei einem neuen Mann zumindest. Ich denke daran, dass meine Brüste nur in B passen und ich immer ein Bäuchlein haben werde. Ich hoffe, dass ich ihn nicht dabei erwische, wie er seinen Blick prüfend an mir herabgleiten lässt, um innerlich meine Makel aufzulisten. Ich bin bald 33 und an schlechten Tagen immer noch nicht in meinem Körper angekommen. An guten Tagen lasse ich das Baucheinziehen sein, umfasse meine Brüste und zeig sie ihm oder sage zu ihm: Sieh mich einfach nur an. Dann fällt mir nämlich ein, dass Männer keine Klötze sind. Dass es ihnen genau wie uns Frauen nicht auf Perfektion ankommt, sondern auf Sinnlichkeit, auf die verführerische Situation, die nie filmreif ist. Auf die Wärme der Haut. Auf den Geruch, der erregt. Auf Hände, die berühren und sich ineinander krallen. Auf die Sehnsucht, endlich nackt zu sein um sich dicht aneinanderzupressen. Männer lieben einen Körper, der ihnen entgegenkommt. Aber wie sollen sie uns überzeugen, schön zu sein, wenn wir ihnen keine Chance geben, uns anzusehen?
Das beginnt schon, oder gerade, beim heiklen Ausziehen, selbst dann, wenn wir uns schon tausend Tage kennen. Ich mag es, ein Geschenk zu sein, das er auswickelt, und ich mag es, wenn ich sein Hemd aufknöpfe und mit dem Stoff über ihn streichele, seine Gänsehaut ansehe, wenn ich damit kokettiere, was ich als letztes auszie-

hen werde. Ihn damit quäle, lange nicht an seinem Reißverschluss zu nesteln. Herauszögere, das Feigenblatt abzustreifen. Ich mag es, wenn er mir wieder in meine hohen Schuhe hilft, wenn ich bereits nackt bin. Ich liebe es, ihm die Schuhe abzustreifen und ihn dabei davon träumen zu lassen, wie es wäre, wenn ich gleich in der Hocke bleibe und woanders weitermache. Ich liebe diesen Moment, der mit soviel Erotik zu füllen ist. Und hoffe stets, dass er mitmacht, nicht seine Klamotten von sich wirft und sich auf mich, aber bitte auch nicht mit dem Rücken zu mir penibel sein Zeugs auf den Kleiderdiener hängt. Machen Sie sich schon mal frei, es geht gleich los!
Oh nein, bitte nicht. Verweile, Augenblick, verführe uns zum Schwelgen und Nicht-Denken, denn wir beide sind dann ganz sensibel, ganz verletzlich. Komm, lass mich was anbehalten, lass mich das machen, lass mich das *noch mal* machen; ich stelle mich hinter dich und öffne deine Hose, hmm, wie duftet dein Slip nach dir, warte, ich zieh dir das Hemd nur bis zu den Ellenbogen herab, für einen Moment bist du mir ausgeliefert ...

Die Bereitschaft, uns verführen zu lassen, liegt in jedem von uns verborgen und wartet nur darauf, geweckt zu werden. Nicht nur aus Gründen der Erotik: Auch Werbefachleute, die teure und unpraktische Kleidung an die Frau bringen, die dann im Kleiderschrank vergessen wird, appellieren an unbewusste Wünsche. Ebenso die Astrologin, die uns gegen Honorar eine wunderbare Zukunft verspricht, die Lotterie, die mit Millionengewinnen lockt, oder der Versicherungsvertreter, der uns glauben macht, dass Sicherheit gegen vierteljährliche Zahlungen zu haben sei.
Wir alle hegen Erwartungen und Träume von Erfolg, Glück, Reichtum – und glücklicher Zweisamkeit. Nicht alle Phantasien sind uns bewusst. Meist träumen wir auch nicht vom Glück an sich, sondern von einer bestimmten Form: einem schmucken Häuschen, einem schnittigen Wagen, morgens nicht mehr zur Arbeit zu müssen. Menschen, die uns die Erfüllung solcher geheimen Wünsche zu

versprechen scheinen, bringen unsere Gefühle zum Klingen – üben also eine verführerische Anziehungskraft auf uns aus.

Und Sie? Finden Sie sich selbst gut? Sind Sie entzückt von sich, wenn Sie sich im Spiegel betrachten? Können Sie sich spontan gehen lassen – ohne ständig zu überprüfen, wie Sie auf andere wirken? Können Sie sich genussvoll selbst befriedigen? Der Partner begehrt uns, wenn er unbewusst spürt, dass wir uns selbst begehren. Intimität gelingt, wenn wir einander spiegeln. Bin ich mit mir selbst uneins, wird auch der Partner innere Distanz wahren. Hat er jedoch den Eindruck, bei Ihnen werden seine Wünsche war, ist er verführbar. Und: So wie Sie sich selbst sehen, sieht er Sie auch.

Wissen Sie, was Sie und den Partner erregt? Sind Sie bereit, Ihre Verführungskraft in die Waagschale zu werfen? Oder sagen Sie sich stolz: Wenn er mich liebt, habe ich so was nicht nötig?

Diese Einstellung hat einen kleinen Haken: Sie ist so verbissen. Spaßfrei. Verführen ist Spaß, verführerisch sein ein schönes Spiel – nicht das wichtigste und auch nicht das, worauf Sie Ihre ganze Energie werfen sollten – aber sich dazu bekennen, Spaß an der Verführung zu haben.

Denn Sie werden doch auch gern verführt, oder? Gestehen Sie ihm dieselben Hoffnungen zu, die Sie auch haben: Attraktiv sein, begehrenswert, einzigartig; das gute Gefühl, von Kopf bis Fuß gewollt zu werden. Genau diese Erfahrung ist das Geheimnis von Verführerinnen: Sie schenken dieses Gefühl dem Mann, der's wert ist. Ihr inneres Motto lautet: »Ich weiß genau, was ich will: DICH!« Und dieses Bekenntnis macht ihre unwiderstehliche Anziehung aus: eben nicht hoheitsvoll und geschniegelt darauf zu lauern, verführt zu werden, um ihrem Ego Honig zu reichen; sondern zum Verführen zu verführen, ohne Angst, abgewiesen zu werden oder sich dabei zu verkaufen.

Sie sind eine Frau, eigentlich brauche ich Ihnen nichts mehr über Verführung zu erzählen. Fast muss ich Sie vielleicht nur noch überzeugen, dass Sie es tun dürfen, dass es nicht verwerflich ist oder billig oder so unmodern, verführerisch zu sein. Hier sind ein paar Schlüssel, die reizen ...

Neun Sekunden. Genau die machen den Unterschied zwischen »Tun wir's!« oder »Tun wir's nicht« – wenn das Herz beginnt zu rasen, die Hände feucht werden, die Idee von Sex in der Luft hängt. Und alles nur wegen diesem Blick zwischen Ihnen! Ziehen Sie den Kick in die Länge:

Denken Sie an Sex, während Sie ihn für neun Sekunden ansehen. »Augenliebhaberinnen« schwören darauf, dabei in sein sanfteres »Seelenauge« zu sehen und nicht zwischen den Augen zu wechseln. Andere konzentrieren sich auf den Punkt über der Nasenwurzel, die nächsten lassen in Gedanken ihre Augenringe »strahlen«. Merkwürdig? Keineswegs: Jeder Mann, der einen Hauch erotisches Interesse hat, wird durch diese Signale nervös. Wortlos ernst wird es mit der Blickwanderung. Schlagen Sie die Lider nieder, lächeln Sie, sehen Sie auf seinen Mund, dann zwischen die Beine und wieder in die Augen. Die Botschaft ist klar: »Jag mich, ich will.«

Liebkosen Sie sich selbst. Mundwinkel. Nacken, Unterarm – mit geschlossenem Daumen und Zeigefinger. Ihr Halsgrübchen. Unbewusst wird er sich wünschen, Ihre Haut zu spüren.

Berühren Sie danach ihn mit bedeutsamer Langsamkeit. Halten Sie vor seiner Haut inne. Die Spannung wird aufgelöst durch Ihre Fingerspitzen an empfänglichen Stellen: Haaransatz im Nacken, Schläfe und Außenspitze seiner Augenbraue. Auch die Innenseiten seiner Handgelenke, Unter- und Oberarme sind Orte für Zärtlichkeiten, die erotisch, aber nicht eindeutig sind. Getoppt werden diese Annäherungen von einem eindeutigen Move: dem Strich mit dem Fingernagel über seine Handinnenfläche, gefolgt von einem Kuss mit Zungenstubs. Ultra-sexy: Eindringen Ihres Fingers in die Zwischenräume der Finger dicht am Handteller, gerne feucht!

Der Weg ist für ihn damit deutlich vorgegeben: Zartes Prickeln ist gefragt. Wenn Sie noch kleine Knurrlaute aus der Kehle abgeben und ihn von unten nach oben ansehen, haben Sie den wahrscheinlich längsten Augenblick der Welt hinter sich ...

Auch Küssen ist reinste Verführung. Von Küssen können wir selten genug bekommen (wenn sie gut sind), für Männer sind die Biester oft nur Vorläufer von Sex. Dabei lautet das Motto der Verführung: mehr Küssen. Noch mehr Küssen! Küssen in Endlosschleife! Keine Sorge, wird ihm nicht langweilig: Im Gehirn nimmt das Genussareal seines Mundes mehr Zellen ein als seine Eichel! Und auch bei Ihnen wird ein wachsender Mix an Lustchemikalien gebildet – warum also zu früh damit aufhören?

»Er küsst zuerst!« ist das Motto, um aus Vorspiel-Einleitungs-Geknutsche elektrisierende Momente des Zögerns zu machen. Kommen Sie ihm nah, aber nicht nah genug. Legen Sie Ihre Stirn an seine. Er spürt Ihren Atem auf den Lippen und will um so dringender küssen. Nach dem ersten Kuss, wenn er zurückweichen will, umfassen Sie seinen Kopf mit beiden Händen, um ihn an sich zu ziehen. Lippen, die seine Bewegung beantworten, sind für die meisten Männer das Schönste am Küssen!

Die Zunge muss warten: Die Kunst liegt in der Verweigerung. Versuchen Sie, in Wellen zu küssen: Ziehen Sie ihn an sich, entziehen Sie sich, lassen Sie seine Küsse auf Ihrem Hals landen.

Lassen Sie erst Ruhe einkehren: mit der Zungenspitze an seiner Oberlippe, seinen Mundwinkeln. Steigern Sie dann die Leidenschaft, indem Sie ihn küssen, ansehen und nur ein Wort sagen: »Mehr!« – und dabei mit einem Finger in seinen Mund dringen. Er wird Sie imitieren, und ab da wird's ernst ... Ziehen Sie ihn an eine Häuserecke. Küssen im Flur ohne Beleuchtung. Überhaupt Küssen in der Dunkelheit: Das ist spannender als Kerzenschein! Kneten Sie dabei sanft seinen Rücken, ziehen die Pobacken auseinander, stemmen die Oberschenkel an seine. Versprochen: Nach 20 Minuten Küssen fühlen Sie sich wie 15 und nahezu frisch verliebt ...

Moment mal! Zwischen Küssen und Ausziehen gibt es aber einen verkannten Augenblick – das stumme Einverständnis, dass es jetzt zur Sache geht. Halten Sie ihn fest, zwischen Wissen und Hoffen: mit der Kunst des »Zwei Schritte vor, einen zurück«.

Anstatt vom Küssen zum Ausziehen überzugehen, beginnen Sie, eng umschlungen zu tanzen. Frei nach Ally McBeal zu Musik, die nur Sie hören. Ein geflüstertes »Tanz mit mir« bringt ihn in Bewegung. Wiegen Sie sich mit langsamen Seitwärtsschwingungen im Kreis. Sehen Sie ihn an. Bevor er nach zwei Minuten fürchtet, Sie machen einen Rückzieher, beginnen Sie, eine flache Hand auf seinen unteren Rücken gepresst, mit der Hüfte zu kreisen. Beantworten Sie sein reflexartiges Schieben. So finden Sie einen Liebesrhythmus, der im Verlauf des Abends perfektioniert wird ...

Lassen Sie sich von ihm festhalten, während Sie mit erhobenen Armen hin- und herschwingen – als ob Sie sich im Bett räkeln. Berührt er Sie an den Schultern, kreisen Sie sie unter seinen Handflächen. Das läuft alles unter dem Motto »Das wird guter Sex« und trägt den Untertitel: »Ich reagiere auf dich, mach weiter.« Für Männer das Kostbarste, um sich richtig ins Zeug zu legen!

Auf diese Art genommen zu werden ist sexy – noch reizvoller wird es, wenn Sie IHN nehmen: ihn an den Türrahmen stellen (Vorsicht, Hinterkopf!), seine Arme an die Zarge drücken. Machen Sie mit ihm, was Sie wollen: küssen. An ihm riechen. Ihre Wange an ihm schubbern oder einen Schenkel zwischen seine schieben. Und danach – lassen Sie ihn kommen. Reizen Sie den Augenblick aus, wenn er an Ihren Knöpfen nestelt: und gehen einfach weg! Allerdings dorthin, wo Sie sich wohler fühlen, wenn es ans Ausziehen geht ... er wird es lieben, Sie zu erlegen!

Warum echte Kerle echte Frauen bevorzugen

Nun, das ist schnell begründet: weil er da endlich wieder Mann sein kann. Und zwar der, nach dem alle schreien. Eigentlich geht's in diesem Buch ja vor allem darum, Frauen zu bitten, Frau zu sein und Männer Mann sein zu lassen, damit erledigen sich nämlich einige Probleme ziemlich rasch – unter anderem erotischer Leistungsdruck, Beziehungsgequäle und Partnerschaftsdebatten. Es geht nicht darum, Rollen auszufüllen, sondern das Weibliche und Männliche zu leben, und vor allem: leben zu lassen. Es geht hier nicht um Geschlechterdebatten, wer an den Herd gehört und wer an die Front, wer unten, wer oben – sondern es geht um Augenhöhe. Die lässt sich erst dann erreichen, wenn jeder für sich das Selbstbewusstsein seines Geschlechts erhält, und zwar nicht auf Kosten des anderen Geschlechts! Sich künstlich über Männer zu erhöhen wird uns nicht das Leben bescheren, nach dem wir uns sehnen: ein Leben voller Gleichberechtigung und Liebe. Wenn wir so weitermachen, wird es nur ein ewiges wechselseitiges Unterdrücken sein, in dem Liebe nicht mehr ein WEIL ist, sondern ein TROTZDEM. Wie fade.
Ändere mich nicht, dann erziehe ich dich nicht. Akzeptiere unsere Unterschiedlichkeit, lass uns damit umgehen und sie lustvoll zusammenwerfen, anstatt einander gleich zu machen, das geht nämlich sowieso schief. Keiner ist das bessere oder schlechtere Geschlecht. Lass mich deine Frau sein, sei du mein Mann, mit allen guten und weniger gelungenen Eigenschaften, denn zusammen sind wir: besser.

Warum wir zu schnell leben

Sofortkredit. Wisch-und-weg. Sekundenkleber. Bestellung auf einen Klick. Fast food. Speeddating. Kontakte sofort in deiner Region.
Es ist eine atemlose Zeit. Alles muss schnell gehen, als ob jede Se-

kunde zu kostbar ist, um sie zu verschwenden, schließlich leben wir nur einmal, jedenfalls hat noch keiner das Gegenteil überzeugend bewiesen. Also hat man offenbar keine Zeit, oder?
Dabei ist das Quatsch, Zeit hat eh keiner, sie gehört niemandem und ist doch für alle im gleichen Umfang vorhanden. Es ist nur die Frage, womit, mit wieviel, mit wem man sie ausfüllt. Ob man die Tage vollquetscht mit Aktivitäten bis zur letzten Sekunde oder aus dem Fenster sieht und die Zeit auf sich zurollen lässt, näher, noch dichter – und schon wieder ein Moment vorbei, der einen näher an Anfänge, aber, wahrscheinlicher, an das Ende bringt, das Unwiderrufliche.
Muss deswegen, aus Angst vor dem Unwiderruflichem, es alles so zackzack gehen? Wenn der Typ nicht in zwei Minuten die SMS beantwortet hat, steht schon das Herzlein Kopf. Wird die E-Mail nicht am selben Tag beantwortet, findet man das unhöflich, früher brauchte ein Brief drei Tage, vom Schreiben mal ganz abgesehen.
Doch alles muss jetzt und sofort sein. Blitzdating, in sieben Minuten die Entscheidung, ein Foto, ein Blick, ein Klick: Ich habe keine Zeit, bin schon 25, 35, 45, 65, habe einen Plan, das wird eng, das wird knapp, und wenn er nicht nach zwei Wochen oder zwei Monaten sagt, wie es mit uns weitergeht, ob er Kinder haben will, wer die Hausarbeit erledigt, wo wir in den Urlaub hinfahren – ja, Himmel, wie lange soll ich denn noch warten?! Ist doch alles klar, das muss man doch wissen. Eigentlich weiß man doch nach dem dritten Date sofort, ob es das ist, oder nicht?
Ja, manchmal weiß man das, da weiß man sogar schon nach drei Monaten Beziehung, ob man den Kerl heiraten würde oder nicht, man traut es sich bloß nicht zuzugeben, weil dann alles schreit: Bäh, du gibst zu schnell auf, das Schöne kommt ja erst noch! Meistens nicht, die Alarmglocken kennt man doch, aber man hört nicht drauf. Doch das ist eine andere Geschichte, hier geht's um die Zeit, die wir nicht haben. Die wir uns nicht nehmen. Die wir für Verführung und Kennenlernen nicht mehr übrig haben und nicht haben wollen – wobei ich mich dann aber fragen muss: Erst haben sie es so eilig,

dann sitzen sie in einer beschissenen Beziehung und halten zwanzig Jahre durch, auf was warten die Leute dann eigentlich? Wieso haben wir es einerseits so schrecklich eilig in jeder Hinsicht, und andererseits wird soviel Zeit verschwendet in halbgaren, laukalten, öden Beziehungen? Sie warten darauf, dass sich der andere endlich so ändert, dass sie gern mit ihm leben wollen, aber: Er tut es nicht. Niemand tut das, aber ... Aber auch das ist eine andere Geschichte, diese hier ist die Frage nach der Zeit.

Keiner hat mehr die Zeit, Sehnsucht zu entwickeln. Heute werden Begegnungen schon »Beziehung« genannt, wenn sie gerade mal zwei Wochen plus ein-, zweimal Sex ausmachten. Heute ist es schon zu lang, wenn man nicht gleich zusammenzieht, heute ist es schon zu lang, wenn er nach dem ersten Mal erst mal 24 Stunden nachdenken will. Es muss alles jetzt-und-sofort sein: Sex, Eroberungen, Erfolg. Wer sich kritisch zurücklehnt und sich Zeit nehmen will, den anderen kennenzulernen, gilt als prüde, übervorsichtig, risikoscheu, und überhaupt so ... so ... out!

Unter diesem Zeitstress können weder Sehnsucht noch Leidenschaft oder Lust entstehen, denn solche Dinge benötigen Zeit; und unter Zeitstress können die wenigsten eine Entscheidung treffen. Wieso sollten sie auch?

Doch wir setzen uns weiterhin permanent unter Druck. Acht Kilo weniger in drei Tagen. Haarverlängerung in einer Stunde. Mehr Erfolg bei Männern/Frauen in einem Wochenendseminar. In diesem Jahr den Vater meiner ungeborenen Kinder kennenlernen, weil wir in drei Jahren zum Babyzeugen übergehen sollten, ich aber dann schon spätgebärend sein könnte. Beim ersten Date abchecken, ob wir uns in 99 von 100 Punkten einig sind (als ob das möglich wäre – das wissen Sie doch eh erst nach drei Monaten!)

Was bleibt, ist das schale Gefühl, dass all diese Blitzkriege keinen längerfristigen Wert haben.

Wie lange ist es her, dass Sie von jemandem über Monate hinweg umworben wurden? Wie an einer Angel hingen, die mal zart ange-

zogen wurde, dann wieder laufen gelassen? Und Sie die Zeit hatten, sich genau zu überlegen, von Kopf und Herz her, was Sie damit anfangen wollen, um dann sehenden Auges in diese Beziehung zu gehen, ohne den Rausch der Sofort-Entscheidung (die, geben wir es zu, sehr gern zu hochdramatischen, hochineffektiven Beziehungen geführt hat). Wie lang ist es indes her, dass Sie mit jemandem nur analog kommunizierten, nicht per missverständlicher SMS oder aussagefreier E-Mail, per Telefon, das nur frustriert, weil man den anderen dabei nicht sehen kann? Würden Sie es noch wollen, dieses gemäßigte, ruhige, nicht ständig abrufbereite Kommunizieren mit einem möglichen Partner, um eben mit geringerem Tempo vorzugehen und nicht ständig in Habachtstellung zu lauern?
Das Schöne, den Charme, die wunderbaren Kleinigkeiten am Leben erkennt man doch erst, wenn man nicht an ihnen wie in einem Schnellzug vorbeisaust, sondern ab und an aussteigt, langsamer fährt. Finden Sie diesen Vergleich betulich? Meinethalben, ist er es eben. Doch das Leben ohne Maggi-fix-Attitüde hat was – wenn Sie öfter Ihr Telefon ausschalten, keine SMS verschicken, sich bei der Verführung Zeit lassen, beim Verführtwerden sowieso. Außerdem zwei Abende in der Woche mal nicht wissen, was Sie vorhaben, und sich bewusst ein wenig von dem fernhalten, was auf hektischer Betriebsamkeit beruht, die eigentlich nur puren Aktionismus darstellt, bei dem man weniger zum Denken und Fühlen kommt, als einem lieb sein kann.
Und die Vorteile von einer gewissen, wie heißt das Modewort, »entschleunigten« Art zu leben und letztlich auch: zu lieben sind alles andere als bieder:

1. Sie starren nicht dauernd auf das Mobiltelefon, weil Sie irgendeine SMS erwarten, in der dann doch nicht viel drinsteht.
2. Sie brauchen nicht mehr stundenlang SMS zu interpretieren, sondern verlassen sich lieber auf Ihren Instinkt, wenn Sie dem Herzchen gegenübersitzen.

3. Sie fallen nicht mehr auf Schnellschnell-Lockangebote herein, die Sie dann letztlich doch nur Zeit und Nerven kosten, weil Sie plötzlich auf allen Hochzeiten tanzen, die nicht die Ihrigen sind – schnell abnehmen, schnell Sprachen lernen, schnell mal eben Sextips inhalieren, schnell mal daten, schnell mal abchecken ... pff, dafür, dass Frauen angeblich keine Quickies schätzen, vollbringen sie im Alltag täglich mehrere.
4. Sie hören sich wieder denken. Sehr hilfreich, bevor man wieder unter einem Kerl liegt und nicht weiß, wieso eigentlich.
5. Sie merken, dass es bequemer ist, die Dinge langsam anzugehen statt schnell zu erledigen.
6. Sie finden in Ruhe heraus, ob der Mann es sein könnte, anstatt nach einer vorschnellen Entscheidung viel zu lang zu benötigen, um sich aus der Nummer wieder herauszuziehen.
7. Sie können Verknalltsein von Verliebtheit und dem Beginn von Liebe besser unterscheiden.
8. Sex macht mehr Spaß, wenn man sich Zeit lässt; außerdem kommt die Zeit des gegenseitigen Erspürens (vor dem ersten Mal Reinstecken) nicht wieder.
9. Die Lusthormone eines Mannes bleiben länger auf einem höheren Level, wenn er nicht schnell ans Ziel kommt.
10. Sie genießen es intensiver, wenn Sie es dann mal wieder zur Abwechslung schnell, heiß, heftig und impulsiv krachen lassen.
11. Sie brauchen sich am nächsten Morgen nicht zu fragen, ob Sie sich »zu schnell hingegeben haben«. Keine Frage der Moral, klar, aber es fragen sich das immer noch zu viele Frauen.
12. Sie schützen sich vor Enttäuschungen, wenn Sie nicht bereits nach zwei Dates und einer Nacht schon von »Ich liebe ihn!« reden. Lernen Sie ihn erst einmal kennen, bevor Sie diese schönen Worte verwenden. Minimum: acht Wochen. Lieber zwölf. Wenn in dieser Zeit KEINE Alarmglocken klingeln, nicht mal eine winzige, Sie keine Träne vergossen haben, es nichts an ihm gibt, was Sie nervt, es nichts gibt, wo Sie innerlich zusammen-

zucken, keine Geste, keinen Satz, keine Situation – tja: Dann haben Sie ihn. Gefunden!

Fazit: Nehmen Sie sich Zeit. Für sich, für ihn, für beide, und das vor allem am Anfang. Denn wenn es das große Glück ist, dann hat es seine Zeit zum Entdecken und Reifen verdient; wenn es das nicht ist, sparen Sie sich eine Menge, wenn Sie sich das bisschen Abwarten nehmen und genau hinschauen.

Keine Zeit für Verführung? Geishas haben sie – und eine Venus nimmt sie sich auch

Was macht Gartenarbeit und Sex erst gut? Wenn man nach den japanischen Traditionen geht, definitiv eins: feste Regeln, Pflege und Zeit.
ZEIT. Und noch mal: ZEIT.
Und niemand beherrscht das so gut wie eine Geisha – oder Geiko, wie sie im Zentrum des Geishakultur Kyoto genannt werden –, eine Frau, die sich selbst zur Kunst macht (Gei = Kunst, sha = Person). Auch wenn Geishas ursprünglich dafür ausgebildet wurden, die Gäste von Kurtisanen zu unterhalten, bis Hoheit bereit war, sie zu empfangen, so entsprechen sie doch dem Sinnbild von bis ins Detail wissenden Liebeskünstlerinnen. Sex ist zwar nicht im Geisha-Service inbegriffen, wurde und wird aber auch noch gelehrt. Geishas schließen sich zu Schwesternschaften (»dan-tai«) zusammen, eine Geisha in der Ausbildung (Meiko) lernt durch Beobachten und durch Schlafzimmerbücher mit Zeichnungen und Anweisungen, die von Geisha zur Meiko weitergereicht werden. Geishas waren nie allein Liebesdienerinnen oder Small-talk-Entertainer, die lieb und unkompliziert Tee reichten und Blumen arrangierten – sondern selbstbewusste La-

dies, Künstlerinnen, Kriegerinnen und Trendsetterinnen, wenn es um Mode, Lebensart und Sexappeal ging.
Asiatische Erotik nach Art der stolzen Geishas beginnt nicht erst beim Kuss oder dem Vorspiel – sondern in dem Moment, wo sie den Raum betritt. Konversation, Musik, Menü, Tanz, Atmosphäre, Aussehen, Gestik und Stimme: Sie weiß genau, wie sie verführt, ohne sich anzubiedern. Sie weiß, wie sie sich das holt, was sie braucht, sie weiß einen Mann zu manipulieren und ihm gleichzeitig das Gefühl zu geben, der begehrenswerteste Kerl der Welt zu sein. Und das alles mit Zeit, Zärtlichkeit – und einigen fast unsichtbaren Tricks. Was können die, was Sie nicht können? Wenig. Aber eins besonders gut: Sie folgen inneren Regeln und einer wohldurchdachten Langsamkeit. Im Westen was Neues, wo Quickies allzuoft als erotischer Höhepunkt gelten!

1. Geisha-Lektion: Entschleunigen Sie sich.
Slow down. Nehmen Sie sich Zeit. Für sich, für ihn, für Sie beide. Denn Ihr neues Motto ist: »Alles fließt.« Werden Sie zur Meiko, zur »Nachwuchs-Geisha«!

2. Lektion: Refugium & Atmosphäre – schaffen Sie Wohlfühl-Stimmung
Pur, entspannend, belebend: Schaffen Sie einen Raum, in dem Sie sich aufeinander konzentrieren können. In dem Sie barfuß gehen können, ohne zu frieren, und nur mit dem nötigsten an Utensilien und Möbeln, ohne drapiertes Schicki. Mit Blick auf Garten oder Balkon oder mit Grünpflanzen, die Sie so vor dem Fenster drapieren, dass ihre Blätter das Licht tänzeln lassen. Wenn Sie mögen, integrieren Sie einen Zimmerbrunnen oder ein Aquarium, um Sie zu erinnern: alles fließt, keine Eile. Setzen Sie Lichtinseln, aber so, dass keiner von Ihnen direkt hineinblickt oder dass Sie beide Licht im Rücken oder von der Seite haben anstatt von vorn – zaubert einen ebenmäßigen Teint. Verwenden Sie Glühbirnen in Beige. Spielen Sie mit Farben für Laken, Überwürfe, Kissen, Tischdecken, die Ih-

nen schmeicheln – ähnlich wie sonst bei Ihrer Kleidung. Doch eine Grundfarbe sollte überwiegen, damit das Auge nicht vom Mittelpunkt des Geschehens abgelenkt wird: Ihnen. Variante für Fortgeschrittene: Richten Sie sich beim Feintuning Ihres Refugiums nach seinen Vorlieben – ohne dass er es weiß. Hat er ein Faible für bestimmte Farben, Formen, Materialien?

Experimentieren Sie mit japanischen Accessoires: Besorgen sich einen Paravent, hinter dem Sie sich aus- oder umziehen können. Fächer, Zeichnungen, Kalligraphien, erotische Shunga-Bücher, ein schlichtes Windspiel oder Ikebana-Gesteck (drei Pflanzen oder Blumen in einer einfachen Glasvase) ergänzen das Asia-Flair.

Essen ist eine eigene Sache – normalerweise sieht man Geishas nie essen, nur trinken – Sake und Tee. Sie können sich aber füttern lassen. Mit Fingerfood, Saté-Spießen, Sushi, nicht tropfendem Obst, Reisbällchen, Tofu, Süßigkeiten, essbaren Blumen .... Halten Sie Fingerschalen und Minihandtücher bereit. Wenn Sie Sake zeremoniell genießen, trinken Sie abwechselnd dreimal aus derselben Tasse.

Musik sollten Sie nicht als Geräuschteppich hinterlegen, sondern bewusst einsetzen – zum Beispiel, um eine Mahlzeit einzuleiten, sie aber bei dem Gespräch auszuschalten, sie für Massage wiederum anzumachen.

3. Lektion: Selbst-Bewusstsein

Erheben Sie sich selbst zum Kunstwerk: Umgeben sich mit fließenden Stoffen, Seide oder feine Baumwolle, die Ihren Nacken und Ihre Handgelenke frei halten. Ein Original-Kimono oder eine Ukata kosten bis zu 2000 Euro und sind durch die Wickeltechnik nicht allein anzuziehen – aber es tun auch westlich geschnittene Kimonos, die sie als Überwurf tragen können, über Hosen oder mit breiten Schärpen (»obi«). Hauptsache nicht schwarz – das ist die Farbe für formelle Anlässe. Geishas tragen Farben im Wechsel der Jahreszeiten, suchen sich Farben der Natur. Trick der Geishas: Sie stimmen Kleidungsteile in der Grundfarbe aufeinander ab, aber tragen zum Beispiel helles, warmes und dunkles Rot von oben nach unten. Oder sie spielen mit Mustern von horizontal (wirkt souverän) über vertikal (belebend) bis geschwungen (feminin). Regel: keine Unterwäsche, stattdessen vielleicht ein rotes Seidenhemdchen oder Stockings.

Ihr Make-up ist schlicht, aber perfekt: das Gesicht hell, mit getönter Tagescreme, die auf Ihren Hautton abgestimmt ist, Augen dramatisch, Mund sexy. Augen, Augenbrauen und der Mund gelten als Erotikfaktor Nr. 1! Geishas benutzen keine Mascara, sondern geben ihrem Blick Dramatik und Tiefe mit dunkelgrauem, braunem oder auberginefarbenem oberen Lidstrich (Liquid Eyeliner), aber nicht zu dick. Für klaren Blick ohne »rote« Augen sorgt der untere Lidstrich in blau. Regel: Je dramatischer die Augen geschminkt sind, desto dezenter der Mund. Die Form der Augenbrauen – als Schönheitsideal gelten halbmondförmig geschwungene – bestimmt den Ausdruck des Gesichts. Verzichten Sie aufs Rasieren und Neu-Zeichnen: Bürsten Sie sie statt dessen in Schwung, und tönen sie einen Hauch dunkler als Ihre Haarfarbe. Der Mund wird mit Lippenstiftpinsel ausgefüllt – wichtig ist der Wet-Look per Lipgloss in der Mitte der Oberlippe – oder einem Hauch Gold. Tragen Sie Ihre Haare offen, glatt und »shiny« oder stecken lange Haare im Nacken lose hoch; verwenden Sie Shampoo oder Conditioner mit Olivenöl oder Palmfett. Zwei weitere Hotspots: Ihre Hände und Füße! Mit ihnen werden Sie ihn am meisten berühren ... Massieren Sie sie regelmäßig, gönnen sich Hand- und Fußbäder, Peelings und üppige Übernachtkuren, wenn Sie über die eingefetteten Füße kuschelige Wollsöckchen ziehen. Kurze Nägel, an den Füßen rot lackiert, sind obligatorisch! Fortgeschrittene lackieren Fußnägel auch schwarz. Verleihen Sie Ihrer Haut einen schimmernden Wetlook mit entsprechenden Bodylotions. Ihren Lieblingsduft tragen Sie dezent auf – im Haar, im Nakken, zwischen den Brüsten.

Der Charme eines modernen Geisha-Girls wird auch durch ihr Körpergefühl bestimmt – Anmut, Geschmeidigkeit, fließende Bewegungen. Als Trainingsmöglichkeiten eignen sich besonders Pilates, Yoga

oder Tai-Chi. Für einen aufrechten Gang sorgt allein dieser Gedanke: »Meine Taille ist die beste Freundin meiner Schulterblätter.« Probieren Sie es aus – Sie werden sofort aufrechter gehen und sitzen.
Die Bewegungen Ihrer Hände drücken Ihre Seele aus: Sehen Sie sich Ballett-Tänzerinnen an, was die alles mit ihren Händen anfangen. Trainieren Sie sie – Hände sind das Liebesinstrument, das Sie am meisten brauchen.

4. Lektion: Atmosphäre

Bringen Sie sich bereits ohne ihn in sexy Stimmung – japanische Kurtisanen pflegten sich in erotischen Träumen zu ergehen, mit sich selbst zu spielen bis kurz davor und den Duft an ihren Fingern auf den Körper zu tupfen; über der Oberlippe, am Nacken, zwischen den Brüsten ... Bereiten Sie sich ebenfalls vor. Mit erotischer Literatur oder mit langsamem Anziehen, unterbrochen durch Ihre eigenen Streicheleinheiten.
Wenn Sie sich hinter einem Paravent anziehen (oder ausziehen), reden Sie nach Geisha-Art mit ihm: Was Sie da gerade machen, wie schön sich der Stoff anfühlt, was Sie nur für ihn tragen oder ausziehen werden. Versuchen Sie Ihre Stimme zu schulen; sie sprechen zum Beispiel automatisch mit einem erotischen Unterton, wenn Sie durch eine gedachte Maske sprechen: Sie reicht von der Oberlippe bis über die Nasenspitze. Atmen Sie tief in den Bauch hinein (wenn sich Ihre Schultern heben, machen Sie es falsch), und sprechen Sie erst beim Ausatmen. Das hilft Ihnen auch beim Erzählen von erotischen Geschichten – Sie können welche nacherzählen, die Sie gestern gelesen haben, oder sich welche ausdenken. Erzählen Sie sie, während Sie ihm ein Fußbad verabreichen oder vor einer erotischen Massage.
Die Kunst der erotischen Massage unterscheidet sich stark von der Massage des Westens – es geht weniger um Muskellockerung, sondern um abwechslungsreiche Berührungen, um ihn aufzuheizen. Dazu gehören auch Klapse auf den Po, Zwicken an Oberschenkeln,

Fußgelenken, Nacken, Brustwarzen; spinnenbeinartiges Fingerwandern über den ganzen Körper, Gesichtsmassage, vor allem Schläfen und Nasenwurzel, Liebesbisse an allen möglichen und unmöglichen Stellen, Pusten und Streicheln, Gleiten und Klopfen, erotische Handmassage (ja, Sie dürfen auch mal lecken) und Reflexologie, die Akupressur von Wohlfühl-Punkten. Dazu gehört seine Nierengegend, sein Damm, der Übergang zwischen Lenden und Schenkel, seine Brust und der Bereich zwischen Nabel und Scham.

Schweigen Sie während der Massage, nehmen Sie nur wenig Öl, wiederholen Sie die Berührungsarten oft, aber langsam, und lassen Sie niemals den Hautkontakt abbrechen.

Die Geisha-Massage bezieht auch alle erreichbaren Materialien ein – die Ärmel des Kimonos, die Füße und Fingernägel, Blumenblätter und Essstäbchen oder Federn. Gemäß der spielerischen Geisha-Natur ist auch die erotische Massage ein Mix aus unschuldigem Necken und festen Griffen. In der Geisha-Sprache heißen die Liebkosungen »Für-Spiel« – und führen noch lange nicht zwangsläufig zum Geschlechtsverkehr wie unser »Vor-Spiel«. Es sei denn, Sie wollen ...

Falls heute nicht die Massage auf dem Programm steht: Nehmen Sie das erotische Bad. Es ist nicht zum Reinigen, sondern zum gegenseitigen Entspannen, beispielsweise mit beiderseitiger Fuß- oder Skalp-Massage, mit anzüglicher Unterhaltung oder einfach nur tiefen Blicken.

Sprache ist eine eigene Sache der Geisha-Kultur: Sie ist nie obszön, sondern lebt von blumigen Bildern. Auch die Umschreibungen für Liebesspiele sind reich an wildwuchernden Bildern: Finden auch Sie neue Begriffe für Ihr Geschlecht, für den Vorgang an sich, und hören Sie auf, ein böses Mädchen zu sein. Seien Sie elegant in Ihrer Sprache.

So können Sie ihm leicht Anweisungen geben: Wenn Sie ihn bitten, dem Jadegarten Regen zu gönnen, hört sich das anders an als »Leck mich«. Sie werden Wünsche leichter aussprechen können und ihn damit endlich dorthin dirigieren, wo es guttut. Ach, übrigens: Geishas dekorieren ihre Klitoris mit einem roten Seidenstück. Vielleicht eine Idee für die ewigen Sucher ...?

5. Lektion: Liebeskünste

Auf den Shungas (japanische Porno-Bilder) haben die Beteiligten viel an – folgen Sie dem Geisha-Trick und legen nur das frei, was Sie in dem Moment berührt haben möchten. Den Nacken, die Unterarme, Brüste oder mehr ... Ziehen sie ihn an die freigelegte Stelle, und er wird begreifen, Ihrem »Wanderweg« zu folgen.

Aktivieren Sie während des Koitus seine Körperenergien – mit Handhaltungen auf seinem Rücken, die auf die Zirbeldrüse wirken: Massieren Sie mit den Daumen kreisend seine Nieren, während Ihre Handflächen flach auf ihm liegen; oder legen Sie beide Hände aufeinander, und lassen Sie sie mit kleinen Daumen-Kreisen von seinem Nacken bis zum Steiß rotieren. Halten Sie ihn gleichzeitig an Nacken und Steiß fest, Ihre Finger liegen dabei locker in seiner Poritze.

Atmen Sie währenddessen tief in den Bauch, ziehen beim Ausatmen den PC-Muskel nach oben, kneifen dabei Ihre Pobacken zusammen.

Sie können natürlich auch völlig lockerlassen und statt dessen bekannte Stellungen abwandeln:

»Der Angriff auf drei Orte« zum Beispiel bedeutet, dass Sie gleichzeitig an seiner Zunge oder Unterlippe saugen, mit einer Hand eine Brustwarze kneten und mit der anderen seinen Damm streicheln.

Funktioniert auch andersherum, mit »Vier Orten«: Während er sich in Ihnen bewegt, berührt er Ihre Klitoris, umfasst eine Brustwarze und saugt an Ihrer Zunge. Weihen Sie ihn ein in diese »Kriegskünste«.

Oder beschreiben Sie Kreise: Sie sitzen gehockt auf ihm, pressen die Beine zusammen und lassen Hüfte und Po kreisen. Das Ganze nennt sich poetisch »Teemörser«!

Erklären Sie ihm »Die wollüstigen kleinen Hecken«: Um ihn »runterzubringen«, möge er sich zurückziehen und mit der Eichelspitze nur die kleinen und großen Schamlippen auf und ab liebkosen, sich der Klitoris widmen, aber nur einmal wieder eintauchen, bevor er es wiederholt. Er wird Sie lieben, wenn Sie dafür sorgen, dass er sich zurückhält! Übrigens: der Sinn ist, dass Sie öfter kommen als er – Sie müssen genug Selbstbewusstsein entwickeln, ihn zurückzuhalten und sich um sich zu kümmern. Natürlich darf auch ein Dildo dabei sein – nennen Sie ihn doch »Jadepfeils kleiner Bruder« ...

Cunnilingus à la Japonaise. Tragen Sie doch mal eine Augenmaske – aber mit Federn versehen, die ihn während der Fellatio angenehm kitzeln. Oder bewegen Sie wie eine Flötenspielerin nur den Unterkiefer vor und zurück.

Ein Liebesspiel für Fortgeschrittene ist der extragenitale Orgasmus: Stimulieren Sie ihn, bis er kurz davor ist. Lassen Sie von ihm ab, und streicheln Sie an einer völlig anderen Körperstelle weiter, den Armen, Bauch, Schenkeln ... und wiederholen das, so oft es geht. Und eines Abends wird er kommen, obwohl Sie gerade »nur« seinen Nabel liebkosen. Die Erregung überträgt sich auf den ganzen Körper.

Und hinterher? Lösen Sie sich mit Sanftheit voneinander. Sorgen Sie für Erholung mit schwarzem Tee, ungesüßt, Fingerfood, feuchtwarmen Handtüchern. Bevor Sie weitermachen, lassen Sie soviel Zeit verstreichen, bis die Nahrung durch den Magen gewandert ist – das ist auch die Zeit, die Mann braucht, um weiterzumachen. Sagen zumindest die Geishas.

Männer und wie sie verführt werden wollen – Die zehn Regeln der Venus

Ein Versuch für »neue« Spielregeln – die, wenn Sie genau hinsehen, nicht ganz neu sind. Aber vergessen wurden, leider.

1. Wechseln Sie das Terrain

Die meisten Beziehungen werden im Job geknüpft, die wenigsten in einer Bar. Und doch suchen Sie Mr. Right immer noch am ewig gleichen Tresen? Oder hoffen, dass er eines Tages neben Ihnen am Gemüsestand auftaucht, den Sie seit Jahren frequentieren? Treffen sich seit Jahren mit Männern aus Ihrem Berufsumfeld und wundern sich, warum keiner so recht kickt? Wechseln Sie den Ort, ändern Sie Ihr Schicksal, lautet die Idee, um Mr. Right (oder jemanden, der dem verdammt nah kommt) aufzuspüren. Oder eben nur mal andere Kreise kennenzulernen und Ihren Flirtradius zu erweitern – eine Art Schaufensterbummel in Sachen Liebe. Ohne feste Absicht, aber mit der Freiheit, etwas Neues zu erfahren. Wechseln Sie das Fitness-Studio oder schreiben sich in eines ein, das mehrere Filialen besitzt. Spazieren Sie zu den Hundewiesen eines Parks, auch ohne Hund. Ändern Sie Ihre Rituale, beim ewig gleichen Coffeeshop noch eine »Latte« zu trinken, und grasen Sie den Portugiesen, die italienische Espressobar, das gediegene Café ab. Erweitern Sie Ihre Reviere auf Ausstellungseröffnungen, den Feinkostladen Samstag ab 15 Uhr, die CD-Abteilungen kleinerer Music-Shops, den Zauberei-Zubehörladen, die Uni-Mensa, die auch für Gäste da ist, oder ehrenamtliche Tätigkeiten: denn etwas miteinander zu tun dient der Verbundenheit mehr als jeder tiefe Ausschnitt im Dämmerlicht. Der Effekt der Standortwechsel: Sie strahlen Neugier aus, nicht panisches Hoffen. Da Sie ja nicht wirklich suchen, sondern nur mal schauen, werden Sie etwas finden. Einen schönen Blickkontakt. Ein prickelndes Gespräch. Und den Eindruck, dass Ihnen das Leben mehr bietet, als Sie ahnen.

Sparen Sie sich deshalb auch bitte künftig Speed-Dating, schöngefärbte Internetsuche oder Singlepartys: Liebe ist nicht an einem halben Abend erzwingbar, erst recht nicht, wenn es krampfhaft um nichts anderes geht!

2. Lehnen Sie sich zurück

»Ran an den Mann!« hieß es in den neunziger Jahren – und je deutlicher wir versuchten, ihm nah zu kommen, desto mehr wichen die Männer zurück. Was für ein Dilemma: Da wussten wir, was wir wollten, lebten unsere Sexualität aus – und stellten fest, dass Männer zwar starke Frauen mögen, aber bitte nicht in der Werbephase! Als Lebenspartnerin – ja, bitte. Nur nicht im sensiblen Bereich der Balz, wenn sich Männer erst mal als Mann beweisen wollen. Sie müssen sich deswegen nicht in ein harmloses Gänseblümchen verwandeln, um ihm die Scheu zu nehmen – sondern auf seine Instinkte bauen. Bleiben Sie innerlich aktiv, aber nach außen scheinbar passiv. Wenn wir zu schnell die Initiative ergreifen, ihm vieles abnehmen – ihm unsere Nummer ins Handy diktieren, beim ersten Date die Femme fatale präsentieren oder nach drei Blickkontakten sofort aufstehen und zu ihm hinübergehen –, torpedieren wir seinen Jagdinstinkt, der auf einem komplizierten Hormoncocktail beruht: Alles, was schwer zu haben ist, stimuliert seinen Adrenalinausstoß, und es bildet sich Dopamin, das Verliebtheits-Hormon. Gehen Sie zu dirigierend vor, fährt auch sein Hormonspiegel herunter, die Neugier ist zu rasch befriedigt, die Nächste bitte.

Dabei wäre eine Mischung aus Dreistigkeit, einem Hauch Hilflosigkeit und einer Idee trickreicher, unschuldiger Verlockung erfolgsversprechender: Die US-Psychologin Monica Moore kam in ihrer Studie mit 1500 Teilnehmern zu dem Ergebnis, dass eine Frau, die mehr als 35 Flirtsignale pro Stunde aussendet, mindestens von vier Männern angesprochen wird. Vor verbaler Initiative à la »Du gefällst mir, ich würde dich gern kennenlernen« indes schreckt jeder zweite Mann zurück. 35 Flirtsignale?! Hört sich technisch an, ist aber tief in jeder Frau verankert: über Körpersprache, die Art, ihn anzusehen, das kleine Lächeln. Lassen Sie ihn kommen, verführen Sie ihn zum Verführen: indem Sie seine maskulinen Instinkte ankicken. Ob Sie ihm scheinbar gedankenlos in den Einkaufswagen fahren, sich natürlich von ihm in den Mantel helfen, den Ölwechsel, DSL erklären lassen, verzweifelt nach Streichhölzern suchen oder einen smarten Unbekannten vor der H&M-Umkleide fragen, ob er Ihnen die Jeans (in der Sie wissen, dass Sie einen großartigen Hintern haben) empfehlen würde. Lassen Sie um sich werben, und lernen Sie, es zu genießen: Denn Sie haben es verdient, dass er sich bemüht. Es kann herrlich entlastend sein, wenn Sie sich klassisch umwerben lassen. Und das wird er, wenn Sie ihm Gelegenheiten geben!

3. Bleiben Sie natürlich

Stundenlang im Bad gestanden, noch länger vor dem Kleiderschrank, und schließlich in dem In-Lokal einen guten Platz ergattert. Und was passiert: exakt nichts. Dabei sehen Sie gut aus, aber scheinen unsichtbar zu sein. Kein Wunder: Bloße Schönheit besitzt den Hang zum Unauffälligen! Denn nicht Idealmaße, sondern Natürlichkeit machen eine Frau besonders, belegt die repräsentative Umfrage eines Hautforschungsinstituts. Mit weiblicher, echter Natürlichkeit verbanden 95 Prozent der interviewten Männer Humor, Offenheit, Warmherzigkeit und Selbstbewusstsein. Die äußere Hülle kann noch so schön sein – wird sie lustlos präsentiert, wirkt eine Frau trotzdem unattraktiv. Aufgesetztheit kam bei den Befragten besonders schlecht an, wie Coolness und Posing. Das bestätigt auch Henner Ertel von der Gesellschaft für rationelle Psychologie: »Allzu schöne Frauen wirken auf Männer lustsenkend und abtörnend. Beim Sex sind Hingabe, Fitness und Natürlichkeit gefragt!«

Wenn Sie sich in Ihrem Freundinnenkreis umhören, werden diese Thesen bestätigt: Die wenigstens lernten einen Mann kennen, der länger als zwei, drei Nächte im Leben blieb, wenn sie aufgebrezelt in Szeneläden herumsaßen. Sondern eher zufällig, in einem Moment, wo sie nicht zurechtgemacht waren, sondern natürlich, lässig, ohne das »Ich suche!«-Schild auf der Stirn oder im offensiv gezupften Ausschnitt.

Nehmen auch Sie Ihre Masken runter – und Sie werden erstaunt sein! Das gilt nicht nur für das äußere Erscheinen. Denn auch wenn

Männer von gepflegten Frauen angezogen werden, so wirkt ein Mensch, der zu viel Aufmerksamkeit in sein Außenego steckt, als ungeeignet für eine Partnerschaft. Sondern eher als Trophäe oder als mühsames Stück Arbeit: Wenn die so eitel ist, muss ich ständig um SIE sorgen; aber ist sie fähig, mich zu sehen?
Insbesondere Eigenschaften, die Männer an sich selbst gut finden, schätzen sie auch bei ihrer Traumfrau. Dazu gehört weniger das Aufgesetzte, sondern das Authentische. Wagen Sie den ungeschminkten Look, reden Sie über ungeschminkte Ansichten, und hören Sie auf, sich Gedanken zu machen, wie Sie am besten gefallen. Stehen Sie zu gelegentlichen Intermezzi ohne Folgen. Sie sind nicht verpflichtet, sich nach einem Orgasmus zu verlieben. Sexualität ohne Zukunftspläne gehört ebenso zu Ihnen wie romantische Träume von dem einen. Leben Sie beide Bedürfnisse aus – diese Echtheit wirkt anziehender als jede gekünstelte Einseitigkeit.

4. Vergessen Sie Ihre Wunschliste

Viele haken beim ersten Date eine innere Checkliste ab: Raucht er, ist er sportlich? Was trägt er für Klamotten, ist er das jüngste von drei Kindern, trinkt er etwa Bier aus der Flasche? Und entscheiden daraufhin, ob er der Richtige ist. Dabei wünschen sich Frauen doch auch, dass sie nicht nur von außen betrachtet werden, sondern wahrgenommen, mit all ihren Eigenschaften, die eben nicht in zwei Stunden Cocktailtrinken ersichtlich sind! Vorteile oder Macken entdekken Sie sowieso nicht in drei Wochen, sondern eher in drei Monaten bis Jahren! Machen Sie Schluss mit der Häkchen-Mentalität, die nur auf die äußerlichen Koordinaten schielt – und blicken Sie tiefer. Checken Sie lieber seine emotionale Kompetenz, seine Charakterzüge, die ihn zu einem guten Partner machen. Fragen Sie sich: Wie ist sein Frauenbild? Wie geht er mit mir, mit anderen, Schwächeren, dem Servicepersonal um? Wie redet er von sich? Welche Verantwortungen übernimmt er im Leben, wie nimmt er mich wahr, wie lebt er Beziehungen aller Art? Kann er zuhören? Würde er jemand sein, der

mir guttut, weil er zwar vielleicht grässliche Hemden trägt, aber sich ansonsten um mein Herzensheil wirklich bemüht?
Um all das herauszufinden, brauchen Sie: Zeit. Das geht nicht nach dem ersten Eindruck, bei dem Sie sowieso nur feststellen: sympathisch, anziehend, die Chemie stimmt. Sie werden Schätze entdekken, die Sie vorher übersahen, weil Ihre Wunschliste zu statisch ist und sich noch nicht Ihrem wirklichen Männer-Wunschbild angenähert hat. Die Liebe auf den ersten Blick ist die Ausnahme, die Liebe auf den zweiten Blick die Regel. Kurz gesagt: Wenn auch Ihre Stärke nicht in Ihrer äußeren Wirkung, sondern in Ihren inneren Werten liegt, sollten Sie möglichst vielen in Frage kommenden Männern die Möglichkeit geben, nach und nach Ihre inneren Werte kennenzulernen. Und das geht nur über eine längere Bekanntschaft. Eine Liebe, die auf diesem Weg zustande kommt, schlägt zwar nicht ein wie der Blitz, hält aber oft länger und fester als die rasche, alles verschlingende Leidenschaft.

5. Werden Sie persönlich (leben Sie analog)

Sie starren auf Ihr Mobiltelefon, warten auf SMS und sind enttäuscht, wenn da nichts weiter steht außer: »IDAD, melde mich die Tage«? Vergessen Sie E-Mails und die zeitraubende Simserei. Wirklich kennenlernen kann man sich nur Auge in Auge. Auch wenn die modernen Kommunikationsmöglichkeiten verführerisch erscheinen, so bieten sie doch leider besten Nährboden für Unverbindlichkeiten. Und für Illusionen: Manch einer schreibt in E-Mails so intensiv, dass Sie am liebsten mit ihm durchbrennen würden; und ist im direkten Dialog so zurückhaltend, dass Sie sich fragen müssen, ob Sie nicht zuviel in gute Worte hineininterpretiert haben. Sie träumen viel in ihn hinein, anstatt ihn so zu sehen, wie er wirklich ist, und seine Taten für ihn sprechen zu lassen! Der Vorteil, wenn Sie weniger auf E-Mail, Telefon oder SMS Wert legen: Sie werden Ihre Kandidaten besser aussortieren können – und jenen den Laufpass geben, die digital zwar überzeugen, aber analog auf Abstand gehen.

Im direkten Gespräch erhalten Sie viel mehr Informationen über ihn; seine Körpersprache, den Ton seiner Stimme, um besser einzuschätzen, wie ernst es ihm ist.
Telefonieren Sie künftig nicht anstatt eines Treffens, sondern nur, um sich zu verabreden. Nutzen Sie SMS nicht mehr, um auszuloten, wie es um ihn steht oder sein Interesse anzufachen – sondern höchstens, um anzukündigen, wann Sie wo in welchem Restaurant sein werden.

6. Vergessen Sie die »Regeln« (The Rules)

Am Mittwoch keine Anfragen für Verabredungen am Samstag mehr annehmen, kein Kuss vor dem dritten Date und für Telefonate die Eieruhr stellen? Mit diesen »Regeln« aus den USA sollen Frauen ruckzuck einen Mann vor dem Altar in die Knie zwingen. Mal abgesehen davon: Wer will das schon?, wirken solche Strategien allzu offensichtlich, gekünstelt und unreif. Männer durchschauen solche vordergründigen Taktiken und hassen es, mit den »Rules« durch den brennenden Reifen gezwungen zu werden. Folgen Sie lieber Ihrer Intuition und Ihrem Bauchgefühl: Dabei bleiben Sie authentischer und anziehender als mit allen Hinhalte-Tricks! Ja, wir wollen alles richtig machen im Leben, und für nichts sind wir dankbarer als für Tricks mit Gelinggarantie. Aber das Leben ist ein Mix aus Scheitern und Gewinnen, keine Anrufmethode der Welt wird etwas daran ändern. Das Dating in ein Regelwerk zu pressen ist genauso absurd, wie die Form fließenden Wassers zu beschreiben; denn ob Sie ihn als erstes anrufen oder gar nicht, wird keinen Einfluss darauf haben, ob er sich verliebt.
Es gibt nur eine einzige Regel, der Sie treu bleiben sollten: Lassen Sie sich und ihm Zeit. Sich kennenzulernen, zu mögen, zu begehren. Leidenschaft, Neugier und Interesse wachsen, und das Vertrauen auch. Nichts muss in 24 Stunden, einer Woche, einem Monat klar sein – ob Sie nun miteinander alt werden oder er gefälligst sagen soll, dass er Sie liebt. Wir mögen es durch unsere schnellebige Zeit

gewohnt sein, rasch Entscheidungen zu fällen und auf fixe Ergebnisse zu hoffen. Fünf Kilo Gewicht weniger in drei Tagen, mit einem Klick zum großen Geld – aber die Liebe hat ihren eigenen Rhythmus. Es lohnt sich, sich aufeinander einzulassen und die Begegnung zu entschleunigen. Sie erleben Sie dadurch nicht nur intensiver, sondern finden in aller Ruhe heraus, ob Sie zueinander passen. Und das schützt Sie mehr vor Verletzungen als jede »Regel«.

7. Nehmen Sie sich ab und an einen Walker

Wenn Sie bisher gern mit Ihren Freundinnen ausgingen, machen Sie gelegentlich eine Ausnahme; und nehmen sich einen »Walker«. Walker sind Männer, die gut aussehen, mit denen Sie aber nichts haben. Vorteil: Jemand kümmert sich um Sie, holt Getränke, reicht Feuer, amüsiert sich im besten Fall auch – und dient als Motivationstrick, denn Männer drehen bei einem vermeintlichen Rivalen, dessen Stellung aber nicht ganz klar ist (also vermeiden Sie Händchenhalten!), mehr auf beim Flirt! Nichts ist wirkungsvoller, um einen Mann zum Flirten zu provozieren, als die Anwesenheit eines anderen Mannes. »Dominanzverhalten zur Aushandlung von sexuellen Beziehungen« nennt die Wissenschaft diesen Effekt: Sie wollen nicht nur die Frau beeindrucken, sondern auch ihrem Rivalen das Revier streitig machen. Nutzen Sie diesen Effekt der Evolution!

Wenn Sie statt dessen mit einer Freundin weggehen, ist das Problem, dass sich Männer an zwei lachende, giggelnde Frauen nicht herantrauen – auch aus Angst, dass ihn die beiden auszählen, hinter seinem Rücken über ihn kichern oder sich ebenfalls in Konkurrenzkampf um ihn ergehen!

8. Seien Sie ganz und gar Frau

Sie schleppen Koffer selbst, können ein Regal an die Wand dübeln und neigen dazu, beim Sex gern den ersten Schritt zu machen? Sehr schön – aber Sie machen es einem Mann deswegen nicht leichter, sondern schwerer. Seltsamerweise pflegen wir Frauen gern unsere

Autarkie in allen Belangen und haben ein wenig verlernt, etwas für uns tun zu lassen. Aus falscher Rücksicht, aus Stolz, aus Ehrgeiz. Der leidvolle Effekt: Männer fragen sich, wofür wir sie eigentlich noch brauchen. »Für die Liebe!«, sagen wir dann, aber das ist einem Mann nicht genug. Er definiert sich nicht allein über Emotionalität, sondern auch über die sichtbaren Unterschiede zu einer Frau, er zieht es vor, etwas für sie zu tun, als nur »da« zu sein; sein Beschützerinstinkt will gefüttert werden, und sei es beim Wasserkastenschleppen.
Es ist kein Rückschritt der Emanzipation, wenn Sie ihn Mann sein lassen: Lassen Sie sich in den Mantel helfen, die Rechnung bezahlen, die Tür aufhalten, und weisen Sie Komplimente nicht gleich zurück! Männer fühlen sich motiviert, wenn sie merken, dass sie gebraucht werden.
Fazit: Lassen Sie Männer Männer sein. Wo sich ein Mann als Mann ernstgenommen und gebraucht fühlt, fühlt er sich wohler, als wenn er wahlweise wie ein Bübchen, das erzogen werden muss, ein Über-Gott, dem Sie alles recht machen wollen, als erotikfreier Kumpel oder als halbe Frau behandelt wird. Ihr Vorteil: Sie können alle Ihre Seiten mit ihm ausleben – mal die smarte Überfliegerin, mal die anlehnungsbedürftige Süße. Es ist kein Makel, denn Sie sind stark genug, um schwach zu sein.

9. Seien Sie kompliziert (aber nicht zickig, das nervt)!

Oft haben wir das Gefühl, dass wir zu schwierig sind. Wir ringen uns Lächeln ab, wenn uns nach einer scharfen Erwiderung ist, wir sagen »Ja«, wenn wir uns ein »Nein« nicht trauen, und wir lachen leise, wo uns nach Gackerkoller ist. Schluss damit: Sie müssen nicht nett sein, um zu gefallen! Der Grund für das »Ja!« zur Launenhaftigkeit ist in der Evolution begründet: Es waren immer Frauen, die Männer aufforderten, ihnen näherzukommen oder eben nicht. »Männer stehen im Wettbewerb, Frauen treffen die Wahl«, stellte bereits Charles Darwin im 19. Jahrhundert fest. Damals passte dieses Machtpotential aber nicht ins Weltbild, heute ist die Forschung weiter: Wissenschaftler aus Berlin, London und Edinburgh untersuchten mit Fragebögen die Kriterien der Partnerwahl und bestätigten diese These. Was Ihnen das für Flirt und Dating bringt? Seien Sie sich gewiss, dass Sie immer die Wahl haben! Sie müssen ihm nicht auf Teufel komm raus gefallen, indem Sie sich unkompliziert, sonnig, forderungslos verhalten, nur um ihn ja nicht zu verschrekken. Denn Männer suchen in ihrem Gegenüber etwas, was zu ihnen passt, sie ergänzt, an dem sie sich reiben und entwickeln können. Nichts ist öder als eine Frau, die auf Knopfdruck funktioniert: Seltsamerweise ist sie vom Marktwert nicht so hoch wie eine authentische Lady, die er »knacken« will. Doch Vorsicht: Natürliche Kompliziertheit ist etwas anderes als zickenhaftes Diva-Getue, bei dem nur zählt, was Sie tun, leisten, denken, erleiden müssen; es ist einfach eine Tatsache, dass kein Mensch, und Männer erst recht nicht, sich ständig mit einer nörglerischen, ichbezogenen Frau auseinandersetzen wollen ...

Seien Sie doch, wie Sie sind, anstatt sich künstlich interessant zu machen.

10. Machen Sie auch beim Richtigen nicht zwanghaft alles richtig

Er ist es? Gut so – aber locker bleiben, sonst tappen Sie in die Klammerfalle, mit der Sie ihn verscheuchen, obwohl es gar nicht nötig wäre, ihm Ihre Liebe auf Teufel komm raus in allen Lebenslagen adäquat zu beweisen. Bleiben Sie zurückhaltend, sehen Sie ihn so, wie er ist, anstatt sich in die Zukunft hineinzuträumen. Bleiben Sie Sie selbst, stellen Sie Ihr Leben nicht auf ihn ein, und verfallen Sie nicht in die Panik, alles richtig machen zu müssen, damit er bleibt. Wagen Sie das Risiko, eine Liebe für eine Nacht oder im Zweifel für immer einzugehen – ein Wagnis ist es sowieso. Und zu lieben heißt nicht automatisch, das Richtige zu tun.

These:
Männer finden »Ich will ...« unsexy

Als Liebe, Selbstverwirklichung und das Grundrecht auf einen passenden Klassemann für eine Partnerschaft noch nicht selbstverständlich waren, war alles langweiliger, aber immerhin einfacher. Ehen wurden arrangiert, jungen Männern eingeimpft, Damen angemessen zu umgarnen, während diese sich in hochgeschlossener Zurückhaltung übten. Der weibliche Balzspielraum umfasste vielsagende Mundwinkelbewegungen oder scheues Wegsehen, die Kerle durften erobern. Verständlich, dass sich Frauen in der Vor-68er-Rolle nicht sonderlich sexy fühlten und sämtliche Rendezvous-Regeln stutzten: Sich erobern zu lassen galt plötzlich als reaktionär, die Abendessen selbst zu bezahlen als schick und offensive Erotik, gepaart mit cooler Beauty-Perfektion, als Maß aller Dinge. Mit dem Effekt, dass wir in den achtziger und neunziger Jahren versuchten, wie Männer zu flirten, uns zu nehmen, was wir wollten, nur um festzustellen: Dieses Extrem funktioniert auch nicht.

»Ich will ...« ruft bei den Herren der Schöpfung durchaus Fluchtimpulse im Minutentakt hervor.

Zwar ziehen es 72 Prozent der Herren vor, dass eine Frau beim Flirt den ersten Schritt macht – ein Lächeln, ein langer Blick oder ein erstes Hallo, so eine Forsa-Studie. Aber den letzten Schritt zur Eroberung will er bitte sehr selbst machen, anstatt sich aufgerissen zu fühlen.

Geht es um Sex, gilt für ihn aber immer noch das Motto: Hoffentlich will sie mit mir schlafen, aber hoffentlich tun wir es nicht – vor allem nicht beim ersten Date. Nur 5 Prozent aller Männer halten das für einen guten Start in eine Beziehung. Der Grund liegt nicht im alten Rollenmuster, nach dem Madame züchtig auf den Angriff des Eroberers wartet, sondern im Hormonsystem des Mannes: Je länger er werben muss, desto höher ist die Produktion von Dopamin, dem Glücklich!-Botenstoff. Je uneindeutiger dabei

die weiblichen Flirtsignale sind, desto massiver sein Adrenalinrausch.
Fazit: Bleiben Sie entspannt, zeigen Sie ihm Ihr Interesse, aber lassen Sie sich von ihm an der Hand ins Bett führen. Und ich schätze mal, Sie werden was erleben. Und wenn Sie es mögen, nehmen Sie es sich selbst nicht übel ...

Leidenschaft

Leidenschaft ist, als müsse man Honig von Dornen lecken.
Abgewandelt von Louis Adamic
(1899–1951, slowenischer Schriftsteller)

Es ist so herrlich ungefährlich, das Rezept für meine Leidenschaft so simpel. Man nehme: einen Mann mit Verpflichtungen, kurz – jemanden, der nach etwa fünf, sechs Jahren Ehe und mindestens einem Kind nicht mehr genau weiß, wie man das Wort Sex buchstabiert; dazu eine Frau wie mich, die Beziehungen mit »Alles-nur-das-nicht« beschreibt, ein frisch bezogenes Bett, ein paar nette Einfälle, die Männer nur haben, wenn sie die Frau garantiert nicht heiraten wollen … und schon hat man nach ein paar gestohlenen Stunden eine aufregende Melange aus verbotener Gier, nackter Lust und besiegten Gewissensbissen. Beide Beteiligten gehen meist mit dem Gefühl aus dem Abenteuer: Ich habe geliebt – und definitiv gelebt. Ja. Nichts mehr auf dem Zettel, was noch zu erledigen wäre, bevor der letzte Zug gen Orpheus fährt, sondern mit Leidenschaft das genossen, um das man geweint hätte, wäre es an einem vorbeispaziert.

Das habe ich mir schon in jungen Jahren geschworen – ich wollte niemals auf Knien bettelnd warten, dass die Liebe sich für mich entscheidet, wollte immer die Frau sein, die irgendwo in mir steckt: schwaches Weib, starke Frau, spielerisches Mädchen, begehrte Hure; wild, frei, schüchtern, leidenschaftlich, verrucht.

Das mit dem Geliebtwerden – tja. Auf eine Art lieben mich alle meine Männer, weil ich sie daran erinnere, wie es ist zu leben, zu spüren, zu fühlen. Wollen zu dürfen. Nicht sollen zu müssen. Sich zu verlieren in Sinnlichkeit, ohne an morgen zu denken.

Nicht mit ihnen aufzuwachen heißt, sie in der Nacht verbleiben zu lassen, während ich schlafe und dem nächsten Tag entgegenträume. Ich weiß nicht, ob man mich versteht, wenn ich sage, dass ich mich durch meine Männer befreit fühle. Frei, das zu tun und zu sein, was ich bin, ohne befürchten zu müssen, dass mir jemand mit mattem Blick sagt, ich sei ihm zu wild und zu sinnlich für ein ganzes Leben und er müsse deswegen daraus verschwinden ...

Ach, Leidenschaft! Ewig sollst du in einer Beziehung erhalten bleiben, zumindest wünschen sich das die meisten.
Doch das Wesen der Leidenschaft – die Gier, die Hemmungslosigkeit, das dramatisch Überhöhte, das Sehnen, Zweifeln, Finden, Auseinandergehen, Wiedertreffen, Bekennen, Ausleben, ekstatischer Sex – nun: das passiert meist nur zwischen zweien, die sich fremd sind.
Und Paare, die in einer Beziehung leben, sind sich eines Tages nicht mehr fremd. Und dann haben sie die Wahl: dauerhafte Bindung mit schwindender Leidenschaft – oder Trennung, erneute Suche, erneuter Rausch?
Ich will aber beides! Ruft der Liebeshungrige, denn er ist einem Mythos aufgesessen: dass Leidenschaft und dauerhafte Liebe/Beziehung keine Widersprüche sind. Dass sich die Leidenschaft auch dann »erhalten« oder »zurückgewinnen« lässt, wenn man länger als drei, vier Jahre mit einem Menschen zusammen ist. Keine Ahnung, wer diesen Mythos einst in die Welt gesetzt hat, denn es ist uns doch eigentlich wohlbekannt, dass sich ein Paar nicht mehr brennend nacheinander verzehrt, wenn es vier Jahre oder länger zusammen ist – aber zu einer anderen Qualität der Leidenschaft füreinander gefunden hat. Sie brennt und glüht nicht mehr so wie am Anfang – doch erst der reife Mensch ist fähig zu sagen: Na und? So ist das Leben. Anstatt sich zu beschweren, dass es nicht mehr brennt zwischen den Laken, zuzusehen, wo die Glut jetzt wärmt. Meist in der Verbindlichkeit, in der Verbundenheit, in der Zärtlichkeit, in der Zugehörigkeit.
Langweilig? Mag sein, aber was für Erwartungen haben Sie denn ans Leben? Totale Begierde täglich UND verlässliche Bindung mit

Geborgenheit, die den Alltag einfach so flutschen lässt? Sorry, das ist nicht drin, nicht gleichzeitig. Ja, es gibt die Möglichkeit, auch als Langzeitpaar mal wieder sündige Nächte zu erleben, aber es ist nicht Usus, und mangelnde Leidenschaft ist nicht immer ein Zeichen für eine schlechte Partnerschaft, sondern der Lauf der Zeit. Mal ist eine Beziehung erfüllt von Leidenschaft, mal tritt eine Ruhephase ein, dann probiert man mal wieder, dann treten andere Lebensbereiche in den Vordergrund. Dem Erhalt der Leidenschaft nachzuhecheln wie der Hund der Wurst macht eine Beziehung eigentlich schwieriger als eine, in der das Schwinden der Begierde gelassen genommen wird.

Vielleicht verwechseln die meisten tatsächlich Liebe mit Leidenschaft. Lässt die Leidenschaft nach, ist es wohl auch mit der Liebe nicht weit her, vermuten sie ängstlich, da stimmt was nicht. Ich rede jetzt nicht von gar keinem Sex, das erscheint mir doch etwas fragwürdig, weil es eben ein Ausdruck von Nähe ist, den kaum etwas anderes ersetzen kann. Aber wenn er nur einmal im Monat stattfindet, ist das nun eine Krise oder nicht?

Nun – vielleicht kommt es weniger auf die Frequenz an denn auf die Qualität? Plus die Qualität der gesamten Beziehung? Den Takt allein als Gradmesser für die Beziehung zu nehmen ist zu einseitig. Ich gebe zu, ich habe auch kein Interesse daran, mit einem Mann in sexueller Askese mein Leben zu verbringen, dafür bin ich nicht gemacht. Dementsprechend sind meine Erwartungen gelagert: regelmäßiger, schöner Sex, wobei Regelmäßigkeit eine persönliche Sache ist. Aber vor allem: Schön muss er sein. Wenn ich mich zwischen den Sex-Aktionen geliebt fühle, wahrhaftig geliebt, und während des Sex gemeint, begehrt, geliebt – ja, meinetwegen reicht alle zwei Wochen. Und wenn es dann nicht mehr hochkant, mit Rollenspielen oder dem Reiz des ersten Mals zusammengeht: So what?

In einer zufriedenen Beziehung sollte man die Leidenschaft nicht überbewerten; in einer unzufriedenen ist es wiederum nicht die Leidenschaft, die fehlt, sondern etwas anderes, Grundlegendes.

Was den Schluss zulässt, dass die Leidenschaft dazu gemacht wurde, ein Paar zusammenzubringen, aber ihr Verschwinden erst beweist, was die Partner dann mit sich anfangen können.
Vielleicht hat aber auch die Leidenschaft mehrere Gesichter. Sie verlagert sich von unter der Gürtellinie auf das Herz. Leidenschaftliche Zugehörigkeit fühlen oder leidenschaftlich diskutieren. Leidenschaftlich miteinander streiten können oder einfach mit ihm schlafen und ein leidenschaftliches Glück dabei verspüren, dass er es ist und kein anderer, der mit einem durchs Leben geht.
Ja, ja, es ist leichter, sich nach etwas zu sehnen, das man mal hatte, und sei es nur diese drei, vier verrückten Wochen am Anfang; als das zu mögen, was man hat.
Die Leidenschaft füreinander hat Ausdrucksformen, die bisher niemand zusammenfassend erforschen konnte, eben weil sie so einzigartig sind. Manche Paare sorgen sich umeinander wie verrückt, schneiden sich gegenseitig die Fußnägel oder schlafen nie Rücken an Rücken. Bei anderen wärmt er ihr immer die Füße, und sie streitet sich nie vor anderen mit ihm; bei den übernächsten bringt er ihr täglich Milchkaffee ans Bett, aber nur, wenn er bei ihr zu Besuch ist, denn sie wohnen nicht zusammen, obgleich sie schon zehn Jahre verheiratet sind. Die einen schwören, ihre Liebe hält so leidenschaftlich lang, weil sie es sich täglich sagen, die nächsten, weil sie nie etwas für die Ewigkeit versprochen haben, sondern sich nahezu täglich neu und wieder füreinander entscheiden und das nicht selbstverständlich finden.
Leidenschaft und Liebe: zwei, die sich abstoßen und anziehen. Zwei, die geheimnisvoll sind und verlockend. Zwei, für die es keine Rezepte gibt, da Rezepte genau das sind, was ihren Wesen widerspricht. Ich versuch's trotzdem mal, und sei es mit sachdienlichen Hinweisen in diesem Buch ...

Warum wir Leidenschaft zu oft mit Liebe verwechseln

Am meisten stört Leidenschaft eigentlich bei der Wahl des Partners. So zumindest meine These, wenn es um den Wunsch nach einer dauerhaften Bindung geht.

Wenn die Wahl nämlich immer wieder auf die Qual fällt. Auf den bösen Buben, der Sie nie anruft, mit Ihnen herumspielt, im Ungewissen hält und doch sooo abenteuerlich ist und, wenn erst mal gezähmt, ganz bestimmt das Nonplusultra aller Dinge. Wenn er eben nicht so ein Arsch wäre. Aber, hach, diese Leidenschaft, an der Sie sich berauschen ...

Sie werden erst erobert, dann entwertet, und eh Sie sich versehen, laufen Sie diesem geilen, fiesen Idioten hinterher, er spielt mit Ihnen, Sie wissen es und meinen trotzdem, ihn zu lieben? Höchst komplizierte Sache.

Meist geraten Frauen mit angeschlagenem Selbstwertgefühl an einen charmanten Fiesling, ebenso solche mit ausgeprägtem Helfersyndrom oder jene, die lieber reagieren als agieren, weil sie es nicht anders gewohnt sind. Ganz abgesehen von solchen, die sich danach sehnen, endlich mal zum Loslassen gebracht zu werden. Diese Gefühls- und Verhaltensmuster sind eine Kombination aus Erziehung und Erfahrung; und das Dumme daran: Ein böser Bube erkennt diese Schwächen. Er redet nicht, er vögelt; er reißt mit, er macht das Leben zur Achterbahnfahrt – für zwei Drittel aller Frauen ist er zumindest eine Versuchung.

Doch warum? Warum den Fiesling anstatt den treuen Verehrer, der vielleicht langweilig ist, aber ehrlich, und der weiß, wie man Frauen behandelt? Hinter diesem Verhalten steckt die heimliche Befürchtung: »Nur ein Depp könnte jemanden Wertlosen wie mich lieben. Also muss er ein Depp sein.« Wer sich jetzt gerade in diesem Sätzlein erkannt hat, sollte beginnen, seine Einstellung zu ändern und den Fiesling abzuservieren. Doch das ist eine der schwersten Herausforderungen, denn Verlust und der daraus resultierende Schmerz sind – im Unterschied zu Empfindungen von Glück – eine scheinbar authentischere Erfahrung: Glücklichsein kann ich mir einreden, Schmerz dagegen ist echt und nicht verlogen. Insofern liegt in der Enttäuschung auch immer ein Aspekt der Selbstversicherung der eigenen Identität. So bin ich. Ich leide. Gern.

Und schon rennen wir ferngesteuert und liebeskrank zum nächsten Idioten. Und verwechseln Leidenschaft doch glatt mit Liebe und Beziehung!

Und wieso? Weil wir das romantisierte Bild in uns haben, dass eine Liebe, die von Dauer sein soll, leidenschaftlich sein muss. Nur, leider:

Das ist genau verkehrt.

Wie Leidenschaft die Beziehung verändert

Eigentlich müsste es ja heißen: Wie verändert eine Beziehung die Leidenschaft? Klar ist: Je leidenschaftlicher, romantisch verklärter, verzehrender eine Beziehung zu Anfang ist, desto weniger stabil ist sie und desto eher verweht die Leidenschaft.

Ich höre die Romantiker entsetzt aufschreien. Aber es ist so: Wenn eine anfangs hochromantische Beziehung scheitert – und das tut sie meist nach zwei, drei Jahren, bis zur endgültigen Trennung vergehen dann je nach Verpflichtungen oder Persönlichkeit der Beteiligten noch weitere drei bis vier Jahre –, dann liegt es nicht an den Konflikten, Streitigkeiten oder Meinungsverschiedenheiten des Paares. Sondern an diesem bisher undefinierbaren Schwund an: Leidenschaft. Lust. Romantik.

In einer Studie bewies Ted Houston von der Universität Texas, dass Paare, die zu Beginn ihre Beziehung als unglaublich leidenschaftlich und intensiv bezeichneten, sich eher scheiden ließen als jene, die aus ihrer Liebe keine Hollywood-Romanze machten. Jene, die zu Beginn schier vergehen wollten vor Sehnsucht nacheinander, die meinten, die ganz große Liebe endlich gefunden zu haben, konnten sich einfach nicht mit dem natürlichen Lauf der Dinge abfinden: nämlich dass der Rausch nachlässt. Sie verließen sich zu sehr darauf, dass die Leidenschaft ihre Verbindung trägt, dass all diese Dramen zum Start der Beziehung sie für immer tragen würden.

Doch es ist eben nicht so. Paare, die sich weniger aus glühender Leidenschaft füreinander entschieden, sondern aus einem ruhigen, nüchternen Erkennen, trugen es mit entsprechend mehr Fassung, dass die Leidenschaft sich davonstahl. Es war für sie kein beunruhigendes Zeichen, dass die Ehe lau geworden war; denn sie waren sie eingegangen mit offenen Augen für das Gegenüber: Sie sahen den Menschen so, wie er ist, und liebten ihn so, wie er ist. Und träumten weniger in ihn hinein, erhofften sich weniger von ihm, was nicht sowieso vorhanden war, und hatten demnach auch keinen Verlust von Illusionen zu fürchten.

Die Flucht der Leidenschaft scheint also besonders RomantikerInnen zu schaffen zu machen; es hält sie jedoch selten davon ab, es bei der nächsten Begegnung besser zu machen. Fast möchte man ihnen raten: Falls Euer Herz mal wieder verbrennt, wenn es richtig Kawumm gemacht hat und ER der Mann fürs Leben ist (mal wieder) oder SIE die Mutter aller Kinder, dann haltet euch fern vom Standesamt und schaut die nächsten zwei Jahre erst mal, wer er/sie wirklich ist. Die Leidenschaft ist kein Garant für gute Ehen, denn sie verstellt den Blick auf die Realität und ihre Möglichkeiten (oder eben Unmöglichkeiten).

Und wieso zwei Jahre? Eben weil das die durchschnittliche Halbwertszeit von Leidenschaft ist. Manchen lässt sie bereits nach drei Monaten wieder frei, andere brauchen mehr als ein Jahr, um zu begreifen, dass sie zwar in Leidenschaft für den Kerl entbrannt sind, er aber nicht im mindesten zu ihnen passt oder das mitbringt, was sie zum Wohlfühlen brauchen.

Wohlfühlen und Leidenschaft, das sind zwei gegensätzliche Gefühle. Wohlfühlen ist wie in warmem Wasser baden. Leidenschaft ist heiß, roh, flackernd und ach ja, um so vieles aufregender. Aber auch instabiler.
Das Leben hat uns mit der Fähigkeit zur Leidenschaft ausgestattet, und das ist einigermaßen unfair: Sie gefällt uns so gut, wir fühlen uns lebendig, ausgefüllt, auch wenn es schmerzt, so katapultiert Leidenschaft doch auch in höchste Höhen. Leider meinen wir, dass müsste dann für immer so sein.
Aber wir sind konstitutionell nicht dafür geschaffen, Leidenschaft ein Leben lang ertragen zu können! Erst recht nicht, oder schon mal gar nicht, in der Liebe: Es ist ein falsches Ideal zu meinen, Leidenschaft müsste permanent lodern, wenn sie sich erst einmal zwischen zwei Menschen entfacht hat. Manche kreiseln dann mehr um den Erhalt der nervenaufreibenden Leidenschaft, als sich in dem ruhigeren Fahrwasser einer Beziehung zu tummeln, das ja auch organisiert werden will. Das gesellschaftliche Leistungsprinzip indes hat sich auf das Lustprinzip fortgepflanzt: Erst wer genügend Leidenschaft in seiner Beziehung entwickelt, der hat es »zu was gebracht«. Unsinn.
Sie sind erst in dem Moment frei von diesem Leistungsdruck, wenn Sie ganz genau wissen, dass Ihre Entscheidung von Ihnen ist und Sie sich nicht dem Zeitgeist unterworfen haben.

Leidenschaft: Feindin der Monogamie?

Wieso geht man fremd? Bevor die Antwort kommt, erst einmal ein Fakt: Frauen gehen nur unwesentlich seltener fremd als Männer, nämlich um 2 Prozentpunkte. Etwa 45 Prozent aller Männer gehen fremd und 43 Prozent aller Frauen, bestätigen Umfragen. In 70 Prozent aller derzeitigen Beziehungen ging einer von beiden fremd.

Aber wieso eigentlich? Ist es der Mangel an Sex, der nun mal weniger wird im Laufe der Zeit? Ist es die archaische, nicht zu psychologisierende Lust auf fremdes Fleisch, neue Erfahrungen, andere Haut - eben weil der Mensch, egal ob Mann oder Frau, von Neugier und Sensationslust getrieben ist, von Anbeginn der Schöpfung? Oder ist es das gesammelte Maß an Kränkungen, unausgesprochenen Problemen, Enttäuschungen: eine Art Rache, eine Ablenkung? Oder ...?

Oder. Ich halte Monogamie für die schwierigste Aufgabe des Menschseins. Und jeder tut so, als ob sie normal sei und sich eben so gehöre. Ha, ha. Es liegt nicht in unserer Natur, monogam zu sein; es liegt aber in unserer Seele, es versuchen zu wollen und es vom anderen zu erhoffen. Die klassischen zwei Seelen in unserer Brust: Wir würden gern treu sein wollen, wohl dem, dem es leichtfällt, und doch fällt es schwer. Wir wünschen uns Treue vom anderen, aber würden genügend Ausreden parat haben, wenn wir es selbst nicht sind. Dafür muss man noch nicht mal Sex mit jemandem haben.

Ich möchte hier nicht diskutieren, wann Untreue beginnt. Für Moral bin ich nicht zuständig; die Gedanken sind eh frei, und für die einen ist es der Kuss, für die nächsten das geheimgehaltene Kaffee-Treffen mit einem anderen Mann/Frau, die nächsten nehmen es als Zeichen der Untreue, dass er/sie sich besser oder öfter mit anderen über Intimes unterhält. Und, klar: Wer mit anderen schläft, ist untreu, körperlich zumindest, aber würde sich vom Herzen her durchaus für treu halten und weiterhin sein Leben mit dem legalen Partner verbringen ... Doch diese Details überlasse ich Ihnen, was für Sie richtig und wichtig ist.

Letztlich ist jede Affäre, ob sexuell oder nicht, jedoch auch nur eine Illusion, gleich aus welchem Grund man sie auch eingehen mag. Sie beginnt meist mit einem Defizit, das in der eigentlichen Partnerschaft entsteht - ob der Mangel an Leidenschaft, der Mangel an Verständnis, der Mangel an Kommunikation. Eines Tages kommt jemand daher, dessen Augen versprechen: Ich versteh dich. Doch letztlich ist auch die Affäre nur ein Trugbild; ein Wunschbild all dessen, was in der Partnerschaft zu fehlen scheint. Auch die Affäre wird es auf Dauer nicht ersetzen können; es ist wie bei der Suche nach dem Traummann, den es ebensowenig gibt wie die perfekte Affäre, die genau das in Ausgleich bringt, was aus der Balance geraten ist. Es funktioniert einfach nicht. Könnte man es also gleich lassen, oder? Und sich statt dessen wahlweise wieder in die Beziehung knien, den Defiziten auf den Grund gehen und sie ausräumen, was oft Jahre beansprucht – oder gehen. Eine Affäre ist kein Ausweg, nur Aufschub.

Bleibt aber die Leidenschaft, die solche Gedanken verhindern. Und die in eine Affäre treibt oder in belanglose One-Night-Stands, die nur ein kurzzeitiges Ziel haben: Bestätigung. In dem Fall von: ich lebe.

Mehr Leidenschaft – ja, bitte!

Okay, gehen wir mal vom besten aller Fälle aus: Sie begehren einander noch, die Leidenschaft ist noch da oder das leidenschaftliche Interesse füreinander. Dann können Sie vielleicht aus den folgenden Vorschlägen etwas gewinnen.

Jedoch, und das ist die harte Wahrheit: Wenn die Luft endgültig bei Ihnen beiden raus ist, werden die folgenden Tips nicht die Leidenschaft zurückbringen, die vor Jahren flöten ging oder vielleicht nie da war. Berauschende Passion im Bett können nur jene Paare erleben, die sowieso mindestens ein Fünkchen Appetit aufeinander haben und denen bisher nur Verklemmtheit entgegenstand, um die Leidenschaft füreinander ins Körperliche zu übersetzen.

Doch zurückholen, wo nicht mindestens ein Funke ist: nein. Das wäre ein falsches Versprechen, was ich Ihnen gäbe, und Sie würden es merken.

Doch wenn Sie eines der Paare sind, zufrieden mit sich und der Beziehung, und beide interessiert für ein wenig Belüftung unter den Laken, dann – gerne:

1. Beginnen Sie sich durch die Kleidung selbst zu berühren, während Sie sich küssen. Natürlich auch während Sie im Kino in der Ecke stehen und knutschen! Eine neue Art, ihm zu zeigen, dass seine Küsse Sie immer noch anmachen.
2. Aktivieren Sie seine Lust: an den Innenseiten seiner Unterarme. Mittels einer Kopfmassage mit leichtem Haarziehen. Mit einer Handmassage, die Sie mit Speichel feuchter machen. Lassen Sie ihn dazu ein Glas Rotwein trinken. Es sind manchmal die kleinen Aufmerksamkeiten, die ein Funke braucht, um wieder zu brennen.
3. Wenn er Ihnen im Restaurant in den Mantel hilft, berühren Sie wie zufällig mit einem Griff nach hinten seine Kronjuwelen. Besonders Ihr harmloses Lächeln hinterher macht ihn kirre. Ein hübsches Spiel, auch wenn Sie sich seit Jahren kennen, denn es zeigt: Ich mache dich gerne an, obgleich ich dich tausendmal nackt gesehen habe.
4. Kick-Starter: Umarmen Sie ihn, legen Sie Daumen und Zeigefinger in seinen Nacken, pressen Sie dort, wo der Hals in den Schädel übergeht. Die Signale seines Rückgrats an seinen Penis sind eindeutig.
5. Küssen Sie ihn high, wenn Sie bereit für Sex sind: Lecken Sie mit der Zungenspitze über den Teil zwischen Oberlippe und Nase – mit der Überraschung rechnet er nicht, außerdem hat er Ihren veränderten, sexy Zungengeruch in der Nase. Ihr Speichel verändert sich bei Erregung, enthält mehr Lockstoffe!
6. Lassen Sie ihn taumeln: Umschließen Sie seine Lippen, als ob Sie Luft aus seinem Mund einziehen. Kann nach einer Weile zu leichtem Schwindel führen ...
7. Kreieren Sie aus alltäglichen Situationen einen sexy Augenblick:

Massiert er Ihre Schultern, stöhnen Sie, als ob Sie kommen. Berührt er Sie zufällig, packen Sie seine Hand und drücken Sie sie fest an Ihre Brust. Seien Sie ab und an übertrieben, und genießen Sie die überraschende Zündung.

8. Geben Sie ihm sexy Appetitanreger, wenn er fast aus der Tür ist: ein Zungenkuss für das Goodbye. Ein Griff an die Hose, während er den Mantel anzieht. Nehmen Sie einen Finger in den Mund und sehen ihn an. Oder ziehen Sie seinen Slip herunter, legen Sie Ihre Lippen zehn Sekunden an seinen Liebsten. Auch wenn er gerade gehen wollte und Sie ihn mit den Überfällen aufhalten, gehen SIE als erste und sagen: Bis heute abend.
9. Machen Sie sich mit Ihrem Hormonhaushalt vertraut – zwischen dem 7. und 14. Tag ist heißer Sex eher drin als zwischen dem 22. und 28. Seien Sie darauf gefasst, dass Sie empfindsamer auf Berührungen reagieren.
10. Mut zur Übersprungshandlung: Wenn er von sich erzählt, streichen Sie mit dem Ringfinger über Ihre Schlüsselbeine. Oder Ihre Unterlippe. Lassen die Finger langsam den Hals heruntergleiten und an Ihrem Dekolleté enden. Wenn Sie reden, nehmen Sie die Hände von Ihrem Körper weg. Die Botschaft landet in seinem Kleinhirn: Fass! Mich! An!
11. Das Geheimnis von sexy Frauen? Der Gang – immer mit unhörbarem Shaka-boom und Hüftschwung. Sie hören dabei IHREN Song im Kopf. Effekt: Ihre Bewegungen sind fließender, von spürbarer Intensität – unbewusst hofft er, dass Sie im Bett genauso lebendig sind.
12. Eine Stimme zum Niederknien: Atmen Sie in Ihr Zwerchfell, denken sich, Sie würden beim Reden bis in die Scham reden.

Zurückhaltung? Keine Sache von Leidenschaft.

Denn wer sich bewegt, bewegt auch andere, und einer muss damit anfangen, sich aus dem Korsett guten Benimms zu befreien, um das Leben wieder zu spüren:

13. Ziehen Sie sich gegenseitig aus – aber Sie lassen die Highheels an, er die Krawatte. Spielen Sie mit dem Tie wie mit einer Leine, an der Sie ihn ins Schlafzimmer führen.
14. Verbinden Sie ihm die Augen – mit Ihrem BH. Dann massieren Sie ihm den Körper mit Ihrem Vibrator – nur nicht an seinem Herzblatt.
15. Kommen Sie nach Hause, sehen Sie ihn an und ziehen sich ohne ein Wort halb aus.
16. Lieben Sie nur mit dem Mund! Ein Zungenbad, das genussvolle Ablecken vom Kopf bis Fuß, erregt beide – ihn sowieso, und Sie, weil Sie seine Duft- und Lockstoffe aufnehmen. Dieses Bad sollten Sie dringend auch für sich verlangen.
17. Verpassen Sie ihm einen Blowjob, während er in der Mitte eines Raumes steht und sich nirgends anlehnen kann. Sie knien auf einem Kissen. Fühlt sich an, als würden sie beide fliegen! Tauschen Sie später oder kurz bevor er kommt – dann überträgt sich seine Erregung auch auf Sie, wenn er Ihnen ergeben vor die Füße sinkt, hungrig auf das, was er kosten will ...
18. Seien Sie deutlich: »Leg dich hin und rühr dich nicht!« Fesseln Sie ihn nicht – er soll versuchen, die Kontrolle über sich zu behalten, so lange, bis er nachgeben muss. Gut für Sie: Seine Leidenschaft wird Sie umreißen, wenn er sich endlich wieder rühren darf, und beim nächsten Mal dürfen Sie still liegen.
19. Binden Sie seine Hände an die Bettpfosten. Reiben Sie Ihre Hände mit Babyöl ein und beginnen Sie, seinen Körper, seinen Penis zu liebkosen. Immer, wenn er kurz davor ist, greifen Sie mit einer Hand fest unter seine Eichel, mit der anderen Hand streicheln Sie ihn an anderen Körperstellen. Versuchen Sie, ihn 20 Minuten immer nur bis kurz vor den Punkt zu stimulieren – wenn er kommt, wird er nur ein Wort rausbringen: »Danke.«
20. Nehmen Sie ihn als Ganzkörperspielzeug her – und reiben Ihre Vulva an seinem Rücken, seinen Oberschenkeln, seinen Unter-

armen, während er auf dem Bauch liegt. Zusätzlich können Sie Ihre Hände unter ihn schieben und mit ihm spielen.

21. Spielen Sie die französische Kurtisane, die ihren Liebsten nackt ans Bett fesselt, auch die Beine, aber mit geöffneten Knien (Seidenschals um die Knöchel). Ziehen Sie sich langsam aus – auf seinem Bauch. Drehen Sie ihm den Rücken zu und bringen Sie seinen Penis das erste Mal hoch. Reiben Sie Ihre Achseln, Ihre Brüste über sein Gesicht, damit er Ihren Duft inhalieren kann. Reiben Sie dabei Ihre Scham über seine Brust. Lassen Sie von ihm ab und berühren Sie seine Lippen mit Ihren Schamlippen. Beschäftigen Sie sich dann weiter mit seinem liebsten Stück. Die Kunst der weiteren 20 oder mehr Minuten besteht darin, immer seinen Mund und seinen Penis zu beschäftigen – gleichzeitig. Mit den Händen, Lippen, Ihrer Vagina, Ihrem Körper. Zu frustrieren und anzuregen. Das geht nur gefesselt, und er wird Ihnen verfallen, wenn Sie ihn schließlich erlösen. Er wird es Ihnen zurückzahlen, garantiert.
22. Betreiben Sie Oralverkehr unter der Decke, die bis zu seiner Brust reicht. Lassen Sie ihm großzügig alle Phantasien, die er hat, weil er nichts sieht, nur fühlt; nur annimmt und es fließen lassen kann.
23. Verbinden Sie ihm die Augen, lassen ihn sich hinlegen – und hocken Sie über seinem Gesicht, Hände an der Wand abstützen. Das nimmt Ihnen die Scham, dass er zu viel sehen könnte, und er wird sich auf köstliche Weise dominiert fühlen. Tauschen Sie später.
24. Greifen Sie nach seinem erhobenen Penis und machen alles damit, was Sie mit einem Vibrator auch tun würden – über Ihre Haut wandern lassen, zwischen den Schenkeln reiben, über Ihren Bauch, an Ihre Nippel ...
25. Beim Handjob schließen Sie eine Faust um seinen Schaftansatz, ziehen Sie nach oben, gern mit Öl, Gel, Feuchte. Bevor die Eichel unten aus der Faust herausflippt, lassen Sie die andere Faust

nachziehen. Zwischendurch reiben Sie seinen Penis so zwischen Ihren Handflächen, als ob Sie ein Feuerholz drehen. Jojobaöl hilft gegen Flächenbrand.

26. Umfassen Sie seine Penisspitze, als ob Sie einen Tassenhenkel zwischen Daumen und Zeigefinger haben. Führen Sie kleine schnelle Bewegungen aus. Mit diesem Griff und viel Feuchte können Sie schnellere Bewegungen an der spannendsten Stelle ausführen – effektiver als mit der ganzen Hand! Er wird sich herrlich »genommen« fühlen.
27. Was spricht dagegen, die Phantasien eines Mannes zu erfüllen, den Sie lieben (umgekehrt ist es auch prima): Kochen Sie im Mini und Highheels, ohne Underwear. Und bitte ein Menü, das eine Menge Bücken beansprucht. Das Dessert ist ein Blowjob – allerdings unter dem Tisch. Die Nachahmung wird folgen, glauben Sie mir – trinken Sie dazu Baileys ...

Erhöhte Spannung im Stellungswechsel

Zur Sache, Schätzchen – so variieren Sie liebgewonnene Positionen und reanimieren sie ein bisschen ... mehr!

28. Lehnen Sie den Garderobenspiegel mit der längeren Seite auf den Boden an die Wand. Gehen Sie auf alle viere, sehen Sie sich von der Seite beim a tergo zu. Schauen Sie nicht einmal weg. Schamlos!
29. Oder legen Sie den Spiegel gleich auf den Boden, wenn er sehr schmal ist, so dass Sie Ihre Knie und Arme links und rechts platzieren können. Sehen Sie im liegenden Spiegel dabei zu, wie er von hinten in Sie eindringt.
30. Bitten Sie ihn, ruhig und bewegungslos in Ihnen zu verbleiben. Und testen aus, ob er die Vibrationen eines Vibrators an seinem Penis, der in Ihnen ruht, spüren kann, wenn Sie ihn an Ihren Bauch, Ihre Schenkel, Ihre Klit halten.
31. Wenn Sie die Stellungen wechseln, nutzen Sie die Gelegenheit

für eine 69. Oder bauen Sie die mündliche Prüfung zwischendurch ein, auch wenn Sie die Position beibehalten. Die Küsse danach peitschen auf – Ihr gemeinsamer Geschmack ist nacktes Aphrodisiakum.

32. Verreiben Sie Gleitmittel zwischen den Händen. Eine Hand schließen Sie um seinen Schaft, mit der anderen verwöhnen Sie seine Rosette. Nicht eindringen, sondern nur leicht drücken und um den Schließmuskel rotieren – mit dem Daumen oder einem Fingerknöchel.
33. Der Nachmach-Effekt: Masturbieren Sie ihn mit der Hand, bis er nahezu kommt – und leiten Sie sofort über zum Koitus. Er wird kommen wie noch nie, sich das gute Gefühl merken und das nächste Mal dasselbe mit Ihnen machen! Und wenn nicht: Bitten Sie ihn darum. Ein schlichtes: »Streichel mich bis kurz davor, und wenn ich dich bitte, würdest du ihn dann reinstekken? Ja? Hm, gut ...« dürfte helfen.
34. Wenn er – gleich in welcher Stellung – eindringen will, winden Sie sich immer wieder ein bisschen weg, lassen Sie ihn darum kämpfen. Die Erfüllung ist um so erlösender. Spielen Sie dabei mit Ihren Brustwarzen oder beugen Sie sich zurück, damit er die Pracht wackeln sieht.
35. Lassen Sie beim nächsten Gerangel den BH an und holen Sie Ihre Brüste aus den Cups heraus, wenn Sie on top sind – dadurch wirken sie üppiger. Er wird sich intensiver um die beiden Ladys bemühen und hat was zum Ansehen, schön umrahmt und ein bisschen so, als ob er einen Quickie mit einer Unbekannten wagt. Nur eben ohne Unbekannte.
36. Ziehen Sie im Missionar mit dem »V« aus Zeige- und Mittelfinger Ihre Schamlippen Richtung Bauchnabel oder an seinem Schaft hoch – verstärkt Ihr Gefühl, und seins sowieso: Alles so schön eng hier.
37. Schlafen Sie nackt. Seien Sie nicht zu stolz, um ihn mit offenen Schenkeln ohne Decke zu erwarten, sich selbst zu berühren, ihm

in die Augen zu sehen. Ziehen Sie ihn in sich, pressen Ihre Fersen an seinen Hintern. Wenn er sich verströmt hat, ziehen Sie kleine Kreise mit den Nägeln auf seinen Pobacken, um ihn nachbeben zu lassen. Wow!

38. Kurz bevor er kommt, soll er sich über Sie knien, mit der Hand weitermachen und auf Ihren Mund kommen. Packen Sie ihm dabei fest an die Pobacken.
39. Sexy slide: Sie sind on top, drücken mit Ihrer Scham seine Erektion an seinen Bauch und gleiten an seinem Schaft auf und ab, ohne ihn einzulassen; sein Penis gleitet nur zwischen Ihren Schamlippen hin und her. Mit einem Klecks Gleitgel an Ihnen und auf seinem Bauch fühlt es sich wie ein Mund an, Ihre Klitoris wird Spaß haben.
40. Longseller: In dieser Position hat er das Gefühl, länger zu sein, als er ist! Legen Sie beide Waden auf seiner Schulter ab, ziehen die Knie an, bitten ihn, sich an Ihren Knöcheln festzuhalten. Der Scheidenkanal wird dadurch kürzer und sein Honeyhammer scheinbar länger.
41. Dicktrick: Legen Sie sich flach auf den Bauch, mit einem Kissen zwischen Busen und Nabel. Pressen Sie die Beine zusammen, verschränken Sie die Knöchel ineinander. Er liegt, die Beine außen neben Ihren Schenkeln, flach auf Ihnen (sehr intim, verlangen Sie Nackenbisse) oder kniet über Ihnen. Ergebnis: Sie sind schraubstockeng.
42. Die Achter-Schlinge: Frei nach Feldenkrais wechseln Sie in der Reiterposition vom routinierten Auf und Ab zu winzigen Kreisbewegungen mit der Hüfte: Erst einige kleine Kreise, dann Achten, die sich zu größeren Achten ausweiten. Macht ihn verrückt!
43. Sitzen Sie sich in der Badewanne gegenüber, Ihre Beine über seinen. Rücken Sie näher und ineinander, halten Sie sich links und rechts an den Badewannenrändern fest, und bewegen Sie beide Ihre Hüften vor und zurück. Scheren Sie sich nicht um die

Fontänen, sondern fordern Sie ihn immer wieder dazu auf, hinzusehen, wie gut es aussieht.

44. Bitten Sie ihn, wenn er on top ist, Ihre Fußgelenke festzuhalten und so Ihre Beine nach Belieben zu spreizen. Sie können dabei auf einem Kissen liegen, er kniet, dirigiert Ihre Beine mal weit auseinander, mal mehr in Richtung Ihres Kopfes, klappt sie zusammen oder auf ... legen Sie derweil selbst Hand an sich.
45. Stellen Sie einen Stuhl mit der Sitzfläche Richtung Wand. Er setzt sich. Sie mit dem Rücken zu ihm, auf ihn. Beugen Sie sich nach vorn, stützen sich an der Wand ab. Der Winkel stimuliert Ihre G-Punkt-Zone, seine Hände sind frei für andere Spielereien.
46. Greifen Sie in der Doggy-Position durch Ihre Beine hindurch und spielen an seinen Hoden – mit klatschfeuchten Fingern leicht hin und her schütteln.
47. Wieder der Doggy-Style: Ölen Sie Ihre Poritze ein und lassen ihn hin und her rutschen. Halten Sie sich dabei einen Vibrator an Ihre Klit.
48. Zum letzten Mal Doggy: Beschreiben Sie mit Ihrer Hüfte Kreise, während er nur hinhält und sich derweil um Ihre Klit bemüht (z. B. mit einem schnuckeligen rauen Läppchen?)
49. Kommen Sie ihm entgegen, auch wenn Sie unten liegen: Beißen in seine Schulter, lecken über seine Brust, heben den Hintern hoch. Fordern Sie ihn auf, mit Ihnen genau hinzusehen, wie er hinein- und hinausgleitet. Setzen Sie sich schließlich auf, um noch besser zuzusehen, schieben Sie die Hüften stetig gegeneinander. Ihre Scheidenhöhle verkürzt sich durch das Aufsetzen – für mehr Gefühl!
50. Die halbe Schubkarre: Starten Sie im Missionar. Schieben Sie das linke Bein nach innen, so dass er mit einem Bein zwischen Ihnen, mit dem anderen außen liegt. Schwingen Sie Ihr rechtes Bein auf seine Schulter. Sie drehen sich dabei automatisch mehr

auf die Seite. Er kann jetzt Rücken und Brüste gleichermaßen erreichen – vielleicht mit eingeölten Händen?

51. Er kniet im Fersensitz. Sie setzen sich kniend mit dem Rücken zu ihm auf ihn. Beugen Sie sich vorsichtig nach vorn, er hält Sie eventuell fest, oder Sie nehmen Kissen zum Abstützen unter Ihrer Brust. Die Stellung verengt den Scheidenkanal, und Sie sehen von hinten schlanker aus! Reiben Sie Ihre Brüste dabei lustvoll über eine flauschige Decke.
52. Kontrolle auch im Missionar: Ziehen Sie die Beine an und stemmen die Füße gegen seine Brust, um sein Vordringen zu kontrollieren. Die Oberschenkelarbeit wirkt positiv auf die ersten drei Zentimeter Ihrer Scheide: die Haut wird gespannt, reagiert sensibler.
53. Bewundern Sie seine Bass-Woofer-Boxen. Und setzen sich obendrauf, bitten Sie ihn, einen Song mit verdammt viel Bass einzulegen, Ihnen den Slip auszuziehen. Alles Weitere dürfte sich ergeben ...
54. Nachspiel: Halten Sie ihn danach mit den Beinen fest umschlungen, auch wenn er bereits weich wird. Betrommeln Sie seinen Rücken mit den Fingerspitzen, massieren Sie ihn, bewegen Sie Ihre Hüfte, den PC-Muskel. Und ziehen ihn dann unter die Dusche. Effekt: Seine Post-O-Erregung hält an, seine Energie kehrt zurück, um in spätestens 30 Minuten weiterzumachen.

... und Nummer 55, vielleicht das Wichtigste in Sachen Leidenschaft: Konzentrieren Sie sich auf die Empfindungen, und lassen Sie es zu, mal nicht zu denken. Fühlen Sie. Lassen Sie los. Üben Sie das Loslassen. Glauben Sie mir, ich hab's auch hinter mir, und es wird von Mal zu Mal besser, der Versuch des »Nichtdenkens«. Denken Sie nicht daran, wie Sie aussehen. Leidenschaft ist eine Sache des Fühlens, nicht des Looks. Und außerdem: Wenn Männer zwischen einer perfekt gebauten Frau, die sich aber nicht gehen lässt, und einer Frau wie Sie, die Leidenschaft auslebt, ohne sich über Beautymacken zu zerfleischen, wählen könnten – dann würden die Herren alle bei Ihnen auf der Matte stehen.

Venus-Regeln der Leidenschaft

- Leidenschaft ist keine Basis oder Garantie einer Beziehung. Sie ist nur nettes Beiwerk, eine Art schöne Nebensache. Aber auf Leidenschaft lässt sich keine Bindung fürs Leben aufbauen, Leidenschaft ist für den Sex gedacht.
- Leidenschaft geht auch ohne Mann: Eine Venus ist leidenschaftlich gern Mensch. Sie glüht fürs Leben, ist aber fähig, Leidenschaft weder mit Liebe noch mit Glück zu verwechseln.
- Leidenschaft hat viele Gesichter. Sie können leidenschaftlich gern zärtlich zu ihm sein, ein leidenschaftliches Gefühl der Zugehörigkeit spüren oder ihn leidenschaftlich gern um sich haben. Es muss nicht immer Sex sein, wodurch sich Leidenschaft füreinander ausdrückt.
- Um dem Sex eine leidenschaftliche Komponente zu verschaffen, sollte der Funken zwischen Ihnen noch da sein. Es nutzt nichts, wenn Sie beide sowieso nicht mehr viel Wert auf Körperlichkeit legen. Leider wahr.
- Leidenschaft geht in einer dauerhaften Verbindung in andere Aggregatzustände über. Sich nach lebenslangem Verzehren zu sehnen ist zwar kein Makel, aber mit dem wahren Leben hat es wenig zu tun, und steht zu oft einer dauerhaften Bindung entgegen.
- Leidenschaft ade, bonjour Langeweile? Die Gleichung geht nicht auf. Sie ist nur ein Schlagwort frustrierter Menschen, die bisher wenig durchgehalten haben, um zu schauen, was hinter dem Horizont der romantischen Dramatik wohl noch kommen mag.

These:
Cool ist out

Bloß ganz lässig bleiben. Gaaanz entspannt. Ganz unberührt. Cool eben. Keine Durchlässigkeit zeigen, keinen wunden Punkt. Eben selbstzufrieden aussehen. Oder geheimnisvoll. Total cool. Das wirkt, das zieht, und ein bisschen schnoddern oder zynisch sein, ja, das ist auch gut; oder ironisch-cool vielleicht? Freche Sprüche, genau, als Kontrapunkt zum Ultramini, damit die Kerle nicht auf die Idee kommen, man hätte sich für sie angezogen. Ach was, hat man ja, aber das heißt nicht, dass jeder Heinz gleich gucken darf. Oder geschweige denn was sagen. Nee, nee, der wird ultraeisgekühlt weggeschaut, genau, cool.

Boah, ist das öde. Ich kann kaum weiterschreiben vor Müdigkeit, denn cool ist so was von OUT.

Vielleicht ist es noch angesagt bei 14- bis 18jährigen Rüden und ihren Anhängerinnen, das Saturday-Night-Fever-Gehabe, aber das ist in Ordnung, das gilt als Privileg der Jugend und Dauerjugendlichen, die sich eh noch die nächsten 15 Jahre suchen und manchmal sogar finden.

Aber es sollte jedem Menschen über 20 offiziell verboten sein, cool rumzutun, cool zu flirten, überhaupt ständig dieses pseudo-desinteressierte Gehabe aufzusetzen und diese Fresse, in der sich maskenartige Starre festsetzt. Obgleich – verbieten ist vielleicht zu hart, denn dass die Damen und Herren sich selbst ein Bein damit stellen mit ihrer zur Schau gestellten Selbstgenügsamkeit – das wissen die ja nicht! Blitzblank polierte Frauen, bei denen jedes Haar sitzt und die sich Lächeln verkneifen, haben in etwa die Ausstrahlung eines Miele-Kühlschranks. So glatt. So cool. So ... Hoppala, jetzt bin ich doch eingenickt.

Mag ja sein, dass sie angesprochen werden, die Eiszapfen. Sympathisch sind sie nicht. Sie sind Trophäen, an denen Mann sich ausprobiert, aber Mann meint nicht sie, Mann redet mit der Fassade und guckt, ob seine Jungs gucken, wie er versucht, das coole Teil zu knacken. Besitzen will er sie, aber nicht ergründen. Cool ruft vielleicht mehr jene Männer auf den Plan, von denen Miss Icebaby nicht träumt, aber das hat sie nun davon, wenn sie mit dem Knackbar?-Faktor auf die Bühne von Bars und Balzplätzen tritt.

Wie war das, was sagten die guten Männer unter den Singles: »Natürlichkeit, Offenheit, angenehmer Humor, Lebendigkeit und Wärme«, das ist für sie etwa gleichauf mit dem Interesse an Figur, Aussehen und Ausstrahlung. Das Gesamtkonzept Weib allerdings dann auf Perfektion und maskenhafte Gesichtszüge mit gelegentlichem hysterischen Lachen zu stellen ist reichlich fehlmotiviert. Denn cool wirkt nicht geheimnisvoll, sondern unsicher. Männer sind nicht blöd, sie bemerken es sehr wohl, wenn eine Frau DEN MANN sucht, aber gleichzeitig nur so cool TUT.

Anders ist es mit Frauen, die tatsächlich bei sich sind und nicht ständig die Umgebung abchecken, ob sie auch ordentlich cool rüberkommen, damit mal ein cooler Typ rüberkommt. Zwei Frauen, die sich wunderbar miteinander unterhalten, auf eine Weise zurechtgemacht, die unter uns Frauen auch als Legerlook bekannt ist – sprich: kein Ausgehoutfit, sondern ein eben »normales« Alltagssexyoutfit ohne viele Hintergedanken –, die wirken, auch wenn sie desinteressiert an der Umgebung sind, trotzdem anziehender als die Coole, die demonstrativ desinteressiert ist.

Und nichts lieber hätte, als ein paar Scheingefechte zu führen (die sie selbstredend gewinnt mit coolem Augengerolle oder einsilbigen Antworten).

Doch so wird das nichts. Nicht nur, dass man sich selbst nach einer Weile doof dabei vorkommt, so zu tun, als sei man gar nicht an der Welt beteiligt, und trotzdem jeden Abend in der After-Work-Bar vorbeizusehen. Als ob man keine Sehnsüchte, Hoffnungen, Zweifel hätte, aber erwartet, dass DER MANN sensibel genug ist, um die zu sehen, zu spüren und zu verstehen. Ja, würden sensible Männer denn erst mal Frosty auftauen wollen, um ihr ihre sensible Seite zu zeigen? No way, Coolia sieht so gefestigt aus, so zynisch, so zackig mit bösen Widerworten, dass sie es doch aushält, wenn man sie kränkt. Nur so ein bisschen. Sie ist doch taff und cool, also, wer die Nase aus dem Fenster hängt, darf sich vor Zug nicht fürchten! Dass sich ausgerechnet die coolsten Chicks genau immer wieder die Männer aufs Tablett holen, die wunderbar fähig sind, eine Frau zu kränken (um hinterher zu sagen: Du bist aber empfindlich, hab dich nicht so, kannst doch selbst auch gut austeilen!), ist ein weiteres offenes Geheimnis.

Jeden Lacher, den die coolen Frauen sich verbeißen, jede Träne, die sie nicht zeigen wollen (um ja keinen wunden Punkt zu verraten) – genau die trifft es um einiges öfter. Die Keule, die sogenannte »ehrliche« Typen austeilen, weil sie meinen, Madame kann das schon ab.

Frauen haben eine unangenehme Eigenschaft der Männer übernommen – nämlich die Annahme, hart sein zu müssen, um anerkannt zu werden. Aus lauter Angst vor Verletzungen (ohne die es aber im Leben nicht geht, niemals), werden sie stocksteif und cool. Sie lachen nicht, sie weinen nicht, sie schreien nicht, sie leben nicht, sie lieben nicht und wollen dabei doch nur eins: Liebe, Liebe, Liebe. Zartes Berührtwerden. Liebevolles Umhegtwerden. Was sie übrigens meist damit danken, dass sie zänkisch und nörglerisch werden, um in ihren alten Mustern zu fahren: Bin ich nett, werde ich schlecht behandelt, bin ich cool, kann mir nichts passieren, also werde ich ihn jetzt mal auf die Probe stellen, ob er es wirklich ernst meint, dieser Halunke, Nettigkeiten vortäuschen, ha!, um dann bestimmt richtig auszuholen ... klar, und zum Schluss halten sie wieder die Attitüde hoch: Mir macht das gar nichts aus! Denkt mal keiner, dass es mir was ausmacht, dass ich verletzt werde, ignoriert, von Deppen angesprochen, nicht mal von Deppen angesprochen oder allein bin. Nö. Mir nicht.

Und innerlich fragen sie sich, was das Leben eigentlich soll.

Ja, ja, die coolen Babys, so voller Sorgen, voller Zweifel. Und so

erkennbar, ich wette, wenn Sie das nächste Mal ausgehen, riechen Sie diese Frauen sofort. Und, wissen Sie was: Männer können das auch. Mal abgesehen davon ist es unnötig.
Was gegen diesen inneren Gefrierbrand hilft? Mit Leuten zusammensein, die leidenschaftliche Vollblutmenschen sind. Die lachen, wie es ihnen passt, flirten, die nicht von oben herab mit Menschen umgehen und die keinen Wert auf Show legen. Dazu gehört, sich auch von den »places to be« fernzuhalten, die ja gern als Flirt-Paradiese dargestellt werden, es aber letztlich nicht sind. Na, ja gut, FLIRTEN lässt es sich da wunderbar, aber die LIEBE FINDEN – huah. Nein. Die wenigsten Paare lernen sich am Tresen kennen und lieben, sondern im Büro, beim Sport, bei ehrenamtlichen Tätigkeiten oder am hellichten Tag, wenn sie am wenigsten damit gerechnet haben und gerade weder zurechtgemacht noch cool aussehen.
Was noch hilft? Mut. Jede Menge verdammter Mut. Die Einsicht, dass Verletztwerden und Verletzen zu einem gewissen Teil zum Leben dazugehören. Dass Coolness nicht schützt davor, es nur provoziert. Dass es Blödsinn ist zu schauspielern und gleichzeitig zu erwarten, »erkannt« zu werden – das geht nicht. Mal ganz abgesehen von der Frage, die zum Schluss übrigbleibt: Mag er mich, weil ich so tue, wie ich bin, oder ahnt er, wie ich bin, und wird mich trotzdem mögen?
Es sollte nie wieder ein Trotzdem geben, immer nur ein Weil.
Und außerdem ist es unsexy. Einer Frau beim Leben, Lachen, Warmsein zuzusehen, lässt einen Mann sich danach sehnen, einen Teil dieses Lebens anfassen zu dürfen, dabei zu sein, sich in den wärmenden Mantel von Leidenschaft auf allen Gebieten einzuhüllen.
Entspannen wir uns also, denn cool ist out. Es gibt keinen guten Grund dafür außer der Fernsehkamera, die gerade auf John Travolta zeigt. Oder auf Paris Hilton, aber die kann auch nur zwei Gesichtsausdrücke, einer davon ist schlafend, der andere cool. Gähn.

Romantik

**Das Leben eines Menschen ist gefärbt
von der Farbe seiner Vorstellungskraft.**
Marc Aurel (214–275), römischer Kaiser

Was haben wir nicht alles hinter uns gebracht: hysterisch im Netz geflirtet, strebsam durchs Kamasutra geturnt, One-Night-Stands wie eine Pizzalieferung bonniert, offene Beziehungen zelebriert, auf der Suche nach dem Kick von S bis M herumgemacht – zum Glück ist endlich Schluss mit dem Oversexkill. Das Gegenmittel heißt Romantik – und die hat zur Zeit ihr ganz großes Comeback, beobachtet auch die Forschung (Glückwunsch, Herrschaften). Angela Brookmann, Wissenschaftlerin am Sexologischen Institut Hamburg (SEIN), bestätigt, was wir tief im Herzen immer ahnten: »Die Sehnsucht nach Romantik ist unübersehbar, es ist eine natürliche Reaktion auf die wachsende Technologisierung des Alltags. Mehr als jeder Zweite wünscht sich einen Partner mit Sinn für Romantik – das ist sogar wichtiger als erotische Ausstrahlung. Und die Kluft zwischen romantischen Vorstellungen von Frauen und Männern wird immer geringer.«

Das war bisher oft das Problem: was für Ladies herrlich romantisch anzusehen war, fand er baufällig, kitschig, selten fassbar oder beängstigend intim. Das scheint sich zu ändern – wo noch vor 16 Jahren romantische Kerle als wirklichkeitsfremd oder Sanso-Softies abgewatscht wurden, gönnen sich immer mehr Männer tiefe Gefühlsoffenbarungen und stehen damit auf der »Wanted«-Liste ganz weit oben. Auch der Blick in Kontaktanzeigen zeigt: »romantisch« gehört zu den meistbenutzten Entscheidungskriterien. »Romantik galt lange Zeit als Gefühlsduselei«, so Brookmann, »aber inzwischen ist sie längst nicht mehr peinlich. Im Gegenteil: der gemeinsame Wunsch nach mehr Romantik kann zu glücklicheren Beziehungen führen.« Romantik schlägt Routine, und sie ist praktischerweise auch die Basis für das, was gemeinhin als »guter Sex« bezeichnet wird. Als auch für das, was wir unter dauerhafter Bindung verstehen ...

Romantik hat viele kleine, liebe Gesichter

Eigentlich gibt es wenig Schöneres, als den anderen zu betüdeln, ihm zu zeigen, wie sehr man es schätzt, dass er einen Platz in unserem Leben eingenommen hat. Noch schöner, als es zu zeigen, ist allerdings, wenn er es wahrnimmt und zu schätzen weiß, ohne gleich mit dem »Iih!-Kitsch«-Kreischen zu kommen. Abgelehnte Geschenke sind fast schlimmer, als gar keine Geschenke von ihm zu bekommen.

Doch zum Glück sind Männer mit Holzherzen rar gesät, die hassen es nur noch, wenn man Sie vor fremden Augen romantisch angeht. Also – falls Sie sein scheues, liebendes, Kitsch-unbegabtes Herz berühren wollen und ihn vielleicht zu Tränen rühren (die er heimlich vergießt, natürlich), dann vielleicht mit einer dieser kleinen Gesten – und vor allem unter vier Augen!

1. Teelichter weisen den Weg von der Wohnungstür bis zum a) Schlafzimmer, und das zarte Negligé lässt es dann alles andere als schmusig werden, oder b) zu einem gedeckten Tisch, wo immer der auch sein mag, Wein, feine Speisen und lässige Grooves inklusive, Fortsetzung siehe a), oder c) zu einem Liebesbrief, in dem eine Einladung in eine rosenbeblätterte Badewanne für den Geliebten ausgesprochen wird.
2. War schon zu Novalis' Zeiten ein Muss: die abgeschnittene Haarlocke von ihr für ihn. Zur Not macht's der Friseur beim nächsten Schnittwechsel.

3. Selbst geklaute (Wild-)Blumen mitbringen. Dabei auf die Bedeutung achten: zum Beispiel bedeuten Geranien: Ich erwarte Dich an der bekannten Stelle. Immortelle/Lonas: Ewige Liebe. Chrysantheme: Mein Herz ist frei. Flieder: Wirst du auch treu sein? Farnkraut: Ich mache nicht gern viele Worte. Klatschrose (Mohnblume): Man muss im richtigen Augenblick schweigen können. Löwenmaul: Du bringst meine guten Vorsätze ins Wanken. Schafgarbe: Ich habe Geduld. Rose rot: Ich liebe dich über alles. Rose gelb: Untreue (hups). Rose weiß: Schweigen, Treue, Liebe. Jetzt sollte nur keine Allergie und kein Landschaftsgärtner dazwischenkommen ...
4. Süßer geht's kaum: einen Ring – besser zwei für eine Blitzhochzeit an der Ecke – aus dem Kaugummiautomaten ziehen. Und den ganzen Abend im Luxusrestaurant auch nicht mehr abnehmen, soll der Kellner doch gucken.
5. *Carmen* von Bizet, *Turandot* von Puccini, *Hoffmanns Erzählungen* von Offenbach – romantische Opern sind wie ein Silbertablett fürs Gefühl und ein Laufsteg für Sie: Blicke, Berührungen, und in der Pause könnte man nach unverschlossenen Geheimtüren suchen. Falls er absolut keinen Gesang mag – Konzerte mit Stücken von Robert Schumann (besonders Klavier a-moll), Bruckners Achte Sinfonie oder Brahms' Vierte: das macht Herzen weit und Seelen leicht. (Wer was gerade wo spielt: www.opernfreund.de)
6. Mitternachtspicknick bei Vollmond oder in einer sternklaren Sommernacht – im Gepäck zwei Decken für drunter und drüber, gut gekühlter Sekt (weißer: 6 – 8 °C, roter: 8 – 10 °C), Prosecco oder Champagner; außerdem Erdbeeren und was Handfestes wie Baguettestücke mit Dips, die sich zum Füttern eignen. Stimmungsmacher sind Fackeln, einfach in den Boden gesteckt. Es sei denn, Sie sind auf einem Hochhausdach, da lohnt sich eine heimliche Vorbereitung mit gefüllten Sandeimern, in denen die Fackeln platziert werden. Wichtig: der Ort des Geschehens, mit

freiem Blick auf den Himmel – ein Obstgarten, ein abgelegener Park, ein Hügel, ein Schlossgarten oder, wer's hat, ein Flussufer. Wenn es ein Überraschungs-Kidnapping werden soll – bitte lästige Männerhobbys wie Sportschau oder Bowlen mit den Jungs respektieren und ihn nicht überraschen, sondern eine Verabredung mit ihm schalten, mit der Aussicht auf eine Surprise. Sonst guckt der Überraschte nur die ganze Zeit auf die Uhr, wann er wieder los darf ...

7. Ja, gut: Frühstück im Bett ist schon mal nett. Aber so romantisch wie Krümel zwischen den Zehen. Netter sind Spontanfrühstücke gegen 11 Uhr vormittags – am Montmartre in Paris zum Beispiel. Flüge sind inzwischen Last-Minute-günstig, da kommt nicht mal die Bahn gegen an. Ansonsten: im Park Ihrer Wahl, Tisch, Stühle, Kerzenleuchter und Damastdecke zu einem Frühstück im Freien, aber weit exklusiver als auf der Picknickdecke arrangieren. Bestimmt schleppen die Freundinnen gerne mit, wenn sie später auch mal dürfen und Sie schleppen müssen.
8. Leonidenschauer, auch Sternschnuppen genannt – entweder per Fahndung im Planetarium oder unter freiem Himmel suchen. Da werden Sie mit dem Wünscheln nicht hinterherkommen! Übrigens: damit die Wünsche in Erfüllung gehen, dürfen sie nicht konkret verraten werden. Aber eine Wunderkerze anzünden verstärkt den Wunsch. Was gibt's noch am Himmel im Sommer? Liebesplanet Venus erscheint als Abendstern, die Gasplaneten Jupiter und Saturn sowie die sogenannte Sommermilchstraße. Wenn ER gelangweilt ist: bei www.calsky.com kann Man(n) sich den Überflug vom Spaceshuttle, der ISS-Raumstation und anderen Satelliten über seinem Balkon ausrechnen lassen. Komm, Schatz – Space Night! Sei mein Stern, ich will deine Venus sein.
9. Küss die Hand im Stundenhotel: Wien an sich, seine Kaffeehäuser, Kutschen, Parks und sogar der Prater wurden extra für verliebte Romantiker gebaut. Damit vor lauter Zuckerguss der

Sex nicht zu kurz kommt: ab ins Stundenhotel Orient: Plüsch total, aber sexy, auch für die ganze Nacht zu haben (www.hotel-orient.at, Nacht um 110 Euro). Oder mieten Sie für 'ne halbe Stunde den Luxuswaggon des Riesenrads – Anfragen hier: Büro des Wiener Riesenrads, A-1020 Wien, Prater 20, Tel.: 0043-1/729 54 30, Fax: 0043-1/729 54 30 20.

10. Natürlich können Sie mit einem Kartoffelmesser hergehen und Ihrer beider Namen in unschuldige Bäume, Holzbänke oder Fahrstuhltüren ritzen – doch mit ein wenig mehr Eleganz geht's in Paris: Sie suchen sich diskret eine flotte Wand, an der Sie und votre cœur garantiert vorbeiflanieren werden, lassen vom Graffiti-Künstler André den herzliebsten Namen in Übergröße draufsprayen, fertig. »Heinz« oder »Norbert« bleiben dann so lange da stehen, bis die Stadt Paris sie entfernen lässt. Obendrauf gibt's ein Foto zum Beweis, 100 Postkarten und eine Urkunde des bekannten Underground-Künstlers. Mail genügt unter: www.monsieura.com. Wenn Sie grad mal da sind: ab 18 Uhr beginnen die Lichter des Eiffelturms jede volle Stunde zu blinken – wie wäre es, wenn Sie sich einen Aussichtsplatz suchen, es genau austimen und dann zum Beispiel nonchalant flüstern: »Mein Herz schlägt nur für dich – und zwar so sehr, dass selbst beim Eiffelturm die Stromkreise zusammenbrechen.« Zack, und dann beginnt er zu blinken wie verrückt. Oder so. Übrigens: Falls Paris für Sie keine Reise wert ist – selbst sprayen hat ja auch was. Nur nicht erwischen lassen.
11. Ja, eigentlich ist es seine Aufgabe, uns die Sterne vom Himmel zu holen. Aber warum nicht mal andersherum und einen Stern nach ihm benennen? Da Sterne niemandem gehören, kann sie auch keiner verkaufen oder neu benennen, außer die IAU (Internationale Astronomische Union); aber Sie können eine sogenannte Sternpatenschaft übernehmen und damit eine Sternwarte Ihrer Nähe unterstützen. »Unser Stern« – Romantik mit Nutzwert. (Infos unter: www.sternklar.de/sterne_kaufen.htm)

12. Wenn Männer schwärmen, brennen sie eine CD für die Liebste und schweigen ansonsten beredt – während Frauen unheimlich gerne drüber sprechen. Also ran an den Rekorder – und flüstern Sie ihm was. Was Sie an ihm mögen, lieben, Gedichte, Schweinkram, Listen aller möglichen Dinge wie »10 Dinge, die ich von dir essen möchte« bis hin zu »5 Orte, die ich mit dir erkunden möchte« und, und, und ... Und dann ins Auto schmuggeln.
13. Meer davon? Es muss nicht immer der Sonnenuntergang am Palmenstrand sein – herrlich melancholisch-romantisch ist besonders das dünn besiedelte Fischland um Darß, Zingst und Ahrenshoop an der Ostsee. Feinster Sandstrand, einladende Dünentäler, Spaziergänge mit Herz – wer will da noch nach Sylt, wo alle sind? Falls Sie auf Hotels keine Lust haben – abends den Schatz einpacken, Essen und Trinken nicht vergessen, Decken, Schlafsäcke und ein wenig Reisig: dann wird die Nacht eben direkt am Meer verbracht. Ob bei Timmendorf, Boltenhagen oder St. Peter-Ording – glücklich, die im Norden wohnen! Alternative: ab zum nächsten Baggersee – Anti-Mückenkerzen nicht vergessen ...
14. Sommernachtstraum: in Schweden (z. B. in Dalarna), Norwegen oder Dänemark am Strand oder am Dorfplatz ums Lagerfeuer sitzen, trinken, essen, kuscheln – und Mittsommernacht feiern: in der Nacht des 21./22. Juni ist Sommersonnenwende, auch in Deutschland lodern große Johannisfeuer. Braucht es noch romantischere Gründe, um allerlei Flammen zu schüren? Auch auf Island lässt sich die Sommersonnenwende gut beobachten – in Reykjavik geht sie grad mal zwei Stunden unter, auf der Insel Grimsey am Polarkreis überhaupt nicht. Übrigens: in Dänemark können auch wir mal eben rasch heiraten – mehr unter www.blitzhochzeit.de.
15. Lauschiges Flandern? Ja, warum nicht mal Touristikpromo machen: Das belgische Städtchen Brügge ist 1a-romantisch bis zur letzten Gracht: Backsteinhäuschen, Trauerweiden, goldverzierte

Häuserfassaden – und das Boot begleitet von stolzen Schwänen. Die Anlegestelle Rozenhoedkaai, deren Schönheit schon Rilke ein Gedicht wert war, ist ein guter Start in der sogenannten »Kulturhauptstadt 2002«. Wer braucht da noch Amsterdam? (Reiseinfos unter: www.brugge.be)

16. Er ist sowieso die Krönung: der Liebesbrief. Vier Varianten: als Telegramm – altmodisch, aber unerwartet. Als Kettenbrief – täglich mit einer Postkarte mit je nur einem Wort. Voller Poesie – aber nicht mit abgeschriebenen, sondern selbst erfundenen Gedichten (lassen Sie sich von Songtexten inspirieren). Und metaphorisch – zählen Sie auf, was Sie an ihm lieben, aber tun Sie dabei beispielsweise so, als ob er ein Kater, Sie die Katze seien, er ein Unbekannter, den Sie gerade erst getroffen haben, oder vielleicht macht Ihnen die Idee, ihn als köstliches Brathähnchen am liebsten auffressen zu wollen, mehr Spaß?
17. Es gibt sie doch, die männerkompatiblen und doch romantischen Filme, die uns daran erinnern, warum Liebe so schön sein kann (und ihn, dass Romantiker nun wirklich keine Schwachlappen sind): *Die wunderbare Welt der Amélie, Don Juan de Marco, Die Schöne und das Biest, The Saint, Leon – der Profi* (nur ungekürzte Fassung!), *Tiger & Dragon.* Ausleihen, Licht aus, Händchen halten und danach spazierengehen und in anderer Leute helle Fenster gucken.
18. Kurznachrichten auf Post-its in seiner Unterwäsche, am Spiegel, in einer Hemdtasche oder seinem Timer – von gefühlsduselig bis eindeutig. Kleinigkeiten pflegen die Liebe mehr als alle Jubeljahre eine Nacht im Himmelbett!
19. Er ist so trivial, dass ihn die meisten schon vergessen haben: der Abend zu zweit. Beide machen sich wirklich schick, er holt sie ab – mit allem Drum und Dran, also Komplimenten, Pralinen, Blumen, im Auto singt Dean Martin oder Frank Sinatra – man geht essen, siezt sich gepflegt, macht Konversation über echte oder imaginäre Bekannte und erfundene Reisen und geht anson-

sten auf körperlichen Abstand. Ganz ladylike mit Gentleman. Anstatt mal wieder nur zum Italiener zu pilgern und sich gegenseitig vom Job vorzujammern.

20. Romantik ist in jedem zärtlichen Glücksmoment – wenn Sie Stirn an Stirn einschlafen, mit den Wimpern über seine Wange streichen oder sich beim Sex unablässig in die Augen sehen.

Vielleicht werden Sie eine Überraschung erleben, wenn Sie als erste die volle Romantik-Tour fahren: dass in diesem harten Kerl ein unglaublich weicher, berührter Mensch steckt, der es begrüßt, dass Sie endlich begonnen haben, ihn aus seiner Walnussschale herauszulocken. Weil es da drin so hart und eng war, er sich aber nicht mehr traute, weich zu werden – schließlich beschimpfen so viele Frauen ihre Männer als Weicheier, und er musste fürchten, ZU romantisch zu sein ... Tja, das haben wir nun von Klischees, wir haben uns selbst die Romantik verboten, weil Weichheit und Wärme doch so unlogisch und angeblich lebensuntauglich sind. Was für ein Quatsch aber auch!

Wovon Frauen träumen? Klar, von einem Antrag

Es widerspricht weiblicher Vorstellung von Romantik, einem Mann zu sagen: »Schatz, solltest du dich endlich zu einer guten Entscheidung durchringen und mich heiraten wollen, dann bitte so: Florenz, gegen 21 Uhr abends. Der Wind spielt in meinem Haar, ich trage das rote Kleid, als du dich vor mich kniest und eine Rose / einen Ring / ein Lied / einen Stehgeiger aus dem Sakko / der Tasche / dem Anzug ziehst, um voller Liebe / Ernsthaftigkeit / Inbrunst zu fragen: Willst du meine Frau werden? / Darf ich deinen Vater um deine Hand und den Rest bitten? / Mach mich zu einem anständigen Mann ...«

Nein. Da soll er bitte selbst drauf kommen. Ein richtig guter Antrag kann ja selbst dann ein »Ja« provozieren, wenn die Dame wenig von der Ehe hält. Aber es ist so romantisch, gefragt zu werden! Ich könnte es ständig hören, aber ein Ja hieße, es nicht wieder zu hören, und ein Nein, nicht mehr ganz so oft gefragt zu werden. Bleibt vielleicht »Vielleicht«?

Die meisten dieser Fragen, die aus Liebe, Geschwätzigkeit oder einer guten Gelegenheit entsprangen, ähnelten einem missglückten Handkuss: Die einen taten es im Bett, danach (großer Fehler!), die nächsten nuschelten die Zimmerpalme an, um ja nicht zu verraten, dass es ihnen wichtig sei (»Dann heiraten wir ebent«), und ganz besonders toll sind Anträge von verheirateten Männern. Hübsch ungefährlich.

Da sich gerade einige Hochzeitstage jähren (Glückwunsch, Christine und Andreas!), fragte ich nach Geheimrezepten der Ehemänner. »Am besten einen Streit zelebrieren, dann der Brilli«, meinte Horst, immerhin hat er so drei Ehen arrangiert. Jörg stieg mit seiner Liebsten auf den Michel, mit Musik und Ring und der Stadt zu ihren Füßen, wohin er sich auch noch warf – und bekam die Frau. Aber auch Ärger von seinen Kumpels, die meinten, er habe den Standard für Heiratsanträge unverhältnismäßig hoch geschraubt. Claus fragte so oft, bis seine Frau entnervt nachgab und ihn heute dafür lobt.

Am besten gefällt mir die Art eines Mannes, der jeden 1. Februar seine Liebe auf Lebenszeit neu bekundet: »Willst du meine Braut sein?«, so bittet er seit 39 Jahren.

Meine Mutter sagt jedesmal Ja.

Aber ist allein Heiraten romantisch? Nicht jede Frau muss das unbedingt haben, obgleich, wie gehabt, es sehr schön ist, gefragt zu werden. Was sich aus der Romantik dann an Alltag ergibt, ist eine völlig andere Geschichte; es geht um diese Bedeutsamkeit der Liebeserklärung. Man muss ja nicht gleich heiraten ...

Obgleich ich hier kurz meine Hardcore-Einstellung einflechten möchte: Sollte man sich nicht öfter fragen: Würde ich diesen Mann sofort heiraten? – Und bei einem Nein noch eine Frage draufsetzen: Wieso bin ich dann mit ihm zusammen? Es kommt dabei weniger auf die Umsetzung an, sondern auf die Entscheidung, die hinter einer Heirat steht: sich zu dem einen zu bekennen und sich auf die Idee einzulassen, dass es fürs ganze Leben nur dieser eine sein darf. Bestehen Zweifel, würden Sie dann nicht auch zweifeln, überhaupt an seiner Seite richtig zu sein – oder nur bei ihm auszuharren, weil er gerade da ist?! Das nur als kleines Gedankenspiel ...

Woher Sie Ihre großen Gefühle haben und warum sie nicht Ihnen gehören

Heilbronn ist nicht Hollywood. Gut, das haben Sie gewusst. Aber wussten Sie, dass die Wahl des Lebenspartners sowie die Vorstellung davon, wie eine Beziehung geführt werden sollte, ein Sammelsurium ist an Märchen, die wir lasen, an Filmen, die wir sahen, an Büchern, die wir verschlangen, und an dem Bild, was unsere Eltern uns vorlebten? Klar, einiges an individuellen Vorstellungen kommt auch noch hinzu, aber glauben Sie ja nicht, Ihre Sehnsüchte erscheinen von ganz tief drinnen, wo noch keiner je hinsah. Leider nein.

Die stammen von jenen Dingen, die auf uns einprasselten, als der Mensch in uns erwachte – zwischen dem 6. und 12. Lebensjahr. Die Märchenprinzen auf weißen Rössern, die Helden, die im Angesicht ihrer Geliebten zahm wurden, die Raufbolde, die nur für die eine ums Leben rangen. Bereits in der Pubertät tendierten Sie eher zu dem einen oder anderen Liebes-Märchen – die einen, die den Außenseiter als Pendant suchen (wie Robin Hood), die anderen, die auf den Erretter warten (wie Pretty Woman) und die nächsten, die wie

Schneewittchen oder später My Fair Lady einen Besserwisser und Mann, der sie aus der Masse heraushebt, suchen. Zu flach, sagen Sie, das wüsste ich aber?
Nein. Sie wissen es eben nicht. Wenn Sie es wüssten, würden Sie zum Beispiel nicht ständig an denselben Problemen in einer Beziehung scheitern oder eben nicht konsequent auf den falschen Typ Mann hereinfallen oder sich fragen, was Sie eigentlich für einen Liebesstil haben. Denn er ähnelt einem Drehbuch, noch bevor die erste Szene mit einem neuen Mann abgedreht wurde. Ihr Liebesstil nimmt bisweilen filmreife Formen an – deswegen haben Psychologen den unterschiedlichen Haupt-Liebesstilen auch entsprechende Filme zugeordnet, damit zum Beispiel Paartherapie-Patienten sich leichter wiederfinden, um ihrem persönlichen Beziehungsmuster auf die Spur zu kommen. Um so beispielsweise auch Beziehungsprobleme zu erkennen – denn wenn der eine mehr auf den Prinzen wartet (wie bei Pretty Woman), der andere aber von einer verhängnisvollen Affäre träumt, muss ja einiges schiefgehen ...

Vom Winde verweht: Leidenschaftlich-romantische Liebe

Der Film: Mädchen trifft Mann, will ihre Freiheit bewahren, aber lässt sich dennoch retten. Seine Botschaft: Liebe ist Kampf, Leidenschaft, Freiheit, Erotik.

Emotionalität gepaart mit Lust: Romantiker haben einen Hang zur leidenschaftlichen Liebe, die für sie am liebsten auf den ersten Blick entsteht. Sexualität spielt dabei eine wesentliche Rolle. Leidenschaftliche Liebe sollte sich wie Verliebtheit anfühlen – und zwar jahrzehntelang. Um sich das zu erfüllen, probieren Romantiker alles aus, wenn sie meinen, dass es sich lohnt. Ansonsten verbringen sie die Zeit mit Warten und Sehnen, auf dass sich etwas ändert oder dass sich was Besseres findet. Auf Verbindlichkeit wird derweil nicht der größte Wert gelegt – Paare, bei denen beide der leidenschaftlichen Liebe anhängen, werden nicht zwingend zusammenziehen oder gemeinsame Geschäfte machen, Kinder in die Welt setzen

oder ein Haus bauen. Denn ihre Verbindung besteht zwischen Seele und Körper, aber Verpflichtungen gehören nicht dazu. Freiheit spielt bei der leidenschaftlichen Liebe eine große Rolle, so sein zu können, wie man ist, und sowenig wie möglich Kompromisse zu schließen. Und: Leidenschaftliche Liebe beruht auf großer körperlicher Anziehung. Darauf eine Beziehung zu bauen ist heikel.
Sie tendieren Sie zu diesem Liebes-Drehbuch, wenn Sie auch folgende Filme klasse finden: Eine verhängnisvolle Affäre, Vom Suchen und Finden der Liebe, Mr. & Mrs. Smith, Die Braut, die sich nicht traut.

My Fair Lady: Mädchenhafte Liebe, Vernunft trifft auf Gefühl
Der Film: Mädchen wird von Mann erzogen und optimiert, dennoch verliebt er sich in ihre Natürlichkeit. Die Botschaft: Ein Mann weiß zwar im weltlichen Bereich Bescheid, aber über die Gefühle herrscht die Frau. Sie lässt sich an die Hand nehmen, aber er ist hilflos, wenn es um Emotionen geht.
Sie suchen nach dem Fair-Lady-Prinzip den Mann, der nicht nur ihre Talente fördert und sieht, sondern Sie auch an die Hand nimmt, um Ihnen die Welt zu zeigen. Wie, etwa nicht? Und wieso sonst tendieren Sie dann eher zu älteren Männern oder jenen, die Ihnen entweder in der Bildung oder im Gehalt überlegen sind? Ach, die gehen Ihnen auf die Nerven, die Besserwisser – nur scheinbar lassen Sie sich immer wieder auf den Typ Mann ein, eigentlich in der Hoffnung, dass Sie im besten Sinne ab und an mal beschützt werden – aber nicht andauernd kontrolliert, wie Sie es oft von Ihren eifersüchtigen Liebhabern gewohnt sind?
Eine andere Ausformung des Fair-Lady-Prinzips erkennen Sie daran, dass Sie manchmal das Gefühl haben, erst durch die Existenz eines festen Freundes etwas wert zu sein. Habe ich einen Mann, dann bin ich. Sie hängen Ihr Glück an das Vorhandensein einer Beziehung, suchen sich unbewusst einen Mann aus, der Ihr Selbst aufwertet. Und das ist selten der gleichaltrige Kerl, der wie Sie am Anfang steht, sondern der erfahrene Mann, der allzuoft »Ihr Bestes«

will. Kein Wunder, strahlen Sie es doch aus, dass Sie sich als Solo-Person nicht gut genug fühlen ...
Sie unterliegen dem Fair-Lady-Prinzip, wenn Sie folgende Filme mehr als zweimal gesehen haben: Pretty Woman, Moulin Rouge, Sabrina, Dirty Dancing, Grease.

Schlaflos in Seattle: Totale Liebe (Leidenschaft, Nähe, Verbindlichkeit)
Der Film: zwei einsame Herzen, Liebe aus der Ferne, Mut zum Risiko und Angst vor der Courage. Ihr ist nichts recht, sie lebt oft in ihren Träumen; er hat nicht den Mut, sich seinen Traum zu erfüllen, und beide finden doch zueinander. Die Botschaft: Totale Liebe ist möglich, aber es ist ein langer Weg dorthin.
Alles, was wichtig ist: Lust, Intimität und Ausschließlichkeit. Wow. Das ist das Ideal, nach dem die meisten schreien, das sie aber selten zu leben fähig sind. Geht allerdings auch nicht mit jedem. Und weil Sie meinen, es gäbe kaum den »Richtigen«, Mr. Perfect für Sie, lieben Sie zu gern aus der Ferne, lassen sich auf Verheiratete oder Wochenend-Beziehungen ein, damit Sie auch ja weiterhin genug zu meckern haben. Denn das Problem ist, wenn Sie auf totale Liebe gepolt sind: Sie fühlen sich ein wenig wie Meg Ryan. Keiner kann es Ihnen in Liebesdingen recht machen. Das heißt nicht, dass Sie zuviel erwarten – nur, wenn Sie schweigen und hoffen, es steht Ihnen auf die Stirn geschrieben, was Sie gern hätten, täuschen Sie sich. Machen Sie den Mund auf. Oder, noch besser – warten Sie nicht darauf, dass er Sie zu einem Wochenende entführt, buchen Sie selbst, und für sich den Porsche (mit Winterreifen, es gibt Schnee). Und suchen Sie sich einen Mann, der partnerschaftlich liebt.
Sie sind auf der Suche nach totaler Liebe, wenn Sie diese Filme mögen: Die fabelhafte Welt der Amélie, E-Mail für Dich, Ghost – Nachricht von Sam, Vier Hochzeiten und ein Todesfall.

Basic Instinct: Spielerische Liebe (zu allem, aber ohne Verbindlichkeit)

Der Film: Frau spielt mit knallhartem Kerl Katz & Maus, er erliegt ihr, er rächt sich und schafft es dennoch nicht, ihr zu widerstehen. Sie ist eigentlich unglücklich, weil sie das Spiel mit dem Feuer liebt, kann sich aber aus dem Muster nicht befreien. Die Botschaft: Sex geht auch ohne Liebe, aber Liebe geht manchmal seltsame Wege.

Die spielerische Liebe nennt sich auch ludische Liebe. Den lateinischen Begriff Ludus hat der römische Dichter Ovid verwendet, um dafür zu plädieren, die Liebe von der angenehmen und leichten Seite zu nehmen und sich die leidvollen, schwierigen Aspekte zu ersparen. Der ludisch Liebende sieht keinen Sinn darin, sich auf einen Partner zu beschränken und sich für die Zukunft festzulegen. Dagegen interessieren ihn die Vielfalt der Erfahrung und das Vergnügen in der Liebe. Es geht ihm dabei nicht nur um den sexuellen Genuss, sondern es ist das gesamte Spiel der Verführung, das ihm Freude bereitet. Allzu tiefe Gefühle und heftige Emotionen sind ihm unangenehm, er ist nicht eifersüchtig und überhaupt ist ihm die Liebe nicht das wichtigste auf der Welt. Er möchte nicht verwickelt werden, sondern lieber die Kontrolle über sich und sein Liebesleben behalten.

Sie tendieren zur spielerischen Liebe, wenn Sie Filme mögen wie: Frühstück bei Tiffanys, 9 ½ Wochen, Verrückt nach Mary *oder die Figur der Samantha in* Sex and The City.

Noch einmal mit Gefühl: Partnerschaftliche Liebe (Nähe und Verbindlichkeit)

Der Film: Ehepaar will sich trennen, aber besinnt sich seiner gemeinsamen Vergangenheit. Die Botschaft: Auch wenn die Leidenschaft vergeht, bleibt die menschliche Liebe bestehen.

Eine Menge Sympathie und Gleichklang der Interessen gehört zu dieser Art von Liebe; man hält zueinander, auch wenn einen weniger die Verrücktheiten verbinden als eine große Übereinstimmung auf wesentlichen Gebieten: Ziele, Interessen, Sorgen.

Nur: Liebe braucht Luft zum Atmen. Zum Wachsen. Um sich zu entwickeln. Braucht Zeit zum Vermissen und zum Nachklingen, für die Vorfreude und die Selbstbesinnung. Wer 24 Stunden aufeinanderhockt, sich beim Spazierengehen aneinanderklammert, als ob der andere wegfliegen könnte, plötzlich beginnt, die Hobbys des anderen auch mit Verve ausüben zu wollen, um ja nicht einmal wieder allein zu sein – der schießt sich ins Aus.
Gemeinsamkeit und Innigkeit sind schöne Gefühle, die, solange Sie frisch verliebt sind, auch zum Herzzerreißen ausgelebt werden können. Und doch: Nichts ist schwerer zu ertragen als eine Reihe von schönen Tagen. Das bedeutet, dass Sie Ihr »ICH« nicht aus den Augen verlieren dürfen. Sie sind nicht wir, sondern ICH und ICH. Oder Ich und Er, wie gehabt. Sonst landen Sie irgendwann dort, wo Sie in den letzten Jahren meist gestrandet sind: an dem Morgen, an dem Ihnen die letzte Kleinigkeit auf den Zwirn geht. Wie er sein Ei köpft, wie er die Klobrille ignoriert oder das Handtuch falsch aufhängt. Marginalien, ja, aber es ist die Summe der ertragenen Kleinigkeiten von zu viel Nähe und Gemeinsamkeit, jetztundsofortundfürimmerganzdicht.
Sie tendieren eher zur partnerschaftlichen Liebe, wenn Sie auch diese Filme lieben: Besser geht's nicht, True Lies, Was Frauen wollen, Was das Herz begehrt.

Casablanca: Helfende Liebe, die oft tragisch endet

Der Film: Zwei, die zueinander gehören, lassen einander wieder ziehen. Die Botschaft: Man verdient das Glück nicht, wenn jemand anderer darunter leidet.
Hierunter versteht man das christliche Ideal der Nächstenliebe (Agape), in der das Glück des Liebenden darin besteht, den Partner glücklich zu machen. Eigene Bedürfnisse bleiben dabei im Hintergrund. Derart selbstlos Liebende sind daher altruistisch, erwarten im Idealfall nicht einmal die Erwiderung ihrer Liebe, stellen keine Forderungen und keine Besitzansprüche an ihren Partner und be-

werten das Geben höher als das Nehmen. Die Liebe entspringt aus einem tiefen Mitgefühl für den Partner und dem Bedürfnis oder auch der inneren Verpflichtung, ganz für ihn da zu sein, auch wenn es mit persönlichen Opfern verbunden ist und unabhängig davon, ob er es verdient hat oder nicht.

Sie neigen zur Selbstverleugnung, wenn Sie folgende Filme berührend fanden: Garp und wie er die Welt sah, Miss Daisy und ihr Chauffeur, ET, Das fünfte Element, Der Pferdeflüsterer, Lola rennt, Saturday Night Fever, Tiger & Dragon, Frankie & Johnny.

Die Dualität der Venus

Ich habe gerade mal 17 Jahre gebraucht (vom Beginn der ersten Beziehung mit einem Mann bis heute, kurz vor meinem Geburtstag), um herauszufinden, dass ich den Typus Lara Croft mit heimlichem Prinzessin-auf-der-Erbse-Herz darstelle. Einerseits: taff, stark, unabhängig, in Selbstbefriedigung genauso bewandert wie im Regalezusammenbauen, mit eigenem Geld und sowieso eigenem Kopf. Andererseits: anlehnungsbedürftig, schutzsuchend, sehnsüchtig danach, einfach mal Weibchen zu sein. Ohne wirklich den Weibchen-Typus zu leben, Himmel! Diese Dualität stellt Männer immer wieder vor große Herausforderungen. Eben war ich noch stark und brauchte niemand, im nächsten Moment will ich Zuwendung und an die Hand genommen werden. Mal unter uns: So schlimm finde ich das nicht. Denn sind Männer nicht ähnlich? Hier und da auf dicke Hose machen, Pokerface im Job, lässig am Steuer, hochgewandt in Logik und scheinbar so freiheitsliebend, dass schon das Wort »Bindung« Pickel auslöst – und im nächsten Moment jungenhaft liebebedürftig, hilflos angesichts emotionaler Probleme, kuscheltriebig nach einem harten Tag und am Boden zerstört, wenn der Lieblingsverein verloren hat. Wir

Frauen managen die Rollenbilder, die uns ein Mann zeigt, ohne große Beschwerde. Aber wehe, eine Frau ist mehr als eindimensional, schon hält man uns für schwierig.
Ja, klar, es gibt auch die Helden, die wissen, dass jede Frau mehr als eine Rolle ist. Dennoch, manchmal wünschte ich mir, sie würden sich vermehren. Damit ich, Sie und all die Klassefrauen da draußen aufhören würden, sich als zu kompliziert, zu anstrengend, zu viel einzuschätzen.

Romantischer Sex

»Leben ist das, was uns zustößt, während wir uns gerade etwas ganz anderes vorgenommen haben.« Diese Einsicht des Schriftstellers Henry Miller ging mir ausgerechnet dann durch den Kopf, als ich (und wehe, Sie machen sich gleich lustig) fast bekleidet mit einem hauchzarten weißen Slip, irre hohen weißen Pumps und einem engelsflügel-ähnlichen Oberteilchen in der Tür meines Schlafzimmers stand und versuchte, verrucht zu gucken. Mein Geliebter stand noch auf der Schwelle der Wohnungstür, wusste nicht, ob er lachen oder sich ausziehen und mir den warmen Pullover zum Drüberziehen reichen sollte. Als ich »Haaaa-llo, ich bin dein kleiner verdorbener Engel« gurrte, einen Schritt auf den Stilettos wagte und aus zwölf Zentimeter Höhe aus dem Himmel der Verführung Richtung Parkett fiel, entschied er sich für rohe männliche Tatkraft: und trug mich zu Bett. Allerdings, um mir den umgeknickten Fuß hochzulegen und zu fragen, ob das jetzt wieder einer dieser Sextips sei, die ich an ihm auszuprobieren gedachte. Kleinlaut gestand ich, dass mir die Vorstellung, als unschuldiges Engelchen brachial verführt zu werden, durchaus gefallen hatte. Dass das Leben etwas anderes mit dem Abend vorhatte, konnte ich doch nicht ahnen! Ich hatte es anders geplant, wollte Regie führen, erster Akt: Verführung, zweiter Akt: Verführtwerden, dritter Akt: Er verfällt mir ob meines Einfallsreichtums, beide hochbefriedigt, Vorhang.

Mein Geliebter ist ein taktvoller Mann, er verkniff sich das Lachen, zupfte mir eine Flügelfeder aus dem Haar und sagte: »Weißt du, wann du ein Engelchen bist? Wenn du morgens schlechte Laune hast. Wenn du schmollst, weil ich deinen Keks zum Kaffee klaue. Wenn du vom Zahnarzt kommst und einen schiefen Mund hast. Wenn du im Auto sitzt und fluchst und dir dabei den Rock hochziehst, um besser Gas geben zu können. Wenn du ...« Und so ging das eine Weile, er redete meine Scham weg, nachdem ich eine so unrühmliche Performance abgeliefert hatte. Ich tauschte Pumps gegen Ringelsocken, Flügel gegen Strickjacke, er massierte mir den Fuß, ich nippte an dem Tee ... und plötzlich spürte ich es. Sein Blick wurde weich, so weich. Dieser Blick, mit dem Männer Frauen ansehen, wenn diese Welle in der Brust hochsteigt. Eine Welle mit dem ersten Anflug von Lust, geboren aus Zärtlichkeit, Wärme, Nah-sein-Wollen. Ein Blick, der beredter ist als jedes gesprochene Wort der Gier. Seine Finger strichen an meiner Wade entlang, das lief doch nicht mehr unter Entspannungsmassage! Ich hielt mich an der Tasse fest. Moment, war ich jetzt überhaupt in Stimmung, nee, oder doch? Und außerdem trug ich WOLLSOCKEN! Er nahm mir die Tasse aus der Hand, flüsterte »Bleib so«, und ich blieb so. Unsexgöttinnenhaft, eine Null als Verführungs-Regisseurin, aber was für eine schöne halbe Stunde wir dann hatten, hätte niemand, nicht mal Spielberg, besser inszenieren können.

Ungeplant, undramatisch, aber so voller Romantik und liebevoller Vertrautheit: Diese Sorte unperfekter Sex gehört zu den verkanntesten Höhepunkten einer Beziehung.

Die Hingabe in das Unvorhergesehene erscheint mir aber auch als größte Herausforderung der Sexualität. Wir Frauen sind doch so hochbegabt darin, alles gut machen zu wollen – erst recht den Sex, der einen elementaren Teil unseres Frauseins darstellt. Eine Verführungsvirtuosin sein, die nicht nur ihn süchtig macht, sondern uns auch den Sex beschert, der so als inneres Drehbuch im Kopf herumgeistert. So saugen wir alles auf, was wir an Tipps und Techniken bekommen können, setzen uns in Szene, engagieren uns, planen, hoffen und erwarten, dafür mit Feuerwerken belohnt zu werden. Nicht nur aus Umfragen wie in der letzten *Cosmopolitan* wissen wir jedoch, dass Phantasie und Realität voneinander abweichen. Und doch halten wir lieber an der Phantasie fest, als uns den Möglichkeiten der Realität hinzugeben! Wenn eine erotisch aufgeladene Situation vom inneren Drehbuch abweicht, sehen wir sie mit Skepsis: Wie, Wollsocken? Nein, danke. Oder auch: Jetzt, wo wir doch gerade den Film schauen wollen? Ach, nein. Und außerdem sind meine Beine nicht rasiert, ich trage einen Snoopyslip, wir wollten doch morgen früh raus und, und, und ...

Na und?

Als ob sich die Macht der Erotik steuern lässt! Leise höre ich Henry Miller aus dem Jenseits kichern ob dieser irren Hoffnung. »Die Gesellschaft hat mir die Erfindung Sex geklaut und daraus eine olympiareife Disziplin gemacht«, klagte er mal, und das nicht zu Unrecht: Männer fühlen sich bisweilen überfordert und »bedanken« sich für all das Über-Engagement mit Ablehnung. Sie ahnen, dass sie ihren Part in diesen Inszenierungen haben, nur: welchen? Soll er den Macker spielen, den Engelspflücker, und das auf Kommando, ohne die wunderbare Vorlaufzeit, die die Erotik naturgemäß braucht? Erfüllungsgehilfe einer bestimmten Verführungsmasche zu sein widerspricht jedoch nicht nur der männlichen Vorstellung von gutem Sex.

Am besten soll alles von selbst funktionieren, heißt das romantische Ideal. Ohne viele Worte, ohne große Masche – und doch fallen wir selbst immer wieder auf die Masche rein, dass Erotik planbar ist. Ob wir zuviel denken und zuwenig fühlen? Liegt es an der Angst, langweilig zu sein, wenn wir den Sex nicht wenigstens ein bisschen zelebrieren? Oder verweigern wir uns nur zu oft einer günstigen

Gelegenheit, weil uns die Bilder im Kopf den Blick auf die tatsächlichen Möglichkeiten verstellen?
Romantik jedenfalls widerspricht der Idee, sie geplant zu veranstalten. Erst recht, romantischen Sex zu inszenieren!
Und doch tun wir es immer wieder – ja, selbst ich werde es in diesem Buch nicht lassen, Ihnen Tips zu geben, wie Sie Ihr Sexleben anregend gestalten können. Weil Bessermachen in unserer Natur liegt.

Eine Venus plant Romantik (nicht)

Auch hier glaube ich an den »Goldenen Schnitt« der Sexualität: Ein wenig spielerische Initiative, der Mut zum Ausprobieren, der Beschluss, heute abend mal geplant an Sex heranzugehen, und sei es, das Badezimmer methodisch in ein orientalisches Zauberland zu verwandeln und ihn mit Bauchtanz zu überraschen – und die Fähigkeit, sich auf Unkontrollierbares, Unplanbares einzulassen. Ohne großes Bühnenbild.
Es gibt auch in der Entstehung von romantischen, vertrautem Sex eine Dualität: einerseits die Phantasien, die uns umtreiben und die wir gern umsetzen wollen – andererseits aber auch die Lust, nicht Bildern und Ideen nachzuhecheln, sondern sich der Überraschung des Lebens zu stellen. Es zu vereinen, anstatt das eine (das Wortlose, Ungeplante) für das Bessere, Wertvollere zu halten, und das andere (die Lust am Verführen, den Drang, Tips und Techniken aus Ratgebern und Zeitschriften zu verwerten, um zu testen, was noch alles Spaß machen könnte) als das Schlechtere, weil Gewolltere, Künstliche, zu verabscheuen.
Romantischer Sex ist nur eine Seite der weiblichen Wollüste; die Sorte Sex, in der es wortlos, schnörkellos, pur zugeht. Aber auf der anderen Seite wartet die Verführerin auf ihren Auftritt, die Sexgöttin, die Freude hat, ihn mit geschickten Taktiken aufzumischen,

die es geil findet, sich der Tricks und Tips zu bedienen, die sich darin gefällt, die Facetten erotischer Spielarten für sich zu entdecken und initiativ anzugehen.
Das ist vielleicht sogar die Idealvorstellung weiblicher Erotik: sich dem Unfassbaren hingeben und sich der Schlüsselreize herzhaft bedienen, wenn es doch beides zu dem verhilft, was wir wünschen: guter Sex im Einklang mit unseren seelischen Bedürfnissen.

Die Regeln der romantischen Venus

- Romantik zeichnet sich durch Abwesenheit von arroganter Überheblichkeit aus und Mut zu unvernünftigen Dingen. Lassen Sie ihm seine Träume genauso, wie Sie Ihre ernstnehmen sollten.
- Romantik schlägt sich nicht in konsumorientierten Maßnahmen nieder, wie abgöttisch teure Wochenendtrips in Städte mit klingendem Namen, haselnussgroße Diamantohrringe oder dem Aufkauf eines halben Blumenladens. Würdigen Sie auch die kleinen Dinge, die ein ganz persönliches Symbol Ihrer Beziehung darstellen – selbstgebrannte CD, geklaute Gänseblume oder die Tatsache, dass Sie immer auf der weichen Bank im Restaurant sitzen dürfen, obgleich er es hasst, mit dem Rücken zur Tür zu sitzen.
- »Ich liebe dich«, das sagen Männer selten deutlich, da hat selbst die solideste feministische Grundausbildung versagt. Statt dessen reparieren sie Waschmaschinen, auch wenn sie es nicht können, halten sogar dann den Mund, wenn sie nicht verstehen, warum Frauen Zierkissen brauchen oder zwei Stunden mit der Freundin telefonieren, um sich dann mit ihr zum Kaffee zu verabreden. Ein Mann, der liebt, der lügt auch bei der Frage »Hab ich zugenommen?«, ein Mann, der liebt, sagt »Ja, Schatz« so, als ob er's meint (und nicht nur seine Ruhe haben will), und ein Mann, der liebt, handelt liebend, denn er hält Lieben für eine Tätigkeit, nicht für eine Aussage,

die bis auf Widerruf zu gelten hat. Vielleicht wollen wir Frauen Dichter, die die Liebe hübsch in Sätze kleiden; aber mehr noch brauchen wir Männer, die lieben. Versuchen Sie deswegen, Romantik auch dort zu entdecken, wo Sie sie selbst nicht hintun würden.

- Verabschieden Sie sich von der leider ZU romantischen Vorstellung, dass der »richtige« Mann Ihre romantischen Bedürfnisse schon zu erkennen weiß, quasi mit der Macht aller Liebe per Gedankenlesen. Oder Erspüren. Oder sonstwie wissen. Nein, das vermag er nicht, Sie dürfen es ihm aber gerne sagen. Sonst werden Sie wohl nie in den Genuss kommen, eines schönen Vollmondnachts zu einem Picknick am See entführt zu werden.
- Romantik ist oft eine Frage des Einlassens auf den Moment. Doch Männer fürchten sich längst davor, ihrer Geliebten eine romantische Überraschung zu kredenzen – aus Angst vor dem Satz: »Im Prinzip ganz schön, aber leider passt es mir jetzt grad gar nicht.« Wenn Sie weiterhin überrascht werden wollen, versuchen Sie sich von Perfektion, passenden Momenten oder angeblichen Verpflichtungen zu lösen. Es gibt nur den einen Moment. Nehmen Sie wenigstens jeden zweiten.
- Machen Sie den ersten Schritt. Männer geben es ungern zu, aber sie erbeben innerlichst zutiefst, wenn sie mit einer romantischen Liebeserklärung beschenkt werden. Fangen Sie an, denn in einer Warte-Atmosphäre (Sie warten, er fragt sich: auf was?) entsteht Romantik selten.

These: Romantische Happy-Ends gibt es nur im Film

Der Mensch neigt dazu, in der Liebe zu vereinfachen. Da die Liebe nicht erklärbar ist und damit auch Partnerschaften so unberechenbar, wird immer wieder versucht, sie auf Glücksformeln zu bringen, sie nach Computer-Manier in todsicheres Ja/Nein, An/Aus, Klappt/Klappt nicht zu zwingen, in Regelwerke zu pressen. Dieser Wunsch – Liebe als Glücksgaranten für die Partnerschaft absichern zu wollen – ist normal, eine menschliche Sucht. Nutzt nur leider nix. Und die meisten vergessen, dass Zufriedenheit schon ziemlich nah dran ist am Glück ...

Abziehbilder für diese Simplizität der Mann-Frau-Kiste gibt es genug – ob Songtexte von auf Eingängigkeit getrimmten Popstars, Soaps und Sitcoms, *Sex and the City* bis *Ally McBeal:* Hoffnungen und Wünsche, komprimiert auf wenige Dialogfetzen, und, weil es die Sendezeit so vorschreibt, Selbstentwicklung und große Gefühle inklusive innerhalb einer Dreiviertelstunde. Was meinen Sie, warum sonst gibt es so unglaublich viele Soaps und Serien, die sich mit dem alltäglichen Wahnsinn der Liebe beschäftigen? Eben: Die Identifikation mit den sympathischen Antihelden lässt einen süchtig werden nach deren Leben. Süchtig nach Lebensvorschlägen, süchtig nach Trost – he, Sarah Jessica Parker geht's wie mir! – und nach Erkenntnis.

Vor zehn Jahren verbreitete *Pretty Woman* die Nachricht: Eine Frau darf auf ihren Prinzen hoffen, und selbst eine Hure hat ihn verdient. Obwohl, so einer wie Julia haben wir es ja sogar gegönnt. Wir wollten, dass es die Wahrheit ist. Danach kamen lange Zeit keine Märchen mehr dieser Art; inzwischen hat wieder ein Boom eingesetzt von scheinbar aussichtslosen Liebesgeschichten, aus denen dann doch was wird. Happy-End dringend erforderlich, ansonsten wird an der Kinokasse gestreikt.

Es gilt immer noch die Lüge: Wer eine Partnerschaft eingeht, findet das große Glück. Bruha.

Die psychologische Forschung hat ein Phänomen festgestellt: In den letzten zehn Jahren hat sich abgezeichnet, dass wir unsere Erfahrungen auch aus *vermeintlich* realen Situationen ziehen. Sozusagen das Drehbuch Ihres Lebens – nicht allein eigene Erfahrungswerte fließen in künftige Entscheidungen mit ein, sondern auch, wie man

es unzählige Male in der Glotze gesehen hat. Diese Mechanismen verlaufen unbewusst, tragen aber zur Vereinfachung bei. Bevor es 130 Kanäle gab, beeinflussten Kino oder Literatur die Lebenseinstellung – doch im Vergleich zu heute viel reduzierter.
Denn: Eine schlaflose Nacht ist sechs, acht Stunden lang und nicht so kurz, wie sie im Film zusammengeschnitten wird. Alles Leid ist immer schmerzhafter und länger, als es in der Literatur oder im Film je dargestellt werden könnte; und doch wird vorgegaukelt, wie rasch sich doch alles ändern kann.
Fernsehen statt des echten Lebens. Großes Kino statt kleiner Erfolge im wahren Alltag. Nicht umsonst boomt das Genre Romantic Comedy, es ist eine Art Ersatzdroge und Hoffnungsbonbon auf Zelluloid. Wo einst das Leben den Film prägte, so prägt heute oft der Film das Leben.

Und was erwarten wir dann von unserer Liebe: dass jeder Tag ein Happy-End-Tag ist. Doch in dem Wort Happy-End schwingt bereits etwas mit: das ENDE. Das Ende eines Dramas, der Balz, des Umwerbens, des ganzen verdammten Rauf-und-Runters; es ist eigentlich das geglückte Ende der Suche.
Doch müsste es nicht vielmehr ein Happy-Start sein? Erst der Tag nach der Hochzeit, oder der Tag nach dem ersten »Ich liebe dich«, ist der Beginn einer hoffentlich wunderbaren Freundschaft, Liebesbeziehung, Partnerschaft. Man ist dann nicht »fertig« mit all dem, kann sich zurücklehnen und vom Leben weiterhin hübsch bedienen lassen. Es geht dann erst richtig los. Ein Happy-End ist nur der Anfang.
Und wenn Sie das nächste Mal ins Kino gehen, fragen Sie sich, was wohl mit dem Pärchen passiert, während der Abspann läuft.

Authentizität

Wenn ein Mensch verliebt ist,
zeigt er sich so, wie er immer sein sollte.
Simone de Beauvoir, franz. Schriftstellerin (1908–1986)

Wer bin ich und wenn ja, wie viele?

Ich beobachte vermehrt eine große Sinnkrise der Frauen: Wohin mit meinem Leben, wohin mit mir?

Wir haben offenbar zu viele Möglichkeiten. Wir haben zu hohe Erwartungen, an das Leben, an uns selbst, an andere und von anderen auch noch. Dazu gibt es zu viele Zweifel, weil die Leitplanke fehlt, an der man sich orientieren könnte. Existentielle Ratlosigkeit macht sich breit und Angst, Entscheidungen zu treffen. Im Leben Fuß zu fassen ist schwierig und ein besonderes Kapitel in Sachen Unwägbarkeit der Liebe. Wir sind verwöhnt von der Ansage, das Beste aus unserem Leben machen zu können, zu sollen!, aber ertappen uns dabei, vieles mit der Suche nach Spaß zu verdrängen. Lieber mit den Mädels einen trinken gehen, anstatt mich zu fragen, warum ich den Dogmen des Konsums folge. Nach außen hin scheint die Frau von heute alles zu haben: Freiheit, Job und Geld, ein spaßiges Sozialleben.

Diesen Frauen aber zu unterstellen, sie würden nur spielen und im Leben darauf achten, wie hoch der Spaßfaktor einer Sache ist, um sie durchzuziehen, wäre sicherlich ungerecht. Working Girls polieren ihr Ego in Jobs, die eine Menge harter Arbeit und schicke Büros erfordern. Die Working Girls versuchen, ihre Lebensbefriedigung aus Erfolg zu ziehen; dabei ist diese Art Erfolg auch ein aufoktroyierter. Denn seine Attribute werden von anderen vorgegeben – Erfolg heißt

Karriere anstatt Selbstzufriedenheit. Und was heißt überhaupt Erfolg?
Die wenigsten von uns sausen ansonsten durch die Weltgeschichte, um unser fettes Gehalt (im übrigen ein Drittel weniger als das eines XY-Chromosom-Trägers) zu verprassen und europäische Kultur sinnlich zu genießen, wie man es uns weismacht. Wir – ich stecke mittendrin in dieser Lebensfrage-Krise – jetten nicht mal eben nach Milano, um uns schicke Schuhe, einen Abstecher in eine hippe Bar und einen Flirt mit einem samtäugigen Mario zu gönnen. Wir hoppen nicht durch Fitness-Studios, um wie die Joghurette-Dame auszusehen. Und wir unterhalten auch nicht ein dichtes Netz aus phänomenalen Freunden, die uns Familie und Beziehung ersetzen. Das machen die bei *Friends* und *Sex and The City* und auch in diversen Büchlein, aber die Realität sieht anders aus. In ihr können wir nicht alles haben, Luxus UND Liebe UND Freiheit UND Coolness und alles leicht verdient aufgrund der Gnade der Geburt. In dieser Realität gibt es Samstagabende voller Langeweile mit dem x-ten Video. In dieser Realität gibt es massenhaft Bars, in denen immer dieselben Leute seit Jahren darauf warten, nicht nur jemanden für eine Nacht mit nach Hause zu nehmen. In dieser Realität gibt es melancholische Anrufe bei Freunden, die einem bei dem diffusen Weltschmerz auch nicht helfen können, und Partys, bei denen sich Singles merkwürdig fehl am Platz vorkommen. In dieser Realität gibt es immer noch die Fragen: Warum ruft er nicht an, soll ich ihn anrufen oder verliere ich damit an Selbstbewusstsein? Will ich jemanden nur zum Festhalten oder um zumindest einen Großteil meines künftigen Lebens mit ihm verbringen? Werde ich eine Spätgebärende, weil ich über 30 bin und immer noch kein Kerl als potentieller Daddy in Sicht ist? Und wie kompatibel muss er sein, damit ich ihn nicht nach drei Monaten wieder rausschmeiße aus meinem ach so selbstbestimmten Leben zwischen Cola light, Jobstress und Frustkäufen?
Das Weltwissen der Frauen ist in zahllosen Dingen unglaublich, da sie sich Wege der Information erschlossen haben, für die man früher

weit gehen musste, ob auf Pantoletten oder Clogs. Doch in Liebesdingen herrschen das große Fragezeichen und ein widersprüchlicher Beziehungs-Unwille. Man macht immer wieder dieselben Fehler: lässt sich zu schnell oder gar nicht ein, versucht an den unmöglichsten Orten auf den Richtigen zu treffen, surft im Internet und blättert in Single-Bestellheftchen auf der Suche nach Mister Right, nur um festzustellen, dass man nicht seine Miss Perfect ist.

Wir leben in einer Zeit, in der Männer abgetörnt werden von weiblicher Stärke und Macht; wo Frauen teilweise aber auch zurückfallen in eine übertriebene Weibchenrolle, um als Frau wahrgenommen zu werden, um nicht mehr ganz so bedrohlich zu erscheinen für das andere Geschlecht.
Emanze oder Weibchen, da sind sie wieder, die beiden unlebbaren Alternativen.
Sie machen sich dünn und sexy und vereinfachen sich, lesen Ratgeber, wie sie rankommen an den Kerl, und schreien gleichzeitig nach dem perfekten Traummann, für den es sich lohnt, sich so zu verbiegen. In der Hoffnung, er möge ihr Inneres erkennen, zu schätzen und zu nehmen wissen, hinter all der Maskerade.
Es ist eine merkwürdige Zeit, in der wir soviel wissen über Sexualität, über die Kunst, eine Partnerschaft scheitern zu lassen und in der eine Frau Kanzlerin wird, aber sich dafür rechtfertigen muss, dass ihr Göttergatte nicht zu ihrer Inthronisierung erscheint – und es ist eine Zeit, in der Frauen Angst haben, einem Mann worin auch immer überlegen zu sein. Und gleichzeitig unterlegen, niemanden zu finden, nicht gut genug zu sein. Was auch immer »gut« bedeuten mag.
Über Liebe indes wissen wir genausowenig wie vor 50 Jahren.
Aber wir wissen viel über Ängste.
Angst, nicht zu genügen. Angst, zuviel zu sein. Angst, dass die Träume illusorisch sind, Angst, dass sie zu abgehoben sind. Angst, zu dick, zu dünn, zu sexy, zu groß, zu vermögend, zu kompliziert, zu

unreif, zu reif, zu sonstwas zu sein. Ängste, wohin man auch schaut!

Männer fürchten sich davor, nicht mehr zu genügen, nicht gebraucht zu werden. Sie fürchten um ihre Potenz, ihren Arbeitsplatz, ihre Unabhängigkeit. Sie flehen nach dem Weibe und fürchten doch, vereinnahmt zu werden – wie tragisch. Aber auch nichts Neues.

Neu ist, dass Frauen und Männer, zumindest bei uns, auseinanderdriften und sich dermaßen theatralisch versuchen voneinander zu unterscheiden, dass sie zum Schluss gar nicht mehr wissen, was sie eigentlich gemeinsam haben. Neu ist, dass es immer mehr Singles und immer weniger Kinder gibt. Neu ist, dass wir mehr und mehr lernen, zu kommunizieren, uns auszuprobieren, und theoretisch auf der ganzen Welt ein Herz finden könnten, dass unser sein möchte. Neu ist, dass es offenbar nicht viel nützt, wenn es in der ach so schönen digitalen neuen Welt zwar versprochen wird, das Glück zu finden, aber im analogen Aufeinandertreffen das gegenseitige Verstehen doch nicht so recht funktionieren will.

Und neu ist, dass nicht mehr allein Männer das unsichere Geschlecht sind. Jene, die nicht wissen, was sie mit ihrem Leben anfangen, wo sie sich positionieren sollen im Wandel der Gesellschaft – sondern dass auch Frauen nicht mehr weiterwissen.

Frauen sind, trotz aller gesellschaftlichen Emanzipation, auf dem Weg, zum gescheiterten Geschlecht zu werden. Sie verlieren sich aus den Augen, zwischen all den Möglichkeiten, die sie scheinbar haben.

Wie Frauen sich selbst (leider) zu oft (nicht) sehen

Es wird uns Frauen zwar suggeriert, dass wir das Recht darauf haben, alles zu sein und alles zu erreichen (Männer sollte das übrigens auch zustehen). Aber die Realität bietet keine Wahlmöglichkeit.

Wir stoßen an die Grenzen der Machbarkeit: erfolgreich und mit Liebe des Lebens und dünn und weitgereist und Kanzlerin und innerlich frei und Supermutti.
Nein. Es funktioniert nicht. Nicht so, wie wir Frauen zur Zeit sind und leben.
Es sind so viele Frauen, die ich kenne, die unsicher sind. Sich fragen: Wie soll ich sein? Wie will ich sein? Welche Frau bin ich? Eine Mutter? Eine ewige Singlette? Eine Karriereristin? Eine Schlampe, eine Diva, eine Zu-kurz-Gekommene? Muss ich zwischen diesen Rollen wählen? Muss ich mich anpassen, verändern, um Liebe zu finden? Darf ich das bloß nicht tun, um nicht ins Mittelalter zurückzufallen? Muss ich ein schlechtes Gewissen haben, wenn ich einen Mann erobere, oder eins, wenn ich mich erobern lasse? Bin ich eine Verräterin der Emanzipation, wenn ich einen Stall Kinder will und er bringt die Kohle nach Hause? Bin ich ein Mannweib, wenn ich breitbeinig schmutzige Witze reiße und keine Wohnungsschlüssel austauschen will? Welches ist der Weg für mich, um zufrieden zu sein im Leben; sogar glücklich ab und an?
Man könnte jetzt ein wenig herumhacken auf dem starken, schwachen Geschlecht der Herren, dass die nicht mit diesen neuen Frauen, die sich entwickeln, verändern, die alles wollen und alleine leben, umgehen können und sich mit Zeugungsstreik revanchieren. Man könnte aufjaulen, dass sich gefälligst der Mann ebenso emanzipieren sollte, ein Aufbruch ins neue Mannsein, in dem er seinen menschlichen Erfolg bitte sehr darüber definiert, ob er mit diesen emanzipierten, feministisch-verunsicherten Frauen umgehen kann. Ja, verunsichert: Wir leben in einer Gesellschaft, in der die Zahl der Singles zunimmt und die der Kinder ab; in einer Stimmung, die mit einem ganz großen Fragezeichen daherkommt; und ich kreide es dem Feminismus an, der nicht mehr zeitgemäß ist; der im theoretischen Ansatz seine Gründe hatte und notwendig war; der sich aber dermaßen dynamisch in die Scheiße ritt, dass wir nicht mehr wissen, wie wir Frauen den Alltag leben sollen. Und auch wenn

echte Frauen echte Kerle wollen, wie es derzeit Trend ist, so haben wir ein grundlegendes Problem: Uns sind die echten Frauen ausgegangen. Jene nämlich, die sich ein Mann als Lebensgefährtin vorstellt.

Die Generation Frauen, die heute zwischen 20 und 45 ist, ist eine hochverunsicherte Menge weiblicher Geschöpfe, die nicht mal mehr selbst wissen, was sie wollen. Und wenn sie es wissen, haben sie keine Ahnung, wie sie es bekommen. Sie wollen Karriere und Kinder, einen Klassekerl und ihre Ruhe; sie wollen in Größe 34 passen und die Geborgenheit von Liebe erfahren. Sie wollen nichts mehr zu tun haben mit Diäten und lassen sich dennoch darauf ein. Sie versuchen Tricks und Regeln, um die Liebe zu finden, zu halten und in ihr zu bestehen. Sie wollen Orgasmen und Bewunderung, Freiheit und Leidenschaft, Sicherheit, aber keine Routine. Sie wollen echte Kerle, aber wissen nicht mehr genau, was eine echte Frau doch gleich ausmacht. Sie wollen sexy sein, aber nicht darauf reduziert. Sie wollen richtig viel Geld verdienen, aber fürchten, dann keinen Mann mehr zu finden, weil Männer Angst haben vor dem besseren Kontoauszug einer Frau. Sie wollen alles und strampeln und machen und tun, werden 30 und sind allein, werden 32 und sind allein, werden 35 und 40 und 45 – und sind allein. All diese schönen, herrlichen Frauen, die was im Kopf haben und das Herz auf dem rechten Fleck: Sie sind allein! Welche Verschwendung, aber woran liegt es? Wollen wir wirklich diese Frauen sein, die wir sind? Oder sind wir gar mehr wir selbst, weil wir darauf hoffen, es »richtig« zu machen?

Liegt die neue Einsamkeit der Frauen an der medialen Sexüberflutung, mit dem Resultat, dass wir einen übersteigerten Wert auf Sexiness in allen Lebensbelangen legen, dabei aber das Menschsein mit weit wichtigeren Herausforderungen übersehen? In dieser Gesellschaft hat sich doch eine Tücke eingeschlichen: Frauen legen oft ein zu eindimensionales Interesse darauf, sexy und attraktiv zu wirken und zu sein, und wundern sich, warum es in der Liebe dann nicht klappt. Die nach wie vor nicht von Sexappeal lebt, sondern von Gefühlen und Handlungen, die jenseits des Körperlichen stattfinden. Frauen wundern sich, warum der Traummann wegläuft, nicht anruft, sie hinhält oder selbst nach einem Jahr Beischlaf immer noch nicht weiß, ob er jetzt reif für eine Beziehung ist oder lieber doch nicht. Fuck'n'go, drückte es mal ein Buchtitel aus – eine sehr treffende Bezeichnung.

Wir sind zu sexy geworden für die Liebe. Und halten uns gleichzeitig immer noch für Opfer der Männer ... Mit all unseren Moden, Kosmetika, Lebenshilfetricks haben wir uns Jahr für Jahr selbst in die Oversexed-Ecke gestellt. Da stehen wir nun, selbstbewusst, fordernd und so allein; und merken, dass das generelle weibliche Opfersein, was das allgemeine Leben angeht, Theorie geworden ist. Gestern rauchten wir noch im Hosenanzug Zigarre, heute jammern wir den echten Männern nach, die sich nicht mehr an uns herantrauen.

Mal ehrlich: Ich fände einen Kerl, der meine Blümchenkleider-Domäne für sich in Anspruch nimmt, auch ziemlich abtörnend. Wenn ich mir den Feminismus andersherum vorstelle: Männer, die auf Weib machen, ihr Haar zum Zopf flechten, keinen Nagel in die Wand schlagen mögen aus Furcht, der Gips könnte sich weh tun, und sich ständig darüber beschweren, dass Frauen ihre Kaffeekränzchen ohne ihn abhalten, weil es unter Weibern einfach lustiger ist: och, nee!

Gut, es mag Ihnen zu plakativ und abwegig sein, dass Männer je auf die Idee kommen könnten, sich so weit in weibliche Welten vorzuwagen. Aber vielleicht hilft es zu verstehen, warum Männer so absolut verstört auf die Entwicklung der Frauen reagieren. Der Hamburger Psychotherapeut und Single-Coach Christian van der Ende stellt fest: »Die weiblichen und männlichen Rollenmuster haben sich zwar in den letzten Jahrzehnten verändert. Aber wenn sich eine Frau über alte Vorstellungen hinwegsetzt, sind viele Männer nach wie vor verunsichert. Frauen begehen zum Beispiel oft den Fehler, dass sie männliches Rollenverhalten annehmen.« Denn obwohl sich

vor allem Männer der jüngeren Generation durchaus eine selbstbewusste Partnerin wünschen, die mit beiden Beinen im Leben steht, wirkt es auch auf unter 40jährige abschreckend, wenn eine Frau ihre Unabhängigkeit allzu sehr betont! »Statt unabhängig wirkt sie dann dominant – und schlägt damit jeden Kandidaten in die Flucht«, so van der Ende. Weil sie dem Mann zu ähnlich ist?
Auch die neuen Freiheiten in der Partnerwahl, des Flirts, des Ausgehverhaltens und der Beziehungsführung haben unser Liebesleben also komplizierter denn leichter gemacht. Nie zuvor gab es so viele selbstbewusste, smarte, schlaue und vor allem: suchende Frauen wie heute. Und die ahnen: Es ist Zeit für neue Spielregeln.

Ich bin davon überzeugt, dass wir Frauen tatsächlich das Richtige wollen, nur kommunizieren wir es auf die denkbar ungeschickteste Art: Wir fordern etwas vom Leben ein, anstatt das Leben selbst auszufüllen, zu führen und zu etwas zu machen, auf das man am Ende gelöst zurückschaut; ein liebevolles, respektvolles Leben, in dem weder Politik noch modischer Zeitgeist unser Sein als Frau diktiert hat, sondern nur man selbst. Wir fordern Männer in einer Art auf, mit uns zu leben, in der ein ständiges »gefälligst!« mitschwingt. Und dann erwarten wir, dass ein Mann springt.
Aber: Mann liebt nicht auf Kommando. Mann will Mann sein. Und sich von einer Frau sichtbar unterscheiden. Dummerweise sind Frauen nicht mehr eindeutig, also wie soll sich ein Mann dann eindeutig verhalten?
Und Frauen? Wollen Frau sein, aber sind offenbar auf der Suche nach dieser Rolle.
Seit den siebziger Jahren probieren wir Damen herum: Erst wollten wir mit jedem schlafen, der uns passt, dann keine Dauermütter mehr sein; wer kochen konnte, wurde geächtet, genau wie jede, die romantisch in Weiß heiratete: spießig! Inzwischen träumen wir wieder von der Märchenhochzeit, aber werfen uns an Männer ran, wie es Machos bei Mädchen sich schon längst nicht mehr trauen. Män-

ner haben inzwischen Angst (da ist es wieder, das häufigste Wort des Vorworts), als Sexobjekt gehandelt zu werden. Wer hätte das erwartet, dass die vehement geforderte Gleichberechtigung auch diese Facetten zeigt?
In den Achtzigern und Anfang der Neunziger wurde es dann schick, erst einen auf männlich und Punk zu machen (erinnern Sie sich an die Mode? Hau, Graus!), schließlich sämtliche Weiblichkeit und Männlichkeit in Androgynität zu stecken und gleichzeitig mit Verve und von Frauenzeitschriften propagierter Über-Initiative ran an den Mann zu gehen. Gleiches Recht für alle, die nun alle gleich ungeschlechtlich aussahen, Männer ihre Männlichkeit versteckten in zartrosa Hemden, Frauen Militärhosen trugen und hofften, sich innerhalb der nun scheinbar fließenden Gender-Grenzen besser zu verstehen.
Seit Mitte der Neunziger nun wird die aktive Frau propagiert, die sich nimmt, was sie will. Erst recht und vor allem in Sachen Sex.
Ganz, ganz blöde Idee. Denn was passierte: Wir wollen, und wollen es immer noch, das Recht, uns einen Mann auszuwählen, ihn anzusprechen und ihm mehr oder weniger deutliche Angebote zu machen. Hurra, das neue Selbstbewusstsein der Sexualität, Freiheit für alle lustvollen Frauen! Sehr schön, der Ansatz, nur die Umsetzung – sprich: der Ton – missglückte.
Einige Männer freuten sich sehr: Herrlich, keine Arbeit mehr, zieh ich das Mädel eben ein paarmal durch, und gut ist, mehr will sie ja wohl nicht, klasse. Anstrengen muss ich mich auch nicht, sie ist mir ja in den Schoß gesprungen, sehr hübsch.
Das Resultat: schlechter Sex, oder das andere Extrem: Für unsere Beutezüge, im Sinne der sexuellen Emanzipation, fielen wir in Uraltmuster zurück, brezelten uns auf, um willig und scharf auszusehen, auf dass wir keinen Korb bekommen. Flirteten subtil wie die Bauarbeiter und schlugen uns Nächte um die Ohren, in denen wir im Nuttenoutfit darauf lauerten, einen Kerl anzufallen. Eine Armada von leichten Mädchen, die so taten, als ob Sex nur eine Art kurze

Vereinbarung ist, und die ihre »Erfolge« nutzten, um ihrem Ego Streicheleinheiten zu verpassen und sich zu bestätigen: Ich werde gewollt. Wir gaben mit unserem Gehabe und Äußeren zu verstehen: Gib's mir. Nur für eine Nacht. In unserem Auftreten: Ich bestimme! Und im Inneren? Wieso ruft er nicht an? Wieso war der Sex nicht so gut? Wieso will ich Sex, aber noch mehr als den, und wieso bekomme ich nur Sex? Wirklich, sehr selbstbewusst!
Andere Männer machten sich allerdings auch in die Hose: Oh! Ha! Ich bin nur irgendwer, sie wird nicht wieder anrufen, sie will nur Sex, sie will meinen Körper, der Rest ist ihr nichts wert! Nee, mach ich nicht mit.
Da war das Null-Ergebnis: Die willige Amazone wurde abgelehnt. Tröstete sich mit anderen Liebeleien oder verfiel auch wieder dem Gefallwahn: Er will nicht? Na, dem werd ich's zeigen! Und, schwupp, wurde aus der selbstbewussten Amazone eine nach Bestätigung gierende Frau, die versuchte herauszufinden, wie sie gefälligst dem Mann gefiele, der sie verschmähte. Sie trieb sich selbst zur Verzweiflung mit der Parole »Ran an den Mann«, denn je mehr sie das tat, desto mehr wich er zurück: Hey! Ich darf sie nicht mehr anbaggern, aber sie mich? Sie macht sich darüber lustig, wie ich mit waidwunden Plüschaugen bei ihr auf der Fußmatte liege, und selbst nimmt sie für sich in Anspruch, sich zu verwirklichen? Und Gentlemen sind auch out, ich muss mir erzählen lassen, dass sie ihr Essen selbst bezahlen, ihren Mantel selbst anziehen, ihr Klavier selbst in den fünften Stock tragen kann? Sie unterstellt mir, dass ich doch eh nur Sex will, sie unterdrücken, sie an meinen Herd ketten, ihr Kinder machen will, um sie dann mit ihrer besten Freundin zu betrügen? Ja, bitte sehr, aber nicht mit mir: Was Frauen auch immer wollen – von mir bekommt sie es nicht. Sie bekäme den Jäger, den Gentleman, den Beschützer – aber wenn all das jetzt out sein soll, weil Frauen ja alles selbst machen, nie unterlegen sein wollen und uns jede Möglichkeit verbauen, ihnen den Mann zu machen: Bitte. Schön. Soll sie doch.
Wann geht das wieder vorbei?

Wie wär's mit heute. Oder spätestens nächstes Jahr.

Jedenfalls erst dann, wenn der Feminismus neu definiert wird, aber bitte so einfach und klar, dass die Umsetzung nicht wieder so ein Desaster wird, wenn sich zum Schluss verunsicherte Frauen und Männer gegenüberstehen, alles richtig machen wollen, aber nicht wissen, was genau doch gleich richtig war.

Es wird Zeit, die Dualität der weiblichen Bedürfnisse zu akzeptieren und aus ihnen den neuen Feminismus zu erschaffen. Es sind die beiden Hauptbedürfnisse: stark sein und schwach sein dürfen. Sowohl das zähe Luder als auch das anlehnungsbedürftige Gänseblümchen zu sein.

Und sich dafür nicht anhören zu müssen, die eine Facette wäre »zu hart« und die andere »ein altes Rollenmuster, pfui!«.

Es gibt einen Weg, die Dualitäten von frei sein, aber nicht allein sein zu verbinden. Und der heißt: der Venus-Effekt.

By the way – die Idee des Feminismus: war okay. Die Umsetzung: geht völlig an den Bedürfnissen vorbei. Bedürfnisse nach Bewunderung, Akzeptanz, Echtheit. Entspanntes Leben ohne Kalorienzählen. Lustvolles Leben ohne viel Schnickschnack. Kraftvolle Gewissheit, das Richtige zu tun. Einfach so zu sein, wie Sie sind, und dabei völlig in Ordnung. Schöne Kleider tragen oder drei Tage im Hausmantel herumlaufen. Toll kochen können oder genug Geld haben, sich das Beste liefern zu lassen. Unten liegen und prima zum Höhepunkt kommen. Einen Mann verführen, um verführt zu werden. Unperfekt sein und damit genau richtig. Mit einem Mann oder mehreren, mit Liebe und spielerischem Sein, mit dem Aufbau einer Gemeinschaftlichkeit. Und zwar ohne dass gleich wer mit dem erhobenen Zeigefinger dahergerannt kommt und zetert, dass Frauen ihre Stellung behaupten müssen, sich nicht unterkriegen lassen sollen und so weiter. Patati, patata.

Könnten wir nicht mal aufhören, es sein zu lassen, das Ganze wie einen Krieg anzugehen? Es nicht ständig zu einem Machtkampf verkommen zu lassen, wer wen anruft, ob sie nun hohe Schuhe trägt oder nicht, wer zuerst sagt: Ich liebe dich?

Die biologischen Voraussetzungen haben sich seit Abermillionen Jahren nicht geändert. Frauen sind Frauen, Männer sind Männer, fertig. Sie funktionieren nur so lange miteinander, wie sie miteinander schwingen, sich reiben, aneinander herumprobieren. Und nicht, wenn einer versucht, den anderen gleichzumachen. Frauen mögen nach wie vor richtige Kerle, und Männer lieben immer noch authentische Frauen. Jeder hat seine Reviere, und ich bezweifle, dass es in allen Bereichen wirklich nötig ist, sie zu vermischen. Kein Geschlecht ist das bessere, und wenn Alt-Feministinnen weiterhin behaupten, dass Frauen das wertvollere sind, dann schreie ich: denn sie verhalten sich damit genauso wie jene Männer vor ihnen, die versucht haben, das weibliche Geschlecht zu unterdrücken und zu disziplinieren. Intelligent und menschlich ist das nicht.

Ach, Intelligenz! Sie wird so sehr gebraucht!

Ich kreide es dem oberflächlichen Getue an, aus Magazinen, Ratgebern, Häppchen-Informanten wie Fernsehen und Zeitschriften, dass sich unser aller Intelligenz beleidigt zurückgezogen hat: Wie flirte ich, was ziehe ich an, wäre die Welt doch wie im Kino, drei Kilo in fünf Tagen, elf goldene Regeln, wie Sie jeden Mann rumkriegen. Sie erzählen uns davon, wie das Leben sein könnte, und wer fällt darauf rein: wir alle. Dabei wird doch nur die Seele müde.

Auch auf die Gefahr hin, dass Sie dieses Buch gleich wegwerfen, so muss ich es Ihnen sagen: Das Leben ist anders, und Sie werden das meiste davon allein entscheiden und ausstehen müssen. Denn sämtliche Tips mit Sexappeal sind doch nur so etwas wie Drehbuchvorschläge, das Leben selbst sieht anders aus. Intuition und Instinkte sind verlorengegangen in dieser Welt, die nach Perfektion giert, wo keine Perfektion möglich ist: in Sachen Liebe, Sex und anderen lustvollen Kleinigkeiten.

Perfekt sein ist unmöglich. Einen Menschen zu finden, mit dem sich das Leben teilen lässt, und das auch noch in 25 Jahren, ist mit

keinem Kurzzeitstrategie-Trick möglich. Es ist nichts Planbares, Vorhersehbares, es ist die Summe aller gemeinsam gegangenen Schritte. Je authentischer beide Beteiligten sind, zu um so mehr Zufriedenheit verhilft es.
Und, was manche vergessen: Zufriedenheit ist schon ziemlich nah dran am Glück.

Vielleicht sollte man den Begriff »Feminismus« auf seinen Ursprung zurückführen: auf das Wort »feminin«. Weiblich. Und zwar beschreiblich weiblich.
Weiblich zu sein heißt: nicht männlich zu sein.
Schreien Sie jetzt nicht auf, vergessen Sie mal die Äußerlichkeiten der gelebten Männlichkeiten in unserer Gesellschaft. Es geht NICHT darum, dass Sie zum Beispiel keine »männlichen« Berufe ausüben sollen oder keine »männlichen« Eigenschaften pflegen. Machen Sie doch, was Sie wollen: Rauchen Sie Pfeife, fliegen Sie Hubschrauber, rasieren Sie sich eben nicht die Beine, dübeln Sie Regale zusammen. Deswegen sind Sie nicht automatisch männlicher oder weniger weiblich. Mit Blumen zu handeln ist eben weder männlich noch weiblich, es ist nur: mit Blumen zu handeln!
Das, was eine Frau zur Frau macht und einen Mann zum Mann, spielt sich nicht in den äußerlichen, allseits bekannten Handlungen ab. Es ist das, was Sie in Ihrer tiefsten Innerlichkeit sind. Sie besitzen weibliches Potential, das brachliegt, weil Sie sich – vielleicht? – zu sehr auf Äußerlichkeiten beschränkt haben, in der Annahme, die seien »männlich« und genau deshalb für die Gleichberechtigung interessant. Sie flirten wie ein Mann, obwohl Sie eine Frau sind. Sie schuften wie ein Kerl, obwohl Sie eine Frau sind. Sie testen aus, inwieweit Ihr innerer Animus (die männliche Seite, die jede Frau besitzt, genauso wie jeder Mann eine Anima, eine innere Weiblichkeit besitzt) nach außen tritt. Damit lassen Sie nur leider einem Mann kaum noch Raum, an Ihrer Seite als Mann zu bestehen. Aber aus welchem Grund? Ist das Gleichberechtigung?

Gleichberechtigung ist es, wenn sich beide Geschlechter gemäß ihren Vorausetzungen, Fähigkeiten und Schwächen entfalten können. Gleichberechtigung ist es, wenn nicht eine der beiden Parteien versucht, die andere zu erziehen; sondern wenn sich beide miteinander entwickeln.

Wie Männer sich von Frauen gesehen fühlen

Ein Mann hat das Wort: der Männerforscher Walter Hollstein. Ein Interview.

1989 war ich ein Teenager, das Urteil über Männer war: Alle sch...

Ja, oder Männer sind Schweine.

Und was ist Mann heute? Die Werbung ist ja ein Indikator für das Männerbild ...

Da ist er der trottelige oder böse Mann. Der Simpel, der nicht in der Lage ist, Weiß- und Buntwäsche auseinanderzuhalten.

Was ist der größte Unterschied zwischen Mannsein heute und vor 25 Jahren?

Männlichkeit ist heute Plural. Es gibt nicht mehr DIE Männlichkeit, sondern Männlichkeiten. Es gibt ein breiteres Spektrum – Männern können schwul sein und Oberbürgermeister werden oder Hausmann. Obwohl zum Beispiel Herr Wowereit im Schema alter Männlichkeit funktioniert: hart und heavy. Wenn man in dieser Gesellschaft etwas werden will, muss man in dem alten Schema der Männlichkeit funktionieren. Leistung, Kampf, die Klappe halten, wenn's einem nicht gutgeht, Pokerface ...

Was gibt es noch für weitere Beispiele der Männlichkeiten?

Es gibt mehr alleinerziehende Väter als 1989 und mehr teilzeitarbeitende Männer, die sich bewusst dafür entscheiden, mehr für ihre Familie da zu sein.

Frauen rufen heute nach einem Mann mit Stärke, der aber auch sensibel sein soll. Ist diese Doppelrolle nicht überfordernd?
Das ist eine Form der Flexibilität, die eine Chance für Männer ist, all ihre Facetten zu leben. Frauen kriegen das doch auch hin! Sie sind erwerbstätig, haben Familie, Haushalt, sind überall aktiv und lavieren zwischen Verhaltensanforderungen. Warum sollen wir Männer nicht auch lavieren? Das muss nicht in Schizophrenie enden. Das kann ja auch Spaß machen, sich aus der Eindimensionalität zu befreien!
Haben Männer das Bewusstsein dafür, dass es nötig ist, sich zu ändern?
Es ist schwierig, das von innen zu entwickeln. Auf manches müssen Männer gestoßen werden. Die männerpolitische Abteilung Österreichs hat festgestellt: Männer wissen oft früh, dass sie etwas ändern müssen. Aber vom Zeitpunkt des Wissens an bis zum Beginn einer Veränderung vergehen im Durchschnitt sieben Jahre. Frauen sind schneller. Wenn die genug von einer Beziehung haben, gehen sie sofort.
Ja. Ist ja dann auch eine Art Stoß ...
Natürlich kann man versuchen, Männer auf ihre Probleme zu stoßen. Wie die gesundheitliche Situation. Männern geht es nicht gut. Sie haben nicht die Fähigkeit entwickelt, auf ihren Körper zu hören. Es wird ja nicht mal unter Männern darüber gesprochen! Nur wenige haben einen engen Freund, mit dem sie alles besprechen. Aber schon gar nicht Dinge wie »Ich hab Schulden, meine Frau betrügt mich, und ich kriege keinen hoch«.
1989 war der Stand, dass 13 Prozent aller Männer einen engen Freund hatten. Die Zahl hat sich bis heute nicht wahnsinnig verändert.
Was würden Sie Frauen deutlich machen, wenn es um Unterstützung geht?
Ich würde um drei Dinge bitten: Frauen sollten sich bemühen, uns Männer realistisch zu sehen. Uns weder aufgrund feministischer,

theoretischer Literatur zu beurteilen noch auf Basis von idiotischen Frauenromanen, wo Männer als Mistkerle dargestellt werden oder zum irrealen Traumprinzen mutieren. Das zweite wäre, dass Frauen sehen sollten, dass wir es nicht so leicht haben, wie sie meinen. Es beginnt bei der Erziehungsdressur, wo wir vieles, was zum Menschsein gehört, abspalten müssen. Gefühle zeigen, Schwäche zeigen. Es wird behauptet, dass das schon vor 40 Jahren vorbei war, dass Jungs auf Hartsein gepolt wurden – doch es ist immer noch aktuell. Die Sprüche vom »Indianer kennt keinen Schmerz« gibt es noch, wenn auch in veränderter Form. Das dritte: Akzeptanz, wenn ein Mann versucht, einen anderen Lebensentwurf zu leben als den, der sich auf Leistung beschränkt. Und keine Bevormundung!

Die Rolle des Ernährers ist hinfällig, die Welt muss er uns nicht mehr erklären, Kinder könnten wir allein aufziehen – wir brauchen den Mann »nur« noch für die Liebe. Aber einem Mann reicht das nicht, um ganz Mann zu sein.

Das liegt daran, dass der männliche Anspruch noch derselbe ist: Er muss in der Lage sein, die Ernährerrolle auszufüllen. Auch wenn es faktisch nicht nötig ist! Selbst bei aufgeklärten Männern erlebe ich diesen Drang. Ende der Achtziger wollten Männer Frauen, die zu Hause sind. Inzwischen wünscht ein Großteil die erwerbstätige Frau. Weil sie festgestellt haben, dass es ihre Bürde entlastet. Und doch ist in vielen Männern diese Mission drin: Eigentlich müsste ich der Versorger sein können.

Wo stehen Männer in 25 Jahren hoffentlich, und wo hoffentlich nicht?

Auch wenn Männer langsam begonnen haben, ihre weiblichen Seiten mehr zu entdecken, so ist nicht zu erwarten, dass ein Mann in 25 Jahren all seine männlichen und weiblichen Eigenschaften in Harmonie zusammengebracht hat. Ich fände es gut, wenn sich diese Entwicklung fortsetzt. Ich würde begrüßen, wenn sich Kritik an Männlichkeiten wie Bush etablieren, damit solche Männertypen überflüssig werden.

Wollen Frauen denn wirklich so ei

Ich glaube, die Lösung ist, dass m mende Eigenschaften und Fähigk das alles, was menschlich ist, von den kann und darf. Es wäre ja s ertrÄgt, dass der Mann weint wie wenn sie mehr Geld verdient als ertragen werden kann.

Haben Männer Angst vor Frauen?

Ja, sicher.

Vor was denn bitte?

Frauen sind eben etwas völlig anderes. Männer benehmen sich anders, wenn Frauen anwesend sind. Frauen sind der Natur näher, sie können gebären, was ja ein Stück Macht ist. Frauen werden erotisch, emotional und biologisch stärker empfunden.

Welche Vorbilder hatten Sie, die diese Zweitrangigkeit außer Kraft setzten?

Che Guevara. Martin Luther King. Cary Grant. Vielleicht bin ich ungerecht, wenn ich sage: Heute gibt es keine Vorbilder mehr. Brad Pitt ist zwar nett, aber ein Bubi, der taugt doch nicht als Vorbild zum Mannsein! Mit Grant oder Redford, Hemingway oder Camus, da hatte man Männer, sie waren mehr als das, was sie leisteten, sie waren authentisch, fassbar, an denen konnte Mann sich reiben.

Wie wird James Bond in 25 Jahren aussehen?

Wenn es ihn dann noch gibt ...

Vielleicht ist 007 dann eine Frau. Bond. Jamie Bond.

Ich habe in meinem ersten Buch *Nicht Herrscher, aber kräftig* über James Bond geschrieben, um aufzuzeigen, dass Bond ein Mythos ist. Dass er zeigt, wie Männer gern wären – Abenteurer, unabhängig, risikofreudig, bei Frauen ein Held –, aber dass Bond alles andere als unabhängig ist. Er war ein Mann, von Zwängen beherrscht.

... und die einzige Frau, mit der er sich einlässt, wird getötet. Ein einsamer Held.

der Unverwundbarkeit trägt, aber tief ver- … t war immer Roger Moore. Locker, witzig ...

…, Tschuldigung ... Frauen stehen mehr auf Sean … atte in der linken Augenbraue mehr Erotik als eine … r Stripper.

… reundin findet Sean Connery auch besser. Aber der neue … dieser Brosnan, den fand ich in *Remington Steele* schon entsetz- … ch blöd. Ihm fehlt was. Er tollt durch technischen Bohei, aber ist austauschbar. Da sind ja die Frauen interessanter!

Zeit für das Abschluss-Spiel: Stichwort und Assoziation. Antworten Sie bitte aus dem Bauch heraus. Von Frau zu Mann gefragt, an was denken Sie zuerst beim Stichwort ... Väter?

Vorbild.

Lust?

Frau.

Vertrauen?

Freundschaft.

Ehre?

Schwachsinn!

Rückzug?

Sicherheit.

Ehe?

Geborgenheit, aber auch Gefängnis.

Macho?

Hin- und hergerissen.

Macht?

Angst.

Brad Pitt?

Pfeife. Nee, besser: Fuzzi. Oder: Lieber ist mir Robert Redford.

Auf welche Frage warten Sie noch?

Wenn Sie mich nicht gefragt hätten, wie Frauen in bezug auf Männer agieren sollten, hätte ich das auf jeden Fall noch angesprochen. Aber so ist das ja zum Glück passiert.

Prof. Dr. Walter Hollstein (65) ist Mitbegründer der »Internationalen Arbeitsgemeinschaft für Männerforschung«, Gutachter des Europäischen Rates für Männer- und Geschlechterfragen, Professor im »Institut für Geschlechter- und Generationenforschung« an der Universität Bremen sowie Autor zahlreicher Bücher zum Thema.

Wie Männer Frauen (kritisch) sehen

Ladies; Sie müssen jetzt stark sein. Denn Männer sehen Frauen kritisch. Sehr kritisch. Und sehr genau. Und dabei gucken Sie uns nicht mal auf Problemzonen, die sind ihnen nämlich herzlich egal.
In den letzten 20 Jahren habe ich gesammelt. Stoßseufzer, Beschwerden, Wutausbrüche. Manches ist stark verallgemeinert, anderes entsprang persönlichen Beleidigungen, die Mann erlebte. Es handelt sich um Aussagen von Männern zwischen 16 und 78 Jahren. Zunächst die kritischen, die vielleicht erschreckend sind und uns glauben machen, dass Männer vor allem genervt sind von Frauen, sie misstrauisch beäugen und alle in einen Topf werfen. Doch wenn wir ehrlich sind, neigen wir genauso dazu – es ist kein allein weibliches oder männliches Phänomen, Rundumschlags-Vorurteile zu erschaffen. Doch stets ist ein Körnchen Wahrheit darin ... Ich zitiere:

»Anstrengend! Dauernd habe ich das Gefühl, etwas verkehrt zu machen.« (Hans, 42, nach drei jeweils dreijährigen Beziehungen)
»Besserwisserisch. Ständig liegt mir eine in den Ohren, wie ich die Wäsche zu machen, den Job zu erledigen, das Kind zu behandeln, meine Mutter anzurufen, das dritte Bier wegzulassen, die gelbe Hose auszusortieren habe – alles, aber auch wirklich alles wissen Frauen besser, und das schlimmste ist, dass sie es nicht für sich behalten können.« (Daniel, 28, nach achtjähriger Beziehung)
»Arrogant. Sie wollen immer den Supertypen, der alles kann, alles

macht, sie auf Händen trägt, erotisch ist, keine andere Frau anguckt, auf den alle Frauen neidisch sind, der eine Art netter Macho ist, der tut, was sie sagt, ohne dass sie es ihm sagen muss. Wäre nur eine der Damen so eine Superfrau, wäre ich auch bereit, ein Supermann zu sein. Doch Frauen sind genauso Durchschnitt wie Männer, nur sehen sie es nicht ein.« (Marcell, 37, vom Leben leicht dauergekränkt, nach einem Streit mit seiner Liebsten um die Frage, wer wem Tee ans Bett bringt)

»Verklemmt. Entweder wollen Frauen ständig mit dir ins Bett, weil sie gehört haben, dass moderne Frauen total befreit sind. Oder sie erpressen mit Sex – beziehungsweise mit der Verweigerung. Ein Streit, und schon ist Kuscheln für zwei Wochen gegessen. Mal ganz abgesehen davon, dass viele einfach daliegen wie ein angegessenes Brötchen und hochmütig darauf warten, dass ich die richtigen Knöpfe drücke. Finde ich sie nicht, bin ich ein Loser. Sagen will sie es aber auch nicht, weil das ihrer Vorstellung von Romantik widerspricht, oder sie doch zu schamhaft, um klar zu sagen, was sie will. Sage ich dagegen, was ich will, bin ich ein Triebtäter.« (Klaus, 59, eine Kurzzeitbekanntschaft)

»Unkommunikativ. Jedes Gespräch ist eine Zeitbombe. Sage ich etwas Ironisches, fasst sie es als Beleidigung auf. Sage ich etwas Lustiges, unterdrücke ich die Frauen. Sage ich etwas Kluges, will ich offenbar nicht mit ihr ins Bett. Sage ich etwas Lüsternes, guckt sie mich an wie Mutti, wenn sie den Sohn beim Onanieren erwischt. Fragt man sie dann, was los ist, sagt sie ›Nichts‹ und erwartet, dass man es nicht glaubt, sondern sich schon mal per se schuldig fühlt.« (Fabio, 34, Italiener, dem es vor allem mit deutschen Frau so geht)

»Klammernd. Wo gehst du hin, wann kommst du wieder, wieso willst du nicht mit mir zusammenziehen, was denkst du ... Himmel, meine Zuneigung gilt bis auf Widerruf, aber sie beinhaltet nicht, dass ich 24 Stunden am Tag für sie da bin!« (Mein Finanzprüfer, 66, will anonym bleiben)

»Horoskopgläubig. Als Skorpion bin ich grundsätzlich untendurch,

auch wenn ich ein Anti-Aids-Mittel erfunden hätte und ihr treu bin.« (Markus, 32, ein Skorpion)
»Listenschreiber. Sie haken immer eine imaginäre Liste ab, und wenn man einigermaßen viele Punkte hat, steigt man in ihrem Ansehen. Aber bei allen guten Eigenschaften, wenn ein Negativhäkchen auftaucht, und sei es nur: ›Geht dreimal die Woche allein ins Schwimmbad‹, dann wird auch der Kerl abgehakt.« (Bernd, 36, nach einem Besuch in einer Internet-Singlebörse)
»Pädagoginnen. Sie erziehen alles und jeden, sich selbst, einen Mann, und Kinder sowieso. Aber besonders Männer. Wenn sie uns wie kleine Jungs behandeln, dürfte es kein Wunder sein, wenn wir uns auch als solche verhalten: trotzig, stur, auf der Flucht, und tschüss, mit den Kumpels saufen, rauchen, furzen gehen, da kann man wenigstens Mensch sein.« (Arne, 26, nach drei vergeblichen Dates, sieht sich jetzt nach einer älteren Frau um, die das Erziehen nur auf Erotik beschränken will)
»Perfektionistisch! Alles muss stimmen, das Ambiente daheim, das Scheißambiente beim Sex, sie will gut aussehen, die perfekte Musik, die perfekten Worte von mir, Liebkosungen, das beste Licht, den ergreifendsten Höhepunkt. Lassen sich Frauen eigentlich auch mal locker? Ich komme mir neben ihnen vor wie ein Versager, obgleich ich mich so wohl fühle, wie ich bin. Nur Frauen scheint es nicht zu reichen, so zu sein, wie sie sind.« (Keith, 54, verkappter Musiker, seit einem halben Jahr ohne Sex mit der Ehefrau)
»Resigniert. Manchen sieht man es an, dass sie vom Leben enttäuscht wurden, aber weil sie auch ständig erwartet haben, das Leben nähme ihnen ihren Job ab. Sie haben verbitterte Gesichter, oft schon mit Anfang, Mitte 30, traurige Augen, panische Augen, verbissene Augen. Sie wollten alles schaffen, im Leben, und haben nichts, und jeder Mann ist entweder die Rettung oder der letzte Sargnagel. Dazwischen gibt es nichts.« (Jens, 48, Geliebter)
»Tückisch. Sag einer Frau ein Geheimnis, eine Schwäche, und sie wird zu ihren Freundinnen rennen und es ihnen verraten, sie wer-

den sich darüber lustigmachen. Oder sie erzählt es wahlweise deinen Kumpels. Oder deiner Mutter. Loyalität gibt es selten bei Frauen.« (Kurt, 50, Musiker, der es hasst, wenn man über ihn redet. Wie jeder Mann)

»Ungerecht. Wenn ein Mann eine Frau ungeschickt umwirbt, kanzelt sie ihn ab, als wäre er Staub unter der Fußmatte. Würde das nur ein Mann bei einer Frau wagen, wäre er gleich ein Chauvinist oder Macho. Frauen indes nehmen für sich das zweifelhafte Privileg in Anspruch, über alles und jeden zu Gericht zu sitzen. Außerdem reden Frauen ständig über die Vorzüge oder Nachteile eines Mannes, wie er aussieht, wie er geht, wie er steht, was er trägt, wie er guckt, was er trinkt, wie er sitzt, was für einen Anzug er trägt, welches Auto er fährt, wie er sich gibt, was er verdient. Machen Männer dasselbe, sind sie Machos, die sich über Frauen auslassen. Obwohl, ich habe Männer selten darüber reden hören, was die Frau da für einen Wagen fährt und was es für ihre Attraktivität bedeutet. Wer also ist das wahre chauvinistische Geschlecht?« (Stefan, 27, Kellner, der es nicht mag, an Tischen mit mehr als drei weiblichen betrunkenen Gästen zu bedienen, weil er mitbekommt, wie die Ladys über jeden Mann im Saal herziehen, oder weil er selbst bald das Opfer ungeschickter Flirtattacken wird)

»Unweiblich. Anzüge, Sprüche, Eigenarten – wenn ich ihr die Tür offenhalte, geht sie schon an die Decke, aber den Wasserkasten soll ich gefälligst tragen. Sich um eine Frau zu bewerben, mit klassischer Gentleman-Art, ist out bei Frauen, sie bevorzugen Arschlöcher. Aber dann beschweren sie sich, dass es angeblich nur solche gibt.« (Tim, 27, als ich ihm vorwarf, warum er seine höfliche Art aufgegeben hat, die er mit kaum 18 noch hatte)

»Frauen sind auf Schnelligkeit gepolt. Zackzack soll er sich melden, Zackzack beim Speeddating Typen gecheckt, los sofort eine SMS zurückgeschickt ... was ihnen nicht schnell genug geht, macht sie kirre, und dann setzen sie einen Mann unter Druck. Sie wollen alles rasch erledigen, endlich den Traumtypen im Sack, damit sie sich wieder dem Quengeln hingeben können. Welche Frau nimmt sich Zeit, einen Mann kennenzulernen? So wie es eine Frau von einem Mann auch erwartet? Aber nein, sie sitzen da wie die Gräfinnen und meinen, eine fixe Aburteilung ihres Gegenübers wäre ihr gutes Recht. Meinethalben, aber wieso ist es für Frauen stets nur die Wahl zwischen: Traumtyp oder nichts? Und wieso dürfen Frauen Männer als Nichts abwerten? Wieso geben sie ihnen keine Chance, Charakterstärken zu beweisen, die sich nicht in einem Abend entfalten?« (Klaus, 53, Lehrer, der aus Prinzip keine Handys benutzt)

»Blind. Frauen stehen immer wieder auf Blender, nicht auf gute Kerle. Die Blender machen in den ersten drei Tagen alles richtig, dann sieht man sie nicht wieder. Die guten Kerle würden die nächsten 30 Jahre alles richtig machen, aber das langweilt die Damen ja. Also, selbst schuld, wenn sie wieder mit einem Idioten in die Kiste gehen, der dann ihre Telefonnummer verliert und keine Lust hat, danach zu suchen.« (Volker, 58, vermögender Privatier, als er am Boden eines Wodkaglases anlangte und mir in der Bar Atlantic dafür einen 100-Euro-Schein in ein kleines Hemd faltete)

»Erschöpft, gekränkt, beleidigt. Schon mal gleich vorab. Alle Männer, die je *nach* einer missglückten Liebe kamen, müssen dafür bezahlen. Und damit, dass Frauen diese Männer dazu zwingen, für all die Verfehlungen ihres Vorgängers zu bezahlen, erschöpfen sie sich selbst. Sie warten darauf, dass sich Verletzungen aus alten Tagen wiederholen. Im Prinzip könnte alles, was ich tue oder sage, bei ihr eine Bombe hochgehen lassen: So fing es damals auch an ... das hat XY auch gesagt, bevor er ging ... das erinnert mich an Sowieso, der dann mit meiner besten Freundin ... als ob Frauen immer in der Vergangenheit leben und der Gegenwart keine Chance geben! Je älter eine Frau wird, desto mehr muss ein Mann es ihr beweisen, dass er sie nicht verletzen wird. Aber annehmen, dass er es tut, das tut sie von vornherein.« (Kai, 26, der jetzt schon die Lust daran verloren hat, für das zu löhnen, was seine Vorgänger angerichtet haben)

»Feige. Wie gern würde ich mal eine Frau treffen, die nach dem ersten oder zweiten Date ganz klar sagt: Du bist ein toller Typ, doch mehr ist bei mir nicht drin, denn ... und was immer dann für eine Begründung folgen mag, so wäre sie für mich in Ordnung. Aber Frauen lassen sich oft wochenlang anbaggern, halten einen gerade in dem Abstand, wo Mann sich noch Hoffnungen macht, um dann, viel zu spät, damit herauszurücken, dass sie doch noch dem Ex nachtrauert, keine Beziehung will, bereits einen Freund hat oder nicht an mir interessiert ist. Würden Frauen das gleich sagen, würden wir Männer uns nicht wie hingehalten vorkommen und uns Hoffnungen machen, wobei wir in derselben Zeit längst jemanden hätten treffen können, bei dem das Interesse höher ist. Also, Mädels: Seid nicht feige, sagt es gleich und vor allem: klar und deutlich, wenn ein Annäherungsversuch nicht gewünscht ist. Alles andere heißt, mit Gefühlen zu spielen, nur um des eigenen Egos willen. Das ist keine Rücksicht, einem Mann erst nach Wochen einen Korb zu geben, das ist grausam. Deshalb: klare Linie, anstatt es so zu machen wie die Arschlochkerle, die sich auch gleich mehrere Damen warmhalten.« (Michael, 43, Filmjournalist)

»Bedrohlich! Sie wollen ständig Sex, und ich krieg Angst, wenn ich ihnen nicht das liefere, was sie sich ausmalen. Fremdgehen ist für Frauen doch auch kein Problem mehr. Und wie kann ich eine Frau sonst noch halten – sie sorgen doch heute alle für sich selbst, und meist auch noch besser, als ich es könnte! Bleibt die Potenz. Macht die schlapp, denke ich oft: Und gleich ist sie weg. Ich denke nicht, dass diese Befürchtung nur in meinem Kopf ist. Frauen fördern diese Angst mit ihrem Auftritt, ihrem ständigem Hunger nach Bestätigung, den sie mit der Gier des anderen sättigen wollen. Aber ich will nicht immer wollen müssen, nur damit Madame sich weiblich fühlt!« (Paul, 39, auf meine Frage, wieso er seiner attraktiven Freundin seit einem halben Jahr Sex quasi verweigert)

Wie oft haben Sie gezuckt, als Sie das lasen – entweder vor Empörung oder doch eher, weil Ihnen mindestens eine Frau einfiel, auf die einige der Kritiken zutreffen?
Aber es geht auch anders – denn die meisten der Befragten, deren O-Töne ich hier verwenden durfte, räumten ein, dass sie Frauen besonders dann kritisch sehen, wenn sie sich verletzt fühlten. Noch hat der Frauenhass, als Äquivalent zum Männerhass (Männer sind alles Schweine und so weiter), sich nicht so durchgesetzt, aber, wer weiß, im schlimmsten Fall kann es uns passieren, dass wir Frauen demnächst ständig damit beschäftigt sind, gegen Klischees anzuarbeiten und uns zu erklären. Genauso wie es Männer seit 20 Jahren tun ...
Bisher sehen Männer Frauen jedoch nicht nur kritisch.
Aber sie mögen komplett andere Dinge an uns, als wir vielleicht meinen:
Denn Frauen sind für Männer auch ...

»Unersetzlich. Ich wüsste gar nicht, was das Leben ausmachen würde ohne sie, ohne einfach das, was ich ›Anderssein‹ nenne.« (Klaus-Gunter, 64, nach zwei gescheiterten Ehen, zwei erwachsene Töchter)
»Herrlich vernünftig. Wenn in meinem Kopf das Chaos herrscht, braucht es meist nur ein Gespräch mit einer halbwegs klugen Frau, die die Dinge pragmatisch angeht, und schon geht wieder die Sonne auf.« (Raphael, 40, Lebensflüchtling)
»Unglaublich zäh. Frauen besitzen eine Art, sich selbst zu motivieren, die wird in keinem Managerkurs gelehrt. Sie tragen es wohl in sich. Ob alleinerziehende Mütter, Frauen, die ihre Familie ernähren, andere, die für ihre Eltern sorgen und gleichzeitig darauf schauen, ihre Freunde nicht zu verlieren: toll. Ich wünschte, ich hätte soviel Power.« (Stefan, 42, Chefredakteur, nach einer Redaktionssitzung unter Männern, denen schon drei Aufgaben zuviel sind)
»Eigenverantwortlich. Frauen achten auf ihre Gesundheit, bespre-

chen ihre Entscheidungen ausführlich mit Freundinnen und organisieren ihr Leben von früh bis spät. Sie wollen nicht an die Hand genommen werden, das ist ungemein erleichternd. Wenn sie jetzt noch Netzwerke bilden würden, bräuchten sie Männer echt nur noch für die Liebe. Aber ob wir Männer uns dann noch ganz als Männer fühlen würden?« (Omar, 33, in einem Chat-Forum)
»Das Beste, was es gibt. Ohne sie wäre ein Mann doch nichts, er wäre nicht mal da. Erst in der Frau findet er das, was er braucht, um ein Mann zu sein, zu lieben, zu leben. Ist doch so egal, ob es uns passt oder nicht.« (Mein Vater, 68, Unternehmer und Ex-Bulle)

Ich schließe mich meinem Vorredner widerstandslos an.

Die Venus ist mehr als nur sexy

Wir verbringen mehr Zeit mit unserem Äußeren, als uns vielleicht bewusst ist. Das ist auf der einen Seite nichts Hochdramatisches – es ist schön, sich schön zu fühlen. Nur, wenn man sich darauf verlässt und sich einen Tick zu lange über Schönheit definiert, über Sexappeal, dann steht man am Ende vielleicht etwas ratlos da. Denn wer will sein Leben schon verbringen mit einem Menschen, der zu eindimensional denkt?
Für das »Daten« oder die berühmte »Suche nach dem einen« mag es nett sein, über das Äußere einen Blickfänger zu geben, die Aufmerksamkeit einzufangen, quasi einen appetitlichen Wurm an den Haken zu hängen. Doch so ein Wurm allein macht auch nicht satt. Frauen, die sich noch mit 50 fragen: »Wie sehe ich aus?«, und sich beklagen, dass sie niemanden finden, sollten sich lieber fragen: Was an mir ist sonst noch liebenswert außer einem faltenfreien Hintern?

Mal ehrlich: Wir jammern dauernd von inneren Werten. Die lassen sich jedoch auch prima vortäuschen, aber wir wünschen uns dringend einen Mann, der auch das sieht, was das Menschsein ausmacht. Was nichts mit Sexappeal zu tun hat. Wir sind doch mehr als nur sexy: Was eine Frau zu der Frau des Lebens macht, sind ihr Charakter, ihre Persönlichkeit, ihre Fähigkeit zu lieben, ihre Herzenswärme und Lebensklugheit. Sich allein darauf zu konzentrieren, wie man aussieht, wird auch nur für Begegnungen reichen, die nicht unter die Haut gehen.

Schönheit mag auf andere wie ein Geschenk wirken – für die Betroffenen selbst ist sie auch eine Last. Denn sie lernen ihr Äußeres als wesentliche Ursache für ihren Aufstieg, für Erfolg und Anerkennung kennen; der Verlust der Schönheit, etwa durch natürliches Altern, ist vor diesem Hintergrund mit weitaus größeren Ängsten besetzt als bei durchschnittlich attraktiven Personen – so, als ob dadurch eine wesentliche Existenzgrundlage zerstört würde. Zudem sind schöne Menschen meist ebenso bewundert wie geschnitten. Man liebt die Schönen vor allem in der Ferne; in greifbaren, zwischenmenschlichen Beziehungen sind besonders attraktive Menschen dagegen oft mit Neid und Eifersucht konfrontiert.

Der ewige Helena-Komplex

Die Cutting Crew von Liz Hurleys Film *Serving Sara* hat zwei Wochen gebraucht, um die Cellulite an ihren Beinen wegzuretuschieren. Cindy Crawford braucht morgens zwei Stunden, um wie Cindy Crawford auszusehen. Meg Ryan findet sich selbst so ekelhaft süß, dass sie glaubt, andere könnten beim Ablecken Diabetes bekommen. Kaum ein Topmodel mag sich selbst ganz und gar lei-

den, obwohl wir doch meinen: »Hey! Die können echt nicht mekkern!«
Aber: Die Damen wissen, wie sie *wirklich* aussehen und was der Rest an Show und Deko ausmacht.
Ich weiß ja nicht, was Sie so für Hobbys haben – eines meiner liebsten ist die Suche nach den wahren Gesichtern. Den Gesichtern hinter dem Make-up, dem Körper einer Schauspielerin, die durch Licht, geschickt genähte Klamotten oder Kameraeinstellung so in Szene gesetzt wurde, um ihre Stärken hervorzuholen und ihre Schwächen zu verstecken. Ich sehe mir zu gern ungeschminkte Gesichter an, die sonst auf den Covers großer Frauen- und Modezeitschriften sind. Ich sehe mir Helena Christensen an und Claudia Schiffer. Pamela Anderson oder Isabella Rosselini, Madonna im Mama-Outfit oder Christina Aguilera in Baggypants.
Und warum? Um Gewissheit zu sammeln. Gewissheit, dass es die Macht der Masken ist, von der sich Frauen verrückt machen lassen.
Wussten Sie, dass richtiges Licht den Busen kleiner oder größer erscheinen lassen kann? Aufnahmen von unten verfetten, frontale verbreitern, und die von oben schmal machen? Dass gewisse Posen die Silhouette verschlanken und dass mit ein wenig Farbe im Gesicht die Züge von asiatisch bis typisch kalifornisch gestaltet werden können? Es ist das verdammte Licht, der Stylist, der Make-up-Mann und letztlich der Fotograf, der arrangiert und hinzaubert, der weiß, wie er einen Micky-Maus-Haaransatz vertuscht oder welche Seite des Gesichts die ausdrucksstärkere ist. Klebebänder am Rücken ziehen Schwabbel weg. Per Mausklick werden Tränensäcke eliminiert oder fliegendes Haar, oder die ganze Silhouette bekommt einen Glow, einen Schimmer. Je nach Bildausschnitt nimmt man nur das Gesicht wahr oder auch die Brust. Schwarzweißfotografie oder sepiabetonte Bilder im attraktiven Altbraun lassen Gesichter intensiver wirken. Fürs Fernsehen gibt es Ausstatter und Schneider, die ein und dieselbe Jeans anders vernähen, je nachdem, ob die Lady sitzt oder steht,

und es sieht einfach perfekt aus. Das liegt nicht an dem Körper. Es liegt an der Naht.

Das heißt: eine Seite aufzuschlagen und zu sagen »Boah, ich will wie Kate Moss aussehen!«, ist definitiv Quatsch. Statt dessen könnte man sich sagen: Ich will so aussehen wie Kate Moss, die von einem Team von fünf Leutchen zurechtgemacht und am PC verfremdet wurde. Klar sehen auch Sie dann aus wie Kate Moss, und dann? Müssen Sie das Zeug wieder runterwischen und aus dem Studio ins Tageslicht, und alles ist anders.

Schönheit ist so relativ wie die Schönheitsideale im Wechsel der Jahrhunderte. Schönheit ist, je nach momentanem Ideal, eine Schönheit auf Zeit. In jeder Frau steckt allerdings natürliche Schönheit. Brüche in der Ebenmäßigkeit sorgen für das Besondere, Anziehende, für Ausstrahlung und Persönlichkeit. Was soll also diese Gleichmacherei? Sie stehen ja auch auf einen anderen Typ Mann als Ihre Freundin!

Zitat eines klugen Mannes: »Eine Frau ohne Makel ist eine Frau ohne Charakter«, und er ergänzte, dass perfekte Frauen beim näheren Hinsehen gar nicht perfekt seien, also wozu diese Jagd auf etwas, was nicht existiert.

Gut, er ist ein Mann. Die leiden ja manchmal darunter, auch ihre Bierbäuche nicht wahrzunehmen, aber sonst hat er nicht unrecht. Perfektion ist unheimlich und unmöglich.

Gehen Sie davon aus, dass Sie schön sind, weil in jedem Antlitz Schönheit wohnt. In den Augen. Im Lächeln. Wozu wollen Sie wie jemand aussehen, der nur zurechtgemacht worden ist, um die Stärken herauszuheben? Das kriegen Sie doch selbst hin. Ein wenig Mascara vertieft den Blick. Ein Hauch Lipgloss weckt zart-schlüpfrige Assoziationsketten. Der Schwung der Augenbrauen kann ein ganzes Gesicht verändern! Lösen Sie sich von Ihrer halbblinden Wahrnehmung gegenüber sich selbst.

Sie machen andere allein mit Ihrer Anwesenheit und mit dem Blick Ihrer Augen nervös. Und nicht, weil Sie aussehen, als gehörten Sie auf den Laufsteg. Die mediale Schönheit ist überschätzt. Model-Fikker sind rar gesät. Es ist nur Kurzzeitstrategie, auf Beauty-Highlights zu setzen; langfristig gesehen zählt das, was in der schönen Hülle steckt. Denn wer will nur schmückendes Beiwerk sein?

Das gilt im übrigen auch für die 24-Stunden-Hübschmache in einer Beziehung: Kein Mensch wird je einen anderen vollständig respektieren und akzeptieren, wenn er nur die Sonnenseite, die geschminkte, hübsche Seite kennt. Vor allem im Schlafzimmer.

Liebe macht zwar blind, deswegen greifen Verliebte dauernd nacheinander, wollen sich tastend erkennen; mit jeder Geste, jedem Kuss, den sie sich vor anderen geben, erneuern sie die gegenseitige Einladung, das Leben zu teilen. Selbst nachts verwoben zu bleiben, dicht, ganz dicht, und vor allem: barfuß bis zum Scheitel, Haut an Haut, nur ja kein Gramm Textil dazwischen. So schlafen sie ein, ihre Sucht nach widerstandsloser Nähe ist beredter als jedes gesprochene Wort. Amor sitzt flügelschlenkernd auf der Bettkante und freut sich, wenn das leise Schnarchen der Geliebten wie ein von Boreyko dirigiertes Crescendo erscheint und das sanfte Spuckerinnsal aus dem Mund des Liebsten an Tau auf Rosenblättern erinnert.

Mit der Zeit weichen Viel-Harmonie und Rosentau weltlichen Bedürfnissen: Dem einen ist es zu kalt so ohne was an, dem anderen zu warm mit der klebrigen Ganzkörperheizung, der nächste beschwert sich über lärmiges Atmen oder den Nackenkrampf beim dekorativen Arm-in-Arm-Schlafen.

Jetzt schlägt die Stunde der Nachtwäschen-Schublade, aus der als erstes eine Statistik der Fachzeitschrift *TextilWirtschaft* springt: Nur jeder achte Deutsche schläft auf Marilyn-Monroe-Art (nackt bis auf einen Tropfen Chanel), der Rest hält es mit Doris Day: Nachthemd, hochgeschlossen, oder Pyjama als zweitbestes Verhütungsmittel. Von diesen besitzen Männer übrigens im Durchschnitt sechs, Frauen zehn, aber heißt das nun, nur jeder achte Hamburger ist verliebt? Oder ist es schlicht Winter, wenn sich der Tag nach einem mäßigen

Auftritt rasch wieder umzieht und zur kalten Nacht wird, der man nur Flanell entgegensetzen kann?
Nein, ganz anders. Den Körper in formlose Micky-Shirts oder rustikales Großkariertes zu stecken bedeutet: Schau, ich vertraue darauf, dass du mich liebst, auch wenn ich mich nicht im Babydoll über Satin wälze und Kätzchenlaute von mir gebe. Betrachte mich als Geschenk, das du auspacken kannst, Knopf für Knopf für Knopf für ...
Ich erinnere jedenfalls an die vergessene Doris-Day-Methode: In *Pyjama für zwei* trägt sie das Oberteil, er das Unterteil, und in der Mitte ... nun. Macht die Liebe wieder blind, erneuern sich die gegenseitigen Einladungen, das Leben zu teilen.

Co-Abhängigkeit und Beziehungssucht: die Definition seiner selbst über die Beziehung

Habe eben mal wieder mit Freund Marcell aus Berlin telefoniert; ein Querkopf und Schnelldenker, der mir oft genau die Schlagworte liefert, die mir bisher fehlten. In dem Fall redeten wir darüber, ob es in jeder Persönlichkeit wohl eine Art »blinde Flecken« gibt – ähnlich wie das Auge blinde Flecken besitzt, wir nicht das gesamte Blickfeld zur Verfügung haben, sondern bei manchen Dingen eben blind sind.
Mein Mann Jens nennt diese Charakterblindheit »blöder Fleck«, Marcell wählte dafür das Wort »Co-Abhängigkeit« – ich nenne es: Beziehungssucht.
Beispiele für blöde, gefleckte Abhängigkeiten? Bitte sehr:
Beispiel 1, Freundin B.: Sie ist klug, arbeitet selbständig, besitzt einen messerscharfen Verstand und sehr wohlgerundete weibliche Formen. Ihr blöder Fleck: Sie denkt, sie sei zu alt (mit 45, also bitte!)

und zu rundlich (Portugiesen nennen Rubenskörperformen »fou-fou«, schön, oder? Außerdem ist sie so sexy! Nur weiß sie es nicht, was diesen Charme noch mal um einige Grade erhöht), um einen Mann nach ihrer Fasson zu bekommen. Deswegen ist sie dankbar für jeden, der ihr erotisches Begehren entgegenbringt, und lässt sich damit oft auf Begegnungen und Beziehungen ein, in denen ihr zwar Leidenschaft, aber sonst rein gar nichts von dem, was sie sich von einer Beziehung wünscht, entgegengebracht wird. Sie definiert sich, obgleich sie schlau und klug genug ist, über Sexappeal. Diese Sehnsucht nach Geliebtwerden im körperlichsten Sinne überdeckt ihre Fähigkeiten, einen Mann danach einzuschätzen, ob er für sie auch mehr wäre. Klar leidet sie darunter, dass sie für Männer nur ein Häppchen ist, bezieht das wiederum auf ihr Aussehen und ist doch, aufgrund ihres blöden Flecks, kaum fähig, sich dem Mechanismus zu entziehen, der da lautet: Er will mit mir ins Bett, Gott sei Dank, ich bin doch was wert, Mist, er verlässt mich, offenbar bin ich doch nichts wert. Ihre Co-Abhängigkeit: ist das männliche Begehren. Der blinde, blöde Fleck indes erlaubt es ihr nicht, diesen Umstand so zu sehen. Würde man ihr sagen: Baby, du bist zu sehr auf Sexappeal dressiert, würde sie verwundert abwinken.

Beispiel 2, Freundin W.: sehr klug, sehr schlank, sehr wortgewandt, hatte die Sorge, spätgebärend zu sein, als Single über die 35 zu gehen und keinen Mann mehr zu finden, der bereit war, sich einem Leben mit ihr hinzugeben. In ihrer panischen Suche nach dem Mann, der sich bekennt, verlor sie den Blick für Männer, mit denen sie leben will. Es kam stets darauf an, was er will; ob sie selbst ihn wollte, war Nebensache. Ihr blöder Fleck: einen Mann finden, der mich will. Aber einer, der mich will, muss ja schon blöd sein, denn bisher ist es mir nicht gelungen, einen zu finden, also bin ich den Männern nichts wert. Würde man sie darauf ansprechen, wäre sie nicht fähig, es so zu sehen, blind wäre sie für diese Schwäche.

Beispiel 3, Freundin N.: sehr erfolgreich, klug, sinnlich. Rannte von einer in die nächste Beziehung, jedesmal lief es auf dasselbe hinaus:

Sie half den Männern, ob aus der Sucht, aus der Arbeitslosigkeit, aus dem seelischen Tief, aus der Angst vor dem Altwerden. Ihr blöder Fleck: Wenn ich den Männern helfe, werden sie es mir nicht übelnehmen, dass ich erfolgreich bin. Nur wenn ich klein bin, bin ich erträglich für einen Mann. Und außerdem: Wieso sollte sich einer um mich sorgen, auch wenn ich es brauche, das kann doch keiner, also sorge ich für sie. Ihr Verhalten, um diesen blinden, blöden Fleck auszuleben: Sobald sie in einer Beziehung steckte, verbog sie sich bis zur Unkenntlichkeit für diesen Mann, aus Furcht, ihn sonst zu verlieren – weil sie fürchtete, als das, was sie ist, unliebbar zu sein. Ganz blöder Fleck.
Alle drei machten sich in ihrem Verhalten von dem Verhalten eines Mannes abhängig. Alle drei suchten sich aufgrund ihrer Beziehungssucht genau die Männer aus, bei denen die blöden Flecken »funktionierten«, obgleich sie nie zu einem guten Ende führten: B. traf nur jene Männer, die das Abenteuer suchten, W. nur jene, die sie auf Abstand hielten, und N. genau solche, die ihr in jeder Hinsicht unterlegen waren und es tatsächlich kaum mit ihr aushielten.

Wenn sich eine Frau verbiegt, ihr Leben nach dem Verhalten, der Gunst des Partners ausrichtet und sich erst dann »ganz« und akzeptiert fühlt, wenn sie einen Mann an der Seite vorzuweisen hat, nennt man das durchaus schon »Co-Abhängigkeit«. Der Begriff wurde ursprünglich in der Suchttherapie verwendet, um den Angehörigen und Lebenspartnern von Suchtkranken Hilfe angedeihen zu lassen, die, gedrängt vom eigenen Helfersyndrom, vollkommen in der Welt des Süchtigen mitkreiseln und sich letztlich ganz auf ihn und seine Probleme, seine Verhaltensweisen einschießen und darüber hinaus sich selbst vergessen.

Die Psychoanalyse erklärt Beziehungssucht so: Frühkindliche Bindungen, die damit verbundenen Ängste und Phantasien leben im Unbewussten weiter und besitzen einen starken Einfluss auf das

spätere Leben als Erwachsener, vor allem auf dessen Liebesbeziehungen. Positive wie negative Erfahrungen, aber auch Konflikte besitzen einen formenden Einfluss, weil diese Probleme die frühesten Urformen grundlegender menschlicher Situationen wie Abhängigkeit von anderen und Erfahrung von Autorität darstellen.
Abhängigkeitsverhältnisse, Gehorsam und Unterordnung werden hier geprägt: Und dabei kommt es nicht mal auf das reale Erleben an, sondern wie ein Kind es subjektiv wahrnimmt! Heißt: Jeder trägt sein Päckchen mit sich herum. In Liebesbeziehungen spielen sich dann entsprechend – unbewusste! – Suchtmuster ab.
Oft sind eher Frauen denn Männer gefährdet, co-abhängig zu werden; eben weil sie in der Co-Abhängigkeit unbewusst Muster ihrer eigenen Geschichte verarbeiten: »Ich werde gebraucht, also bin ich«, lautet eines der gängigsten unbewussten Muster.
Doch inzwischen gilt der Begriff auch für (vorwiegend) Frauen, die süchtig nach Partnerschaft, nach Beziehung, nach einem Mann sind.
Dieses Phänomen wurde erstmals 1980 in den USA benannt, als »Co-Dependents«, und beschreibt die Co-Abhängigkeit als eine Beziehungsstörung in dem Sinne, dass wir uns in schädlicher und ungesunder Weise von anderen Menschen abhängig machen. Wir neigen dazu, andere Menschen (Partner, Eltern, Kinder, Verwandte, Freunde, Bekannte, Kollegen und so weiter) als einzige Quelle unserer Identität, unseres Wertes und unseres Wohlbefindens zu benutzen.

Als Symptome der Beziehungssucht werden unter anderem genannt:

1. Ich habe Schwierigkeiten zu erkennen, was ich fühle. (Liebe ich ihn? Brauche ich ihn?)
2. Ich halte mich für völlig selbstlos und dem Wohl anderer verpflichtet. (Ich muss mich um ihn kümmern, er hat doch sonst niemand; ich fühle mich dazu verpflichtet, weil er so viele

schlechte Erfahrungen gemacht hat; was soll er denn sonst tun, wenn ich nicht mehr da bin ...)

3. Ich habe Schwierigkeiten, Anerkennung, Lob und Geschenke anzunehmen. (Der will doch damit irgendwas bezwecken; ich bin nicht käuflich, hält der mich für eine Nutte? Das kann ich nicht annehmen, dann bin ich verpflichtet; das ist viel zu teuer für mich ...)
5. Ich verleugne meine eigenen Werte, um nicht von anderen abgelehnt zu werden. (Es würde seinem Stolz schaden, wenn er wüsste, dass ich einen IQ von 130 habe. Ich belaste ihn nicht mit meinen Problemen oder rede meine Erfolge klein, damit er sich nicht unterlegen fühlt. Ich mache jetzt nicht deutlich, dass ich gern mehr malen oder reisen würde, es aber ihm zuliebe lasse, weil er gern mehr Zeit mit mir verbringen will ...)
6. Ich verbleibe zu lange in für mich schädlichen Beziehungen und Situationen. (... weil ich es versprochen habe, weil er sich sonst umbringt, weil ich eh keinen Besseren bekomme, weil ich so bin, wie ich bin, und es demnach verdient habe, weil jeder einen Mann hat, wie steh ich dann da, weil ...)
7. Ich bewerte Ansichten und Gefühle anderer höher als meine eigenen aus Angst vor Ablehnung und Abwertung. (Er hat bestimmt recht mit seinen Einschätzungen. Ich bin viel zu emotional, ich sollte nicht so empfindlich sein ...)
8. Ich muss »gebraucht« werden, um dadurch meine Lebensberechtigung zu erfahren. (Was will er denn sonst von mir?)
9. Weitere Erscheinungsformen, wie sie für die Psychotherapie von Beziehungssucht angelegt werden:
   - Die Suche eines Partners, der emotional unerreichbar ist.
   - Das Verharren in einer Beziehung, die nur eine Illusion ist.
   - Sich selbst schädigen, um dem Idealbild des Partners zu entsprechen.
   - Demütigungen und Kränkungen ertragen, um den Partner nicht zu verlieren.

- Das selbstzerstörerische Verhalten wird ständig wiederholt.
- Die Herstellung einer glücklichen Beziehung/Familie wird bis zur Selbstaufgabe angestrebt.
- Schuldgefühle machen eine Trennung unmöglich.

Oft sind einer Co-Abhängigen diese Symptome und Verhaltensmuster gar nicht bewusst. Dass sie selbst längst nicht mehr sie selbst, längst nicht mehr authentisch ist, dafür hat sie das Gefühl und die Gewissheit verloren.
Wenn die Gefühle sich abschwächen, wird die Beziehungssüchtige alles tun, um diese Liebe wiederzugewinnen, selbst um den Preis der Selbstaufgabe, indem sie sich ganz mit dem Geliebten und seinen Bedürfnissen und Wünschen identifiziert.
Vor allem Männer spüren diese Sucht erst, wenn sich die Partnerin verabschiedet hat – dann schlagen die Entzugserscheinungen durch, die ihnen die Abhängigkeit vorführen.

Die Beziehungssucht wird durch das Ideal der »romantischen Liebe« gestützt; doch wie alle Süchte hat auch die Beziehungssucht ein Element der Verleugnung: Beziehungssüchtige sehen oft nicht den Zusammenhang zwischen ihrem Schmerz und Leid und der illusionären Qualität, die sie in der Liebe suchen. Als ob das Leben dann einfach nur einfach wäre, glücklich, gesund und jeden Tag wunderbar.
Beziehungssüchtige sind abhängig von Nähe, Geborgenheit und suchen oft jahrelang nach Traumprinzen und Märchenköniginnen. Ansonsten vermögen sie kaum zu leben. »Verlass mich nicht!« könnte das Mantra der Co-Abhängigen lauten, ganz gleich, ob sie in einer einigermaßen funktionierenden oder miesen Beziehung stecken: Um diese Beziehung zu erhalten, fixieren sie sich auf den anderen; »Ich tue alles für dich«, »Ohne dich bin ich nichts« sind zwar in unserer Gesellschaft scheinbar die höchsten Liebesbeweise, aber offenbaren auch eine hohe Verbreitung der Beziehungssucht. Die

Selbstaufgabe wird zur Pflicht der Co-Abhängigen, Freunde kriegen die Liebessüchtigen kaum zu sehen, und wenn, dann nur, um sich deren Kummer anzuhören, wenn der Partner sie mit Liebesentzug straft (weil er auch endlich mal Luft holen will).
Beziehungssucht ist übrigens etwas anderes als sexuelle Hörigkeit – und leider ein größeres Tabu. Eben weil es in dieser Gesellschaft nur zwei Ideale gibt: glücklich allein oder glücklich zu zweit. Über jene, die sowohl unglücklich allein als auch zu zweit sind, redet man ungern.

Anti-Abhängigkeits-Regeln einer Venus

- Die Beziehungssucht erkennen: Gehen Sie noch einmal die Symptome durch, und fragen sich ehrlich, ob nicht mehr als eine Aussage auf Sie zutrifft. Fragen Sie sich auch, wie oft Sie schon gelitten haben auf der Suche nach Mr. Traumprinz, auf den Sie sich dann komplett eingeschossen haben in der Hoffnung, Ihr Leben wäre dann besser – und wie oft Sie schon danebenlagen. Fragen Sie sich, welche Muster bei diesen Fehlgriffen immer wieder auftauchten, welche Defizite Sie versuchten, genau mit diesem Mann auszugleichen. Versuchen Sie, dem Mangel auf die Spur zu kommen, der Sie immer wieder in die Arme eines Partners treibt. Erst wenn Sie den erkannt haben, folgt Schritt 2:
- Sich selbst lieben und das Wagnis eingehen, für eine längere Zeit allein mit sich zu sein. Finden Sie heraus, was Ihnen guttut, Ihnen ganz persönlich. Lesen, Sprachen, Sport, Ehrenamt, was auch immer: Seien Sie nur für sich selbst da. Interessieren Sie sich erst mal nur für sich (ohne deshalb ein Ego-Idiot zu werden; Sie werden es schon schaffen, die Ausgewogenheit zu finden zwischen sozial zu sein und zu handeln wie auch in Eigenverantwortlichkeit nur für sich selbst zu leben).

- Suchen Sie sich Freunde. Richtige Freunde, wenige vielleicht. Dafür brauchen Sie einiges an Zeit, und Freunde wollen gut ausgesucht werden, denn Freundschaften dauern im Zweifel länger als Liebschaften. Der Vorteil ist, dass die erotische Komponente und damit der Druck nach zweisamer Exklusivität fehlen. Keine große Gefahr für eine Beziehungssucht. Fressen Sie Ihre Freundin nicht gleich auf, aber pflegen Sie die Bindung. Die werden Sie nämlich noch brauchen – um sich trotz fehlenden Partners, den Sie sich sonst gleich nach dem Scheitern der letzten Beziehung ans Bein gebunden haben, nicht in Leere und Beziehungs(Sehn)-sucht zu verzehren.
- Versuchen Sie das nächste Mal, wenn Sie sich verlieben, die Rosa-Brille zwar nicht gleich abzusetzen, aber zumindest ein wenig Zeit ins Land gehen zu lassen, um die Alltagstauglichkeit einer Begegnung zu überprüfen. Versuchen Sie, den Menschen so zu sehen, wie er ist, anstatt Eigenschaften in ihn hineinzuträumen, die er gar nicht haben kann.
- Bleiben Sie straight, so wie Sie sind, und denken gar nicht erst darüber nach, wie Sie wohl sein sollten, damit sich der andere für Sie erwärmt. Es hat keinen Zweck, Sie würden es entweder nie herausfinden oder, weit öfter: Es ist eh nichts, was Sie bewusst steuern können.
- Es liegt in der Natur des Verliebten, dass er hofft, die Liebe fürs Leben gefunden zu haben. Aber statt felsenfest darauf zu pochen, dass es jetzt der Mann fürs Leben sei, gewöhnen Sie sich bitte eine »Schauen-wir-mal-wie's-läuft«-Haltung an. Ob er der Mann fürs Leben ist, wissen Sie am Ende des Lebens, nicht nach dem vierten Date.
- Ignorieren Sie nie wieder die leisen Alarmglocken, die sich spätestens in Monat zwei der zart beginnenden Beziehung rühren. Und die wir alle so gern ignorieren, weil: »Kann ja auch nur eine Phase sein« oder »Da werde ich ihn schon noch erziehen« oder auch »Es ist eben nicht alles perfekt«. Nein, perfekt muss es nicht sein, aber

wenn sich das leise Schrillen, die ganz leisen Zweifel häufen, dann sollten Sie nicht einfach in der Beziehung sitzenbleiben und sie weiterhin Ihrem Ideal anpassen, sondern genau beobachten. Achten Sie auf den inneren Alarm, täuschen Sie sich nicht selbst mit Ihren Hoffnungen darüber hinweg! Man muss nicht alles aushalten müssen, um zum Glück zu finden, und das meiste, was Paare am Anfang zu stören beginnt, wird später zum Mörderkrach führen. Wenn genug anderes da ist, um diese Kräche aufzufangen: Machen Sie weiter. Aber wenn es mehr Probleme denn Kraft und Heilungen in der Beziehung gibt: Dann müssen Sie da raus! Auch Ihre Liebe wird Ihnen nämlich nicht helfen, den anderen so umzudrehen, bis Sie es mit ihm aushalten könnten. Das kann Liebe nicht richten.

- Ziehen Sie Bilanz – vor sich selbst! Was können Sie an sich gut leiden, was würden Sie gern ändern? Was würden Sie im Leben sonst noch gern tun außer es damit zu vergeuden, sich für den Richtigen 24 Stunden am Tag bereitzuhalten? Stellen Sie sich vor, Sie bräuchten keine Rücksicht zu nehmen auf das, was andere von Ihnen wollen. Was wollen Sie machen? Reisen? Fremdsprache oder Motorradfahren lernen? Eine Chorgruppe gründen? Sich dreimal die Woche fortbilden? Aufschreiben. Und dann: Tun Sie es einfach.
- Seien Sie gut zu sich. Wo immer, wann immer Sie können. Kein Essen mehr im Stehen, keine Verabredungen mehr mit Leutchen, denen Sie nichts zu sagen haben, sondern kleine Goodies, die Ihr Leben genießbar machen. Kerzenlicht beim Baden, schöne Musik beim Essen, ein frischer Strauß Blumen jede Woche, nur für sich geschenkt.
- Lernen Sie. Wenn Sie Ihren inneren Horizont erweitern, erweitern Sie damit auch Ihren äußeren. Vorteil: Sie treffen außerdem auf Menschen, die sich für ähnliche Dinge wie Sie interessieren und mit denen Sie einen ganz anderen Austausch haben können als mit Traumprinzen und Freundinnen.

- Lauern Sie nicht auf Aufmerksamkeit. Wenn Sie allein, aber nicht einsam sein wollen, gehen Sie in ein Café, aber immer wieder in ein anderes. Schauen Sie nicht, ob wer schaut, sondern hängen Sie Ihren Gedanken und Beobachtungen nach.
- Zusammengefasst: GET A LIFE!

These: Frauen ziehen sich für Frauen an und wollen auch für sie dünn sein

Als mir Elena, die Tochter meiner Freundin Bärbel, erzählte, eine der neuen Freundinnen ihres geschiedenen Vaters habe ihr gesagt, sie sei zu fett, blieb mir fast mein Pistazieneis im Rachen kleben. Denn Elena war zu dem Zeitpunkt zehn Jahre alt, ein Spargelkind mit Hohlkreuz und alles andere als fett, nicht mal ein Pummel, nicht mal ein süßes knuddeliges Babyspeckteilchen. Da pflanzte also eine erwachsene Frau einer noch nicht mal Pubertierenden schon mal eine prima Ess-Störung ein.

Es ist nicht nur diese eine Frau, die ihr Problem weitergibt an ein Mädchen, das nicht mal weiß, wie Body Mass Index geschrieben wird, sondern es sind massenhaft Frauen, die die Körper anderer Frauen beurteilen, sie mit ihren eigenen Körpern vergleichen, um dann wahlweise befriedigt »besser« (sprich: dünner, geschmeidiger, weichere Haut, sonstwas) abzuschneiden oder sich zu ärgern, dass die andere schlanker ist. Ist sie es, dann ist sie demnach also eine Schlampe, eine unterernährte Kuh, bestimmt magersüchtig, oder hat gar noch viel schlimmere Probleme.

Kein Mann betrachtet eine Frau so kritisch wie eine andere Frau!

Wie seltsam es doch ist: Einerseits wollen Frauen dünn sein, andererseits gönnen sie es selten einer anderen. Einerseits behaupten Frauen, es käme auf die inneren Werte an, andererseits verkleiden

sie sich mit Bauchwegstrumpfhosen, falschen Nägeln, toupierten Lippen, verlängertem Haar, aufgerüschten Wimpern und Brusthochquell-BH.
Bitte, jede sollte sich mit Schönheitshelfern umgeben, wie sie mag – aber dann nicht so doppelzüngig daherreden, von wegen Aussehen sei nicht alles, aber gleichzeitig anderen a) das Aussehen neiden und sich b) mehr um das Äußere bemühen als um sich selbst, um das Innere, das, was eine Frau erst zu einem liebenswerten Charakter macht.
Wie oft ist es Ihnen schon passiert, dass Sie einen kurzen Rock trugen und sich freuten, wenn Sie am Zebrastreifen nicht länger als eine Millisekunde warten mussten, bis ein Wagen hielt, um Sie passieren zu lassen? Mit demselben Rock gehen Sie in ein Café, fragen eine andere Frau nach dem Aschenbecher auf dem Tisch, den die Dame augenscheinlich nicht braucht, und er wird Ihnen, nach einem Blick auf Ihre zart bestrumpften Beine unter dem Rock, verweigert? Frauen neiden anderen Frauen die Waffen der Frauen, Männer freuen sich einfach darüber.
Frauen sind es, die darüber urteilen, wie gut eine Figur, wie exakt der Haarschnitt, wie gekonnt geschminkt eine Frau ist – einen Mann würde es nicht länger als zwei Sekunden interessieren, das Gesamtkunstwerk auseinanderzunehmen; bis er registriert hat, was für Schuhe die Lady trägt, wie sie lacht, welche Tönung sie benutzt oder ob ihr Oberteil gerade wohl modisch state of the art ist oder eben nicht. Frauen tun dies genau in den zwei Sekunden, in denen sich ein Mann beispielsweise überlegt, ob er die Dame nun anspricht oder doch lieber nur anguckt.
Wäre die Tatsache, dass Frauen sich nur für Frauen anziehen, für Frauen schminken und für sie dünn sein wollen, verbreiteter, wären Frauenzeitschriften, Kosmetikindustrie und Diätfachpersonal sofort pleite.
Frauen beginnen schon früh, Mädchen zu bewerten. »Süß siehst du aus«, heißt es im Kindergarten, Jungen werden für eine Leistung

gelobt. »Du bist pummelig«, heißt es ab der Pubertät, es gibt bereits Elfjährige, die Diäten hinter sich haben, obgleich sie nicht mal ausgewachsen sind (und ich rede nicht von adipösen Kindern, sondern von normalgewichtigen). Eine Werbekampagne wie die »Straffen Kurven« der Firma Dove konnte nur deshalb so viel Aufsehen erregen, weil sich sonst keiner traut, mit Normalgewichtigen Werbung zu machen. Männer sagen: Jippieh, echte Frauen. Frauen sagen: Ach ja, wie schön, Pummelchen.

Und schwelgen weiter im Ideal der bulimischen Kleiderstange.

Wie Frauen Frauen sehen, hat maßgeblich dazu beigetragen, dass viele von ihnen einen reduzierten Blick auf sich selbst haben, nämlich just nur den aufs Äußere. Frauen kritisieren offen oder weniger offen stets an sich selbst und ihren Innungsschwestern herum – am besten lässt es sich eben doch über das eigene Geschlecht lästern. Frei nach dem Motto »Guck mal, die da ...«: Irgendwas lässt sich doch immer finden, und so gehen Frauen auch oft miteinander um. Viel zu wenige Freundinnen sagen sich gegenseitig, wie wunderschön sie sich finden. Nein, sie sagen: Das Kleid steht dir prima, oder mit der Frisur siehst du klasse aus – doch immer schwingt der Vergleich, das Neidische mit; stets ist es das Äußerliche, was sie loben, oder auch die Kunst, ein Kleid, einen Haarschnitt, einen Gürtel zu finden, den die andere nicht gefunden hat.

Frauen bewundern nicht die Persönlichkeiten von Frauen, sondern wie sie diese einkleiden. Natürlich gilt dabei nicht alles für alle, aber vieles für viele. Auch der Frauen-sind-mehr-Rivalen-als-Freundinnen-Trend trifft nicht auf 100 Prozent aller Frauen zu, nur leider für die meisten.

Viel zu selten loben sich selbst Freundinnen gegenseitig, wie gut sie den Job machen, wie mutig sie Entscheidungen treffen, Auto fahren, den Apfel in einem Stück schälen oder meinethalben mit Kindern umgehen. Frauen sind spärlich in der Anerkennung des Könnens der eigenen Mitgeschlechter, so als ob es nicht zählt, wie eine Frau eine Frau sieht.

Anerkennung finden Frauen – und, bitte sehr, das haben sie sich selbst zu verdanken – erst im begehrenden Blick des Mannes. Der lobt sie, wenn sie gut aussehen. Wenn sie interessante Dinge erzählen. Mit einem kleinen Lob kann ein Mann soviel gewinnen, und sei es das Allerbanalste: Du hast so schöne Augen. Grumpf. Kompliment als Manipulation?

In Ermangelung eines regelmäßigen Lobes von der Mutter, den Freundinnen, Tanten oder Lehrerinnen sind Mädchen, junge Frauen und letztlich dann erwachsene Frauen süchtig nach männlicher Anerkennung. Beobachten Sie sich selbst doch mal – sagt ein Mann Ihnen etwas Nettes, wie Sie aussehen, was Sie alles können, wie Sie lachen, gehen, atmen, stehen – dann finden Sie ihn doch gleich nett. Netter. Toll!

Würden Frauen sich weniger vergleichen, sondern für all das loben, was sie sind, können, denken; würden sie die Kleinigkeiten hervorheben, die die andere besonders und spannend machen – ob das Lachen, die Stimmlage, die Art, beim Reden mit den Händen zu gestikulieren –, ganz gleich: Frauen wären a) nicht mehr so fixiert und abhängig vom manipulativen Lob eines Mannes und würden b) zu einem Selbstbewusstsein kommen, das nicht allein auf Äußerlichkeiten beschränkt bliebe.

Zudem ist ein Lob von einer (heterosexuellen) Frau auch stets enger mit der Wahrheit verbunden und kann so herrlich das Ego streicheln – mehr, als es ein männliches Lob eigentlich vermag, denn da fragt sich die unsichere Frau dann irgendwann doch: Meint er es ernst, spricht er eine Tatsache aus, oder will er mir Honig ums Knie schmieren, um das selbige bald auf seiner Schulter zu plazieren?

Würden sich Frauen gegenseitig mehr loben und bewundern, anstatt sich wie Rivalinnen mit herabgezogenen Mundwinkeln zu betrachten, so als ob sie es sich gegenseitig übelnehmen, wenn die eine nicht dieselben Problemzonen besitzt wie die andere – ach, wäre das Leben schön. Mädchen würden nicht mit zwölf anfangen, heimlich zu kotzen. Junge Frauen würden nicht jedem Idioten glauben, der sie bewundert, und mit ihm vögeln. Erwachsene Frauen würden sich jede Menge Eifersucht sparen, wenn ihr Liebster einer schön angezogenen Frau hinterherguckt und sie ihm beipflichten kann: Ja, sie ist schön. Nur das. Alles andere wissen wir nicht.

Frauen würden sich vielleicht sogar mehr entspannen, was den Sex angeht. Die meisten schleppen ja einen Berg an eingebildeten Makeln mit sich herum, fürchten, dass er ihren Bauch, ihre Brüste, ihren Arsch oder sonstwas unsexy findet. Hätten Frauen nicht diese ständige Selbstmäkelei im Kopf, die nur deshalb lebt, weil sie alle wie alle dünn sein wollen, um besser abzuschneiden, wäre der Sex auch besser.

Denn die Wahrheit ist: Männer interessieren sich nicht für Konfektionsgrößen. Die Handvoll junger Rüden und die wenigen, die noch im Alter idiotisch sind, die auf dicke Titten, flache Bäuche und Konfektionsgröße 34 stehen, sind in der Minderzahl. Und für die wollen wir doch nicht wirklich dünn sein, oder?

Davon mal abgesehen: Männer mögen es, wenn eine Frau weiblich ist. Weich, zum Anfassen, eine, die sich wohl fühlt in ihrer Haut, ganz gleich, wie viele Kilos diese umspannt. Ihnen geht es im Gegenteil auf die Nerven: all das Gelabere um Diäten, Abnehmen, Klamotten, Make-up; und wenn er sagt: »Du gefällst mir«, dann hat sie da immer noch was gegen oder glaubt ihm nicht. Frei nach dem Motto: Er ist verpflichtet, mich anzulügen, denn er liebt mich, und außerdem hat er eh keine Ahnung.

Nur Frauen haben Ahnung, wieviel eine Frau wert ist: je nachdem, wie sie sich kleidet, pflegt, schmückt, schminkt und wieviel sie wiegt. Denken Frauen zumindest; nein, sie denken es nicht, sie haben aufgehört, darüber nachzudenken, woher ihr Wahn kommt, ihre Vergleichssucht, ihr Wettbewerb.

Ach, Frauen, Frauen, wacht doch auf! Das Designerteilchen wird ein Mann nicht als solches erkennen, nur die Kolleginnen! Und im Bett ist etwas anderes gefragt als Perfektion, ein Mann kann eh nicht gut schlafen, wenn er die Schönste im Dorf neben sich hat. Und er kann nicht gut schlafen, weil das unhappy Girl neben ihm, das ständig zweifelt und vergleicht und sich und ihn traktiert, nervt. Er will lieben, leben, fühlen, greifen, vergehen, träumen; will, dass sie empfindet, spürt, mit all ihren 58, 68 oder 88 Kilogramm. Dass sie nicht »Licht aus« quäkt, weil ihr einfällt, Dellen am Po zu haben, na und, wen scheren die Dellen, nur sie, er liebt sie und will seinen Schwanz in sie hineinstecken, ihre Augen betrachten, ihre Hände fühlen; Dellen sind das Uninteressanteste, was es in Momenten von Liebe und Sex gibt.

Es wird oft behauptet, Frauen legen deshalb soviel Wert auf ihr Äußeres, weil Männer eben besser sehen als denken können, oder weil sich Männer häufiger einer hässlichen Frau an der Seite schämen denn einer dummen.

Solche Damen, die das glauben, unterschätzen die Männer. Die Liebe ist etwas, die nicht nach Haarschnitt oder Designerfummel wählt, sondern sie ist Magie. Manchmal ist es eine Geste, ein Lachen, ein nach innen gekehrter Blick, der einen Mann für eine Frau gefangen nimmt. Es ist das herzhafte Lachen oder kleine Hicksen, es ist die Narbe über der Lippe oder der Verlauf ihres Haaransatzes im Nakken – und nichts davon ist steuerbar, verschönerbar, vergleichbar.

Dabei ist es nicht allein das perfektionierte Aussehen, was kickt, es ist das, von dem wir alle wünschten, es wäre sichtbar: der Charakter. Wäre schön, wenn auch Frauen den bemerken würden anstatt nur den kurzen Rock der anderen.

Das haben sie doch immer Männern angekreidet und machen doch selbst nichts anderes ...

Hingabe. Herz. Hirn

Das Leben gleicht einem Buch.
Toren durchblättern es flüchtig;
der Weise liest es mit Bedacht, weil er weiß,
dass er es nur einmal lesen kann.
Jean Paul (Johann Paul Richter), dt. Schriftsteller (1763–1825)

Hingabe, Herz und Hirn: Zuerst habe ich versucht, jedes für sich zu sehen. Doch ich begriff, dass sie alle drei unabdingbar zusammengehören, sich gegenseitig beeinflussen. Das offene Herz erleichtert die Hingabe, die Hingabe beruhigt das ängstliche Hirn und das Hirn denkt nach, bevor sich das Herz in Ängsten verschließt oder unter illusorischen Hoffnungen erblüht. Diese drei Elemente sind die Hauptfundamente, aus denen ein Mensch besteht, der inständig lebt und liebt, die wir brauchen für unsere Persönlichkeit, für das Suchen und Finden des Glücks und um eine Liebe in Partnerschaft zu übersetzen.
Oder denke ich da zu idealistisch? Mal sehen ...

Hingabe

Hingabe ist selten geworden, Kontrolle ist hip. Der moderne Mensch kontrolliert sein Gewicht, seine Aufstiegschancen, sein Aussehen; er kontrolliert seine Kommunikation und auch sein Selbst, weil erst jener, der sich im Griff hat und optimal an seiner Persönlichkeit arbeitet, der bessere Mensch ist.
Ja, danke schön, liebe Welt, liebe Gesellschaft, liebe Psychoheinzelmänner und Chefredakteure, für dieses narzisstische Weltbild! Wie sehe ich aus, wie komme ich an, habe ich alles im Griff, ich packe

mein Leben an, ich sag, wie ich es gern hätte, ich darf alles wollen. Ich, ich, ich.

Vor lauter Selbst-Fixierung ist dabei nur eine Sache komplett abhanden gekommen: die Fähigkeit zur Hingabe. Die Essenz der Hingabe ist es, die Kontrolle fahren zu lassen, sich selbst für einen Moment hinten anzustellen und sich mehr auf den Partner und das Jetzt einzulassen, anstatt sich damit zu beschäftigen, wie man wohl aussieht und ob der Partner einen wohl »gut im Bett« findet, weil man die entsprechenden Stellungstricks und Orgasmusstöhner hinkriegt.

Sich fallen lassen, es laufen lassen, nicht planen, nicht kontrollieren, nicht darauf schielen, »gut« zu sein oder gut auszusehen, sondern bereit sein, zu fühlen, zu verschmelzen, sich hinzugeben, aufzulösen, die Grenzen für den Moment fallen zu lassen, um sich näher als nah zu sein: das alles hat der moderne, sexuell befreite Mensch reichlich und gründlich verlernt.

Hingabe bedeutet, sich mit allen Sinnen und aller Kraft für ein Ziel einzusetzen. Können Sie sich für ein Hobby und oder eine Aufgabe so begeistern, dass Sie Raum und Zeit um sich herum vergessen?

Genauso sollten Sie Sex haben. Diese Kunst der leidenschaftlichen Hingabe ist selten geworden. Ein Mangel, der an der zunehmenden sexuellen Lustlosigkeit die Hauptschuld trägt. Im Reizüberangebot fällt es schwer, Ablenkungen zu ignorieren. Die Werbung hat uns daran gewöhnt, nach wenigen Sekunden schon unsere Aufmerksamkeit einem neuen Objekt zuzuwenden. Wir küssen und denken schon an die wichtige Kundenpräsentation morgen – vielleicht auch an den attraktiven Assistenten, den wir da treffen werden. Wer sich an den Brüsten seiner Partnerin erregt, vergleicht sie unwillkürlich mit all den perfekten Brüsten aller Playboy- und sonstigen Models, deren Bilder er je gesehen hat. Und auch sie hat diese Bilder im Hinterkopf.

Wir betreiben Kulte der Selbstinszenierung. Unsere eigene Wirkung in den Augen des andern ist uns wichtig. Solange wir darauf achten,

sind wir unfähig, uns vollkommen gehen zu lassen. Der perfekt vorgespielte Orgasmus wird wichtiger als der tatsächlich erlebte.
Was ich mich frage, ist: Haben Frauen ihre Opferhaltung gegenüber Sex (oach, jetzt will er schon wieder, nach kaum drei Monaten, na gut, lass ich ihn halt mal ran) kultiviert, weil

a) Männer sich keine Zeit nehmen, die erotischen Welten einer Frau auszuloten? Sprich, haben Frauen aufgrund von zuviel miserablem Sex (und den können wir unterscheiden in Geht-so-Sex, Zufrieden-Sex, Geiler-Sex, Zärtlicher-Sex, Kuschel-Sex, Mist-Sex, idiotischer und überflüssiger ... und so weiter) keine Lust mehr auf Sex? Oder weil
b) Frauen eifersüchtig ihre Gelüste hüten, weil sie sonst Identitätsprobleme bekommen (Huch! Ich will Sex! Keine anständige Frau will freiwillig Sex! Er könnte mich für ein Luder halten! Verlassen und statt dessen eine hygienisch einwandfreie andere Lustlose heiraten! Und die Nachbarn erst!)? Oder weil sie
c) die Verweigerung oder das Nachgeben als Druckmittel einsetzen?

Ich wäre nicht damit einverstanden, nur alle zwei Wochen oder gar zwei Monate mit meinem Gefährten zu schlafen. Und mir kann keiner erzählen, dass Frauen das weniger lustvolle Geschlecht sind, auch wenn es jene gibt, die alle zwei Monate für ausreichend halten!
Liegt es an den unterschiedlichen Welten der Erotik? Männer mögen (nicht alle, aber sagen wir: die meisten) »Rambadamm, thank you Ma'am«. Sie benötigen eine Gelegenheit, wollen die aufschäumende Welle an Begierde sofort ausleben und nicht noch hundert Jahre Vorspiel betreiben.
Frauen (nicht alle, aber die meisten) mögen ein Drumherum und Vorglühen. Flirt und Bewunderung und Begehrtwerden und ein kleines Spiel, mal mit Kerzen, mal ohne, Verführung, patati, patata –

und warum? Weil sie sonst den Kopf nicht ausschalten, der pausenlos rumort: Wie sehe ich aus? Muss ich pupsen? Sind die Kinder im Bett? Wovon soll ich die Steuern bezahlen? Ist das mein Fußnagel, der da gerade das Satinbettlaken aufreißt? Hoffentlich brauche ich heute nicht so lange. Hoffentlich kann ich heute überhaupt kommen. Mist, jetzt denke ich schon wieder, anstatt zu fühlen, okay, Entspannung, RELAX! Verdammtnochmal! Hallo, die Klitoris ist da weiter links, ja, ja ... irks, fast, Du, Schatz, machst du mal das Licht ... nein, schon gut, macht nichts.

Einige Männer mögen ab und an Drumherum, manche Frauen mögen ab und an Rambadamm; schön ist es, wenn sich das trifft.

Was aber fehlt, so meine Ansicht, ist:

Erstens: generelle übereinstimmende erotische Präferenzen (wenn beide zum Beispiel Rough-Rambadamm-Sex mögen, ist es schon besser, als wenn der eine Streichelzoo bevorzugt und der andere liebend gern mal lauthals »Putain! Baise-moi, forcement« (oder so) schreien möchte.

Zweitens: Kommunikation. Die wenigsten Wünsche sind ach so verdorben, aber dennoch schweigt man sich gegenseitig aus. Wer weiß, vielleicht hat die freudlose Madame Wünsche, die gar nicht so exorbitant absurd sind, wie: »Bade mich, kneif mir in die Brustwarze, küss mich währenddessen ununterbrochen, dann ginge es mir besser.« Doch sie schweigt lieber und winkt ab, wenn es um Sex geht. Doch wo geschwiegen wird, entwickelt sich nichts.

Sich fallen lassen, hübsche Idee – aber wie? Mit Einfühlung, Neugier, Intuition

Hingabe ist, wenn beide einander meinen; alles andere hat nur was mit Konsum zu tun. Sex, Romantik, Verführung – das findet alles in Zweisamkeit statt und ist keine Showeinlage, um sich zu beweisen.

Aber bevor es hier zu kryptisch wird: Intuition ist eigentlich das einzige, was man braucht, um eine ganz eigene Paar-Romantik zu (er)leben und sich seine eigene Hingabe zu erobern. Erst recht im Bett, oder gerade da – eben die romantische, physische Seite der Beziehung, bei der Romantik alles andere als Kuscheln bedeutet. Sondern vielmehr die Fähigkeit zu verschmelzen. Und das gelingt oft nur mit dem Gespür für sich, für ihn, für die Situation.
Was wäre Sex ohne die Magie der Gefühle, der EINFÜHLUNG? Eine rein sportliche Angelegenheit. Das heißt jetzt nicht, dass Sie nur dann hingebungsvoll sind, wenn Sie in romantischer Liebe und streichelzartem Tatati schwelgen. Obwohl eine gewisse Grundsympathie nötig ist: Keiner will als Lustkrücke dienen. Es gibt eben doch den Unterschied von »Ich will DICH« statt »Ich will Sex«. Wenn beide tatsächlich sich beide meinen.
Intuition gleich Sexappeal ist gleich Sinn für Hingabe: Es ist das Gespür für Handlungen, Worte, Action und dafür, was der andere will. Manchen Männern fehlen diese Antennen – wenn sie wieder mal stoisch vor sich hinstöpseln, obwohl eine Slow-Einlage mit Augenkontakt gewünscht wird. Manchen Frauen allerdings auch – schrubben seinen Ladyrocker im Megatempo und registrieren nicht, ob er sich nicht mal in süßer, quälender Langsamkeit ergeben möchte.
Hinhören, hinsehen, hineinversetzen, um feine Körpersignale zu verstehen: Drängt er sich an Sie? Dann will er härter angefasst werden. Bleibt er genießerisch liegen, seufzt, schließt die Augen? Sanfteste Fingerspitzen sind verlangt! Vielleicht ist es bei Ihrem Schnukkel auch ganz anders – aber um auf ihn reagieren zu können, müssen Sie ganz da sein, um seine Signale zu verstehen. Sich beantwortet zu fühlen, das lässt Männer schwelgen in: »Wow, sie ist sooo gut im Bett ...« Und nicht: Oh, sie sieht so gut aus und schreit an der passenden Stelle.
Diese Fähigkeit startet im Kopf. Aber wie weit denken Sie? Lassen Sie unerlaubte Wünsche zu? Den Zensor im Kopf zu killen ist die größte Herausforderung für Intuition, Sexappeal und Hingabe. Sie

müssen für sich unterscheiden: Was ist für mich interessant oder abturnend und was nur eine Fremdmeinung, eine feige Angst, die viel zu bequem macht?
Könnten Sie die Augen schließen, neben ihm liegen und sich zusammen laut phantasierend eine Welt erschaffen? Ein Hotel, ein Zimmer, eine Begegnung, die in der Realität unmöglich wäre (oder würden Sie nackt unterm Pelz durchs Foyer gehen?!) – aber die Ihnen eine Szenerie schafft, in der Sie beide intime Details erdenken. »Was-wäre-wenn ...«-Spielchen sind ebenso geeignet, das Rotlichtmilieu zwischen den Ohren zu entwickeln. »Was wäre, wenn ... wir beide nachts in einem Hamam eingeschlossen wären? Uns jemand einen Campingbus, vollverspiegelt, schenken würde? Welche drei Dinge aus einem Sexshop würdest du mit auf eine einsame Insel nehmen?«
So können Sie die Bildermaschine im Kopf anwerfen und ihn nach und nach frei machen von dem, was sich gehört, oder von Bildern und Techniken, die sich schick lesen, aber nicht zu Ihnen passen. Niemand wird es je hören, sehen, nur Sie beide. Und auf wen kommt es sonst an?
Seien Sie bei aller Mühe, Ihren Zensor zu killen und Ihre Intuition für seine Bedürfnisse und Situationen zu stärken, nicht zu streng mit sich – gerade der Bereich Phantasie und Intuition ist nicht auf Knopfdruck abrufbar. Das braucht Zeit, und einen Mann, der ebenso Lust auf Hingabe hat; mit dem Sie vielleicht gemeinsam, über die Zeit, ein immer intimeres, erfüllenderes Sexleben erfahren können. Denn ja, auch wenn's nervt: Hier ist er wieder, der Zeitfaktor. Es braucht seine Zeit und einen Mann, mit dem Sie generelle Grundbedürfnisse teilen, wie Samuel, das erste Mal ein Callboy, und Katharina, die das erste Mal einen Callboy bestellt, weil sie hofft, sich dann nicht zu verlieben ...

Katharina beobachtete den Fremden. Sie mochte, wie er roch, und dass seine Hand warm und trocken war. Er schien zu wissen, was er mit seinen Händen machte. Ob Samuel sein richtiger Name war? Seine

Augen waren das Beste an ihm. Als ob er den ganzen Himmel in sich trug. Wimpern, für die andere töten würden. Aus seinem weißen Hemd lugten am Halsansatz Härchen hervor und ein kleines, silbernes Kreuz. Es passte zu ihm. Sie stieß mit ihm an. »Ich heiße Katharina.« In das Echo des Klirrens ergänzte sie: »Und ich bin völlig normal gepolt. Keine Gewalt, kein Beschimpfen, keine Toys. Das Geld liegt da drüben. Ich will nichts Besonderes. Eigentlich nur Liebe.«

Die Stille nach dem unerlaubten Wort war nicht unangenehm. Er lächelte, und es ging eine kleine Sonne in seinem Gesicht auf. Katharina spürte, wie sie errötete. Sie hatte nicht nachgedacht, nur geredet. Es fühlte sich seltsam an, über das zu reden, was sie wollte. Als ob sie das erste Mal überhaupt den Mund aufmachte, um über ihre Wünsche zu reden, und nicht um zu fragen, wie er's denn gern hätte. So, wie sie es sonst gehalten hatte. »Ich meine nicht wirklich Liebe, ich meine … weißt du, was ich meine?«

Er hatte keine Ahnung. Und nickte.

Er trank sein Glas aus und stand auf. Liebe. Gut. Er würde einfach so tun, als ob er sie liebe. Und wenn es nur für diese Nacht war, es sollte sich wie für immer anfühlen.

Er streckte ihr die Hand entgegen und zog sie an sich, um mit ihr zu tanzen. Er wollte sich an ihren Körper gewöhnen. An ihren Duft, ihre Bewegungen. Er stellte sich vor, dass er ihr gerade einen Heiratsantrag gemacht hätte und sie ja gesagt hatte.

Katharina spürte, wie die Spannung nachließ. Sie mochte die Nähe zu seinem Körper. Sie spürte seine Hand an ihrem unteren Rücken, die andere, wie er ihre Finger zu der Stelle über seinem Herzen legte. Es war schön, so zu tanzen. Sein Gesicht glitt an ihrem Haar entlang, als er einatmete, übergoss sich ihr Nacken mit einer Gänsehaut, raste an ihrem Bein hinunter. Sie hatte plötzlich Lust, sich von ihm küssen zu lassen.

Seine Lippen berührten ihr Wange, ihr Kinn. Als sie die Augen öffnete, hoben sich im selben Moment seine Lider. Sie sahen sich einen Moment in die Augen, bevor er sie küsste.

Wenn er so vögelte, wie er küsste, würde sie ihn nie vergessen. Er hatte sie mit Liebe geküsst. Liebe, die dann von Lust eingeholt wurde. Er hatte wirklich sie und ihre Lippen gemeint und nicht nur Küssen simuliert, wie es andere getan hatten. Und nur einmal hatte die Spitze seiner Zunge die Innenseite ihrer Oberlippe gestreift, ganz zart.
Samuel hatte das Gefühl, zum ersten Mal in seinem Leben wirklich geküsst zu haben. Wie sie ihm entgegenkam. Wie ihre Lippen sich seinen anglichen, wie lebendig sie waren.
Einem Impuls folgend nahm er sie mit einem Schwung auf die Arme und trug sie, wie ein Mann seine Braut tragen würde, auf das Bett, legte sie behutsam ab und hielt sie immer noch so in den Armen, als sie sich weiterküssten.
Nach Stunden, nach einer Ewigkeit, begann Katharina zu wispern. Sie fühlte sich so sicher bei ihm, dass sie ihm sagen wollte, musste, konnte, was sie wollte. »Zieh mich aus, bitte«, und er tat es. Je ein Stück von ihr, je ein Stück von ihm, sie musste nichts tun, nur zwischendurch küssen, dringend, und sich nach Hautkontakt sehnen.
Er zog sie aus, bis auf ihre Stockings. Mit jedem Strich über ihre Haut, überall, fühlte sie sich schön. Endlich hatte sie mal Zeit. Endlich wurde ihr mal die Zeit gelassen, die sie brauchte. Keine Hektik, dass sie sich beeilen musste, auf Touren zu kommen, bevor die Sache bei ihm schon wieder vorbei war. Sie durfte genießen. Er berührte sie so, wie sie sich selbst berührte, wenn sie mit sich allein war. Als ob er von keiner Stelle genug bekommen könnte. Er genoss es zu sehen, wie sie reagierte. Als ob sie ihn mit jeder Regung beantwortete. Ihr kleines Lustzittern, wenn er ihren Hals liebkoste. Das Heben ihrer Hüfte, wenn er mit beiden Händen links und rechts an ihren Innenschenkeln entlangfuhr. Ihre Hände, die nach ihm griffen, um ihn näherzuziehen, als er mit seinem Mund ihre weichen Schamlippen behauchte. Ganz vorsichtig geht er mit ihr um, öffnet sie und will nichts mehr, als sie zu verführen –weil sie sie ist. So riecht. Sich so bewegt. Weil sie so natürlich ist und etwas in ihm zum Fließen gebracht hat.
Er malte kleine Kreise auf ihrer Perle, küsste ihren Mund, ihre Zungen

berührten sich. Er registrierte in jeder Sekunde, was ihr Körper tat. Jetzt spannte sie ihn an, und er ahnte, er hatte den Punkt gefunden. Sie drückte die Fersen in die Laken, streckte die Beine. Ihr Venushügel wurde fester, enger. Ihre Küsse atemloser, sie hatte die Augen geschlossen. Sein Schwanz drückte sich an ihre Hüfte, wie er so neben ihr lag.

Sie kam in seiner Hand. Und öffnete die Augen, sah ihn an.

Samuel hatte das Gefühl, ein Geschenk zu bekommen.

Katharina ließ sich von ihm halten. Er war ganz bei ihr, immer noch.

»Ich will mit dir schlafen«, sagte sie. Und lauschte den eigenen Worten nach. Das hatte sie noch nie zu einem Mann gesagt, meist war es in tonloser Stille geschehen, oder mit einem Schwall obszöner Worte.

Er legte sich zwischen ihre Beine, sah sie an, küsste sie. Drängte sich nicht gleich in sie, sondern umfasste seinen Schaft an der Wurzel und ließ seine Spitze zwischen ihren Rosenblättern auf und ab gleiten. Er wollte den Moment davor auskosten. Der kleine Moment davor, der ihm nicht lang genug dauern konnte, mit ihr. Wie sie ihn ansah. Wie diese Flämmchen in ihren Augen tanzten, auch wenn er wusste, es war der Widerschein der Kerzen. Ihre dunkelbraunen Brustwarzen. Ihr kleiner weicher Bauch. Alles war rund an ihr, alles, und es schmiegte sich alles so warm in seine Hände. Jetzt umschlang sie ihn.

»Komm«, sagte sie, »bitte.«

Er glitt hinein. Sie war so warm. Ihre Sunny war gleichzeitig fest und doch so weich. Was machte sie mit ihren kleinen Muskeln? Als ob sie ihn tief in sich küsste, festhielt. Er sah an sich herab. Wie er sich in ihr bewegte.

»Lass mich dich lieben«, raunte er und fragte sich, ob er wirklich gesprochen hatte, mit dieser Stimme.

Und dann liebte er sie. Begann, zwischen ihren Beinen hin und her zu rutschen, nur ein bisschen, um sie mit seinen Bauchmuskeln dort zu erreichen, wo vorhin seine Hand lag. Er hatte den Punkt einmal gefunden, er wollte ihn ein zweites Mal finden.

Diesmal schrie sie, als sie kam. Und weinte. In ihr Weinen hinein stei-

gerte er sein Tempo und ließ los. Auf dem Gipfel keuchte er ihren Namen. Katharina.

Er würde ihn nie vergessen. Und in diesem Moment wusste er, dass er liebte. Und dass es egal war, ob Liebe für immer oder nur eine Nacht dauerte.

Sich die Zeit nehmen, die man braucht, ist das eine; wichtig sind darüber hinaus: Experimentierfreude, Initiative, Risikolust. Wer sich bewegt, bewegt auch andere. Wussten Sie. Und Sie wissen auch: Das ist mühsam. Und birgt allerlei Gefahren. Man könnte ausgelacht, abgewiesen werden ... es gibt tausend Gründe, sich nicht zu bewegen. Und einen, warum es sich lohnt, über Ihren Schatten zu springen: Guten Sex kriegen Sie nur, wenn Sie ein sich hingebender Teil davon sind.

Deswegen müssen Sie den Mut aufbringen, sich in Frage zu stellen: »Was tue ich wirklich dafür, um zu bekommen, was ich will – und welchen Anteil habe ich an dem, was ihm guttut?« Warten Sie seit Jahren still auf den Urknall? Oder kümmern sich nur um ihn? Warten erst einmal ab, was er so bietet, bevor Sie sich aufraffen zu mehr? Und was ist Ihnen wichtig im Bett: sich begehrt zu fühlen? Das könnte hinderlich sein. Wer im Bett Wert auf Selbstbestätigung legt, hat ein Problem mit seinem Ego und wird nicht so rasch die Magie von »aus zwei wird eins« spüren können, die in herrlichen Momenten von Sex entsteht.

Überprüfen Sie Ihr Rollenverhalten: Warten Sie, dass er sich rührt, oder verführen Sie eifrig wie ein Duracellhase? Warum hat sich das so eingependelt, und entspricht das Ihren Bedürfnissen? Was hält Sie ab, den ersten Schritt zu tun, obwohl Sie wissen, dass sich 90 Prozent aller Männer ein Bein für Ihre Initiative abfreuen würden? Was würden Sie sich von einer Änderung der Rollen erhoffen? Ihre Antworten werden Ihnen den Mut geben, den Sie brauchen, um das bisherige Muster zu knacken. Sinn der Übung: Neues macht an!

Schaffen Sie sich dazu kleine Mutproben. Probieren Sie Sex-Tips aus, anstatt nur in Gedanken damit herumzuspielen. Fragen Sie, ob es ihm gefällt, ob er Ihnen die Hand führen könnte. Suchen Sie sich Anregungen, und kaufen dieses schön-schmutzige Buch endlich, um das Sie herumschleichen. Stoppen Sie ihn, wenn er wieder an die falsche Stelle patscht. Legen Sie sich allein ins Bett und sprechen sich laut vor, was Sie gern hören. Wenn es Sie anmacht, wagen Sie es, ihm einen Satz zu verraten. Haben Sie keine Angst vor der Pleite, denn: Es gibt nichts, was man falsch machen kann. Es sei denn, Sie tun es nicht! Oder wollen Sie etwa am Ende Ihres Lebens (oder Ihrer Beziehung) dastehen und bedauern, etwas nicht ausprobiert zu haben? Eben. Reinfälle wird es wahrscheinlich geben, wenn Sie sich hingebungsvoll seinen Zehen widmen, weil er gestern dort extrem reagierte, aber heute lieber am Schwanz gelutscht werden möchte. Na und? Dafür gibt's auch genauso viele O-là-là-Momente, von denen Sie heute nicht ahnen, dass sie möglich sind.
Voller Hingabe werden Sie nicht lieben, wenn Sie den sicheren, aber routinierten Weg zum Gipfel suchen. Trauen Sie sich, auch auf den ersten Blick absurde Sachen (Mascarponecreme auf den Brustwarzen? Abendkleidung im Schlafzimmer? Auf ihm sitzend einen Whisky trinken?) zu testen. Überraschen Sie ihn. Und sich.

Herz

Man kann Mitleid haben mit Leuten, die leiden, aber nicht mit denen, die so tun, als ob sie glücklich sind.

Was passiert wohl, wenn man Mann und Frau als Kollegen jeden Tag acht Stunden in einen Raum sperrt und sie allein lässt, und das über Jahre? Genau, sie küssen sich auf Weihnachtsfeiern. So eine Party folgt stets einer unsichtbaren Regie: Die Humorbeauftragten intonieren gegen 22 Uhr erste Kanons oder setzen sich gar lustige Rentiergeweihe auf. Ab 23 Uhr versuchen sich die konsequenten Selbstbewerber mit dem Chef zu verbrüdern, indem sie an den richtigen Stellen lachen, und vergessen dabei: Nach unten schlafen kann man sich auch. Gegen 1 Uhr finden sich die Gelegenheits-Pärchen, die sich versehentlich, aber um so verzweifelter beküssen, um dann ein Jahr an der Vertuschung zu arbeiten. Übrig bleiben die Sehnsüchtigen, die nach dem fünften Rotwein unterm Tisch und nach dem sechsten nicht unterm Abteilungsleiter liegen, sondern allein und trunken im Bett, das nie leerer erschien.

Und genau das sind die Nächte, in denen sich die Schatten des Winters in den Fensterecken der Seele einnisten. Wenn uns nichts mehr bedeutet als ein zweiter Herzschlag, der beweist: Ich bin da. Für dich. Du bist nicht allein.

Das Herz ist zu Hause angekommen.

Es ist dieselbe unlogische Sehnsucht, die einen befällt, wenn sich der Blick auf der Straße mit einem Unbekannten kreuzt, über die Schrecksekunde hinaus. Wie wäre es, das Leben, mit dir, Fremder? Bleib stehen und stell dich, unbekannte Möglichkeit, zu leben, zu lieben und den Seelenwinter zu lindern, mit dem erlösenden Gefühl, angekommen zu sein. Zweisam, jetzt, wenn die Stadt so hell leuchtet, als ob ein Kind alle Lichter anknipst, weil es sich fürchtet. Fürchtet, niemanden zu finden, dessen Gesicht es am Ende sehen will, bevor es für immer die Augen schließt.

Hätten wir uns füreinander entschieden, Fremder, wäre unsere Liebe jene, nach der ich mich in Schattennächten verzehrte? Du, Kollege, Chef, Verzweiflungsküsser, Selbstbewerber; oder du, irdischer Engel, der mit Kunstflügeln behangen im Hamburger Hof Rabatt-Flyer verteilt und dein Lächeln an hektische Passanten verschwendest?

Hast Glück, Engelchen, dass du nicht aus dem Himmel gefallen bist, denn Engel sind dazu verdammt, stets allein zu fliegen.

Für Menschen gilt dies nicht.

Eine Venus ist wie ein Zuhause. Im besten Fall

Und er sagte zu ihr: »Ich liebe dich. Ich will dich. Du bist die Begegnung meines Lebens. Du bist meine Liebe. An deiner Seite bin ich der glücklichste Mann der Welt. Ich will der letzte Mann sein, mit dem du schläfst, und du sollst die letzte Frau sein, mit der ich schlafe; und wenn es doch passiert, dass es anders kommt, dann werde ich bis dahin die Zeit meines Lebens haben. Heirate mich, wieder und wieder. Lass uns zusammen jung bleiben, bis wir steinalt sind.« Er meinte sie, diese Worte. Es war seine Wahrheit. Er war angekommen. Und sie? Hieß ihn willkommen.

Das unbedingte Gefühl, in einer Frau ein Zuhause gefunden zu haben, treibt Männer dazu, heiraten zu wollen. Oder zumindest soviel von dieser Frau aufzunehmen, wahrzunehmen, damit sich ihre suchende, müde Seele niederlassen kann, damit er sich ausruhen kann von all dem Verstecken, Verbiegen, Rechtmachen, Ungenügendsein.

Sich bei einer Frau zu Hause zu fühlen ist nicht, daheim bei ihr zu sein, ist nicht die Heimat, die das Vergangene beschwört, das ist nur ganz und gar sie. Es fühlt sich an wie ankommen nach einer langen Reise gen sich selbst. Es ist der Ort, wo ein Mann sein Herz spürt, wo die inneren Höllenhunde – die Angst vor einer Beziehung, einer Verpflichtung, einer Lebensänderung, vor Verantwortung, vor Intimität und Nähe – schwinden; wenn diese Kläffer der männlichen Seelentiefen endlich gähnen dürfen vor Erschöpfung, die ganze Zeit um sich beißen zu müssen.

Zu Hause ist das, woran ein Mann denkt, wenn er geht und sich nicht umdrehen muss, um zu wissen, dass es da ist. Auch wenn er nicht da ist.

Es ist ein Gefühl, am richtigen Ort zu sein, mit der richtigen Frau, die nicht den Mund verzieht, wenn er so ist, wie er ist. Wo er willkommen

ist und keiner fragt, wo zum Teufel er gesteckt hat. Die Frau, die sein Zuhause ist, ist die, wo er vor Glück heimlich weint und genau weiß, dass sich jede Träne niederlassen und ausruhen kann.
Für diese Gefühlsregung gibt es keine Regel. Es ist fast unplanbar, dieses Zuhause für einen Mann darzustellen, abzubilden; es ist eine Sache der Passung. Wenn es mit Ihnen beiden passt, werden Sie seinem Herz ein Zuhause geben. Wenn Sie bereit dafür sind, nicht nur zu lieben, um geliebt zu werden (denn darin steckt schon wieder das Nehmende), sondern wenn Sie lieben um des Liebens willen, weil Sie diesen Mann lieben.
Es ist eine ganze Menge Uneitelkeit nötig und auch das Loslassen diverser Minderwertigkeitskomplexe, um »einfach so zu lieben«. Denn es heißt Akzeptanz, Respekt und die Fähigkeit, jemanden so zu lassen, wie er ist. Und ihn dann nicht *trotzdem*, sondern *sowieso* zu mögen, zu lieben, mit ihm umgehen zu können. Wenn es Ihnen ganz leichtfällt, mit ihm umzugehen, um so besser – dann sind Sie es bereits, sein Zuhause.
Man kann dieses Zuhause nicht vorspielen durch ein Übermaß an vorgetäuschtem Verständnis, durch geschickte Manipulation oder dramatische Liebesbeweise. Es beweist sich im täglichen Umgang, in jedem Wort, in jedem Blick. Das kann man nicht trainieren und muss man auch nicht, wenn es soweit ist. Es fällt ganz leicht. Es ist unplanbar.
Und deswegen ist es so schwer zu finden, das Zuhause, in einer Frau – oder in einem Mann. Weil es nicht dem Willen unterliegt, jemandem ein Seelen-Heim zu bieten, sondern dem Zauber der passenden zwei. Wenn zwei sich gefunden haben, deren Eigenschaften, Neurosen, Macken, Lebenseinstellungen, Handlungen zueinander passen und sich nicht gegenseitig furchtbar einschränken oder Energie saugen.
Manche suchen lange nach diesem Zuhause, diesem Gefühl, bei dieser Person richtig zu sein, gesehen zu werden und in ihrer Eigenheit geliebt und akzeptiert zu werden. Ohne sich Gedanken darum

machen zu müssen, sich zu ändern, um ganz und gar gewollt zu sein.
Doch die Suchenden suchen nach einer Person, die das Suchen beendet. Und bleiben häufig trotzdem 20 Jahre beieinander und suchen dennoch; derweil vertreiben sie sich nur die Zeit miteinander. Oder mit Ablenkung.
Vielleicht ist es noch nicht mal hilfreich zu wissen, was genau man sucht oder wie genau das Herzens-Zuhause auszusehen hat; denn dann geht es einem wie beim Shoppen: Vor lauter Überangebot weiß man entweder nicht, was man will, oder richtet sich zu sehr nach Trends, Tips und fremden Meinungen oder schlicht nach ein paar äußeren Koordinaten.
Also wird weiter gefahndet, die Hoffnung aufs Finden nicht verloren. Und langsam wandelt es sich, das Suchen: Es wird das passend gemacht, was da ist, eine Begegnung wird dem Ideal angepasst, vergeblich; anstatt sich von einer idealen Begegnung überraschen zu lassen.
Schwierig, diese Suche nach dem Zuhause, und doch so einfach: Die meisten fanden in dem Moment ein Zuhause, als sie aufhörten zu suchen, und ihre Wunschliste, wie sich das Zuhause anfühlen sollte, wie es aussieht, wo man es trifft, wie es sich verhalten soll, vergaßen. Erst dann konnten sie sich einlassen, auf ein Zuhause, dass überhaupt nicht so war, wie sie es sich stets vorstellten; das nicht ins Raster ihrer Suche passte. Sondern ganz anders war. Sie haben nach einem Traumgesicht Ausschau gehalten, in deren Augen das Versprechen liegt: Ich bin's. Doch das Gesicht gibt es so nicht.
Und vor allem: Man weiß es nicht sofort, wenn der Mensch, der das Gesicht trägt, mit dem man nicht gerechnet hat, vor einem steht. Mit ein bisschen Glück und Zeit fällt es einem dann allerdings auf.

Lassen Sie sich anrühren

Auch wenn es konventionell ist, so ist es schön, gewisse Tage zu zelebrieren – schließlich ist nicht alles verwerflich und rückständig, nur weil es konventionell ist ... Weihnachten zum Beispiel:

Die Bäume schüttelten sich, als ob Gottes Boten in ihnen säßen und Zeichen geben wollten. Gleich ist Weihnachten, und unter den Boten saß die Liebe und sah sich um. Betrachtete jene unter den Menschen, die die letzten Einkäufe erledigten, als trainierten sie für den Winterschlussverkauf. Sah anderen ins Herz, die dem Leben beim Vergehen zusehen und zu stark sind, sich hinzugeben, und zu schwach, um zu vertrauen. Sie seufzte beim Anblick jener, die behaupteten, ihr Sofa nicht nach dem Fernseher und ihr Leben nicht nach der Romantik auszurichten, und bei diesem Seufzer bekamen die Gefühlsmaskierten Schluckauf.

Die Liebe wusste, dass die meisten auf sie hofften, aber die wenigsten glaubten, dass sie ausgerechnet am Heiligsten der Abende vorbeikommen würde. Um das alte Land Bitterkeit zu roden und die geweihten Nächte mit Freude zu versehen.

Es wurde viel zu wenig gelacht zu Weihnachten, dachte die Liebe und ging weiter durch Hamburg, dem 24. Dezember entgegen. Sie freute sich über jeden, der sich zu einem Baum bekannte, zu einer Liebe, und der auf die Abwesenden trank.

Wer würde wohl wem einen Antrag machen?, grübelte sie, während sie auf den Stufen von St. Michaelis den Frost schmelzen ließ. Würde Hannes seine Natalie fragen? Jens seine Madeleine? Sascha seine Wilma? Und empfanden Gänse, Wiener Würstchen und strapazierte Gallenblasen Weihnachten auch als Tag der Erlösung?

Die Liebe fing eine geweinte Träne aus Bergedorf auf und gab ihr einen Namen, während Windbälle über den Hafen rollten und an Masten zerrten. Die Liebe wusste, es gab zu Heiligabend diesen einen Moment. Wenn der Wind schwieg, die Welt den Atem anhielt. Meist gegen 23

Uhr, so hatte es die Liebe von ihrem Vater, der Hoffnung, gelernt. Dann spiegelten sich in den Fenstern die Wünsche der Liebenden, wurde ein Kind geboren, ging der Frieden durch die Stadt. In seinen Schritten sammelt sich Musik und das Lächeln des Schöpfers. Wenn wir ausatmen, sehen wir es als weißes Wölkchen.

Wurden Sie eben berührt? Oder fanden Sie es zu dramatisch, zu schwülstig, zu ... na, eben zu emotional und kitschig?

Es ist nicht einfach, sich anrühren zu lassen. Sich zu bekennen, manchmal schon beim Werbefernsehen zu weinen, weil die Scheiß-Merci-Werbung läuft, weil man spürt: Tief in mir wird eine so große Sehnsucht durch einen kleinen Satz – »Merci, dass es dich gibt« – angetickt. Meine Sehnsucht, auch dankbar sein zu wollen, dass es jemanden für mich gibt, oder dass jemand dankbar ist, dass es mich gibt für ihn.

Sich diesen Sehnsüchten und Emotionen hinzugeben, ist für viele wie die Aussicht auf eine Wurzelbehandlung. Nur dass sie nicht vorbeigeht.

Empfindsamkeit, Sensibilität, die Fähigkeit, jemanden dicht an sein Herz zu lassen, scheint einerseits verlockend und gleichzeitig der Horror überhaupt. Jemanden nah an sich zu lassen hieße nämlich, dass es dann richtig weh tun könnte, wenn es vorbei ist. Das will ich nicht ertragen! ruft das ängstliche Herz, das schaffe ich nicht, dann ist es, als ob ich mal ins Paradies reinschauen durfte, bevor ich wieder rausgeworfen werde. Das will ich nicht, dann lieber nicht reingucken; was ich nicht kenne, werde ich nicht vermissen, was ich nicht zulasse, wird mir nicht weh tun.

Was hat die Rührungs-Verweigerer so hart gemacht? Das Leben? Sie selbst? Zu oft auf die Fresse gekriegt zu haben, just in dem Moment, wo man das Türchen öffnete und jemanden tief in sich hineinließ, dorthin, wo man ihn nicht vergessen wird, wo er für immer das Leben prägen wird, weil man sich zeit seines Lebens an ihn erinnern wird und selbst Jahrzehnte später Tränen weint? Und das Gefühl zu

haben, sich verschwendet zu haben, sich und die Gefühle, die man dem anderen entgegenbrachte?
Irgendwann waren auch die Harten, die heute Ungerührten, ganz weich. Als sie Kinder waren, aber dann wurden sie größer. Dann hieß es: »Du bist doch ein großes Mädchen«, oder: »Stell dich nicht so an, du bist ein Junge!«, und sie lernen die Sätze: »Sei nicht so beleidigt, nimm nicht alles persönlich, du bist zu sensibel, lass das nicht so nah an dich ran, gib dich eben nicht so schnell her, mach es anderen nicht zu leicht, glaub nicht alles, spar dich auf«, kurz: Sei nicht so wie du bist, sondern anders! Nicht so anstrengend hypersensibel!
Kinder sind Freigeister, Freifühler, die sich jederzeit so zeigen, wie sie sind. Bevor sie irgendwann beginnen zu begreifen, dass sie ihr Zeigen beeinflussen können, um zu bekommen, was sie wollen. Wenn sie Liebe wollen, zeigen sie sich nicht mehr, sondern entdekken die Kunst der Manipulation. In dem Moment werden sie leider erwachsen, und das oft früher, als es in den Biologiebüchern steht.
Wenn Empfindungen als bedrohlich wahrgenommen werden – »zu emotional« heißt es dann –, beginnt man, ein zweigeteiltes inneres Leben zu führen. Der Teil, der angerührt wird, wird verschlossen. Zu heikel, die meisten wollen nichts damit zu schaffen haben, die Gesellschaft würde nicht funktionieren, wenn wir ständig Gefühl zeigten. Oder eben doch? Wer sagte überhaupt, was »zu sensibel« eigentlich genau heißt?
Angst. Angst ist es, die die Rührung verweigert. Angst davor, weich zu sein und mit Weichheit verletzbar. Niemand will verletzbar sein, und doch, das ist genau die einzige Möglichkeit, angerührt zu werden. Andere zu berühren. Ein Leben in Starre zu verbringen ist kein gelebtes Leben, dann könnte man es auch gleich sein lassen.
Der Selbstschutz vor zuviel Nähe trägt sich wie eine Rüstung. Wie ein Handschuh, der die Haut vor Kälte schützt; aber der wahrhafte Kontakt fehlt. Einsamkeit herrscht unter der Rüstung, nur mit sich selbst darunter allein zu sein.

Dabei wäre man nackt zwar verletzlicher, aber auch stärker – es trägt sich nämlich schwer an dem Schutzpanzer, er ist ein furchtbares Gewicht, das die innere Weichheit schwach macht. Denn er ist eine Täuschung. Niemand kann sich vor Gerührtsein wirklich bewahren.

Und so sind die Ungerührten doppelt unglücklich: Sie täuschen sich selbst, dass sie sich schützen könnten, und bleiben nur innere Zuschauer, aber können nicht mitmachen. Sie bleiben lieber bei der Sehnsucht, die ist sicherer. Die bleibt. Für das Glück gilt dies nur Portionsweise.

Ich bitte Sie: Lassen Sie sich anrühren. Damit die Sehnsucht eine Chance hat, irgendwann nur eine Erinnerung zu sein an die Zeit, bevor Sie etwas fanden, was Sie berührte. Sie sind nicht zu emotional. Das sagen nur Leute, die mit Gefühlsausbrüchen wenig Erfahrung haben – und sie doch selbst gern hätten.

Wieso das Herz jede Streitkultur überflüssig macht

Die Vergangenheit ist immer etwas Bleibendes. Vor allem wenn sie in Gestalt einer Exliebe daherkommt und an das alte Leben erinnert, in dem die Hoffnung auf morgen längst der Wahrheit von gestern gewichen ist. »Dampfstrahler!« insistiert das Herz, »Lass uns die Niederlage hinwegkärchern!«, der Mund verzieht sich zu etwas, in dem die schönen Stunden und mehr noch die Abschiede zu sehen sind. Dann starrt ihr euch an, das Damalige und Sie, jeder auf seiner Seite des Lebens.

Zwischen den Beziehungen, zwischen den Streits, Zwischenzeit, Zwischenbilanz, schon wieder viel passiert; auf den Sommer gewartet, nachts in fremde Fenster geschaut, den Schlaf gescheut, älter geworden, zuviel Theorie gelesen. Dabei ist es so schlicht, wenn

man nach den Einsichten des Chinesen Wu Min geht: Es gibt immer einen Grund, dass du jene triffst, die du triffst. Welchen, das erahnt man nicht, noch nicht. Aber es gibt den Tag, wo das Herz wissen wird, wozu.
Wenn das Herz weiß, dass es angekommen ist. Und wo Streit keine Frage mehr ist von Strategie, sondern nur ein Vorkommnis in der Liebesbeziehung.
Ach! Liebesbilanzen oder Streitstrategien sind wie Quittungen für etwas, was nicht käuflich ist, und wo Investitionen nicht immer das bringen, was wir bestellt haben. Manche Rückschau auf die Liebe oder einen Streit wirkt wie ein Film, für den man kein Geld ausgeben würde, oder wie Bilderschnipsel, lose aus der Zeit geschnitten. War sie schön, die Zeit? War er nötig, der Streit? Oder hatten Sie beide einfach nur Ihren Grund?
Manche mögen wie John Gottman rechnen, der US-Beziehungs-Papst, der behauptet, dass wir alle innere Soll-und-Haben-Listen unserer Beziehung führen: Für jede kleine Verletzung verlangen wir insgeheim fünf Wohltaten, damit alles wieder gut ist. Geht die Bilanz nicht auf, schreit das Herz nach Dampfstrahler. Dazu braucht es nicht mal große Dramen, sondern nur die Unachtsamkeiten des Alltags.
Fünf Seelenpflaster also. Für jeden dummen Satz, den man so dahersagte, ausgerechnet zu dem Menschen, für den es sich gelohnt hätte, die Klappe zu halten. Fünf Zärtlichkeiten für jede Ungeduld und jedes Augenrollen. Fünf echte Küsse für jeden routiniert empfangenen. Fünf süße Lügen für jede schmerzhafte Ehrlichkeit.
Am Ende dann die Einsicht, dass auch die Zukunft etwas Bleibendes ist. Denn ein Jetzt gibt es immer wieder.

Fühlen Sie Ihr Herz? Jetzt? Hören Sie wieder mehr auf Ihr Herz. Vor allem, wenn es schmerzt. Dann sind Sie nämlich falsch dort, wo Sie sind. Ändern Sie das! Ändern Sie Ihr Leben, Sie haben die Pflicht, es zu einem Leben zu machen, das voller Liebe ist!

Es könnte genausogut ein Montag sein, an dem der erste Tag vom Rest eines Lebens beginnt. Jeder beliebige Morgen wäre dazu geschaffen, das Dasein zu etwas machen, das man nicht nur führt, sondern ausfüllt. Gestern war man zu müde, morgen muss man früh raus, und wenn die Kinder erst groß sind, wird alles anders. Ja, ja.
Der Beginn eines Jahres kann für die Illusion eines Neubeginns ebenso gut sein. Rufen Sie am Neujahrsmorgen dem Nachthimmel ihre Wünsche entgegen, es kann aber auch der 9. Juli sein, ganz egal, denn es ist Ihr Leben.
Denn was auch immer Sie da rufen, unsere Stimmen verwehen im Sturm der Zeit. Hören Sie auf zu schreien, schweigen Sie und tun Sie es! Am Ende eines Lebens bereut man nämlich meist nur das, was man nicht getan hat.
Wir leben nicht zur Probe, und zu oft hält das Herz Mahnwache für längst vergangene Zeiten, wo Liebe fast fassbar war, aber nicht wirklich. Und wo Menschen nur noch zusammensind, weil es sich so schön eingespielt hat, sich anzugiften.
Wenn das Herz auf der Seite der Liebe ist, wenn es ganz leichtfällt, zu denken und zu fühlen: Ich tue etwas für unsere Liebe, dann ist es nicht mehr nötig, darauf zu beharren, recht zu haben oder mühsam zu lernen, warum es besser ist, im Streit deeskalierend zu formulieren: »Auf mich wirkt das jetzt sowieso, ich würde mich besser fühlen, wenn, ich verstehe dich nicht, kannst du mir das noch mal erklären, wie du dich fühlst ...« Blabla, keine Sau kann sich das merken, wenn erst mal die Fetzen fliegen – aber, Himmel, lasst sie fliegen, es kommt nicht darauf an, wie Sie streiten, sondern was Sie alles NICHT tun, wenn die Streits vorbei sind. Nicht die Eitelkeit, nicht den Stolz, nicht die Rache, nicht die Manipulation, nicht die Angst, den Trotz und die Rechthaberei Regie führen lassen, sondern sich gut tun und das Herz handeln lassen.
Die Gelassenheit des Herzens, das *weiß*, dass es mit dem richtigen Menschen zusammen ist, macht jede Streitkultur oder Partnerschaftsarbeit absolut überflüssig. Eine gewagte These, meinen Sie?

Das hätte ich vor ein, zwei Jahren auch noch behauptet. Doch ich *weiß* inzwischen, wie es ist, einen Menschen zu finden, der der Mensch ist, mit dem man leben wird, ein Leben weit. Es ist das eigentümliche Gefühl der Sicherheit, der Richtigkeit, das sich in zahllosen Situationen des Alltags bestätigt. Die Blicke, der Umgang, das unabdingbare Gefühl, zusammenzugehören. Ohne großes Drama, ohne große Schwüre, sondern im Laufe des Kennenlernens greifen immer mehr Zahnräder ineinander. Als ob man ohne großen Anlauf ineinanderglitt, sich jeweils von innen beschaute, um dann genau so miteinander zu sein, wie es der andere braucht. Wie er sich verstanden und angenommen fühlt. Erkannt, ohne entblößt zu sein. Dieses sehr tiefe Gefühl der Zugehörigkeit und vom anderen als das geschätzt zu werden, was man ist, was man kann, was nicht, und wie man sich auch verändern wird, ist eines der großen Menschheitsgeheimnisse von Liebe. In solchen Momenten wird vieles hinfällig, was man so »lernte«; über Beziehungsführung und anderes äußeres Gebaren. Das aber nicht das ersetzen kann, was in Ihrem Herz vor sich geht.
Sicher, das Herz kann sich auch viel einbilden, viel hoffen und noch mehr verdrängen; sonst gäbe es wohl kaum so viele Frauen, die von einem Mann zum anderen schwirren und jedesmal glauben (hoffen!), es sei der Mann fürs Leben. Aber daneben gibt es eben auch ein Wissen. Sich sicher zu sein, jeden Tag mehr, ohne einen Zweifel.
Viele behaupten, zu wissen, was dieses Wissen ist; doch meist leiden sie noch unter Herzensblindheit. Da will das Herz noch hoffen, panisch glauben, wo es längst ahnt: Das wird hier nichts. Ich werde Jahre darauf warten, aber was jetzt nicht da ist, wird nicht mehr kommen. Und doch hält es fest an Illusionen, die meist nur auf den ersten drei Verabredungen beruhen, die recht gelungen waren und wo so vieles hineingeträumt werden kann in einen anderen Menschen.

Venus' ganz persönlicher Sinn des Liebens

Niemand zelebrierte die Liebe so wie Marian und Joaquim, meine Eltern. Wenn er zum Beispiel ihre Augen heimlich nachts an Hauswände malte, mit Liebesschwüren in 17 Sprachen, oder sie sich seinen Namen in die Fußsohle tätowieren ließ. Sie kreisten umeinander, und immer war es ein Heute, ein Jetzt. Später gab es nie.
Denn später kam nie.
Das wusste ich. Ich lebte stets im Gestern, das meiner Eltern und ihrer Geschichte, die am Strand vom Ipanema begonnen hatte; oder im Morgen. Morgen, dann, irgendwann, wenn erst mal. Wenn erst mal der Mann da war, mit dem es sich zu feiern lohnte, am Leben zu sein, dann wollte ich auch feiern. Ich wusste gleichzeitig, wie idiotisch dieser Satz klang, also behielt ich ihn für mich und tat so, als ob mich das alles nichts anginge. Bis dahin observierte ich meine Eltern wie zwei Tiere, Pubsibär und Stacheltiger, Stachelbär und Pubsitiger, und fragte mich, warum die beiden soviel Spaß an der Liebe hatten und ich nicht. So kann es auch gehen, wenn man nicht wie die Eltern werden will. Oder wenn man es nicht versteht, die Dinge, die man am anderen mochte, von denen zu trennen, die einem auf den Geist gingen. Meine Eltern können es: Mal bewerfen sie sich mit gusseisernen Bratpfannen, mal treiben sie es wild in der Küche.
In einer Gesellschaft, in der es so einfach ist, sich zu trennen, erscheint das lebenslange, sichere Liebesglück um so wertvoller. Jeder träumt von der einen großen Liebe, aber alle ahnen, dass einem nach drei bis sieben Jahren langweilig wird. Also geht man dem Glück aus dem Weg, denn so schützt man sich vor Verletzungen und hat gar nichts zu verlieren.
Und warum wird den meisten langweilig? Das wusste ich, theoretisch: weil sie ihre Liebe nicht feierten.
Das Feiern kam von außen, das Trinken, Rumpoppen, Bedröhnen mit Musik und modischen Fummeln, mit Sehen und Gesehenwerden. Aber von innen heraus freuen, das vermochte ich nicht, oder aber ich wollte nicht.

Irgendwann hörte ich auf. Es war sehr schwierig, die ewige Suche zu unterlassen. Das Suchen schien mehr wert als das Finden, und diese Sucht fiel außerdem nicht so auf, weil sie fast alle da draußen zwischen 22 und 42 betraf: Sie suchten. Sie gingen ständig aus und förderten die Klischees ihrer Zielgruppe – sie verdienten viel und gut, sie gaben es aus für modischen Schnickschnack und Manolo Blahniks, besaßen ein Wellness-Abo und alle Folgen von Sex and The City, *bezeichneten sich als irgendwas zwischen Bridget Jones und Lara Croft und zogen den Bauch ein, wenn sie an einer Schaufensterscheibe vorbeigingen; sie suchten und keiner hielt einfach mal seinen Lauf an und sagte: Du bist süchtig. Du bist drogenabhängig. Deine Droge heißt Sehnsucht, die Sucht, sich zu sehnen. Du hast Angst vor der Erfüllung.*
Es war schwer. Untertauchen. Verstecken. Ich konnte selbst die Liebesfeierei meiner Eltern gar nicht mehr leiden. Außerdem gab es einen Grund, mich zu verstecken, um dann eines Tages aufzustehen und nicht mehr nach dem Es zu suchen, sondern ihm entgegenzufahren. Ich ahnte, dass das Meer meine Gedanken ordnen könnte. Ich wollte am Meer jemanden küssen. Und ich wollte jemanden finden, mit dem ich die Liebe feiern konnte. Das war der Sinn meiner Liebe, diesen Mann zu finden …

Wir wissen alle wahnsinnig viel über die Theorie. Wie Partnerschaften »gestaltet« werden können, was der Liebe schadet, wie Beziehungen sich verändern und welches die Tücken des Alltags sind.
Über das Wesen der Liebe indes wissen wir wenig. Wir haben keine Ahnung von Liebe, versuchen sie zu erklären, zu fassen, zu halten, zu beeinflussen; kurz, wir doktern ständig an ihr herum, nur um sie nicht zu verlieren. Der Mensch ist eben so, was ihm etwas bedeutet, daran hält er fest. Zu fest?
Was es uns bedeutet, zu lieben und geliebt zu werden, ist bei jedem Menschen anders. Doch ich vermute, dass erst jene fähig sind, die Liebe zu erkennen, ohne sie je beschreiben zu können, die loslassen.

Die Schmerzen aus der Vergangenheit, die sich ständig über jede neue Begegnung legen. Die Hoffnungen auf eine Zukunft, die die Gegenwart belasten, weil der andere unsere Hoffnungen ertragen muss. Der Versuch, die Gegenwart auszusteuern, um es perfekt zu machen. Das alles loszulassen indes gelingt nicht auf Knopfdruck, es benötigt eine Zeit des Reifens. Und, ja, das Glück jemanden zu finden, der auch an dem Feiern der Einmaligkeit Ihrer Liebe so seine Freude hat ...

Hirn

Wenn eine Frau über ihre Probleme scherzen kann, statt hysterische Anfälle zu bekommen, kann sie nicht mehr viel umwerfen.

Was sich unser Hirn so alles an Verzweiflung ausdenkt

Jede von uns ist bereits mehrmals durch eine emotionale Hölle gegangen. Hat sich verraten, verletzt, verschmäht gefühlt. Jede von uns hat schon Freundinnen abfällig über Männer reden hören, und jede hat schon mal mit dem Gedanken gespielt, wie es wäre, ohne Mann auszukommen.

Diese Gedanken sind völlig normal – bitter wird es erst, wenn Sie beginnen, in einem, nein, in jedem Mann den potentiellen Feind zu sehen. Der Ihnen erst an die Wäsche will, um hernach Ihr Herz herauszureißen und darauf herumzutrampeln. Der wie ein Volltrottel mit Ihren Bedürfnissen jongliert und sich das Recht herausnimmt, über Ihren Körper zu urteilen, als ob er ihm gehöre. Der eindimensional nur darauf aus ist, Sie zu benutzen, und sich ansonsten nicht weiter mit ihnen belasten will, der Sie unterdrückt und das Leben eher schwer denn schön macht. Der egoistisch seinen Willen und seinen Chauvinismus lebt und Sie als Mensch zweiter Klasse betrachtet.

Wer die Welt so sieht, der lebt diese Zweiklassengesellschaft auch. Maris, angehender Psychologe, erlebte es in den siebziger Jahren bereits: Obwohl die Universitäten bereits frei waren, erlaubten es ihm Frauen nicht, an Frauenseminaren teilzunehmen. Sie warfen ihn hinaus aus dem Raum, fünfunddreißig Frauen, nicht dumm, nicht hässlich, aber voller Hass gegen den Unbekannten, der etwas lernen wollte. Geh weg, Mann, du störst, du bist gefährlich, du bist der Feind.

Heute haben Männer das Gefühl, nur an bestimmten Stellen wieder ganz Mann zu sein, vereint in ihrem Jungendasein: Fußballstadien. Schießverein. Zigarrenclubs. Vereinzelte Männerabende. Und wenn wir ganz böse sind, sagen wir sogar, dass sie lieber in den Krieg ziehen, als sich in einer von Frauen dominierten Firma duckmäusern zu lassen. Und wenn wir noch böser sind, behaupten wir, Männer seien die wahren Unterdrückten, die, wenn sie eine Frau abblitzen lassen, von ihr gleich der Vergewaltigung bezichtigt werden.

Aber wir sind ja nicht böse, wir denken nur mal laut.

Die 68er und jene, die in dieser Zeit studiert haben, haben das männerfeindliche Konstrukt an ihre Töchter weitergegeben. Und die sind zu Recht irritiert, denn die Theorien passen irgendwie nicht zur Realität.

Dann wird eben die Realität passend gemacht! Bei jeder persönlichen Enttäuschung ist es natürlich der Mann und sein niederes Frauenunterdrückerwesen, das schuld ist! Klar, und nicht die Tatsache, dass jedem Menschen in jeder Zeit seines Lebens die Liebe nicht immer gewogen ist. Ach was, Männer sind die Gemeinlinge und Frauen ihre Opfer.

Aber so ist es nicht. Erstens, weil selbst Männer Herz und Hirn besitzen und benutzen, zweitens, weil es immer noch darauf ankommt, was Sie mit sich machen lassen – und drittens, weil kein Mensch einem anderen gleicht und Männer wahrlich nicht alle böse und Frauen nicht alle gut sind.

Natürlich ist es eine Tatsache, dass Männer nie die Innenwelt einer Frau nachvollziehen können. Ja, leider stimmt es, dass Männer oft überhaupt nicht das nachempfinden können, was eine Frau fühlt. Weder ihre Enttäuschungen oder Verletzungen noch Hoffnungen oder Sehnsüchte. Männer besitzen teilweise ganz andere Ängste als jene, die wir ihnen zuschreiben – Mann fürchtet sich vor Kastration, physisch wie psychisch, aber er fürchtet sich beispielsweise nicht, Sie anzurufen. Ein ausbleibender männlicher Anruf ist nie ein Ausdruck von Angst – er hat nur schlicht einfach keinen Bock. Das nur nebenbei, aber vielleicht zeigt allein schon dieses Beispiel, dass Frauen über Männer, über männliche Ängste wie auch männliche Absichten sich oft die allerfalschesten Gedanken machen. Nur: Diese Gedanken pflanzen sich fort und gelten eines Tages als Allgemeinwissen, ohne Beweis. Was daraus wird, ist klar: Männer, die Wesen, die Frauen Böses wollen. Aber Männer in das Gegnerlager abzuschieben lässt nur ein Grundmisstrauen, eine latente Feindseligkeit bei Ihnen entstehen, die Sie noch weiter in die Einsamkeit treibt.

Es ist traurig, mit anzusehen, wie die Frustration einiger weniger Menschen, die mit ihrem Leben unzufrieden sind, sich fortpflanzt auf das Umfeld.

Venus-Frauen dagegen lieben sich selbst, das Leben – und sie lieben auch die Männer. Sie sehen nicht grundsätzlich das Gute im Menschen, welch schöne Illusion!, aber sie werten einen Menschen nicht deshalb ab, weil er einen Penis zuviel hat. Männer sind nur anders. Sie müssen Sie nicht mal verstehen, um mit Ihnen umgehen zu lernen. Aber sie in einen Sack zu stecken, Schwein draufzuschreiben und in einen Stall zu pferchen ist nicht das, wofür Ihr Geist gemacht ist. Eine Venus folgt nicht den Enttäuschungen fremder Leute. Sie macht etwas aus ihren eigenen.

Sind Frauen und Männer wirklich so unterschiedlich? Eine kurze Antwort

Nein, sind sie nicht. All die plakativen Unterschieds-Szenarien sind längst wissenschaftlich widerlegt; Frauen können sehr wohl einparken und Männer zuhören; Männer benutzen sehr wohl so viele Wörter wie Frauen und können durchaus auch mal zwei Dinge auf einmal tun – und manche Frauen vermögen dies nicht.

Vieles an Fähigkeiten, die indes angeblich »typisch männlich« oder »typisch weiblich« sind, reizt die Wissenschaft nur noch zum Kichern – denn die Unterschiede des Gehirns sind nicht nur rein männlich/weiblich und aufgrund von Testosteron oder Genen allgemein zu bestimmen, sondern es kommt auf jede individuelle Regung an, jedes Training, was das Gehirn erlebt.

Über Sex reden – ja, gern, aber wie doch gleich?

Dramatisch, wild, leidenschaftlich: In Ihrer Phantasie erleben Sie aufregenden Sex, wissen genau, wie Sie berührt werden möchten, oder träumen von außergewöhnlichen Momenten mit Ihrem Liebsten. Was fehlt: dass mehr davon wahr wird. Denn es gibt ein Tabu, das Sie vielleicht bisher selten brachen: reden über Sex. Und zwar den eigenen.

Fast alle Paare, ob frisch verliebt oder seit Jahren vereint, scheuen sich vor klaren Worten; zu fragil erscheint das Thema »Unser Liebesleben« – denn: Wie sagt man ihm, wie man es gern hätte, ohne ihn zu beleidigen, zu überfordern, abzuschrecken? Dabei ist das Bedürfnis nach Kommunikation hoch: Eine Studie der Universität Göttingen und des Internetportals Theratalk ergab, dass über die Hälfte aller Wünsche unausgesprochen und unerfüllt bleibt (bei

Männern: 65 Prozent, bei Frauen: 56 Prozent) – doch gleichzeitig ist die Bereitschaft, sich die Sehnsüchte des Partners anzuhören und zu erfüllen, genauso hoch. Was fehlt, ist das Gespräch.

Das Schweigegelübde wird von beiden unausgesprochen nach den ersten zwei, drei Monaten neuer Liebe übernommen, Handeln ersetzt das Reden. »Die meisten von uns versuchen, ihre Sehnsüchte und Gefühle durch eine Kombination von Stöhnen, Gesten, unverständlich gemurmelten Worten und heftigen Atemzügen mitzuteilen«, erklärt die US-Sex-Expertin Barbara Keesling. »Die Folge: Missverständnisse und Enttäuschung.« Alle Fragen können nicht mit Keuchen geklärt werden, beispielsweise drängende Sehnsüchte wie: »Ob sie mir sagen würde, dass sie lieber an einer anderen Stelle geküsst werden möchte? Bin ich gut genug für ihn? Welche Phantasien hat er, welche Techniken würden ihn anmachen?«

Das Fatale: Wartet einer, dass der andere zuerst Klartext redet, Geheimnisse offenbart, die tiefer gehen als das schlimmste Kindheitserlebnis – so verheddern sich beide in der Falle der Schweigens: denn Hemmungen verstärken sich gegenseitig. Wenn einer der Partner sich schämt, zieht der andere sich auch oft zurück und schweigt lieber.

Mit Freundinnen über Sex zu reden ist eine Sache, aber mit dem Mann, den es angeht, eine Mutprobe: Vielen Frauen bleibt bei der Vorstellung, unverblümt über erotische Obsessionen zu plaudern, das Wort im Hals stecken. Schuld an der Sprachlosigkeit ist, so der Berner Paartherapeut Klaus Heer, die »Broca«-Gehirnwindung unseres Sprachzentrums. Klinische Tests erwiesen, dass diese Sprachsteuerung uns ins Stottern oder zum komplizierten Beschreiben bringt, wenn wir »schmutzige« Begriffe denken. Psychologen sehen die Schwierigkeit auch in der Erziehung: Eindeutige Wörter wurden geächtet, vor allem, wenn sie etwas mit dem Unterleib zu tun haben. So etwas führt zur Schamhaftigkeit. Die richtigen Worte zu finden ist eine Herausforderung, vor allem, wenn nur Begriffe aus der Anatomie oder dem Pornomilieu zur Auswahl zu stehen scheinen.

Die Basis jedes intimen Talks ist: Respekt. Vor der Vergangenheit des Partners, wenn er es weder in der Familie noch mit Ihren Vorgängerinnen gewohnt war, über Sexualität zu reden – all das führt auch zur Scham. Er ist kein Spielverderber, wenn er sich ziert, auf Ihre Rede-Wünsche einzugehen. Genauso wie Sie kein schlechtes Gewissen zu haben brauchen, wenn es Ihnen schwerfällt – jeder besitzt seine ganz eigene Scham, die es auch zu pflegen gilt, um die Magie der Erotik nicht auf Zwang zu entzaubern.
Doch bei einem Aspekt lohnt es sich, wenn Sie mutig sind: nämlich bei konkreten Bedürfnissen, die sich mehr auf die Performance, auf die Art der Berührungen beziehen. Ihr Lover wäre nun mal gern der beste Liebhaber Ihrer erotischen Welt, und er kann sehr gut damit umgehen, wenn Sie ihm flüstern, was und wie Sie es toll finden. Fazit: Ein Wort zuwenig erspart Ihnen vielleicht einen heiklen Moment, aber ein Wort mehr wird Ihr Kopfkino immer öfter real werden lassen.

Einsteiger-Talk: Schreib das auf!

Geben Sie es ihm schriftlich, was Sie sich scheuen, laut in den Raum zu sprechen. So umgehen Sie nicht nur Ihre »Sprachhemmung«, sondern können im geschützten Raum Ihren Wünschen nachspüren. Außerdem lassen Sie Ihrem Lover die Zeit, die er braucht, um zu reagieren: Oft ziehen sich Männer in den ersten, intimen Gesprächen über Sex zurück, weil sie unvorbereitet sind und fürchten, etwas »Falsches« zu sagen. Ein Brief, eine E-Mail, ein »Wunschzettel« animiert ihn ohne Druck – um ebenfalls zu schreiben oder um Ihnen eine Sehnsucht zu erfüllen.

Das erotische Nächtebuch

Wenn Sie sich erst einmal Ihren eigenen Wünschen nähern möchten, um zu »üben«, wie Sie sie laut formulieren können, beginnen Sie ein »Nächtebuch«. Es enthält, im Gegensatz zum Tagebuch, zum Beispiel Phantasien, szenische Drehbücher, Listen Ihrer erregbarsten Körperteile oder Ideen, wie Sie Ihre Geschlechtsorgane neu benennen – und natürlich, wie Sie sich eine leidenschaftliche Begegnung ausmalen. Diese erotische »Bibliotherapie« öffnet Ihnen nicht nur das Tor zu Ihrer Gefühlswelt, sondern stimuliert auch wie nebenbei Ihr Sprachzentrum, minimiert Ihre Hemmungen. Schreiben Sie auf, was Sie wollen – und Sie werden erstaunt über sich sein.

Doppel-Packung

Legen Sie ein gemeinsames Wunschbuch an, vielleicht edel in Leder oder roten Samt gebunden. Hinterlassen Sie sich darin kleine Komplimente, Wünsche, Spielideen; aber auch Fragen oder Gedanken, die Sie beschäftigen. Bekenntnisse wie: »Auch ich tue mich schwer, über Wünsche zu reden. Aber ich möchte dir zeigen, was ich mag, um zu erfahren, wie ich dir guttun kann.« Da Männer gern behaupten, sie könnten nicht so gut schreiben, sorgen Sie vor – und notieren alle paar Seiten Fragen an ihn, wie: »Zehn Hautstellen, die du gern geküsst haben möchtest ...«, oder »Am meisten gefiel mir bei unserem letzten Mal ...«. Überreichen Sie ihm das Wunschbuch mit dem Versprechen, dass sich Ihr gemeinsames Liebesleben mit ein bisschen Mut heißer, ehrlicher und intimer entwickeln wird, als er je geahnt hatte.

Love-Box

Animieren Sie ihn bei einem Glas Wein, erotische Sehnsüchte auf Zettel zu schreiben. Ob »Elfmal auf den Nacken küssen« oder »Eine Nacht in einem Hotel mit Spiegel neben dem Bett«: Lassen Sie Ihren Gelüsten freien Lauf. Zelebrieren Sie es, die Zettel zu falten und in eine Schachtel zu legen. Entweder mischen Sie alle Zettel, oder Sie halten sie sauber nach Geschlecht getrennt. Wenn Sie sie mischen, können Sie zum Beispiel dann einen Zettel ziehen, wenn Sie Ihren gemeinsamen Abend vom Zufall regieren lassen wollen. Wenn Sie sie getrennt deponieren, hat jeder die Möglichkeit, dem anderen genau dann etwas Gutes zu tun, wenn ihm danach ist. So stellen Sie beide sicher, dass der andere garantiert auf Ihre Wünsche eingehen will, mit Enthusiasmus und Lust.

Fortsetzungsroman

Fortgeschrittene verpacken ihre erotische Wunschliste in eine Story oder einen Endlos-Brief. Erfinden Sie eine Geschichte, in der eine Ihrer Phantasien oder Performance-Wünsche vorkommt. Entweder wird Ihr Wunsch bald erfüllt, oder er langt selbst zum Füller. Schreiben Sie die nächste Story so, dass sie an einer spannenden Stelle abbricht – mit der Frage an ihn, wie es wohl weitergeht? Je nach Temperament Ihres Lovers sind erotische Geschichten ein Aufruf zur Aktion oder der Start zu einer neuen, intensiven Kommunikation. Lassen Sie sich durch Literatur inspirieren, nehmen sich zum Beispiel Ihre Lieblingsstelle in einem erotischen Roman vor, aber wandeln Sie diese ab, schreiben Sie dort weiter, wo der Autor ausgeblendet hat, und schreiben die Szene neu.

Malen nach Zahlen

Wollen Sie Schreiblust und Sinnlichkeit verbinden, lassen Sie Ihre Finger zum Schreibinstrument werden. Zeichnen Sie sich gegenseitig Lustspuren an den Körper – wie Rot für »Hier ist es heiß« oder Blau für »Da bleibe ich eher kühl«. Leiten Sie seine Finger, er führt Ihre. Schreiben Sie sich Komplimente auf die Haut, wie »Zum Anbeißen«, »So schön weich« oder »Traumnabel!« Wenn Sie farbfrei bleiben wollen, zeichnen Sie Ihre beiden Körperumrisse auf je ein Blatt Papier. Tauschen Sie und schreiben an jeden Körperteil, wie Sie annehmen, wie er berührt werden will. Seine Brustwarzen: Gedreht? Geleckt? Oder was wird er an Ihren Po schreiben: Gestreichelt, geküsst, geklapst? So finden Sie heraus, ob Sie richtig liegen und was er sich wünscht.

Angewandte Sprach-Wissenschaft: Schatz, sag mal ...

Sie kennen sich erst seit kurzem und wollen sich alles voneinander zeigen? Nutzen Sie die Verliebtheit und Ihren Wissensdurst aufeinander! Oder Sie kennen sich lang genug, um zu wissen, dass er Sie auch noch liebenswert findet, wenn Sie ihm gestehen, dass Sie an den Stuhl gefesselt werden möchten. Die Kunst ist, Ihre eigene Beziehungs-Sprache zu finden, Vokabeln, als Frage-Antwort-Spiel, als Beichte ... Die Basis ist die Sicherheit, dass sich beide verstanden fühlen, keiner Angst hat, abgewertet zu werden, oder Sie versehentlich Leistungsdruck anhäufen. Erkunden Sie, wie er es bisher gehalten hat, ob es ihm unangenehm ist, über seine Bedürfnisse zu sprechen, und wenn ja, warum. Zögern Sie nicht, auch Ihre Hemmungen zu erklären, Ihre Sehnsucht danach, mit ihm offen und vertraut zu reden. Sagen Sie direkt, welche Begriffe oder Phrasen Sie nicht mögen, welche Sie bevorzugen.

Über Sex-Phantasien reden Männer eher schnörkellos, Frauen bevorzugen die Diplomatie – aber eins haben sie gemeinsam: Kritik verunsichert, Lob motiviert. Heben Sie heraus, was Sie an Ihrem Sexleben lieben, genießen, was Sie speziell an ihm klasse finden. Formulieren Sie Wünsche so, dass Sie ihn mit einbeziehen, wie »Ich liebe deine zarten Küsse« oder »Mir dir würde ich mich trauen, an einer Bar im Swingerclub einen Drink zu nehmen«. Der Effekt: Sie zeigen ihm, dass es Ihnen nicht nur um Sex geht, sondern um den Sex mit IHM. Wählen Sie für Intim-Talks einen kuscheligen Ort (nicht das Bett) und einen ausgeglichenen Moment.

Intim-Quiz

Männer geben zu: Sie wollen im Bett alles richtig machen, aber ohne Druck. Deswegen benötigen Sie taktisches Feingefühl, wenn es um das intime Quiz geht – denn hier werden die Fragen speziell, wie: »Was mag ich? In welcher Stellung liebe ich gern? Warum? Würde ich es mögen, wenn du mir Sauereien oder Anweisungen ins Ohr flüsterst? Was habe ich beim Vorspiel am liebsten? Wie lange brauche ich bis zum Big Bang? An welchen Orten würde ich gern Sex mit dir haben ...?« Hier sollten Sie zuerst antworten, wie Sie ihn einschätzen! Um ihm zu zeigen, dass es normal ist, dass wir nicht alles vom Partner wissen. Das ist nur der Mythos der Liebe – dass die Leidenschaft von selbst funktioniert, wenn die Liebe groß genug ist. Selbst glückliche Paare kennen sich nicht in- und auswendig, und »vergessen«, dass sie einander immer noch kennenlernen.

Frage & Antwort

Ob beim kleinen Vorspiel auf dem Sofa oder bereits auf dem Weg ins Bett – trauen Sie sich, Fragen zu stellen, wie »Gefällt dir das? Darf ich das noch mal machen? Willst du es fester? Darf ich das schneller machen?« Leiten Sie das Sprachspiel ein mit dem Vorschlag, einen Wettbewerb mit ihm zu veranstalten: Wer schafft es, mehr Fragen zu stellen und die Berührungen des anderen länger auszuhalten? Mit dem Frage-Antwort-Spiel erfahren Sie nicht nur, was ihn antörnt, sondern üben auf charmante Weise ersten Dirty Talk. Bettgeflüster muss nämlich nicht schmutzig sein – es ist die Stimmung, die von geflüsterten Worten ausgeht, von lasziven Nachfragen und einem gestöhnten Ja ...

Trockenübung

Die meisten Paare schlafen wortlos miteinander, zeigen durch Bewegungen oder Stöhnen, was sie gern hätten. Drehen Sie Ihr Liebesspiel um: erzählen Sie einander, wie Sie zusammen schlafen, aber ohne sich zu berühren! Ob Sie sich dabei gegenübersitzen, kuscheln, ob Sie es im Dunkeln tun oder sich es abwechselnd ins Ohr flüstern – wie es Ihnen gefällt. Beginnen Sie vielleicht so: »Ich komme näher, beginne dich an deiner Schläfe zu küssen, du riechst gut, meine Hände wandern deinen Hals hinab, zu deinem Hemd ...« Dann erzählt er weiter. Die Methode hilft, sexuelle Handlungen zu beschreiben, ohne sich zu schämen. Fortgeschrittene nutzen diese

Methode, um Hilfestellungen oder Lob einzuflechten, wie: »Hm, gut, du bist an meinem Hals, beiß doch mal rein, nur mit den Lippen ...«

Geheim-Code

Entwickeln Sie im Bett eine Geheimsprache, bei der nur Sie beide wissen, was Sie als »Prinz« bezeichnen, was genau »Spielen« bedeutet und welchen Körperteil Sie »Kätzchen« nennen. Oft scheitern Bitten im Bett daran, dass wir zu lange überlegen, wie wir es ihm jetzt sagen könnten, dass er doch bitte mehr Zunge denn Lippen an Ihrem Zauberspot einsetzen könnte; aber wenn Sie zum Beispiel hauchen, dass Ihre Perle wie ein Waffeleis behandelt werden möchte, kommen beide an ihr Ziel.

Ab ins Bett – Showtime!

Verlegen Sie alle Theorie in die Praxis: »Wunsch-Beichten« finden am besten dort statt, wo die Wirkung sofort gesehen und gefühlt wird. Vor allem Männer bevorzugen diese Learning-by-doing-Methode, anstatt in drögen How-to-Gesprächen zu sinnieren, dass Sex mit verbundenen Augen oder intensiverem Cunnilingus mal ganz spannend wäre. Manche unserer Vorschläge können ohne vorherige »Verhöre« angewandt werden, andere bedürfen der Vorbereitung durch Ihre schriftlichen oder verbalen Vorspiele.

Klare Ansage

Klare Ansagen im Bett gefallen Männern besser als alle diplomatischen, undeutlich gemurmelten Seufzer. Also scheuen Sie sich nicht, ihn zu dirigieren: »Leck da noch etwas kräftiger, beweg dich bitte etwas langsamer, halt meine Hände fest« – das sind klare Worte, die er sanft vorgetragen am liebsten hört. Wenn er dann auch noch eindeutig fühlt, sieht, hört, dass seine Berührungen gut ankommen, lässt er sich um so lieber auf Ihre Korrekturen ein. Und Sie öffnen damit auch das Tor, dass er sich ebenfalls traut zu bitten, hier zu beißen oder dort sanft zu saugen ...

Morse-Alphabet

Schluss mit Reden: Lassen Sie Ihre Körper sprechen. Verabreden Sie, dass Sie beide kein deutliches Wort sagen werden, sondern alles, was Sie sich voneinander wünschen, nonverbal zeigen. Ob Sie nach seiner Hand fassen und ihn führen, ob er Ihren Körper in die Position rückt, die er liebt, oder ob Sie mit Keuchen, Stöhnen, Fingerdruck offenbaren, was Sie wünschen – so werden Sie beide aufmerksamer für die reflexartigen Bedürfnisse Ihres Partners. Sie lassen sich mehr aufeinander ein, fühlen intensiver und erreichen endlich das, was Sie sich oft genug wünschen: sich ohne Worte zu verstehen.

Wie du mir, so ich dir ...

Eine andere Form der nonverbalen Wunsch-Kommunikation ist der Rollentausch. Sie schlüpfen in seine Rolle und geben heute mal den Mann. Dabei berühren Sie ihn so, wie Sie es sich wünschten, von ihm berührt zu werden! Vielleicht halten Sie ihn an den Handgelenken fest, vielleicht pusten Sie über seine Nippel ... Natürlich darf dabei auch gesprochen werden – wer weiß, vielleicht erhoffen Sie sich ja insgeheim von ihm, dass er fordernd raunt: »Leg dich auf den Bauch. Beine gespreizt. Warte, bis ich zurückkomme ...« Wenn Sie seine Rolle spielen, sollten Sie es wagen und die Sätze hauchen, auf die Sie seit langem warten!

Das Marionetten-Spiel

Geben Sie sich ganz in seine Hände – und lassen Sie es zu, dass er Ihre Hände mit seinen über seinen Körper führt, an jeder Stelle demonstriert, wie er berührt werden möchte. Revanchieren Sie sich ausgiebig – oder wandeln das Spiel ab, indem Sie erst an sich selbst eine Berührung vormachen, er macht sie nach. So erfahren Sie vielleicht sogar, dass er am Po lieber zart, an seiner Lende eher hart berührt werden möchte. Lassen Sie Ihre Finger sprechen, bis kein Vortänzeln der Hände mehr nötig ist.

Und falls Sie denken, Sie sind nicht ganz normal ...

... dann lesen Sie mal bitte diese geheimen Phantasien normaler, netter Leute, aufgezeichnet bei einer *Cosmopolitan*-Umfrage Anfang 2006 vom Gewis-Institut in Hamburg:

Weiblich, 28: Mein größter Traum wäre es, mit meinem Freund eine Woche auf einer Südseeinsel zu verbringen. Wir sind dort ganz allein. Der Strand ist perlweiß. Tropische Pflanzen umgeben die kleine polynesische Hütte, in der wir wohnen. Bunte Paradiesvögel schwirren durch die Luft. Wir lieben uns, wann und wo wir Lust haben. In der türkisblauen See. Unter den Palmen, in der Hängematte. Mein Freund isst exotische Früchte von meinem Körper. Ich massiere ihn mit Kokosnussöl. Wir grillen uns Fische oder Langusten, füttern uns gegenseitig. Wer nach dem Schlafen als erster aufwacht, weckt den anderen mit zärtlichem Oralsex. Wir albern und lachen den ganzen Tag. Und wenn wir abreisen, wissen wir nicht, wie oft wir uns geliebt haben, nur dass es sehr, sehr oft war.

Weiblich, 37: Ich begegne beim Shopping einem unheimlich attraktiven Mann. Er lächelt mich an, fragt mich, ob er mir tragen helfen kann. Wir gehen zusammen in ein Geschäft. Ich probiere Dessous an. Aus der Umkleide rufe ich ihn. Er kommt zu mir rein. Wir küssen uns leidenschaftlich. Dann nimmt er mich. Ich kann im Spiegel alles sehen und genieße das Prickeln, dass die draußen ahnen müssen, was in der Kabine vor sich geht.

Weiblich, 18: Ich gerate auf eine S/M-Party. Alle tragen Lack oder Leder. Ich bin die einzige in Jeans & Co. Drei der Frauen kommen zu mir, ziehen mich aus. Sie legen mir Handschellen an und verbinden mir die Augen. Ich spüre, wie kräftige Männerhände mich von hinten an der Taille packen. Zwei andere Hände drücken meinen Oberkörper nach unten. Ich explodiere vor Lust. Eine Peitsche knallt auf meinen Po. Einmal, zweimal, immer wieder. Dann dringt ein starker

Penis in mich ein. Mein Po glüht. Meine Scheide zuckt so heftig, dass ich bei meinem Orgasmus fast ohnmächtig werde.

Weiblich, 32: Zum Geburtstag hat mir mein Mann einen sündhaft teuren Pelzmantel geschenkt. Damit möchte ich gerne mal mit ihm durch die City laufen – ohne was drunter, aber auf Zwölf-Zentimeter-Highheels. Ich stelle mir die neidischen Blicke der Leute vor, die auf den Pelzmantel starren, und das erregende Gefühl, eigentlich völlig nackt zu sein.

Weiblich, 43: Auf einem Bild, das mir mal eine Freundin gezeigt hat, macht es eine Frau fünf Männern gleichzeitig. Einem mit dem Mund, zweien mit den Händen, und die beiden anderen hat sie hinten und vorne. Das Bild geht mir nicht aus dem Kopf. Beim Masturbieren ist das meine geilste Phantasie. Wenn ich mal auf die Richtigen treffe, setze ich diese Phantasie um.

Männlich, 19: Einmal von zwei Mädchen nach Strich und Faden verwöhnt werden, ohne dass ich irgendwas machen oder sagen muss. Die beiden sind gut drauf und geben von sich aus Gas, ziehen alle Register: Striptease, lesbische Szenen, Handjob, Fellatio, Hoppe-Hoppe-Reiter, eben einfach alles. Und ich genieß einfach nur.

Männlich, 40: Eine unberührte Jungfrau, das wäre mein Ding. Ein bisschen verschämt, aber willig und schließlich wie von Sinnen. Sie lässt alles mit sich machen, bettelt sogar um mehr. Bei ihrem Orgasmus fließen ihr die Tränen. Dankbar stammelt sie Liebesschwüre und ist mir fortan hörig.

Männlich, 48: Mir würde es nach langen Jahren erst mal vollauf genügen, wenn man sich nicht lange verständigen müsste, sondern wenn man sexuell so weit übereinstimmen würde, dass die Sache von beiden Seiten gleich empfunden wird. Das, was ich gern habe, soll meine Partnerin auch mögen. Umgekehrt natürlich genauso. Es müsste einfach wie von selbst gehen. Und es dürfte keine Tabus geben. Wenn jeder das macht, worauf er gerade Lust hat, und es passt dann zusammen: Mehr geht nicht.

Männlich, 33: Meine Lieblingsphantasie ist Analverkehr. Ein enger, trotzdem geschmeidiger Anus. Sie kniet vor mir auf dem Bett. Ich hinter ihr. Dabei krault sie mir die Hoden. In einem Spiegel kann ich ihr Gesicht sehen und meine Hände, die ihre Brüste massieren. Sie hat eine lange Perlenkette um den Hals, trägt Strapse, Netzstrümpfe und Overknees.

Und was hat sich an Phantasien erfüllt? Original-Statements:
Weiblich, 36: Ich stehe total auf Dirty Talking. Im Bett, aber auch am Telefon, wenn mein Mann auf Geschäftsreise ist und mich abends aus dem Hotel anruft. Wir erzählen uns dann ganz genau, was wir gerade machen, wie geil wir sind. Alles, so derb es geht.
Weiblich, 25: Auf Partys lege ich schon mal einen Strip hin. Ich fühle mich dabei irre sexy. Besonders, wenn ich sehen kann, wie die Kerle anfangen durchzudrehen. Die verschwitzten Gesichter, die gierig aufgerissenen Augen. Sie sollen mich nicht anfassen. Aber ich will sie scharf machen und meine Macht über sie spüren. Einmal habe ich allein davon schon einen Orgasmus gekriegt.
Weiblich, 40: Es war eigentlich gar nicht so sehr eine Phantasie, mehr Neugier. Da lernte ich in einem Club eine Frau kennen, die ich spontan supererotisch fand. Sie trug ein fast durchsichtiges Sommerkleid. Wir kamen ins Gespräch, tranken zusammen etwas. Sie meinte, wir könnten doch noch zusammen zu ihr fahren. Ich bekam eine Gänsehaut. Der Moment war mir irgendwie unheimlich. Aber ich konnte nicht nein sagen. Wir fuhren also. Ihre Wohnung war klein und schlicht, aber sehr geschmackvoll eingerichtet. Sie machte eine Flasche Wein auf, legte eine CD ein und wir setzten uns auf die Couch. Irgendwie rückten wir immer näher zusammen und hielten uns plötzlich in den Armen. Sie begann, mich zu streicheln. Ich lehnte meinen Kopf an ihre Schulter. Dann küssten wir uns. Es dauerte nur ein paar Minuten, und wir waren beide nackt. Wir landeten auf ihrem Futon und durchlebten eine traumhafte Liebesnacht.
Weiblich, 45: Einmal in einem Luxushotel die ganze Nacht durch Liebe, davon hatte ich lange geträumt. Und dann war es soweit. Wir

hatten auf einer Tombola eine Reise gewonnen. Als wir kaum im Zimmer waren, ging mein Mann gleich aufs Ganze. Er ist sonst eher ein ganz Ruhiger. Er war wie wild. Wir tobten durch das riesige Bett, erfrischten uns zwischendurch an der Minibar, bestellten ein paar Sandwiches und weiter ging es. Irgendwann waren wir total verschwitzt. Wir gingen gemeinsam unter die Dusche, seiften uns ein und trieben es mit unseren herrlich glitschigen Körpern gleich dort. Geschlafen haben wir in der ganzen Nacht vielleicht ein bis zwei Stunden.

Igitt, ein netter Mann!

Mögen Frauen keine netten Männer? Lieber den Abenteurer, den Scheißkerl, auf den auch die meisten Männer eifersüchtig sind, weil der alle Frauen vom Tresen klaubt, während die netten mal wieder in ihr Bier starren und sich fragen: Himmel, mögen Frauen nur Arschlöcher?
Tja. Zumindest beschäftigen sie uns nicht so. Wer lief nicht schon mal dem Typus Mann nach, der nie anruft, das Wort Beziehung meidet wie Zahnweh, selten Manieren hat, aber eine Wanna-have-Trophäe darstellt? Es ist doch oft so: Jene Männer, die uns nachlaufen, die wollen wir nicht. Und jene, denen wir nacheiern, wollen uns nicht.
Was mögen die Gründe sein, dass Frauen sich in Unerreichbare verlieben?
... Frauen meinen, es wäre nur das etwas wert, was schwer zu bekommen ist, da sie das Einfache nicht verdient haben.
... Frauen meinen, etwas Nettes nicht zu verdienen, weil sie dann an anderer Stelle bezahlen müssen.
... Frauen meinen, dass die eroberte Liebe etwas Langlebigeres sei als die Liebe eines Mannes, um den sie nicht gekämpft haben: Der

könnte ja eines Tages beschließen, sich und seine Zuneigung einzupacken und zu gehen, und dann sitzt man da und hat daran geglaubt.

... Frauen lieben das Leiden, denn sie sind es gewohnt.

... Frauen trauen dem Glück nicht, dafür haben sie zu oft gelitten.

... Frauen nehmen nette Männer nicht ernst, denn welcher nette Mann von Verstand würde schon eine Frau wie sie nehmen?

... Frauen denken, ein netter Mann könne sie nicht beschützen, erst recht nicht im Zweifel vor sich selbst.

... Frauen behaupten, sie mögen keine Jasager (was stimmt) und werfen die netten Männer mit den Jasagern in einen Topf (wo sie nicht hingehören).

... Frauen trauen den Netten nicht, die die Wahrheit sagen, sondern hoffen lieber, dass die Lügen der Unnetten stimmen.

... Frauen vermissen die leidenschaftliche Dramatik, die sie empfinden, wenn sie sich ständig um die eigene Achse und den Unerreichbaren bemühen.

... Frauen sind echte Idioten.

Was denkt Venus?

Sie würde versuchen, ihre Ängste zu analysieren: Wieso wage ich keine Beziehung mit einem netten Mann? Habe ich Angst, es könnte langweilig sein? Brauche ich die ständige Unsicherheit? Bin ich etwa gar nicht der Typ für eine feste Bindung? Scheue ich davor zurück, dass es ernst werden könnte, weil eben der nette Mann es ernst meint? Und es dann anstrengend werden könnte?

Ich behaupte, Frauen, die den netten Typen aus dem Weg gehen, scheuen die Ernsthaftigkeit einer Beziehung. Bloß an der Oberfläche bleiben, es wird nie zu tief gehen, wo sich die Seele berührt und angefasst fühlt. Die Gefühle mit einem Arschlochkerl sind nur nervenaufreibender, es ist das Gefühl zu leben, in Leid und Glückseligkeit, Leidenschaft und Obsession. Eine Venus weiß um die Sehnsucht nach Obsession, um die Lust am Aufreiben, weil es das Leben herrlich lebendig macht, auch wenn es weh tut. Sie verzeiht sich die Ausflüge in die Reviere der Mister-No-Comittments, sie bedauert nicht, Jahre, Jahrzehnte damit verschwendet zu haben, einen Mann davon zu überzeugen, dass er der Richtige ist. Es ist nun mal so, wie es ist. Doch eine Venus ist sich eines Morgens auch ihrer selbst bewusst. Sie entscheidet sich für einen Selbstwert, der heißt: Ich verdiene es, geliebt zu werden. Ich verdiene es, dass mein Herz achtsam behandelt wird, mein Körper liebkost, meine Seele gestreichelt. Ich verdiene die kleinen Aufmerksamkeiten des Alltags, und ich verdiene es sehr wohl, nicht kämpfen zu müssen um Zufriedenheit.

Eine Venus wird es letztlich einmal wagen und sich auf einen netten Mann einlassen, der ihr sein Herz schenkt, ohne dass sie mehr getan hat, als einfach nur da zu sein. Es fühlt sich komisch an und verdächtig, oh, ja – wieso ist da kein Kampf ums Telefon? Wieso scheint es plötzlich so einfach? Wo ist meine brennende Sehnsucht?

Und da beginnt es, das Abenteuer, von Mensch zu Mensch miteinander zu leben und umzugehen, nicht allein mehr in dem wahnwitzigen, unsinnigen Kampf der drängenden Frau und des zurückweichenden Mannes, der eine Frau mit Verletzungen auf Distanz zu halten versucht und so noch mehr an sich bindet.

Sich der Einfachheit hinzugeben ist schwieriger als dem vertrauten Kampf und Krampf. Und doch, ich wünsche es jeder Frau, es einmal zu wagen und sich einem Mann zu öffnen, der nett zu ihr ist. Vielleicht erlebt sie eine Überraschung, die es wert ist, die bisherige Liebesvermeidung zu überprüfen?

These:
Gebildete Frauen bleiben länger alleine

Alleinsein ist dann schön, wenn man alleine sein will, nicht wenn man es muss. Und offenbar sind Bildung, Klugheit, Intelligenz die wirksamsten Heirats-Verhütungsmittel und eine prima Garantie fürs unfreiwillige Alleinsein.

Was als These im Konzept für dieses Buch stand, wurde inzwischen von der Wahrheit eingeholt. Denn es ist so: Kluge Frauen heiraten seltener.

Es wird zwar gern behauptet, dass Männer Sexbomben mit Hirnschmalz vorziehen, aber dass bereits das Wort Sexbombe vorne steht (anstatt Intelligenzbestie mit Knackpo), zeigt schon, dass Bildung bisweilen der Liebe entgegenwirkt. Zumindest bestätigt das die Statistik: Eine Frau an der Schwelle zur Hochbegabung (IQ 130; immerhin besitzen den 14 Prozent aller deutschen Frauen) besitzt rein rechnerisch weniger als ein Fünftel der Heiratschancen einer durchschnittlich begabten Geschlechtsgenossin. Laut einer schottischen Studie lässt sich diese Prognose schon im Kindesalter erstellen: Liegen die Leistungen eher über dem Durchschnitt, bleibt die Süße auch später länger Singlette. Hübsche Ausrede, falls Ihre Tochter mal sitzenbleibt: »Mami, das ist prima, dann find ich später leichter einen schlauen Kerl, der ordentlich Kohle verdient.«

Männer, so das Resultat der Untersuchungen, steigern ihre Heiratschancen indes um 50 Prozent, wenn ihr IQ nur 16 Punkte über dem Durchschnitt liegt. Frauen hingegen schmälern ihre Heiratschancen bei gleich überdurchschnittlicher Intelligenz um sagenhafte 40 Prozent.

Bleiben kluge Frauen allein, weil sich kluge Männer nur mit dummen Mädchen paaren?

Offenbar nicht nur, denn so langsam, seeeehr laaangsam, heiraten auch Männer mal »nach oben«. Hatte ich erwähnt, dass es selten und langsam ist?

Dazu ein Zitat der Schader-Stiftung, die in einer Studie Bildungsstand und Heiratsmarkt beleuchtete: »Personen mit hohem Ausbildungsstand sind jedoch seltener verheiratet als solche mit geringerer Bildung. Dies gilt für Männer erst seit kurzem, für Frauen schon seit längerer Zeit. Frauen heiraten seltener, weil sie befürchten müssen, dass eine Heirat und vor allem die Gründung einer Familie sie daran hindern werden, ihre hohe Qualifikation im Berufsleben entsprechend zu ›verwerten‹.«
Und es mögen noch andere Gründe sein: Da sich gleich und gleich gern gesellt und kluge Frauen dann doch bisweilen auch kluge Gespräche mit ihrem Liebsten führen wollen, suchen und warten gebildete Frauen auch auf das ähnliche Kaliber Kerl. Das Problem ist nur: Die Jungs sterben aus. Es gibt schon jetzt fast mehr hochqualifizierte Frauen als Männer. Oder die High Potentials heiraten »nach unten«, weil sie zu Hause ihre Ruhe haben möchten. Bei jungen Frauen tritt mit zunehmender Bildung deswegen ein gewisser »Ceiling-Effekt« ein, ihr »Heiratspool« wird mit zunehmender Bildung immer kleiner. Insbesondere gebildete Frauen bleiben somit, falls sie keinen gleich- oder besserqualifizierten Mann finden, lieber alleinstehend. Unter den qualifizierten Frauen steigt deshalb die Quote der Alleinstehenden rasch über die Kohorten an.
Da liegt das Problem: Männer stehen seltener auf kluge Frauen. Die Psychologin Stephanie Brown kommt in ihren Studien zu dem Ergebnis, dass sich Männer bei der Partnerwahl mehrheitlich nach unten, Frauen jedoch nach oben orientieren. Das heißt: Männer wollen Frauen auf hohen Hacken, aber bitte nicht zu schlau.
Da tappen wir Ladies also flugs in eine IQ-Falle. Aber sollten wir uns dümmer stellen, als wir sind, nur der eventuellen Heirat wegen? Dafür sind wir zu schlau, als dass wir annehmen, Liebe hätte allein etwas mit Ringetausch zu tun. Nein, Liebe braucht die Heirat nicht, um zu gedeihen.
Schade nur: Wir sind so klug und haben dennoch romantische Flausen im Kopf von dem einen, für immer. Ist ja auch zu schön.

Anders sieht es bei den Wünschen der Frauen aus – sie werden angeturnt von einem hohen IQ; mehr noch als von einem langen Schwanz (wenn es ums Leben geht, meine Herren, nicht um eine spaßige halbe Stunde ohne Konsequenzen): Jede zweite Frau ist angeblich gar nicht so scharf darauf, dass der Mann im Bett ein virtuoser Liebhaber ist, um mit ihm ein Leben verbringen zu wollen. Viel wichtiger sei den Frauen Intelligenz und Humor bei Männern. Der Grund: Sie würden mit diesen Eigenschaften das Gefühl verbinden, er werde Probleme lösen. Das sind zumindest die Ergebnisse einer Online-Umfrage des deutschen Männer-Lifestylemagazins *Best Life* zum Thema »Männlicher Sexappeal«. Den mit Abstand größten Sexappeal strahlen demnach intelligente Männer aus. 73 Prozent der Frauen stehen auf Partner mit Durchblick. Hilft er ihr mit Humor über Widrigkeiten des Lebens hinweg, sind 61 Prozent der Frauen hingerissen. Mit Bronze überziehen 59 Prozent der Frauen jene Männer, die Leidenschaft zeigen, egal für was, Hauptsache nicht für sich selbst. Schöne Augen und das Qualitätsmerkmal »Gut im Bett« beeindrucken 53 Prozent der Frauen gleichermaßen – wobei Männern klar sein sollte: Augen und Gefühl für die Frau zu haben, ist für die Partnerin wichtiger als der eigene Potenzstolz.

Ich fasse zusammen: Wir sind schlau, bisweilen schön, aber die Klugheit oder Karriere törnt Männer eher ab denn an. Zumindest, wenn sie älter sind oder traditionell veranlagt oder selbst schlau genug, um mit den weiblichen Smartbrains mitzuhalten. Dann wählen sie eher die Normalfrau, die weniger zeitraubende Diskussionen führt, die nicht mehr Geld verdient als er, die sich eher dazu bereiterklärt, auf Mutter und Teilzeithausfrau zu machen.
Böse? Ja, aber das sollen Thesen sein.
Da haben wir es uns nun also mühsam erarbeitet, dieselben Bildungs- und Berufschancen wie Männer zu haben – und dann das: Sie rächen sich mit Missachtung, polemisch gesagt. Manch jüngerer Mann, der eine kluge Mutter hatte, wird sich damit arrangieren kön-

nen oder sogar wollen, dass er eine Schnelldenkerin heiratet – vielleicht, weil er sich mit einer anderen langweilt. Fragt sich nur, ob jene willigen Männer denn a) schlau sind, b) sexy und c) nicht andere widerwärtige Macken haben, die einem die Lust darauf vergehen lassen, sich mit ihm zusammen in ein Familienbuch einzutragen.

Intelligente Frauen, die auch müde schlaue Sachen sagen, werden ungern ins Bett gezogen. Warum? Aus Angst, sie könnte den Blowjob verweigern mit: »Wozu hab ich studiert, dass ich so was machen muss?« Oder aus Furcht, sie könne nicht enthemmt sein, sondern verkopft? Oder weil sie zuviel weiß und demnach mehr will? Oder gar nach dem Koitus reden mag?

Ach, kluge Frauen, vielleicht ist es an der Zeit, ein anderes Lebenskonzept zu erdenken. Klug und ehrgeizig zu bleiben, herauszufinden, was man will, um dann zu entscheiden: Ich liebe mich selbst genug, um meinen Beruf auszuleben, anstatt vorsichtshalber dumm zu tun, nur um den Antrag nicht zu verpassen.

Eine Venus stellt sich nie dümmer, als sie ist; ab und an ist sie clever genug, nicht ständig ihre (Über-)Macht zu beweisen.

Partnerschaft

Manchmal braucht man viele Menschen,
um einen einzigen zu vergessen.
Friedrich Beutelrock, dt. Schriftstellerin (1889–1958)

ER soll's also sein. Sie wollen alles richtig und nichts falsch machen und erwarten genau das auch von ihm. Sie wollen eine Partnerschaft führen, die Sie am Ende des Lebens friedvoll gehen lässt, mit der Gewissheit, es nicht versaut zu haben ... Dazu sei rasch gesagt: Lösen Sie sich dringend davon, alles richtig machen zu wollen. Es führt zu nichts außer zu Problemen. Sie können nicht alles richtig machen, auch wenn Sie sonst ein Wunder der Perfektion sind – denn auf der anderen Seite steht eine unberechenbare Größe, die Sie nicht kalkulieren können und sollten: Der Mann. Der Partner.
Es muss doch wohl trotzdem machbar sein, eine wunderbare Beziehung zu führen, schließlich gibt es ja genügend Bücher darüber, ALSO!?
Ja, also. Vorab: Eines ist sie nie, die ewige oder auch irgendwann endende große Partnerschaft: immer wunderbar. Der Hunger der ersten Wochen wird sich verwandeln, in Vertrautheit, in Fürsorge. Leidenschaft ist bis zu einem gewissen Grad vergänglich, und jeder, der etwas anderes sagt, lügt. Erst in Krisen werden Sie sich gegenseitig noch mehr kennenlernen, nicht nur in den schönen Tagen dazwischen. Erst durch Auseinandersetzungen gehen Sie aufeinander zu. Erst das, was Sie zwischen den Streitigkeiten NICHT tun, wird sich mehr auf Ihre Partnerschaft auswirken als jeder Streit.
Eine Partnerschaft zu führen ist ein fließender Prozess, in dem auch noch jeder Partner für sich eine Entwicklung durchläuft; jeder verändert sich. Eine Beziehung ist eine Verbindlichkeit, pendelnd zwischen mentaler und emotionaler Bindung, und sie wächst mit der Zeit, bleibt nie stehen. Natürlich werden Sie versuchen, sich gegen-

seitig zu manipulieren, damit er so reagiert, wie Sie es sich wünschen – und umgekehrt. Sie werden es merken, streiten, sich neu einigen, Erinnerungen sammeln und Verletzungen, Intimität empfinden und Wut, Leidenschaft und Langeweile, Hilflosigkeit und Fürsorge, Zärtlichkeit und Genervtheit, Freundschaft und Fremdheit, Sorge und Achtung.
Aber das ist die gute Nachricht:
Genauso chaotisch sieht eine perfekte Beziehung aus. Perfektion ist nämlich nicht der harmonische, friedvolle, stets erfolgreiche Verlauf einer Liebe, sondern die Perfektion der Partnerschaft lebt von den Gegensätzen.
Es ist nicht immer alles toll, und das darf es auch nicht sein, denn sonst wären Sie kein Mensch und er auch nicht, sondern Erfindungen amerikanischer Ratgeberkultur.

Eine gute Beziehung haben Leute, die befreundet sind und miteinander schlafen

Mein Vater sagt, eine gute Partnerschaft sei jene, bei der die Beteiligten vor allem miteinander befreundet sind.
Lange Jahre wehrte ich mich gegen diese Schlichtheit, weil mir das zuwenig schien. Doch irgendwann kam ich dahinter, was er meinte. Schließlich sucht man sich seine Freunde auch sehr sorgfältig aus – Freundschaften halten oft länger als eine Partnerschaft, bei der beide Parteien irgendwann aufhören, Partner zu sein, und sich gegenseitig selten mehr als Verachtung, Spott oder Gernervtsein entgegenbringen.
Tatsächlich ist es so, dass der Sex in einer freundschaftlichen Partnerschaft eine untergeordnete Rolle spielt. Entweder weil Sie ihn schon hatten und er an zweite oder dritte Stelle des Zusammenseins gerückt ist, oder weil Sie nicht daran interessiert sind, mit dem Kerl

Sex zu haben. Denn zur Leidenschaft gehört das Geheimnisvolle, die Erotik; für Freundschaft ist Erotik zweitrangig. Hört sich also ganz nach dem an, was für viele Paare das Alter bereithält: eine zärtliche Freundschaft, mehr Menschenliebe denn körperliche Liebe.

Aber gut, noch ist es ja nicht soweit, ich möchte Ihnen jetzt gewiss nicht raten, nach einer asexuellen Partnerschaft Ausschau zu halten. Dafür macht Sex mit dem Menschen, mit dem man am liebsten seine Zeit verbringt, einfach zu viel Spaß.

Aber auch eine Liebe, eine Partnerschaft, kann als zweite Tonspur nach Freundschaft klingen. Einige lehnen es ab, doch ich bin sehr dafür, dass Sie Ihren Partner auch wie einen Freund empfinden. Das hilft in Momenten, in denen man mehr einen klaren Kopf und freundschaftlichen Rat als einen liebesgestörten Vorschlag braucht. Ein Freund sagt Ihnen, wenn Sie gerade Mist machen, ein Lover wird aus lauter Liebe darüber hinwegsehen. Freundschaft kann eine Liebe auch über Zeiten der Stille tragen und im Zorn die nötige Abfederung bringen.

Wenn Sie Ihren Lover nie als Freund betrachten, dann müssen Sie sich fragen, was bleibt, würde die Liebe mal unter Druck gesetzt. Sie müssen ihn nicht nur lieben, sondern auch mögen. Der Unterschied ist fein, aber während Liebe über Fehler hinwegsieht, ist Freundschaft fähig, sie zu sehen und damit umgehen zu lernen.

Würden Sie Ihren Lover als besten Freund sehen? Wenn Sie nicht zusammen wären, würden Sie dann gern mit ihm befreundet sein? Für mich ist diese Frage inzwischen ein Gradmesser geworden. Alles, was ich an einem engen Freund, an einer lieben Freundin nicht ertragen würde, möchte ich auch nicht an meinem Liebsten ertragen müssen. Wenn ich im Gegenzug bei meinem Partner die tiefen Gefühle des Verstandenwerdens empfinde, die ich auch in Gegenwart einer echten Freundin empfinde, losgelöst von erotischem Begehren, dann weiß ich, dass ich bei ihm richtig bin. Und zwar so, wie ich bin.

Dieser Freundschafts-Faktor hat einen unschätzbaren Vorteil: Er ist der Ausgleich, wenn eines Tages das Miststück Leidenschaft geht. Was zurückbleibt, ist das Gefühl, mit einem guten Menschen zurückzubleiben.

Mit dem Alter reif für Partnerschaft?

Eigentlich kann einem Menschen Anfang, Mitte 20 nichts Besseres passieren, als eine langjährige Beziehung zu führen, sie dann zu verlieren, festzustellen, wie das Alleinleben ist, und durch diese zwei starken, tiefen Freude- wie Leidenserfahrungen in die erwachsene Partnerschaft zu finden. Denn ernsthafte Liebesbeziehungen lassen die Persönlichkeit reifen, wie der Berliner Forscher Franz J. Neyer in einer seiner Langzeitstudien herausgefunden hat. Im Vergleich zwischen Singles und Menschen mit Lebenspartner (alle Befragten waren zu Beginn zwischen 18 und 30 Jahre jung) wirkten die Alleinstehenden neurotischer, schüchterner, lebensuntauglicher; jene in einer Partnerschaft waren im Vergleich gewissenhafter, selbstbewusster, offener. Spannend daran: Die Singles, die sich dann banden, zeigten bald gereifte Persönlichkeitszüge. Das allerspannendste an der Untersuchung: Auch wenn die Beziehung schieflief, behielten die Befragten diese Eigenschaften. Sie waren durch die Beziehung gereift. Der Persönlichkeitsgewinn, den man aus längeren Partnerschaften zieht, bleibt also offenbar erhalten, auch wenn die Liebe geht und die Beziehung endet.

Der Umkehrschluss indes stimmt bedenklich: Was ist dann von Menschlein zu halten, denen es, bis sie Mitte 30 werden, nicht vergönnt ist, eine Partnerschaft länger als drei bis zwölf Monate aufrechtzuerhalten? Und davon gibt es viele; fragen Sie doch mal in Ihrem Bekanntenkreis herum, Sie werden sich wundern, wie viele bisher keine längere ernste Beziehung hinter sich haben.

Klar ist: Vieles muss geübt werden. Zunächst die Abnabelung von zu

Hause, dann das erneute Einlassen auf einen anderen Menschen. Nehmen Sie es sich selbst nicht übel, wenn Sie dafür bis nach dem 30. Geburtstag Zeit brauchen. So sind wir Menschen gemacht, wir brauchen Zeit, um uns zu finden – und können auch dann erst erkennen, wer zu uns passt.

Eine Beziehung ist kein Glücksgarant, es ist Arbeit (haben wir es doch geahnt)

Denn die Wahrheit ist: Eine Liebe ist keine Garantie, dass die Beziehung glückt, und eine Partnerschaft garantiert Ihnen nicht, dass *Sie* glücklich sind. Außerdem ist eine geglückte Partnerschaft eine Sache von präsent sein, nachhaken, beobachten, sich bewegen, den Mund aufmachen – kurz: Das kann echt in Arbeit ausarten! Im besten Fall nimmt man diese Arbeit kaum als solche war, aber bemerkt an sich selbst, dass man kurz innehält bei einer Situation und nicht gleich in spontanen Trotz verfällt, sondern durchatmet, sich das Ganze beguckt und sich sagt: Okay. Ich könnte jetzt explodieren, weil mein Ego mir das so vorschreibt. Kann ja auch sehr entspannend sein. Oder ich kann die Gelegenheit nutzen und etwas für die Partnerschaft tun anstatt für mein kleines, süßes, gekränktes Selbstwertgefühl.

Wir haben immer die Wahl. Ab und an explodieren, aber ab und an tatsächlich den reifen Schritt machen und sagen: Okay. Ich kann's auch mit Humor oder Gelassenheit nehmen, anstatt mich in den Vordergrund zu schieben. Nö, heute arbeite ich mal nicht an meinem Image, sondern an meiner Beziehung.

Wobei hier nicht die inzwischen schon »klassische« Beziehungsarbeit gemeint ist. Ich werde Ihnen jetzt nicht kommen mit Kommunikationsmustern für Streit oder Ihnen auf die Nase binden, wie Sie eine Beziehung gestalten können. Ihre Partnerschaft ist so einzigartig, es gibt eben keinen Trick für alle.

20 Vorschläge zu Partnerschafts-Regeln für Selbstdenker

Gibt es Gelingrezepte für die Liebe? Nein. Gibt es Garantie-Vorschläge für die perfekte Partnerschaft? Auch nicht. Aber kleine Hinweise, wie Sie eine Beziehung unter Liebes- und LebensGEFÄHRTEN bereichern. Denn Liebe trifft uns leicht, sie uns in einer Partnerschaft zu bewahren ist eine bisweilen schwere Arbeit!

1. Bleiben Sie bei den Tatsachen
Wir neigen dazu, unsere Hoffnungen vom Idealmann auf den Liebsten zu übertragen – anstatt den Mann an unserer Seite so zu sehen, wie er wirklich ist. Bleiben Sie bei den Fakten anstatt bei den Hoffnungen, und versuchen Sie, seine Schwächen und Stärken realistisch zu betrachten. Denn: Wenn junge Eheleute die Schwächen ihres Partners nicht sehen, steigt die Wahrscheinlichkeit, dass sie nach vier Jahren Ehe geschieden sind. Das ergaben Studien der amerikanischen Psychologieprofessorin Lisa Neff. Jene, die die Eigenschaften ihres Partners realistisch einschätzten, stimmten oft mit dessen Selbsteinschätzungen überein – und waren nach vier Jahren Ehe seltener geschieden als die, die ihren Partner überschätzten. Fazit der Forscher: Die Liebe zwischen Mann und Frau halte länger an, wenn Paare sich sehen, wie sie wirklich sind.

2. Streiten Sie für Ihre Bedürfnisse
Harmonie und Achtsamkeit der Bedürfnisse – so stellen wir uns eine perfekte Beziehung vor. Schade nur, dass das keine naturgegebene Angelegenheit ist – Kommunikation ist der Schlüssel. Und Streiten gehört dazu, denn es schafft eine spezielle Verbundenheit, eine Art »Zusammenraufen«. »Es ist ein Trugschluss, dass eine Beziehung von allein funktioniert, sobald einem der oder die Richtige begegnet ist. Entscheidend ist gemeinsame Arbeit an der Partnerschaft«, so die Berliner Psychotherapeutin Anna Auckenthaler, »und das Finden von Kompromissen.« Das gelingt nur dann, wenn es ein

Paar über Jahre hinweg versteht, miteinander zu sprechen und zu streiten, ohne sich unheilbare Wunden zu schlagen. Sonst schwindet das Vertrauen in die Wertschätzung durch den Partner – und damit die Verbundenheit.

3. Entlasten Sie die Liebe

Im Job herrscht Hochdruck, die beste Freundin spinnt, der Bankberater auch: Unter Stress »vergessen« wir oft, uns um die Beziehung zu kümmern, aus scheinbar gutem Grund: Da ist ja alles in Ordnung. Die sichere Stütze Partnerschaft, kalkulieren viele, könne das schon aushalten, wenn sie mal eine Weile nicht umsorgt wird, gemeinsame Aktivitäten nach hinten gestellt werden, weil anderes »wichtiger« ist. Vorsicht, Falle: Professor Guy Bodenmann, Leiter des Instituts für Familienforschung im schweizerischen Freiburg, hat beobachtet, dass der Austausch zwischen glücklichen Paaren unter Stress plötzlich stark dem von unzufriedenen Duos gleicht. Die Partner reagieren zurückweisender. Sie reden seltener miteinander, und wenn, klingt Gereiztheit durch. Von dort ist es nur noch ein kleiner Schritt zu Vorwürfen, Gehässigkeiten, Abwertung. Eine tückische Falle, denn unter hohem Druck erscheint es nur natürlich, seine Energie auf die Bewältigung vordringlicher Alltagsprobleme zu konzentrieren.

4. Finden Sie Ihr EIGENES Leitmodell der Partnerschaft

Das Geheimnis glücklicher Langzeitpaare? Individualität. Wissenschaftler kennen zwar eine Reihe wesentlicher Gesetzmäßigkeiten für gelungene Partnerschaften. Zugleich hat sich in Tausenden von Studien jedoch eines herauskristallisiert: Gute Beziehungen reifen auf viele verschiedene Arten. Es nutzt also nichts, wenn Sie auf die Strategie Ihrer Freundin schielen oder ähnliche Methoden anwenden wie Ihre Mutter einst beim Vater oder gar in diesem Buch nach Vorschriften suchen – bloß nicht, dafür sind Sie beide viel zu individuell!

5. Wollen und Lassen

Liebe kann nicht alles, sie erledigt nicht von selbst das, was wir von ihr wünschen. Dass Sie eine Beziehung führen, war am Anfang Glück, Zufall oder Schicksal, als Sie den einen überhaupt trafen. Alles, was jetzt folgt, ist eine Sache des Wollens, Ihrer Entscheidung, es zusammen zu versuchen. So versuchte auch der Münchner Psychologe Professor Klaus Schneewind das Geheimnis trauter Zweisamkeit zu ergründen: Er fragte 663 Ehepaare, die durchschnittlich 27 Jahre in erster Ehe verheiratet waren, nach ihrem Erfolgsrezept. »Den anderen so nehmen, wie er ist«, war die häufigste Antwort. Dicht gefolgt von »Vertrauen und Ehrlichkeit«. Zu den Hauptzutaten zählten außerdem Liebe, konstruktive Konfliktlösung, gemeinsame Interessen sowie der unerschütterliche Wille, zusammen durch dick und dünn zu gehen.

6. Her mit der rosaroten Brille!

Die Partnerschaft lebt, trotz aller realistischen Einschätzungen, auch von der »rosaroten Brille«. Setzen Sie sie öfter mal auf, vor allem, wenn Sie wieder mal nur die Schwächen Ihres Partners sehen, anstatt Ihren Blick mehr auf seine Stärken zu verlagern. Er ist so, wie er ist, und das eben anders als Sie. Diesen Rosa-Blick beschreiben Wissenschaftler als »positive Illusion« oder »Selbsterweiterung im Zweierteam«: Die US-Forscher Susan Osgarby und W. Kim Halford ließen dazu in einer Studie Paare Tagebücher führen über negative und positive Beziehungsereignisse. Einige Zeit später baten sie die Partner, die Ereignisse zu beurteilen, ohne dabei das Tagebuch zur Hand zu nehmen. Das Resultat: Glückliche Paare gaben mehr positive Ereignisse an als im Tagebuch verzeichnet, beurteilten die negativen Ereignisse dagegen realistisch. Unglückliche Paare unterschätzten positive Ereignisse und überschätzten negative, sahen ihre Beziehung also durch eine rabenschwarze Brille. Jede kleine Missstimmung war für sie der Anfang vom Ende. Dadurch entsteht ein Teufelskreis, denn durch die negativ gefärbte Wahrnehmung sinkt die Beziehungszufriedenheit. Glückliche Paare befinden sich im »Engelskreis« und haben dank ihrer »rosaroten Sicht« auf die Beziehung allen Grund, noch zufriedener zu sein.

Kleine Einschränkung: das Idealisieren seiner Stärken, obgleich Sie schon längst nicht mehr mit den Macken leben wollen. Sorry, das ist nicht rosa Blindheit, das ist Feigheit vor der Trennung.

7. Vereinen Sie Romantik mit Realismus

In Professor Schneewinds Ehepaarstudie an der Ludwig-Maximilians-Universität München lautete die Glücksformel am Ende: Am zufriedensten sind diejenigen Paare, die zwischen Romantik und Pragmatismus keinen Widerspruch entdecken. Sie glauben einerseits, das Schicksal habe sie füreinander bestimmt, sind aber zugleich überzeugt, dass eine gute Beziehung wachsen müsse. Und das bedeutet: Sie funktioniert nicht von Tag eins an perfekt; die Übereinstimmung ist da, aber sie wird mehr und mehr reifen, mal mehr, mal weniger passen.

8. Sagen Sie, was Sie wollen

Verstehen und verstanden werden – ein Eckpfeiler gesunder Beziehungen. Aber viele hängen dem Mythos nach: Wer mich liebt, versteht mich ohne Worte. Romantischer Irrsinn! Sagen Sie deutlich, was Sie wollen, achten Sie dabei auf Ihren Ton, anstatt darauf zu hoffen, er könne Gedanken lesen. Denn dann warten Sie die nächsten 50 Jahre.

9. Behandeln Sie ihn wie einen erwachsenen Mann

»Tue ich doch«, denken Sie – aber oft sind es Frauen, die versuchen, einen Mann zu erziehen, als ob Sie einen Jungen oder einen jungen Hund vor sich haben. Die Motivation mag unterschiedlich sein: Es ist zu seinem Besten, wenn ich ihn modischer machen will, es tut unserer Beziehung gut, wenn er sich ändert. Aber: Sie können einen Mann nicht ändern, nur sich selbst. Die Vorstellung, eine Frau habe das Recht, den Partner zu erziehen oder zu ändern, ist für Verhaltenstherapeut und Buchautor Arnold Lazarus arrogant und ohnehin zum Scheitern verurteilt. Denn: Anderssein ist nicht per se schlecht. Was viele Partner jedoch voneinander entfernt, sind nicht die Unterschiede, sondern der Umgang mit den Unterschieden.

10. Wahren Sie Ihre Geheimnisse, und bleiben Sie loyal

Nach vierzig Jahren Ehe fragte ein Mann seine Frau, ob sie schon einmal an Scheidung gedacht hätte. Die verblüffende Antwort: »An Scheidung nicht, aber an Mord.« Die totale Offenbarung – ist sie wirklich das Ideal für eine glückliche Beziehung? »Auf keinen Fall«, sagt der Hagener Paartherapeut Dr. Rudolf Sanders. »Zuviel Nähe und Vertrautheit ersticken die Liebe, zuviel Distanz und Verschlossenheit entzweien die Partner.« Es kommt wie immer im Leben auf die richtige Dosierung an und bei jedem Paar auf die Individualität der Charaktere – und den richtigen Zeitpunkt. Gleich zu Beginn dem anderen en detail zu erzählen, wie viele Vorgänger er hatte, welche erotischen Phantasien Sie haben oder ob Sie schon mal fremdgegangen sind: besser nicht. Ein Geheimnis vor seinem Partner zu haben ist nicht unbedingt ein Vertrauensmissbrauch. Es ist ein Stückchen »Ich« in einem Alltag von »Wir« und »Uns«.

11. Leben Sie Leidenschaft – nicht nur im Bett

Das Problem mit der Leidenschaft ist: Sie wurde nicht für den Alltag erfunden. Sie gerinnt im Laufe der Zeit, und für viele ist das ein Drama, wo sie sich doch vorstellten, noch als Seniorin heißblütig auf der Parkbank zu knutschen. Mindestens. »Das andere Problem ist, dass unsere Idee von Leidenschaft zwangsläufig im Höhepunkt mündet«, sagt Rudolf Sanders. »Verabschieden Sie sich von der Vorstellung, dass jede Berührung, jeder Kuss zum wilden Koitus führen muss. Händchenhalten, Schmusen, eng umschlungen auf der Couch lümmeln – auch das ist Sexualität und ein Ausdruck von Liebe.«

12. Fordern Sie alles

Erheben Sie Anspruch auf alles, was für Sie in einer Beziehung wichtig ist. Gemeinsamkeit, Gleichberechtigung oder Engagement – Sie dürfen all das fordern, niemals weniger, nur weil Sie vielleicht befürchten, sonst enttäuscht zu werden. Denn: Wer viel fordert, gibt meist auch viel. Männer und Frauen, die ihrer Beziehung viel abverlangen, unterstützen ihre Partner auch in Stresssituationen und fühlen sich auch selbst unterstützt. Zudem verhalten sie sich konstruktiver in Konfliktsituationen. Hohe Ansprüche sind allerdings nur dann förderlich für die Partnerschaft, wenn sie realistisch sind. Sind sie dies nicht, wie zum Beispiel der Anspruch, der Partner brauche zum Glücklichsein nur Sie, führt dies zu sinkender Zufriedenheit in der Partnerschaft, mit sich selbst und/oder dem Partner.

13. Im Zweifel für den anderen

Er kommt zu spät zur Verabredung. Er hat vergessen, dass Sie heute morgen einen wichtigen Termin hatten, und fragt nicht mal danach. Er hat die falschen Blumen mitgebracht ... und schon bricht eine Welt zusammen, vermuten Sie die schlimmsten Charakterfehler oder Missachtung Ihres Wesens hinter diesen Ereignissen? Stop – die Liebe lebt durch Wohlwollen, nicht durch Ängste. »Die Art, wie wir Ereignisse und Verhaltensweisen in der Beziehung erklären, hat Einfluss auf unser Verhalten und unsere Zufriedenheit in der Beziehung«, meint die Münchener Psychologin Dr. Eva Wunderer. Und deshalb gilt: Im Zweifel für den anderen. Schieben Sie kleinere Missstände erst mal dem Zufall zu, wie: Er stand im Stau und ist deshalb zu spät, er hat selbst etwas Wichtiges erlebt, was ihn sehr beschäftigt, und im Blumenladen hatten sie meine Lieblingsblumen nicht mehr. »Wissen ist Stärke«, sagt John Gottman und erklärt dies zur ersten Regel auf dem Weg zu einer besseren Partnerschaft. Wer begriffen hat, wie der andere tickt, in welcher Situation er sich befindet und was ihn bewegt, kann Reaktionen besser einordnen, um sie nicht als persönlichen Angriff zu empfinden.

14. Streiten, ohne zu siegen

»Jedesmal, wenn Sie einen Streit gewinnen, hat Ihre Partnerschaft etwas verloren. Meist haben Sie dann nämlich nur Ihren Partner bekämpft, nicht das Problem«, erklärt Bas Kast, Autor von *Die Liebe und wie sich Leidenschaft erklärt*, in dem er die neusten wissenschaftlichen Erkenntnisse über die Facetten der Liebe zusammengetragen hat. Doch ebenso wichtig ist es, was in streitlosen Zeiten geschieht – sich hier einen Schutzschild zu schaffen hilft weit mehr, als Streit aus dem Weg zu gehen. Legen Sie sich ein liebevolles Polster an, mit Ritualen, Gesten der Zuwendung. Denn Liebe wird nicht durch Streit zerstört, sondern von dem, was dazwischen NICHT passiert.

15. Ärgern Sie sich laut

Seltsam: Da lieben wir einen Menschen, und dennoch ist nicht alles toll an ihm. Oft empfinden wir sogar ein schlechtes Gewissen, dass wir nicht alles an diesem Mann mögen, obgleich wir ihn doch lieben! Kein Wunder – Ärger und Liebesgefühle können nicht gleichzeitig empfunden werden. Die gute Nachricht: Sie müssen nicht alles an ihm mögen, damit die Liebe echt ist. Die schlechte: Sie müssen entweder Ihren Ärger formulieren oder diesen Mann so akzeptieren, wie er ist.

16. Lassen Sie die Liebe Ihre Partnerschaft bestimmen – anstatt umgekehrt

Woran Sie merken, dass eine Liebe funktioniert? Wenn Sie beginnen, Ihr Leben, Ihr Verhalten, Ihre Entscheidungen zu ändern, um soviel wie möglich von dem aus der Beziehung herauszuholen, was Sie zufrieden macht. Eine lebendige Liebe besitzt immer Einfluss auf die Beteiligten, Sie werden jemand anderer, als Sie vorher waren. Beharren Sie also nicht immer auf Ihre eingefahrene Routine, sonst werden Sie nicht in den Fluss einer dynamischen Liebe kommen.

17. Lachen Sie über Dramen

Humor ist ein wesentlicher Entschärfer für kleine bis mittelgroße Dramen. Manche Paare schaffen es, sich anzunerven und zu sticheln – und sich plötzlich gemeinsam darüber lustig zu machen, dass sie schon wieder streiten. Lachen und Humor nimmt Scham – Scham, die oft entsteht, wenn wir uns gegenseitig Vorwürfe machen.

18. Leben Sie damals, heute, morgen

Erinnern Sie sich gegenseitig an schöne Zeiten, wenn Sie sich in einer schwierigen Phase befinden. Aber leben Sie auch im Heute, vor allem, um Situationen zu analysieren, nicht, um den Gesamtzustand in Frage zu stellen. Und: Freuen Sie sich auf Ihre Zukunft. Üben Sie sich in der Einstellung: Das wird schon.

19. Übrigens: Liebe ist eine Tätigkeit. Lieben Sie. Handeln Sie liebend

20. Finden Sie den Sinn Ihrer Partnerschaft

Eine Beziehung muss nicht alles sein, um »gut« zu sein. Also nicht erotisch *und* romantisch *und* zärtlich *und* familiär *und* freundschaftlich *und* zweckgebunden *und* intellektuell anregend *und und und.* Nur weil man sich zufällig liebt, ist eine Partnerschaft nicht auf all diesen Gebieten automatisch perfekt. Und doch empfinden viele Paare es als Schwäche, wenn einige der Faktoren verschwinden oder nicht vorhanden sind – und versuchen, die Beziehung künstlich damit anzureichern, anstatt das wahrzunehmen, was sie am stärksten verbindet! Bei den einen ist dies Sinnlichkeit, Erotik oder Romantik. Bei anderen Freundschaft, der Wunsch nach Familie und Geborgenheit. Bei wieder anderen stehen der geistige Austausch und gemeinsame Geschäftsinteressen im Vordergrund.

Anstatt dem nachzujagen, was Sie beide eher weniger verbindet, sollten Sie herausfinden, was genau Ihre zarten, aber starken Bande sind. Verbindet Sie die Lust auf ein Nomadendasein – dann sollten Sie nicht zusammenziehen. Verbindet Sie die Lust auf Familie? Dann müssen Sie nicht auf Teufel komm raus die weltbesten Liebhaber der Welt werden! Verbindet Sie Erotik? Was wollen Sie denn dann im 24-Stunden-Alltag voneinander, was träumen Sie von Heirat und Kinder – da blühen keine Spannungen mehr!

Die meisten Beziehungen enden unter anderem deshalb, weil wir alles von einer Beziehung wollen, anstatt ihre einzigartige Besonderheit wahrzunehmen und diese zu pflegen.

Machtspiele. Warum sie uns behindern, aber auch nutzen

Ich hatte irgendwann das Gefühl, mehr zu arbeiten als mein damaliger Freund und trotzdem auch noch für seinen verdammten Magen, den verdammten Garten und das verdammte Bodenschrubben zuständig zu sein. Ganz abgesehen davon hatte Richard die Machtwaage in Sachen Sex umgedreht: Er verweigerte sich. Wenn mich jemand in der letzten Phase unserer verschwindenden Liebe gefragt hätte, was mir am meisten an die Nieren ging, hätte ich gesagt: Ich fühle mich nicht gleichwertig. Ich mache mehr, ich erhalte weniger, und das frustriert.

Andreas, der zwanzig Jahre verheiratet war und seit zwei Jahren mit Lena zusammenlebt, erinnert sich an sein Gefühl der Unterlegenheit in seiner Ehe davor mit Gruseln: Er war für das Geld zuständig, seine Frau verwaltete es für die Familie mit drei Kindern. Durch ihre permanente Nähe zu den Kids baute sie so natürlich eine engere Bindung auf – und es war an ihr, den abends heimkommenden Gatten über den Stand der Dinge zu informieren. Irgendwann hörte sie damit auf, und Andreas fühlte sich bewusst abgeschnitten. Am Wochenende aufzuholen war schwierig, oft saß er mit am Tisch und wusste nicht, was in den Köpfen seiner Kinder vor sich ging. Seine Frau sprach mit ihm nicht mehr darüber. Sie spielte ihre Macht aus, und er konnte nichts dagegen tun. Zum Schluss freute sich nur noch der Hund, wenn er nach Hause kam, und in den Urlaub fuhr man, wenn sie es wollte, nicht, wenn Andreas freibekommen konnte.

Es gibt noch zahlreiche andere Beispiele, wo sich Macht zentriert oder wo gewisse Machtstellungen unverrückbar vergeben sind: Er bringt Geld heim, sie bestimmt dafür, wann es Sex gibt, er kauft eine Eigentumswohnung und sie zieht mit ein, sie macht ihm große Geschenke und er vermag dies nicht, sie hat mehr Freunde, er kann nicht mal richtig Deutsch und ist einsam ... und garantiert fühlt sich einer in einem beliebigen Bereich unterlegen.

Wenn sich Machtverhältnisse verschieben, der eine meint, sich mehr zu verausgaben als der andere, oder sich Muster einschleichen, in denen einer Täter, der andere Opfer ist – das ist der Anfang vom schleichenden Ende einer Liebe.

Konsequenz: Gleichwertigkeit ist das Fundament jeder dauerhaften Beziehung. Eine Ebenbürtigkeit in den wesentlichen Belangen, die eine Liebe wunderbar macht: Selbstbestimmung und Geborgenheit, ausgewogenes Geben und Nehmen, wechselnde Macht ohne Überhang.

Der Weg der Ausgeglichenheit verlangt, dass beide bereit sind, immer wieder aufs neue dafür zu kämpfen. Es ist nichts, was von Anfang an besteht, sondern unterliegt einer dauernden Entwicklung. Immer mal wieder wird es zu einem Ungleichgewicht kommen, das gehört dazu, wenn Sie grundsätzlich als Paar das Gleichgewicht wieder zurückbekommen. Ebenbürtigkeit ist nichts, was Sie vom anderen erhalten, sondern etwas, wofür Sie beide eintreten müssen.

Sex zu verweigern bedeutet zum Beispiel ebenso Machtverschiebung. Geld kann Macht sein, vor allem, wenn der eine weniger hat oder eine Zeitlang viel weniger verdient, beispielsweise als junge Mutter. Wissen und Unwissen tragen zur Machtverteilung bei. Der Berufsstatus ist eine Machtquelle – sie ist berühmt, er nicht, sondern nur »Mann von«. Die Partnerkonstellation von ehemaligem Untergebenem und Chef, Älterem und Jüngerem, gereiftem Verstand und jugendlichem Leichtsinn, Schönheit und Durchschnitt – all das trägt gewaltige Machtpotentiale in sich. Wer seine Macht ausspielt und den anderen zurückstuft, gefährdet jedoch die Liebe. Es wird direkt oder indirekt zu Machtkämpfen führen.

Statt dessen sollte Macht ausgeglichen sein, beide sollten sich gleich mächtig fühlen. Das erreichen Sie dadurch, dass Sie Ihre Macht nicht bewusst ausspielen, um dem anderen zu zeigen, wo es langgeht – sonst machen Sie an anderer Stelle das Schlachtfeld auf. Der vermiedene Krieg ist der gewonnene. Jemanden mit Bildung kleinzumachen ist zum Beispiel auch eine Art Machtkampf – das permanente Korrigieren von Sätzen vor anderen, das Benutzen von Vokabeln, die der andere nicht beherrscht, und es ihm dann auch noch genervt aufs Butterbrot schmieren, dass er da offenbar nicht mithalten kann: ein Machtkampf. Er fühlt sich unterlegen, baut Aggressionen auf, und bums! streitet man sich zu Hause, ob er den Klodeckel schließt oder nicht, obwohl dieser Faktor beim Thema Liebe irrelevant sein sollte.

Vermeiden Sie unbedingt, Ihre Macht in ein »Helfen« zu verkleiden – es gibt wenig Schlimmeres für einen subjektiv Unterlegenen, als genau in dem Bereich Hilfe zu erhalten, in dem er sich unterlegen fühlt. Einem Mann, der weniger Kohle verdient, finanziell unter die Arme zu greifen, wird ihn schneller davonscheuchen (oder ihn dazu bringen, sich beim Sex zu verweigern, um eben auf anderen Gebieten eine Machtstellung einzunehmen), als Sie Schatzilein flöten können.

Natürlich gibt es auch zahllose Frauen, die meinen, Ebenbürtigkeit sei nichts für sie. Die glauben, durch ihre Abhängigkeit auch eine Art Zwang zu schaffen: Er weiß, dass ich ihn brauche, also wird sein Gewissen ihn davon abhalten, mich zu verlassen. Oder: Ich bin stärker als er, also bewundert er mich und wird ohne meine Führung nicht mehr sein wollen. Das ist alles real und weit verbreitet.

Charlotte zum Beispiel sucht sich grundsätzlich Kerle aus, die ihr in irgendeiner Hinsicht nicht das Wasser reichen können. Männer mit jugendlichem Verstand, Jungs mit weniger Geld, Kerle mit Bauchansatz. Sie weiß: Vergleichen hält dann sie besser stand. Er wird sich immer unterlegen fühlen, aber fühlt sich wohl dort, wo er ist: als der geführte Mann, der gelebte Mann.

Georg dagegen lässt sich immer mit Frauen ein, die finanziell weit unter ihm rangieren. Er sorgt für sie, und sie leihen ihm ihre Jugend, ihre Schönheit, das war's. Er spielt die Karte Geld, sie die Karte Schönheit aus, zusammen mit der Forderung, er möge sich doch bitte um den Rest kümmern. Tut er. Bis heute. Für seine erste Frau und die Kinder, für seine Geliebte Nummer zwei und für Nummer drei auch, obwohl die sich abgesetzt hat. Sie pflegen nur noch Kontakt auf einer Basis, auf der sie keine Machtrangeleien mehr ausüben: im Bett.

Sind diese Beziehungen krank oder unmoralisch? Da sie gelebt werden und gerade die nicht vorhandene Ebenbürtigkeit mehr Paare zusammenhält, als Sie jetzt ahnen, ist da wohl was dran, dass Machtspiele auch durchaus kittenden Charakter haben können – denn sie funktionieren. Die Frage ist nur: Wie lang? Wann wird Abhängigkeit oder Überlegenheit abtörnend? Schwer zu sagen. Es gibt Männer, die sich leichten Herzens führen lassen. Die Ebenbürtigkeit nicht in allen Bereichen brauchen. Weil sie es ohne bequemer finden oder es zu ihrer unstrukturierten Art passt. Die geben sich dem anderen frohgemut in die Hand und überlassen ihm das Ruder. Es gibt auch Frauen, die sich in Machtgefügen eher wohl fühlen als frei von ihnen – vielleicht, weil sie seit ihrer Kindheit nichts anderes erlebten und gar nicht fähig sind zu sehen, in welchen Gefügen sie da eigentlich agieren? Und wenn dem so ist, reicht kein Buch, um sie daraus zu erwecken, sondern vielmehr eine mehrmonatige Therapie.

Stärken Sie Ihre Teamfähigkeit! Rituale & Beziehungspflege

Alles schreit immer danach, dass der Alltag der Liebe bloß nicht zur Routine werden sollte. Hier was Neues, da ein Revival, und immer schön auf Trab bleiben, sonst hat es sich was mit der Beziehung ... Vergessen Sie mal die Einschreier, die Ihnen angst machen wollen, dass Sie zu langweilig und bequem sind, die müssen nämlich auch nur ihre Hefte verkaufen.

Routine indes zu verwechseln mit Liebesritualen wäre traurig. Denn Rituale der Zweisamkeit sind ein vergessenes Geheimnis von dauerhaften Partnerschaften! Alles, was Sicherheit und Geborgenheit fühlbar macht, ist herrlich, und wenn Sie es so oft machen, dass Sie Rekorde aufstellen.

Die Grundidee ist: liebe Gewohnheiten pflegen, langweilige eliminieren.

Und Sie können gleich damit anfangen: Er macht Ihnen die Tür auf, Sie streichen ihm dafür über die Wange. In Zukunft jedesmal. Effekt: Bindung, Bindung, Bindung, und das auf leichte, bezaubernde Art.

Vielleicht entdecken Sie ja noch andere kleine Alltagsfreuden. »Danke, mein Herz« zu sagen, wenn er Ihnen Kaffee einschenkt. Seinen Daumen mit der Hand zu umfassen, wenn Sie auf seiner Brust einnicken. Kleinigkeiten, unabhängig von Ort oder Datum, gebunden nur an Gesten. Sein T-Shirt zu verlangen, das er tagsüber getragen hat, um darin zu schlafen. Sonntagmorgens mit ihm unter die Dusche zu schlüpfen. Und und und ... Fühlt sich sehr, sehr gut an.

Manchmal lassen sich auch nette Sprüche als Ritual durchsetzen – wenn Sie einen Film sehen, der Ihnen gefällt, und einem Dialog eines Paares etwas für sich abgewinnen können. Bei mir geht zum Beispiel der Spruch »Wird das eigentlich noch schlimmer, wenn wir verheiratet sind?« ziemlich gut ab und hat schon so manchen Streit verhindert, weil wir beide einfach lächeln mussten.

Andere Gewohnheiten? Tag des ersten Kusses feiern, Nacht des ersten Beischlafes – och ja, schön, wenn er auch Lust dazu hat, kommt auf Ihren enthusiastischen Vortrag an, inwieweit Sie das Ereignis feiernswert finden. Oder ob Sie sonstige Gelegenheiten finden, das Leben zu feiern.

Im Gegenzug könnten Sie beide lästige Gewohnheiten dann und wann mal knicken. Sie hängen nicht jeden Samstagnachmittag vor der Glotze, weil da ihre Lieblingsserie oder sonst was läuft, sondern lassen statt dessen den Rekorder mitlaufen. Im Gegenzug verlegt er seinen Jungenstag von Freitag mal auf Mittwoch. Keiner muss Liebgewonnenes restlos streichen zugunsten des Partners, OH NEIN, BITTE NICHT, sondern nur Klammeraffenmentalität aufbrechen. Oder wollen Sie eine Frau sein, von der man sagt, sie hält eine TV-Serie für wichtiger als ein paar nette Stunden im Bett, Kino, auf der Parkbank oder einer Luftmatratze auf ihrem Balkon?

Rituale können bei kleineren Krisen durchaus rettend sein, bevor sich diese zur Bedrohung ausweiten. Einschlafrituale (Sie bekommen einen fetten Kuss inklusive Umarmung, auch wenn er noch lesen will), Versöhnungsrituale und natürlich Autonomie-Rituale: Sie geben sich MINDESTENS einen Tag pro Woche, an dem Sie beide tun und lassen können, was Sie lustig sind. Und sei es Pizza bestellen und das Bett vollkrümeln. Noch eine Idee: Überraschungsrituale. Einmal im Monat überraschen Sie sich gegenseitig. Sie entführen ihn mittags nach Hause, mit anschließender Verführung. Er holt Sie vom Büro ab und fährt mit Ihnen irgendwohin, wo Sie noch nie waren. Es sind Kleinigkeiten, die zählen, ein wenig anstrengend zwar, aber letztlich ist die Liebe kein Kinderspiel, sondern bedarf der Aufzucht und Pflege.

Und wenn irgendwann ein Ritual zur Routine verkommen ist, ohne dass der Gedanke dahinter spürbar ist – schaffen Sie neue.

Hört sich einfacher an, als es ist – aber hält die Kiste am Laufen.

Erziehungsarbeit? Venus spart sich Muttergetue

Verliebtheit täuscht über vieles hinweg, was später störend wirkt. Später, das ist nach dem Rausch der ersten neunzig Tage. Dann kommt das Feintuning – besonders Frauen neigen dazu, ihre neue Eroberung noch ein wenig besser zu machen, sie dem Bild eines

Traumprinzen anzugleichen oder wenigstens all die Dinge zu eliminieren, die ihnen vor anderen peinlich sind.

»Ich liebe ihn, aber ...« heißt es allzu oft, wenn über die neue Liebe berichtet wird. Immer diese Bundfaltenhosen, die er trägt! Und seine Pornosammlung, na, die muss aber schleunigst entsorgt werden, wer kann schon mit einem Mann in die Oper gehen, der *Mösenpatrouille 412* sein eigen nennt? Und diese Achtziger-Jahre-Drucke an den Wänden, bitte! Wer will denn heute noch die Blondine sehen, deren Haar in die Mähne eines Arabers übergeht, oder, noch schlimmer, das Pärchen an der Palme!? Und beim Essen schlingt er so und isst überhaupt zuviel Fast food, aber ich liebe ihn. Wirklich. So wie er ist. Wenn er nur nicht diese schrecklichen Comicmotivsocken tragen würde, und kannst du dir vorstellen, er besitzt nicht mal eine Krawatte außer diesem Strickding mit extrabreitem Ende!

Da sucht man also nach dem Traumtyp. Findet einen, der auf einer Skala von eins bis zehn die glatte Neun ist, okay, grüne Augen gibt's ja nicht wie Sand am Meer. Aber dann. Hormone ab, Kritik auf die Bühne. Alles ja nur, um ihn »besser« zu machen. Es beginnt mit der harmlosen Frage: »Bist du dir sicher, dass ein Bier jetzt das Richtige ist?« und endet mit der Totalrenovierung seiner gesamten Lebensgewohnheiten, Träume, Ziele und des Weges dorthin.

Für was bitte genau diese Veränderungssucht? Für Sie? Für die anderen? Für ihn?

So viele Männer beklagen sich, dass sie im Laufe einer Beziehung immer mehr und öfter das Gefühl haben, nicht mehr ausreichend zu sein. Was falsch zu machen. Ungenügend sind und permanent verbessert werden müssen wie Mamis ganzer Stolz; ein Windelpuper von 34 Jahren, der mit einer gewissen Arroganz erst mal erzogen werden muss. Kein schönes Gefühl.

Mag ja sein, dass ihm ein kleiner Wink in Richtung modischem Schick gut tut. Auch ein Tritt in den süßen Hintern, das Jugendzimmer zugunsten echter Männermöbel zu ersetzen, mag ja noch angehen.

Aber solche Winke und Tritte nur dafür einzusetzen, ihn für sich selbst passender zu machen, um ihn getrost Freundinnen, Familie oder einer Traumwelt zu präsentieren, kommt einer Behandlung im Hundesalon gleich. Aber wollen Sie wirklich einen fluffigen Chihuahua zu Hause? Oder einen Partner, der autonom ist, großartig, gleichberechtigt?
Leben und leben lassen könnte einiges an Schärfe aus einer »Ich-Chef-du-nix«-Beziehung nehmen. Halten Sie sich das nächste Mal im Zaum, bevor Sie die große Runderneuerung starten. Nur im Traum kann man sich Männer backen, wie sie einem passen. In der wahren Welt ist es viel schwieriger, den anderen zu nehmen, wie er ist – und somit sind große Veränderinnen nur eins: nicht mutig genug, sondern reine Ego-Polierer.
Und schon kommen wir auf zwei mögliche Gründe, warum (leider mehr Damen als Herren) der großen Veränderungswut verfallen:

Erstens: Das Ego.
Wer einem Mann Veränderungen aufpflanzt, spürt Macht, Kraft, Stärke, nach dem Motto »Ich hab den Mann im Griff. Ich und keine andere. Ich weiß Bescheid, und nur ich werde ihn dazu bewegen können.« Das hört sich robust an, ist aber die Konsequenz des gesammelten »Ich-weiß-was-das-beste-für-dich-ist«-Getue. Besonders Solistinnen, die bisher mit einer Menge Eigenkontrolle ihr Leben führten und plötzlich jemanden kennenlernen, haben den Hang zu »der wird jetzt passend gemacht«, um das Gefühl der Kontrolle nicht zu verlieren. Eigentlich lässt sich schon fast von einem verkappten Helfersyndrom sprechen – ich muss ihm helfen, ein besserer, modischerer, modernerer, aufgeschlossenerer, coolerer Typ zu sein. Die Egopolish-Girls definieren sich über ihre Hilfstätigkeit und ziehen eine Menge Bestätigung daraus. Früher nannte man das: unterm Pantoffel stehen. Heute sagt man dazu: Hinter jedem erfolgreichen Mann steht eine starke Frau.

Das Problem ist nur: Sie ist nicht stark. Die Dirigentin ist schwach, sonst würde sie nicht soviel Genugtuung daraus ziehen, ihn zu verändern oder sogar Erfolg damit zu haben. Sie würde es laufen lassen und die Kontrolle drangeben; aber so hat sie das vermeintlich sichere Gefühl, ihn unter Kontrolle zu haben und damit auch seine Gefühle.

Zweitens: Die Gesellschaft.

Manchmal ist das Leben einfacher, wenn man ihm nicht ganz so viele Widerstände entgegenbringt. Wenn man die Regeln der Gesellschaft durchschaut und sich nach ihnen richtet, kann man ziemlich weit vorn landen – wobei weit vorn auch dort ist, wo andere Leute schon längst waren, aber das ist jetzt zu philosophisch. Der zweite Grund an der perfiden Veränderungslust ist: angeben. »Guck mal, was ich fürn dollen Kerl habe (den ich nach meinem Willen formte). Ich bin rundum erfolgreich, und dazu gehört eben auch die Sahneschnitte dort.« Die Freunde gucken neidisch, das Idyll einer Zweisamkeit, die aus wohlproportionierten Gestalten mit modernen Berufen und innovativen Haarschnitten besteht, gilt als Frucht der Veränderungssaat. Und ist damit auch wieder ein Egoding – toll ist, was andere beklatschen.

Schadeschadeschade. Dabei liegt auch hier wieder nicht die Stärke als Handlungsdrang zugrunde, sondern Angst, Schwäche, Zweifel. Was schert es uns, was andere denken, wenn wir doch jeder für uns allein ein Leben führen, 24 Stunden lang, auch wenn keiner zusieht? Ein »Benimm dich« hier, ein »Sei nicht unartig« dort, nur damit »die Leute« nicht auf die Idee kommen könnten, an der illusorischen Perfektion zu zweifeln. Lächerlich das, wirklich, wen interessieren schon fremde Leute – wir interessieren uns ja auch nicht dauernd für fremdes Elend, oder?

Ihre Partnerschaft ist keine Terminsache

Okay, es ist soweit, Sie haben jemanden kennengelernt, es lässt sich gut an, es geht weiter, aber plötzlich ... ist da der Zeitfaktor. Schon wieder.

Sie leben im Zeitraffer, pendeln zwischen Karriere und Alltagspflichten, lieben Ihre Freunde und brauchen Ihre Sporteinheiten. Wo aber bleibt da Platz für die Liebe? Partnerschaft braucht nämlich eins: Zeit füreinander.

Erst wenn Sie beginnen, für den anderen das Kostbarste zu geben, was Sie haben, gelingt eine echte Partnerschaft: Lebenszeit.

Selbst George Clooney in der Rolle des Workaholics Jack gelingt es nicht, seinen Terminstress zu bändigen, geschweige denn seinem Privatleben mehr als fünf Minuten einzuräumen: In dem US-Streifen *Tage wie dieser* begegnet der Journalist seinem weiblichen Pendant (Michelle Pfeiffer), das ebenso unter Zeitdruck leidet und Sex im Filofax einplanen müsste. Was Hollywood zu einer rasanten Komödie gemixt hat, ist für die meisten gar nicht so witzig: Zeitmangel gilt als häufigster Grund für Liebesnöte. Man trifft sich beim Zähneputzen, abends kommt einer später, weil Überstunden und Erfolgswille wichtiger erscheinen als die Beziehung, die ja »sowieso da« ist. Am Wochenende kümmert sich jeder um das, was sich in der Woche nicht unterbringen ließ – Sport, Freunde, Familie, sich selbst. Etwa vier bis sieben Minuten sprechen berufstätige Paare täglich über Persönliches, das über »Hast du Leberwurst gekauft?« und »Am Freitag sind wir bei ... eingeladen« hinausgeht. Von Zeit für Sex ganz zu schweigen.

Dabei gehört für 80 Prozent aller Männer und Frauen eine stabile Beziehung zum Lebensglück – und dennoch neigen wir dazu, sie zu vernachlässigen. Die Kunst ist, sich nicht vom Stress vereinnahmen zu lassen und Strategien gegen Zeitfresser zu entwickeln.

Hier kommen acht schnelle Tips, wie Sie mehr Zeit für die Liebe gewinnen:

1. Öffnen Sie Zeitfenster und synchronisieren Sie sich

Der eine geht spät ins Büro, der andere kommt früher, sie schläft am Wochenende gern lang, er verbringt seine Samstagnachmittage auf dem Fußballplatz – diese eingeschliffenen Lebensgewohnheiten umzuwerfen ist unnötig. Versuchen Sie, statt großer Änderungen kleine Zeitfenster dazwischen zu öffnen! Denn oft ist es mangelnde Synchronisation von Arbeit und Entspannung, die uns das Gefühl gibt, uns nur auf den Türschwellen zu begegnen. Ob Sie ihn in der Mittagspause treffen, vom Sport abholen oder sich nach dem Job treffen und was essen gehen, anstatt zu kochen: Solche kleinen synchronisierten Auszeiten geben das Gefühl, mehr Zeit miteinander zu verbringen, auch wenn sie kurz ist. Dafür lohnt es sich, eine halbe Stunde früher aufzustehen, den Frühstückskaffee mit ins Bett zu nehmen, den Fernseher und alle Telefone auszuschalten, um sich eine Stunde Ruhe zu gönnen. Oder nicht nacheinander zu duschen, sondern miteinander. Körperliche Nähe, auch wenn sie kurz, aber häufig ist, regt die Ausschüttung von Oxytocin an. Das Kuschel-Hormon mindert Ihren inneren Spannungspegel, senkt den Blutdruck und sorgt für eine stabile Basis gegen Stressattacken.

2. Lassen Sie Ihren Jobstress auf der Strecke

Im Büro war die Hölle los, der Chef nervt, die Kollegin zickt herum. In Gedanken sind Sie voll beim Job, als Sie nach Hause kommen, Sie kreiseln im Stress, der vor und hinter Ihnen liegt. Stop – erhöhen Sie den Druck nicht noch, indem Sie ihn ungefiltert in die Partnerschaft tragen. Bauen Sie ein Ablöse-Ritual ein, denn Ihre Beziehung hat es nicht verdient, dass Sie alles an ihr auslassen. Hören Sie zum Beispiel im Auto sonnige Lieblingsmusik. Gehen Sie zu Fuß heim, fahren Umwege, entwinden sich bei einem Tee in einem stillen Café den Jobnöten. So ordnen sich Ihre Ärgernisse, Sie können klarer formulieren, wobei Ihnen Ihr Partner helfen könnte oder ob Sie heute nur eine Schulter zum Anlehnen brauchen.

3. Reden Sie über den Stress – vorher statt nachher

Der Sex wird weniger, die Gespräche sind angespannt, Sie könnten schon in die Luft gehen, weil er die Wäsche mal wieder in der Maschine ließ. Jede Kleinigkeit nervt. Moment! Sparen Sie sich »Heckenschützen-Attacken«, bei denen Sie aus dem Nichts heraus explodieren. Gerade in Zeiten des Hochdrucks, wenn Sie sich um Karriere, Küche, Kinder Ihrer Schwester, Liebeskummer Ihrer Freundin kümmern – oder meinen, Sie müssten, weil Frauen den Drang nach Perfektion selten ablegen –, ist eine Eskalation aus nichtigem Anlass vorprogrammiert. »Probleme in Stresszeiten treten dann auf, wenn die Partner unterschiedliche Ansprüche an ihr Beziehungsleben haben«, sagt der Schweizer Professor Guy Bodenmann. Nur wenn beide wissen, was sie wollen und was der andere will, kann nach einer Lösung gesucht werden, bevor es knallt. Kommunizieren Sie Ihren Druck. Planen Sie ein regelmäßiges Zwiegespräch von ein bis zwei Stunden ein, in dem sich beide erzählen, wie sie sich fühlen, was sie bewegt, was sie hoffen, zweifeln, planen. Das Zwiegespräch bietet auch den Raum, um Verletzungen zu heilen, die in Stressperioden entstanden sind, oder um schöne Dinge zu planen. Thematisieren Sie Ihren Stress bereits, während er entsteht. Wandeln Sie Ihre vermeintliche Schwäche, den Druck an ihm auszulassen und auf Kleinigkeiten zu reagieren, in Stärke um: indem Sie sich vorab dafür entschuldigen, dass Stress Sie bisweilen schwach macht. Wer fähig ist, den anderen vorzuwarnen, entkräftet das Gefühl der Enttäuschung und der Vernachlässigung, das oft in Krisenzeiten entsteht. Sagen Sie sich gegenseitig, welchen Umgang Sie sich wünschen, wenn's brennt: Soll er Sie in Ruhe lassen? Braucht er Ablenkung? Könnten Sie sich sogar gegenseitig helfen?

4. Bleiben Sie ein Team

»Nie hast du Zeit« – »Immer meckerst du«: die Klassiker der gegenseitigen Stress-Symptome, der Teufelskreis von Vorwurf und Rückzug. Der Schlüssel, die Fronten aufzuweichen, lautet: gegenseitige Unterstützung, Verständnis – und Freundschaft! John Gottman, US-

Psychologe und Eheforscher, hat festgestellt, dass eine gute Beziehung zu 70 Prozent aus Freundschaft besteht. Versuchen Sie, sich gegenseitig sichtbar, fühlbar zu machen, nehmen Sie wahr, was Stress mit Ihnen macht, und gehen Sie aufeinander ein, wie Freunde es tun würden. Respektieren Sie auch dann die Sorgen Ihres Partners, wenn diese für Sie wie Kleinigkeiten aussehen. Anerkennung der Stressgefühle und der Andersartigkeit ist das Geheimnis Ihres »Wir«-Gefühls. Dazu gehört auch, dem anderen nicht zu sagen, was er »tun müsste«, sondern sich ganz auf seine Seite zu stellen, wie Sie es bei Ihrer besten Freundin tun würden. Bieten Sie sich nicht nur Lösungen, sondern Trost, gemeinsames Schimpfen oder Ablenkung an. »Stabilisierend für die Partnerschaft ist die Art von Intimität, in der beide das Gefühl haben, hier werde ich unterstützt und verstanden«, so Bodenmann.

5. Werben Sie umeinander – immer wieder

Nicht die Quantität, sondern die Qualität der miteinander verbrachten Zeit wirkt wie ein Anti-Stress-Mittel! Deswegen reicht es nicht, wenn Sie »nur« zusammen fernsehen, Freunde besuchen oder einkaufen gehen. Der Beziehung tut diese Bequemlichkeit nicht gut, auch wenn sie auf einem normalen Effekt beruht: Wir alle meinen, den anderen zu »kennen«, wenn wir länger als ein Jahr miteinander zu tun haben, und stellen die »Balz«-Aktivitäten ein. Forschungen der Universität Wisconsin ergaben jedoch, dass eine Liebe um so glücklicher ist, je regelmäßiger die Partner etwas Besonderes gemeinsam taten, und nicht nur, dass sie Zeit miteinander verbrachten. Es kommt auf das aktive Tun an, nicht das passive Berieselnlassen. Also nicht einen Film schauen oder »nur« essen gehen, sondern einen Film voneinander knipsen oder zusammen kochen, was man noch nie probiert hat. Planen Sie Unternehmungen mit »Risikofaktor« ein – Last-Minute-Theaterkarten oder Spaziergänge im Dunkeln. Das Herzklopfen schüttet Adrenalin aus – für eine Beziehung der Leidenschafts-Motor. Deklarieren Sie diese Aktivität als Termin oder festes Pflegeritual. Das muss nicht immer mittwochs sein, sollte aber am Sonntagabend für die kommende Woche verabredet werden. Die Energien, die Sie aus diesen kurzen, aber heftigen »Beziehungs-Events« ziehen, tragen Sie beide über Zeiten, in denen Sie sich selten sehen.

6. Gehen Sie sich bloß aus dem Weg

Da hat man eh wenig Zeit füreinander und soll sich noch aus dem Weg gehen? Ja: mit gesunder Alleinzeit, die jeder braucht, um sich zu erholen und sich auf den anderen zu freuen. Neugier und Freude sind die Basis des Interesses aneinander, der Garant, dass wir uns gegenseitig zuhören und nicht darauf verfallen, sowieso »nur immer dasselbe« zu hören. »Wer sich unabhängig vom Partner und außerhalb des Berufes entspannt, etwas für sich tut, ist zufriedener und weniger gestresst, und das kommt der Partnerschaft zugute«, so die Management-Trainerin und Buchautorin Sibylle Nagler-Springmann.

Dazu gehört, dass Sie auch seinen Alleingang respektieren. Während das weibliche Geschlecht oft reden will, sobald es zur Tür hereinkommt, brauchen Männer in der Regel 30 Minuten für sich und reagieren mit Rückzug, wenn die Liebste schon an der Tür auf ihn einredet. »Vereinbaren Sie einen Zeitpunkt, zu dem jeder aufnahmebereit ist«, rät Nagler-Springmann. »Sie könnten zu Ihrem Partner sagen ›Ich weiß, du brauchst jetzt erst mal Auszeit, aber ich möchte dir was erzählen. Vielleicht sprechen wir darüber, wenn ich vom Sport komme?‹« Setzen Sie Zeitlimits für Gespräche, die sich akut um ein Problem drehen, denn manchmal müssen Worte auch zum Eigentlichen überleiten: zur Lösung, zum Trost, zur Ablenkung, zum Abschalten.

7. Lassen Sie locker und widerstehen Sie dem Perfektionsdrang

Beantworten Sie sich, was Sie wirklich wollen. Was Sie brauchen. Und was Sie dafür tun. Meist hindern wir uns selbst, indem wir die Wünsche aufschieben zugunsten von selbst auferlegten Pflichten und Gewohnheiten. Versuchen Sie, sich von Ihrem Perfektionismus Schritt für Schritt zu lösen – damit setzen Sie Energien frei, um spontan und selbstbestimmt das zu tun, was Ihnen von Herzen wichtig ist. Knacken Sie Routinefallen wie den traditionellen Fernsehabend mit den Freundinnen oder den Freitagabend-Einkaufsstress. Verzichten Sie mal auf die *Desperate-Housewives*-Runde oder die Bügelstunde am Samstag, verlegen Sie den Sport, ignorieren Sie den Putzfeudel oder sagen Sie Ihrer Mutter: »Ich kann am Sonntag nicht wie immer kommen«, weil Ihnen danach ist, mit Ihrem Liebling ein Picknick auf dem Sofa zu machen! Denn am Ende eines Lebens hat noch keiner gesagt: »Oh, hätte ich doch mehr gearbeitet und mich anderen Wünschen untergeordnet!« Denn genau diese Zurückstellung Ihrer Wünsche wirkt stressfördernd. Führen Sie ein Belohnungssystem ein; wenn Sie ein mühsames Wochenende mit der Verwandtschaft vor sich haben, verabreden Sie zum Beispiel vorher, dass am Sonntagabend Sauna angesagt ist oder dass Sie sich es im Kino gutgehen lassen.

8. Und was ist mit Sex in Zeiten der Zeitlosigkeit?

Falls Sie dachten, es gehe nur Ihnen so, dass Sie lediglich einmal in der Woche Sex haben – Entwarnung: Diese Phase erleben fast alle Paare. Dabei ist es nicht der Zeitdruck, der die Erotik killt, sondern die einsilbige Kommunikation. »Wenn in dieser Minutenbeziehung der Zeitmangelmenschen nichts besprochen werden kann, wird die beste Erotik unter der Last von Unerledigtem, Gereiztem und Resigniertem erstickt«, so Michael Lukas Moeller, Professor für Medizinische Psychologie aus Frankfurt. Doch was ist, wenn es bei Ihnen nicht an der mangelnden Kommunikation liegt, sondern schlicht am engen Zeitrahmen? »Setzen Sie sich nicht unter Druck und Leistungsstress«, empfiehlt in diesem Fall Guy Bodenmann, »die Liebe wird im Alltag mit anderen Dingen als Sex am Leben erhalten. Wichtig ist dabei nicht die Art der Zärtlichkeit, sondern dass Sie überhaupt zärtlich sind.« Umarmungen, Hand in Hand einschlafen, Fußmassagen beim Fernsehen, ein intensiver Abschiedskuss oder aneinander gelehnt dasitzen und lesen: das sind die Sozialkleber, die Ihre Bindung zueinander stärkt. Schenken Sie sich Ersatzhandlungen, wenn Sie für Leidenschaft zu müde sind, machen Sie sich Komplimente, erzählen

Sie ihm, was Sie bald mit ihm erleben möchten. Nehmen Sie alltägliche Gelegenheiten für Körperlichkeit wahr, wie ein gemeinsames Bad, zweisame Yogaeinheiten oder sich gegenseitig ausziehen und ins Bett bringen. Denn nichts ist für immer – auch Stress nicht.

Worauf eine Venus in ihrer Partnerschaft ein Auge hat

- Sie versucht nicht ständig, sich, ihn und die Beziehung in therapeutische Formeln zu pressen, wie »Ich bin ganz bei mir, lasse ihm aber seine Freiheiten, die braucht er, und wenn er zurückkommt, werde ich ihm konstruktive Lösungsvorschläge geben, damit wir harmonisch auf gegenseitige Akzeptanz ...« Blablabla.
- Sie versucht nicht, ihren Partner zu therapieren (die schwierigste Herausforderung für alle Frauen).
- Sie pflegt keine Kamikaze-Ehrlichkeit, sondern schweigt und lügt auch mal, um den anderen nicht zu kränken oder bloßzustellen.
- Sie zeigt rechtzeitig Grenzen auf – anstatt die Klappe zu halten, sagt sie ihm gleich, was ihr nicht passt. Weil sie weiß, dass sie sonst eines Tages unverhältnismäßig laut explodieren wird, obgleich sie doch selbst schuld ist.
- Sie sieht ihre Partnerschaft als Team und ist loyal. Kein Dummgeschwätz über ihn zu den Freundinnen oder einer potentiellen Ersatzaffäre, keine Bloßstellung vor Publikum und keine verächtlichen Spottkommentare, um einen billigen Lacher von anderen zu ernten, und es macht auch keinen Sinn, sich bei anderen über ihn zu beschweren anstatt bei dem einzigen, der was ändern könnte: Ihm.
- Sie lässt Gleichgewicht zwischen ICH und WIR. Das heißt: räumliche und zeitliche Distanz, jeder hat bitte sehr noch ein eigenes Leben, als Balance zum gemeinsamen Leben. Sonst lässt sich so-

viel Wir ja kaum ertragen, stets unter Beobachtung zu stehen hemmt beide in der Entwicklung.

- Sie beachtet nicht nur die Fehler und Kränkungen der Partnerschaft, sondern weiß auch um all die schönen Dinge, die er ihr tut. Weil sie weiß, dass niemand immer alles richtig machen kann und es unfair ist, stets nur die Missgeschicke zu sehen. Auch wenn sie von John Gottmann gehört hat, der meinte, jede Verletzung bräuchte fünf Wohltaten, um wieder ausgeglichen und vergessen zu werden. Deswegen macht sie die Verletzungen deutlich und fordert Heilungen ein – anstatt störrisch auf der Kränkung zu beharren, um sie ihrem Liebsten bei passender Gelegenheit immer wieder unter die Nase zu reiben.
- Sie wartet nicht darauf, dass sich etwas ändert, sondern redet darüber oder tut es gleich selbst.
- Sie achtet darauf, dass beide sich achten.

These: Die Welt ist voll von verfeindeten Partnern

Eine faszinierende (und erschreckende) Eigenheit der Partnerschaft ist, dass ehemals Liebende zu Feinden werden. Nicht zwingend, bewahre, aber der Ton zwischen zweien, die sich einst entschlossen, einander in Liebe zu umwerben ein Leben lang (oder wenigstens für die statistische Wahrscheinlichkeit von vier Jahren), kann so scharf werden, wie man ihn Fremden gegenüber nie anschlagen würde. Die beiden einst in Zuneigung und Hoffnung verbundenen Parteien werden zu erbitterten Gegnern, zu Intimfeinden erster Güte, die sich mit Worten schlagen und dennoch versuchen, körperlich zu lieben. Verbale Hässlichkeiten werden dann zu gern in Anwesenheit von Bekannten und Unbekannten geäußert, »Schling nicht so«, »Bei Tisch wie ein Stier, im Bett kastriert«, »Meine Alte spinnt«, kleine bis große Gemeinheiten (»Das kann meine Frau nicht«, »Davon verstehst du nichts«, »Na, mein Pummelchen, noch ein Dessert?«), um anderen zu beweisen, wie schwer man es doch mit dem selbstgewählten Lebenspartner hat.

Sind es die zugrunde gegangenen Hoffnungen, dass sich der andere ändert und endlich dem Ideal des Traumpartners entspricht? Etwas, was zu Beginn nicht gesehen wurde, eine Macke, eine Neurose, wird gegen den Menschen verwendet – und heißt doch nur: »Verdammt, ich hab dich nicht gesehen, wie du wirklich bist, für diese Scheinheiligkeit sollst DU büßen, nicht ich, ich leide ja schon genug darunter, dass ich mich getäuscht habe, selbst täuschen wollte, und nicht mutig genug war, mich rechtzeitig zu verabschieden und uns beiden die Chance zu geben, jenen Menschen zu finden, mit dem wir leichter leben könnten.«

Oder ist es die Qual, die viele schon an Beziehungen beobachtet haben: Ausgerechnet das, was uns am anderen so sehr gefiel am Anfang, wird das sein, was uns bald am meisten nervt. Der freiheitsliebende Mann, der so abenteuerlich wirkte, der entscheidet immer noch allein, wie er sein Wochenende verbringen möchte, dieser gemeine Kerl! Die weiche Frau, deren Weichheit so gerührt hat, Himmel, kann die sich gar nicht durchsetzen, will die immer an die Hand genommen werden, kann ich nicht einmal sagen, was ich will, ohne dass sie gleich in Tränen ausbricht? Und was soll das hier: Er verstand mich am Anfang immer so gut, und jetzt, jetzt tut er es immer noch, aber warum behauptet er sich nicht mal, wieso lässt er mir alles durchgehen, dieser Feigling, sag doch mal Maul halten, Schatzi! Und diese Künstler! Zu Beginn so wunderbar und kreativ, was er tat, so anders als diese Bankiers und Spießer, hach, wunderbar, spannend, aufregend, mit diesem Mann dürfte das Leben doch wahnsinnig bunt sein ... wenn er nur nicht ständig an seine Kunst denken würde! Warum schreibt er nicht von 9 bis 17 Uhr wie ein Beamter auch? Wieso macht er bis Mitternacht Musik, wieso nicht gleich nach dem Aufstehen, nachdem er die Kinder zur Schule gebracht hat, und wieso braucht er Rückzug und Alleinsein, um kreativ zu sein, ja, denkt er denn nicht mal an andere? Furchtbar! Mein Mann, der Künstler, so lebensfern; mein Mann, der Professor, so lebensfern, mein Mann, der Beamte, so lebensfern ... mit ein bisschen geschmeidigem Glück lässt sich exakt jeder Mensch als lebensfern bezeichnen, obgleich es nur heißt: Verdammt, er zieht immer noch SEIN Leben durch, obgleich es doch mich gibt. Und das mit genau denselben Eigenschaften wie zuvor, die so verlockend waren, nur, ach, sie besitzen auch eine andere Seite. Selbe Quelle, aber unterschiedliche Wahrnehmung.

Ja, ist es das, was wir im anderen als Ergänzung zu uns suchen – die Freiheit, die Weichheit, das Verständnis; den Mut, die Kreativität, das Geradlinige, eben das, was wir glauben, was uns selbst fehlt um perfekt zu sein? Ist es das, was wir ihm übelnehmen, weil er es besitzt, wir aber nach wie vor nicht? Und wir als zwei Ichs, immer noch nicht als zwei Hälften eines perfekten Ganzen funktionieren? Weil wir dafür einfach zu verschieden sind und uns auf nicht-funktionierende Art ergänzen, eben unpraktisch und letztlich: nervig.

Ja, das kann Partner zu Feinden machen, zu erbitterten Feinden. Plus all die kleinen Kränkungen aus einer Laune heraus, weil kein Mensch 24 Stunden am Tag ausgeglichen ist. Und es am liebsten dort rauslässt, wo er meint, der andere sei verpflichtet, ihn zu verstehen: in der Beziehung. Wozu geht man sonst eine ein, wenn die nicht als Krücke dient? Ja, ja, sicher, aber Kraft kommt nicht vom Müllabladen, sondern vom Energietanken, wie wir wissen. Aber steckt man erst mal drin in einer Geliebter-Feind-Geschichte, ist es schwer, die Fronten wieder zurückzusetzen. Zu sehr schmerzen die kleinen, rächenden Kommentare, die das Opfer dem Täter angedeihen lässt. Zu tief sitzt die Enttäuschung, dass der andere den Schmerz einer Verletzung, die er verursachte, nicht akzeptiert, nicht erkennt – und damit auch nicht bereit ist, sie zu heilen! »Hab dich nicht so«, »War nicht so gemeint«, »Sei doch nicht so empfindlich«, »Ich bin nur ehrlich«, »Mach doch jetzt keine Szene«, »Du sagst mir

doch auch, wenn dir was nicht passt, also was stört dich jetzt an: Du bist dick geworden genau?« und, und, und.
Keiner gibt gern zu, Täter gewesen zu sein, da schämt man sich, das wollte man nicht. Und die Opfer, die sind gefangen, in Schmerz, Rache und der Hoffnung, es möge wieder alles gut werden. Und sticheln zurück, was eigentlich nur heißt: Ich tue dir weh, damit du merkst, wie du mir weh tust. Mach es endlich wieder gut!
Noch mehr Fronten, über Jahre werden tiefe, tiefe Gräben gebaut. Vorwürfe werden zur beliebten Waffe, um zu bekommen, was man will, und sei es nur ungeteilte Aufmerksamkeit. Und man kennt den anderen so gut, es gibt jede Menge, um ihn zu treffen, bloßzustellen – aus lauter Angst, er könnte uns verlassen. Und weil man ihn so gut kennt, und er uns auch, so kleben wir fest. Wenig Menschen gibt es in einem Leben, mit denen wir so vertraut werden wie mit jenem, mit dem wir auf Jahrzehnte schlafen. Mit dem wir Krankheit und Durchfall teilen, Sorgen und Geld, Zahnweh und Erinnerungen. Authentisch, der Schmerz, Glück ist etwas für hoffnungsbesoffene Idealisten.
Und, wem haben wir dieses Unglück zu verdanken? Eben, dem anderen. Weil er uns genommen hat, obgleich er wissen musste, dass es nichts wird. Weil er festgehalten hat, anstatt klar zu sagen: Deine Erwartungen an mich werde ich nicht erfüllen. Und man selbst ist schuld, weil man blind war. Du hast mich dazu gebracht, blind zu sein, wegen dir fühle ich mich schuldig – na warte, dafür wirst du bezahlen. Wenn ich kein gutes Leben hab, dann sollst du es auch nicht haben, geliebter Feind, das ziehen wir jetzt gemeinsam durch, haben schließlich sonst nicht viel auf die Reihe gebracht.
Solchen Feinden ist selten noch zu helfen. Sie haben sich gewöhnt, fies zueinander zu sein, sie merken es vielleicht nicht mal, dass sie beide Täter und Opfer sind.
Doch ich wünsche mir für jedes Paar, das sich jetzt erst findet, dass es nicht zu Feinden wird. Dass beide aussprechen, was sie im anderen sehen, dass sie sich überprüfen, mit welchen Macken sie leben

wollen und mit welchen sie nicht leben können. Nicht jetzt, und später erst recht nicht. Ich wünschte, Paare würden einander erkennen, anstatt sich später vorzuwerfen, einem Trugbild, einem Ideal aufgegessenen zu sein. Ich wünschte, sie würden sich Respekt schwören, Akzeptanz, Nachsicht, Offenheit und keine emotionale Erpressung, niemals. Ich wünschte, sie wären fähig, sich gegenseitig zugefügten Schmerz wahrzunehmen und ihn ernstzunehmen. Auch wenn sie den anderen nicht verstehen, was ihn verletzt hat – Schmerz ist keine Sache des Verstandes, sondern des Gefühls. Und sind es nicht die Gefühle, die ein Paar zusammenbringen, was soll denn auf einmal der Verstand dazwischen?

Eben. Es sei denn, man denkt vorher ein bisschen darüber nach, was aus uns wirklich werden soll – und was daraus werden kann.

Erotik

Sex ohne Eros ist nichts anderes als Turnen ohne Geräte.
John Saul Bellow, am. Schriftsteller (1915–2005)

Wie bekam man eine Frau dazu, sich selbst eine Augenbinde anzulegen und mit nichts außer roten Striemen am Po und roten Abendhandschuhen niederzuknien, den Mund aufzumachen und alles zu erwarten, egal, was es wäre? Eiskrem, Chilischoten, Kniekehle? Würde er eine Frau dazu bekommen, sich nackt auf eine Cajon zu setzen, damit er das Beben der Vibrationen auf ihrer Haut nachverfolgen konnte, mit einem Pinsel, eingetaucht in Mascarpone-Creme? Würde sie keinen Slip tragen, wenn er sie bat? Was hieß hier bitten? Wenn die Rollen klar waren, konnte er doch einfach sagen: »Heute abend keinen Slip und sei so nett und beug dich mit gestreckten Beinen vor, um mir die heruntergefallene Serviette zu reichen.« Konnte er ihr befehlen, für ihn zu tanzen und sich selbst zu berühren oder vor dem Fenster, nachts, damit die Nachbarn endlich was zu tuscheln hatten? Würde sie die Beine gehorsam öffnen, wenn er sie drängte, sich auf sein Klavier zu setzen? Und er würde sie bespielen, vielleicht mit seinem Didgeridoo, wenn er die Kehllappen verengte, um so lang auszuatmen wie möglich. Er würde die Schwingungen auf ihren Körper übertragen, mit dem tiefen Ton der Aborigines …

Nein, er würde das nicht können. Leon war nicht zum Ansager geboren. Und außerdem: Konnte er eine Frau lieben, die tat, was er verlangte? Die, wie im »Letzten Tango von Paris«, bereit war, sich aufzugeben? Oder war sie dann auch noch stolz darauf? Er beschloss, die Sache nicht zu intellektualisieren. Was sollte es. Wenn es ihr gefiel, konnte es ihm doch egal sein, aus welchen Gründen. Und es gefiel ihm. Wenn er nicht dafür zahlen musste, dass eine Frau seinen Anweisungen folgte, sondern es sie erregte, konnte er gar nicht anders als sich zu entspannen. Ungeheure Erleichterung, das war es. Er würde keine Angst mehr haben, dass man ihn aus dem Bett schmiss, nur weil er mit der Idee ankam, auf ihren schwarzen Slip zu kommen oder ihr zwei schwarze Tesafilmstreifen über die Brustwarzen zu kleben. Macht mit dem Straps zusammen einen klassischen Dreiteiler. Vergleichsweise harmlos, aber Frauen waren eben so. Experimente hatte er irgendwann aufgegeben. Mit Ablehnung zu leben war auf Dauer mühsam.

Liebe erschwerte das Ganze sowieso: Wer liebte, wollte keine Experimente, die an der Grenze des Üblichen pendelten. Und das alles nur aus Angst, eben deswegen nicht mehr geliebt zu werden. Alter Käse, dass Liebe und schmutziger Sex nicht zusammenpassten, dachte Leon. Aber für den Anfang, um zu üben, war es vielleicht ganz gut. Zufälle gab es nicht. Es sollte eben so sein. Irgendwann war immer alles zu Ende und etwas anderes begann, zum ersten Mal.

Leon hielt einen Moment inne. Hatte er ihre Laute richtig gedeutet? Streckte sie sich ihm in Gedanken bereits entgegen?

»Möchtest du, dass ich …?« begann sie.

Er unterbrach sie sofort. »Nein, jetzt noch nicht. Später.«

Erotik: Vom Aussterben bedroht

Wir leben in aggressiven Zeiten. In erotisch aggressiven Zeiten, in denen in Bild und Ton so ziemlich alles auf einen Mausklick hin verfügbar ist, was mit Sex und Erotik zu tun hat; wir werden bombardiert mit Sexkram und Getue, überall, Werbung, Zeitschriften, Talkshows, Bilder, Internet: dauernd schreit es SEXSEXSEX.

Da riefen wir einst nach Befreiung sexueller Bedürfnisse, und jetzt haben wir den Salat: Dieses Sex-Bombardement ist nämlich höchst unerotisch.

Die Dauerverfügbarkeit von sexuellem Zeitvertreib und das Überangebot aller Gelüste verderben die Erotik, deren Zeichen nämlich die Verlockung, aber nicht das Versprechen ist. Vor lauter nacktem

Fleisch sehnt man sich ja fast nach asketischem Müsli und damit zurück nach Geheimnissen oder danach, wenigstens in Ruhe gelassen zu werden.

Die postmoderne Lustgesellschaft hat sich selbst ein Bein gestellt mit ihrer Allzeitbereit-Stellung: ich will alles, jetzt, sofort und immer noch besser – denn es kickt kaum noch. Sie ist ja gut und schön, die Haltung, dass nichts verboten ist, bravo – jedoch wieso nun diese Überfütterung? Einerseits scheint uns wenig anderes als Sex zu interessieren, andererseits haben immer weniger Menschen Sex. Und wenn, ist er plötzlich mit mehr Sorge und Leistungsdruck befrachtet als vorher, als schon ein nackter Rücken im Fernsehen für einen nationalen Aufschrei sorgte. Wir könnten endlich den Sex haben, den wir wollen, nur leider fehlt etwas: die Erotik.

Erotik ist, ähnlich wie die Lust, ein sensibles Etwas. Sie entwickelt sich langsam, nicht in der Wisch-und-weg-Mentalität, die sich heute über jedes sexuelle Freudenstück legt. Erotik lebt vom Unausgesprochenen, nicht vom Breitgetretenen und laut Diskutierten, sie lebt von der Phantasie und Vorstellungskraft, aber die Realität in Großaufnahme killt sie schneller, als wir Porno rückwärts buchstabieren können.

Wo sich einst Menschen in ein Vergnügen stürzten, das unbekannt, aufregend, unberechenbar war, da stürzen sich heute die Vergnügen auf uns, und sie raten uns mit Techniktips, Lustparolen und aggressivem Beigeschmack, wie sie am besten zu erleben seien. Kaum noch ein Mensch kann seine eigene Sexualität, seine ganz eigenen erotischen Vorlieben entwickeln, weil ständig jemand dazwischenquatscht und ihm einflüstert, was alles total toll und geil sei. Wir haben uns gegenseitig die Autarkie der eigenen Erotik genommen. Selbständig Gelüste zu entwickeln, unabhängig vom »guten Rat« und glitzernden Versprechen fremder Leute, das ist heute fast nur möglich, wenn man nicht liest, nicht fernsieht, nicht auf die Straße geht und sowieso im Wald wohnt.

Ansonsten schreit es aus jeder Ecke: Das Parfüm hier ist sexy, und

das, was unsere Werbefrau trägt, ist auch sexy, und das sind die acht Sexgeheimnisse von XY, hier bekommen Sie alles, was Sie wollen, Nippelsex ist der neue Trend, multiple Orgasmen sind für jeden machbar, mit dieser Pille können Sie Stunden durchhalten, das wollen Frauen doch, und so weiter, und so fort. Fast muss ich mich selbst dazu bekennen, meinen Teil beigetragen zu haben; doch ich musste auch erst durch den Sexual Overkill, bevor mir aufging, dass zuviel Sex gar nicht gesund für die Seele und vor allem: für die Erotik ist.
Die sexuelle Freiheit auszukosten war ja ganz schön. Nur irgendwann bemerkte ich, dass wir nicht frei sind. Wir werden äußerst raffiniert und subtil gesteuert, von Medien, Filmen, Büchern. Perfekte Liebhaber sollen wir sein und große Gefühle zeigen; als Ausdruck der Lust gilt das ins Laken gekrampfte Fäustchen der Frau, während Mann sich dekorativ an ihr zu schaffen macht. Alles, was sich heute verkauft, verkauft sich über den Erotikfaktor; Sex sells, nur ist es zum Ausverkauf der Erotik mutiert. Wir speichern unermüdlich, zu jeder Tages- und Nachtzeit, sexuelle Normen, Trends, Werte und Ansprüche ab, wir können dem ganzen kaum entgehen, außer, wie gehabt, als Eremit im Wald lebend, und selbst da würde bald jemand eine Kamera draufhalten. Fast ist Sex schon ein Wettbewerb: Wer sieht sexier aus? Wer hat mehr Tricks auf Lager? Wer schafft es, die meisten Männer verrückt zu machen, wer hat den besten Sex in der Partnerschaft, wer hat am meisten Sexappeal und wer ist die Schönste im ganzen Land?
Verdammt, wir haben eine der schönsten Erfindungen der Natur hergenommen und sie zu einem Sport gemacht, mit der Illusion, gescheites Training würde zum Sieg führen! Früher hieß es: »Ist Sex von hinten okay?«, heute flüstert man sorgenvoll: »Ist es okay, eine Woche keinen Sex von hinten zu haben und dabei schmutzige Wörter zu benutzen oder sich wenigstens dabei zu filmen?«
Nur das Tabu ist heute tabu, die Schamgrenzen haben sich bis weit hinter die Berge zurückgezogen, und sich sexy anzuziehen, aber Männer dennoch anzufauchen, wieso sie denn gucken, gehört zum

guten Ton. Unbekannt ist heute nichts mehr, verboten auch nicht, und von der Erotik der Langsamkeit scheint nur eine aussterbende Generation etwas gehört zu haben.

Die Erotik ist akut vom Aussterben bedroht.

Dafür bitte eine Schweigeminute.

...

So. Und jetzt zur guten Nachricht: Wir können es auch lassen, uns einzureihen in die sexuellen Hektiker, die es schon als spießig empfinden, wenn man Hardcore-S/M auf dem Campingplatz betreibt, und die unter einem schönen Abend eher einen Swingerclub-Besuch mit anschließendem Doppelfist verstehen.

Nein, ich kann's auch lassen, mich davon verrückt machen zu lassen, und es statt dessen beruhigt im Bett tun, ganz entspannt im Missionar, und, wisst ihr was, ihr tabulosen Wilden: Ich mach sogar das Licht aus. Und? Rollt doch die Augen! Wenn es heißt, jeder wie er will, dann soll das bitte auch für Vanilla-Sex, Blümchenliebe oder einfach die Erotik des Nicht-Getanen gelten.

Die Modernisierung der Moral ist gut und schön, nur ist das Pendel extrem in die andere Richtung geschwungen – im übrigen ähnlich wie im Geschlechterkampf. Wo Frauen sich einst abgewertet und in ihrer Fraulichkeit unterdrückt sahen, da fühlen sich Männer heute abgewertet und in ihrer Männlichkeit unterdrückt. Wo einst Sex ein Tabu war, ist kein Sex heute ein Tabu. Ob das miteinander zusammenhängen könnte?

Mag sein.

Immer, wenn ein Mensch Bestimmer sein will, geht etwas schief. Als der Mann über alles bestimmen wollte, ging's schief, und jetzt sind es wir Frauen, die denselben Fehler begehen, den wir den Jungs vorher brachial vorwarfen. Einst sagte der Mann, wann und wie er Sex denn gerne hätte, jetzt fordern es die Frauen. Das Aufeinander-Eingehen ist rar geworden, ständig will ein Geschlecht das Bessere sein, bestimmen. »Gleichberechtigt« oder »gleich stark« ist nach wie vor keine Realität, denn Mädchen und Frauen wachsen damit auf,

sie seien besser, stärker, wertvoller und hätten es verdient, jetzt mal den Ton anzugeben.
Allerdings geht das allzu oft auf Kosten der Erotik.

Erotik ist Verführung, ist Verlockung; Erotik generiert sich aus der Spannung von weiblich und männlich. Doch wie soll sich eine Spannung äußern, wenn sich Frauen dominante Eigenschaften zulegen, die fordern, die sich verführerisch kleiden, aber gleichzeitig Kampfansagen machen: Schauen, ja, aber nicht zu sehr, und anfassen schon mal gar nicht! Das ist keine erotische Verführung, das ist schlicht: Irreführung.
Studien belegen, dass Frauen immer mehr und häufiger deutlich sagen, wie sie es gern hätten. Das ist gut und schön, geschwiegen wurde viel zu lange. Doch erstens vergreifen sich die Damen im Ton und scheuchen den Kerl rum wie auf dem Kasernenhof, und zweitens sind immer weniger Frauen bereit, dasselbe für ihren Liebsten zu tun. Als ob sie sich kollektiv für die Jahrtausende rächen, wo sie unten lag und still blieb. Obgleich ich nicht mal glaube, dass Frauen nie Spaß am Sex hatten, dafür gibt es tausend andere Mittel und Wege, einem Mann zu zeigen, wie man es gern hätte, ganz ohne Reden, ohne Kasernenton und ganz ohne Opferhaltung.
Fordernde Frauen, überforderte Männer, und das ganze in einer gesellschaftlichen Stimmung, die englisch sprechende Menschen als »oversexed« bezeichnen: So geht das alte, reizvolle, immer noch funktionierende Spiel zwischen Mann und Frau seinem Ende entgegen. Und alle lesen trotzdem Fibeln, wie sie das andere Geschlecht um den Verstand bringen könnten.
Dabei lässt sich Sex nicht neu erfinden, es ist alles da, was wir brauchen. Nur weil das Spiel zwischen Mann und Frau so alt wie die Menschheit selbst ist, so ist es immer noch praktikabel. Aber weil alles, was nach »alt« riecht, in unseren Zeiten out ist und so was von reaktionär, wird es vermieden. Da müssen sich Frauen fast schon

rechtfertigen, wenn sie es spielen, weil: Moderne Frauen haben das ja nicht mehr nötig.

Ach so?

Nein, moderne Frauen schaffen ja den Spagat zwischen Fordern und Rücksicht. Sie haben schließlich an ihrer Persönlichkeit gearbeitet.

Ach so.

Dabei vergessen sie nur eins: Wer fordert, der nimmt sich Überraschungen; wer fordert, wird selten verführt, wer fordert, der muss mit einem Nein rechnen. Wer indes Rücksicht nimmt (er hatte einen langen Tag, er ist ja so von mir ... nun ... überfordert?), der hat dann irgendwann eine sehr nette, sehr langweilige Beziehung.

Erotik und Sex leben von zwei Dingen am stärksten: einem Hauch von Überwältigung und der Ungewissheit. Die Überwältigung, das Archaische, kann jedoch nicht verhandelt werden, und die Ungewissheit – nun, die stirbt, wenn jede Frau ständig ein inneres Drehbuch von erotischen Begegnungen mit sich herumträgt und versucht, diese Bilder mit Leben zu füllen.

Anstatt sich auf das Ungewisse einzulassen.

Frauen fordern heute: Nimm mich doch mal ganz überraschend und heftig, Schatz, ohne dass ich weiß, was passiert. Nur leider schieben sie auch die Einschränkungen hinterher: nicht vor der Schule, nicht nach der Arbeit, nicht wenn ich gerade beim Friseur war, nicht in der Tiefgarage, nicht wenn du getrunken hast, nicht wenn ...

Wow, klasse. Und andererseits verweigern sie sich gleichzeitig dem männlichen Überraschungsangriff, weil es dann nicht ihrem inneren Drehbuch entspricht.

Die männlichen Gene schalten beim Sex eigentlich auf Dominanz und Kontrolle. Pack sie, schlepp sie in die Höhle, nimm sie. Weibliche Gene haben abgespeichert: Lock ihn, lass dich jagen, und kurz bevor du dich ergibst, wehr dich noch mal ein bisschen, dann macht es noch mehr Spaß, sich ihm schließlich doch hinzugeben.

Der Hauch von Dominanz und Unterwerfung, die Magie vom Locken und Jagen, der Kick von leicht Verbotenem, gemischt mit vertrauter Nähe, das macht guten Sex aus, und das sind die Versprechungen, die die Erotik macht. Doch es ist nicht en vogue, sich auf archaische Ur-Lustprinzipien zurückzuziehen, nein, heute jagt die Frau, und Mann soll sie nicht dominieren, sondern ihr zu Diensten sein.

Ob den beiden das wohl gefällt? Wie oft hörte ich schon eine Frau schamhaft gestehen: Wenn er mir richtig den Hengst macht im Bett, finde ich das geil – aber er präsentiert mir immer nur den Streichelzoo ... tja, vielleicht weil er für die Hengstnummer zu oft eins übergebraten bekam von erotisch-politisch-korrekten Damen?

Ich höre diesen Stoßseufzer oft, dass sich Frauen nach dem Macho im Bett sehnen, weil diese Idee erotisch ist. Nur sagen sie es nicht laut. Weil sie denken, ein Macho im Bett sei auch einer im Alltag.

Da habe ich auch eine gute Nachricht: Ein Mann, der im Bett den Macho macht, ist im Leben nicht automatisch einer. Im Bett folgt der Macholiebhaber den männlichen Gesetzen seiner Natur, im Alltag kann er aber zusätzlich denken und ist sehr wohl fähig, eine gleichberechtigte Partnerschaft anzustreben. Es gibt sie wirklich, die Männer, die den Domino horizontal geben und den zärtlichen, verantwortungsbewussten und partnerschaftlich-orientierten Lebensgefährten. Das muss kein Widerspruch sein, nur haben zu viele Frauen es den Männern aberzogen, im Bett den Macker zu machen.

Ich höre die Erotik gerade schon wieder leise schluchzen, also noch eine Schweigeminute.

...

Wie lässt sich die Erotik denn nun aus ihrer Heul- und Sterbeecke holen? Tja. Die Werbung wird nicht so schnell darauf verzichten und die Frauen- und Männerzeitschriften auch nicht, ständig über Sex und Erotik zu erzählen, als seien es Nachrichten und Ratschläge für die gute Küche oder das neueste Auto. Sie brauchen es nicht mehr zu lesen oder könnten mit Ihren Freundinnen mal ehrlich darüber diskutieren, wie das Leben wirklich ist, nicht, wie es nach Ansicht der »Experten« denn sein sollte. Sie könnten aufhören, Ihren Körper wie eine Auslage spazierenzutragen, weil Sie wissen, dass nacktes Fleisch im Überangebot zu haben ist und derweil das Verborgene wieder interessant ist. Sie könnten auch wieder zurückfinden zu dem alten, gut funktionierenden Spiel von Locken und Jagenlassen und insgeheim auf politische Parolen pfeifen, die Ihnen vorwerfen wollen, das wäre ein Rückschritt für die Emanzipation.

Mag sein, dass lockende, schmeichelnde Frauen ein Politikum sind, aber was nutzt es im Gegenzug, wenn wir uns verstellen müssen für die Heiligkeit der feministischen Parolen? Wir sind Frauen, gewisse Dinge liegen im Blut. Dazu gehört es, verführen zu wollen, begehrt zu werden, erobert zu werden. Oh, ja, auch erobert zu werden, es kann unheimlich entlastend sein, wenn Sie aufhören, einen Mann schnappen zu wollen – lassen Sie sich doch mal wieder schnappen ...

Was Frauen erotisch macht – sagen Männer

Gott sei Dank gibt es keine allgemeinen Formeln zur Erotik; sonst säßen wir wieder nur da und würden auf Gelingrezepten herumreiten. Deswegen hier eine lose Ansammlung von gesammelten Aussagen von Männern, was Frauen in ihren Augen erotisch macht:

... wenn sie echt ist. Echt, ohne Show, ohne Performance – denn dann ist auch ihre Gier echt, und das kickt enorm. (Hanns, Lehrer, 51)

... wenn sie sich zurechtmachen kann, eine Erscheinung ist, aber mehr ist, als sie damit ausstrahlen will. Wenn sie einfach ein Händchen dafür hat, sich in Szene zu setzen, aber man ihr anmerkt, dass hinter der Inszenierung mehr steckt. (Arne, 26, Journalist)

... eine kleine Unebenheit in ihrem Gesicht. Ein Mal, eine schiefe Nase, eine unregelmäßig geformte Unterlippe. (Jo, 48, Handwerker)

... Ihr Blick. Ruhig, wissend, direkt. Wenn Ihr Blick mehr ein Kompliment ist denn eine unausgesprochene Frage nach dem: Und, gefalle ich dir? (Horst, 42, Schriftsteller)
... ganz enger Rollkragenpullover zum Bleistiftrock. Sehr erotisch! (Jörg, 38, Friseur)
... weiblich, weich, warm. Nicht zu androgyn oder betont jungenhaft angezogen, sondern so, dass man sie am liebsten berühren möchte, weil sie so herrlich weich erscheint. (Randy, 28, Barkeeper)
... Lachfältchen, Lächeln, das über die Zähne rutscht, echtes Lachen: tausendmal erotischer als cooles Getue und langweiliges, gebremstes Geschau. (Paul, 39, Schauspieler)
... Selbstzufriedenheit. Man sieht es einer Frau an, ob sie ihren Körper mag, und dann ist eine Frau mit Kleidergröße 42 erotischer als jedes perfekte Magermodel, das dauernd an sich herumnestelt. (Carlos, 39, Caféhausbesitzer)
... wenn sie gern isst, trinkt, raucht oder andere sinnliche Genüsse genießen kann, ohne gleich zu jammern. (Ari, 50, ärztlicher Direktor)
... wenn sie hemmungslos fluchen, lachen, reden, schweigen, flirten, küssen kann: Alle Art von Selbstmaßregelung törnt ab, nachher maßregelt sie mich auch noch, dass ich die Duftbeutel verrutsche. (Sebastian, 25, Student)
... wenn sie ein Vollblutmensch ist. Ihren eigenen Kopf hat, eigensinnig ist, das ist sehr attraktiv, sehr erotisch. Einfach lebendig! (Jürgen, 60, Professor)
... wenn sie nicht auf der Jagd ist. Manchen Frauen sieht man es an, wie sie sich zurechtmachen, wie sie scheinbar desinteressiert gukken, wie sie ihr Haar werfen, dass sie jagen. Eine, die mit sich selbst zufrieden ist und ihren Gesprächspartner wichtiger nimmt als alles, was um sie herum ist – das ist Erotik. (Orkan, Pizzabäcker)
... Ich sag nur: Netzstrümpfe mit kleinem Netz. Puh, wow! Aber dazu nicht auch noch ein Riesendekolleté, das ist nicht erotisch, das ist aufgerüscht, zu betont. (Frank, 36, Immobilienhändler)

... jede Frau, die sich nur für ihren Mann hübsch macht. (Leopold, Taxifahrer)

... wenn sie die Kunst der Zweideutigkeit beherrscht, necken kann, lockt mit Worten, aber nicht so, dass sie in jedem Gespräch zweideutig wird, sondern einfach die Kunst beherrscht, zu flirten, ohne zu fordern. (Michael, 41, Filmkritiker)

... eine Frau, die mir flüsternd sagt, was sie sich wünscht, und ich stelle fest, dass es genau die Dinge sind, die ich selbst schon mal tun wollte, mich bisher aber nie traute zu sagen. Sie festhalten beim Sex, bezwingen, nur ein bisschen, ohne dass es weh tut, aber die Vorstellung, dass es weh tun könnte, macht beide an. Eine Frau, die das tut, ist so erotisch, und vor allem: eine tolle Frau, denn sie sagt mir, was sie will – auch wenn sie dabei nicht zufällig meine Wünsche trifft –, der kann ich auch sagen, was ich will. Diese Art von absolutem Vertrauen ist erotisch. (will anonym bleiben)

... Frauen, die sich weiblich anziehen, ohne dass ich gleich vermute, dass es nur ihr Kampfoutfit zum Angebaggert-werden ist, wo sie nur Blicke fangen will, um sich bestätigt zu fühlen. Nein, ich finde Frauen erotisch, die weiblich sind, weil sie es mögen, weiblich zu sein. (Daniel, 29, Physiker)

... eine Frau, die sich verführen lässt. Viel erotischer als eine, die sich mir an den Hals wirft und versucht, mich zum Verführen zu animieren. Nein, eine Frau, die sich umwerben lässt, Zeit dafür hat, mich nur Stück für Stück vorarbeiten lässt, die wirkt fast auf Jahre erotischer als jede, die mir sagt, was ich mit ihr tun soll. (Matthias, Vertriebsmanager)

... wenn sie sich dafür interessiert, was sie mir Gutes tun kann. Ihre Hände zu spüren, wie sie mal hier massieren, mal da streicheln, und das auch ohne sexuelle Hintergedanken: Hmm, die Sehnsucht nach ihren Berührungen ist erotischer als jeder Porno. (Sven, Fitnesstrainer)

... wenn sie nicht weiß, was sie tut. Wenn sie nicht posiert. Wenn sie nicht mal ahnt, was sie für mich einnimmt – ob es ihr Nacken ist

oder die Art, wie sie schaut, wenn sie nachdenkt. Dann fühle ich mich, als hätte ich einen sehr erotischen Schatz entdeckt. (Bernd, 36, Online-Redakteur)
... wenn sie ausstrahlt: Ich mag Sex. Ohne dass sie dabei sexy aussieht; nur als ob sie sich in ihrem Körper zu Hause fühlt, dass sie gern fühlt, spürt, lebt. Das strahlt auf ihre ganze Erscheinung aus, ihren Blick, ihren Gang, ihre Art. (Roland, 34, Journalist)

Erotik hat viele Gesichter, aber die wenigsten haben dabei etwas mit offensivem Sex zu tun. Erotik ist wie eine Weggabelung: Es kann auf Sex hinauslaufen, muss es aber nicht. Es ist eine Anziehung, die zwar aus sexuellem Begehren entspringt, aber den ganzen Menschen umfassen kann, dem Wunsch, ihm nah zu sein, ihn zu berühren, zu erobern. Erotik hat nichts mit dem zu tun, was uns heute als Erotik verkauft wird, denn Erotik ist verkommen zu einem Synonym für Sex.
Doch sie ist etwas anderes, sie ist der Auslöser für alles, was vor dem Sex steht: Lust, Leidenschaft, Begierde, Neugier, Sehnsucht.

Wieso Erotik nur wenige Regeln hat

Erotik ist eine Tochter der Phantasie; erotisch ist, was die Vorstellungskraft zum Schwingen bringt, was eine kleine Laute in jedem einzelnen anschlägt, und die Hoffnung, eine Hoffnung möge sich endlich erfüllen.
Und eben weil wir alle unterschiedliche Hoffnungen und Wünsche haben, gibt es kaum eine übergreifende Regel für die Kunst der Erotik.
Nur die eine:
Die Phantasie braucht Raum zum Entfalten.
Alles, was vordergründig mit dem Charme eines Ringergriffes prä-

sentiert wird, tötet die Erotik. Alles, was zwielichtig und im Dunkeln bleibt, angesprochen, aber nicht ausformuliert, angedeutet, aber nicht bis zum Ende geführt wird – das ist der Kick, aus dem Erotik gewoben wird, in der sich ein Mensch verfängt.
Augen, die sprechen, aber nicht ganz genau zu verstehen sind.
Berührungen, die beginnen, aber nicht zielgerichtet scheinen.
Kleidung, die lockt, aber nicht verspricht.
Eine Frau, die weiß, was sie will, aber es nicht gleich sagt.
Es ist die Fähigkeit zu diesem *Je ne sais pas quoi,* das Ich weiß nicht, vielleicht.
Vielleicht ist Erotik nur auf ein Wort zu beschränken: VIELLEICHT.

Da jeder Mensch unterschiedliche Hoffnungen und Phantasien besitzt, wäre es müßig zu versuchen, auf jeden Menschen oder Mann erotisch zu wirken; wobei das »versuchen zu wirken« der Erotik schon wieder widerstrebt. Was eine Frau als einziges bewusst tun kann, ist, sich dieses innere »Vielleicht« zu bewahren. Vielleicht würde ich mir dir mitgehen – vielleicht auch nicht. Vielleicht würde ich nackt für dich tanzen, wenn du mich darum bittest; aber, wer weiß, vielleicht gehe ich auch alleine nach Hause und mache es mir genüsslich selbst? Perhaps, perhaps, perhaps.
Es sind ausgerechnet oft die Französinnen, die dieses Vielleicht in jedem Gebaren beherrschen, und es wirkt außerdem noch natürlich – wahrscheinlich, weil es ein Naturell ist. Geschaffen aus einer Lebenshaltung, die offen, aber nicht für alle und alles offen ist. Aus einer sinnlichen, körperorientierten Einstellung, die nichts mit Beautywahn zu tun hat, sondern mit einem Bewusstsein der eigenen physischen, erotischen Bedürfnisse. Mit einer ganz eigenen Moral, die heißt: Frau darf einen Mann locken, mit einem Vielleicht. Sie muss nicht versprechen, nichts halten, aber: Wenn sie es einhält, alles geben.
Diese Aussicht, dass das Vielleicht ein JA werden kann, und dann eins aus vollem Herzen, mag diese eigentümliche Art der hinreißen-

den Französinnen erklären. Sie lächeln gern, sie verschenken nichts, es ist ein Vielleicht. Sie flirten gern und berühren gern, es ist keine Androhung einer Beziehung. Es ist die Aussicht, dass aus einem Vielleicht ein Ja wird, das dann nicht zurückgenommen wird – das Spiel von Ja-Nein finden Französinnen blöde, wozu hat man schließlich dieses Spiel, das Spiel des ... genau. Maybe, peutêtre, quizas.

Mit allen Sinnen genießen – erotische Ideen für sinnliche Nächte, Abende, Tage ...

Wie öffnet sich eine Venus der Gefühlsebene? »Entspann dich, Schatz«, ja, hübsche Idee, aber wie denn bloß?
Vielleicht helfen Ihnen dabei ein paar erotische Spielereien, die voll auf die fünf Sinne abzielen, plus den sechsten, die Intuition.

Sehr appetitlich – so schmeckt die Lust

1. Lippenfrische: Vergessen Sie Eiswürfel! Legen Sie Beeren oder kleingeschnittene Tropenfrüchte flach in eine niedrige Schüssel, ab in den Tiefkühler. Vorteil: Die Dinger schmecken besser, niemand erleidet einen Gefrierbrand, und eine Handvoll Früchtchen massiert seinen Untermieter auch ganz wunderbar ...
2. Mit Speiseeis elegant spielen lernen: Tragen Sie es nicht mit dem Löffel auf, sondern besorgen Sie sich abgepacktes Waffeleis. Hörnchenspitze unten abbeißen, Tröpfchen auf seine Eichel fallen lassen und ablecken.
3. Füllen Sie Minzlikör in Ihren Bauchnabel. Er stippt seine Zunge oder seinen Finger hinein, malt kleine Kreise um Ihre Brustwarzen, Ihre Klit, den Nabel. Pustet darüber, um Sie erbeben zu lassen. Effekt: Da Sie still liegen müssen, vergehen Sie in absoluter Körperlichkeit. Wechseln Sie, wenn der Nabel leer getrunken ist.

4. Cheese me: Vergessen Sie Schokolade und ihre aphrodisierenden Phenylalanine – Käse besitzt viel mehr von dem reizvollen Zeug, Avocados auch. Ordern Sie die Käseplatte, füttern Sie sich gegenseitig mit Mund und Fingern. Übrigens: angewärmter Vacherin Mont d'Or mit einem Spritzer Weißwein oder Guacamole schmeckt ausgezeichnet auf der Penisspitze serviert.
5. Nastrovje: Tiefgekühlter Vodka auf den Lippen kommt besser als Russendisko – betupfen Sie damit seinen Nacken, pusten darüber, küssen und beißen ihn. Wirkt auch an bisher unempfindlichen Brustwarzen! Richtlinie für alle Mundspiele: Wenn es auf Ihrer Zunge unangenehm ist (kalt, scharf, sauer, heiß), ist es das auch für ihn!
6. Lutschen Sie an Orangenfilets und küssen Sie sich. Ja, DA auch. Öffnet die Zungenknospen für mehr Geschmack!
7. Lassen Sie sich oral unter der Dusche verwöhnen – warmes Wasser, warme Zunge –, gefällt ihm im Gegenzug auch. Trinken Sie dabei eiskalten Sekt.
8. Essen Sie regelmäßig frische Ananas (die aus der Dose funktionieren nicht für unsere Zwecke): Ihre Kleine wird dadurch frisch-süß schmecken. Sein Sperma übrigens auch.
9. Knabbern Sie einen Doughnut mit Zucker von seinem Penis herunter. Zwischendurch an seiner Eichel lecken – die Zuckerkristalle bizzeln so schön. Im Gegenzug kann er es ja mit dem »Wunderbar«-Erdnuss-Karamel-Riegel versuchen. Und wenn Ihnen das zu albern ist, füttern Sie sich wenigstens mit dem Zeug, wenn Sie nackt frühstücken.
10. Such mich: Verstecken Sie M&Ms – im Nabel, zwischen den Zehen, unter den Brüsten, im Halsgrübchen ... verbinden Sie ihm die Augen, er sucht mit dem Mund nach Süßem. Strike: So küsst er automatisch Ihren ganzen Körper ab.
11. Küssen Sie ihn nach diesen leiblichen Genüssen mit dem Zungensauger: Saugen Sie an seiner Zungenspitze oder kitzeln Sie die Unterseite seiner Zunge mit Ihrer Zungenspitze.

Liebe geht durch den Magen, Lust durch die Nase? Oh, ja ...

12. Perlküsse: Mehr Intensität beim Cunnilingus? Er möge einen Tropfen Ylang-Ylang-Öl (Kneipp oder Weleda) auf seine Zunge träufeln.
13. Massieren Sie ihn mit duftigen Blumenblüten. Ihre Fingerspitzen werden sich wie in Samt eingetaucht fühlen. Trick, falls die Blätter zerfallen: einen Hauch Öl auf seinen Körper. Tragen Sie dazu eine Blume im Haar, die herunterfällt, wenn Sie sich auf ihn schwingen ...
14. Schnappen Sie sich SEIN Parfüm, das Sie antörnt. Sprühen Sie es auf Ihre Handflächen, liebkosen ihn, gehen den Duftspuren mit der Nase nach – Gänsehaut-Feeling für ihn durch den Sog Ihres Atems.
15. Streicheln Sie ihn mit Ihren Brüste – in seinen Achseln! Seine Härchen (falls vorhanden) kitzeln angenehm, und ihn macht die softe Haut wahnsinnig. Schwingen Sie die Nippel dann vor seinen Lippen hin und her, damit er danach schnappen muss. Sein eigener Geruch törnt ihn noch mehr an.

Sieh uns an, wir sind schön, wenn wir uns lieben

16. Rot, Dunkelblau und Violett animieren Ihr erotisches Sinneszentrum. Wie farbige Glühbirnen, Lampenschirme oder zur Not der zarte Schal über dem Schirm. Träufeln Sie Aromaöl (z. B. Grapefruit, Zeder) auf die Glühbirne, duftet durch die Wärme. Ergänzen Sie den Look durch Blumen in warmem Wasser – die Wärme bringt sie zum Duften.
17. Tragen Sie, wenn Sie Lust auf Sex haben, Schmuck, den Sie sonst nie tragen: Fußkettchen, Bauchkettchen, auffälligen Ring, Oberarm-Reif. Nach einer Weile wird er den Zusammenhang verstehen und bereits reagieren, wenn Sie das Teil anlegen. Lange, kühle Ketten haben den Vorteil, dass sie beim Küssen seine Haut elektrisieren!
18. Nehmen Sie einen Handspiegel und sehen Sie, wie sich Ihre Kör-

permitten vereinigen – im Missionar zum Beispiel, wenn er sich sehr hoch aufsetzt und Ihnen die Schenkel spreizt, oder im Löffelchen, wenn Sie das obere Bein anziehen. Langen Sie nach Belieben mit den Fingern hin, spreizen Sie die Schamlippen, halten seinen Prinz am Schaft fest oder probieren Sie, wie es aussieht, wenn er nur zwischen Ihren Lippen hin- und hergleitet.

19. Gucken, aber nicht anfassen: Sie knien in 69er-Position über ihm – aber er darf nichts tun. Effekt für ihn: Er sieht Ihre Schönheit, kann sich ganz hingeben. Vorteil für Sie: Wenn Sie dran sind, können Sie sich auch ganz auf sich konzentrieren, sich aber von seinem Duft berauschen lassen.
20. Bitten Sie ihn auf den Fußboden, Kissen unterm Kopf. Er liegt, Sie bleiben auf allen vieren, während Sie mündlich zur Sache gehen. Tricky: der Spiegel hinter Ihnen, der an der Wand lehnt und in den er sieht, wenn er durch Ihre Beine entlangsieht ...

Ohrale Verführungen

Das Ohr ist ein unterschätztes Sinnesorgan – dabei zielen Geräusche, Musik und Worte direkt in unser limbisches System und rufen das archaische Tier in uns wach.

21. Tragen Sie beide Kopfhörer, und versinken Sie während des langsamen Koitus im Rausch lauter Musik. Effekt: mehr Hemmungslosigkeit!
22. Sie brauchen nicht an Ohren zu lecken, um ihn high zu machen: Ihr warmer Atmen reicht. In der Ohrmuschel sind zahlreiche Nervenenden, die auf den ganzen Körper wirken. Wispern Sie süße Nichtigkeiten, erzählen Sie ihm Ihre Wünsche – aber in der dritten Person! (»Er wirft sie auf das Bett, sie trägt nichts als Schuhe ...«), lecken Sie dabei hinter seinem Ohr. Sein linkes Ohr ist übrigens mit der emotionalen Gehirnhälfte verbunden.
23. Reden Sie nach dem Sex über Sex. Wie diese kleine Bewegung Ihnen gefiel. Dass sein Blick Sie zum Stöhnen brachte. Was auch

immer Ihnen wirklich gefiel – sagen Sie es. Nicht übertrieben, aber das ist ein guter Weg, um Sextalks ganz leicht zu machen.

24. Nehmen Sie ihm zwei Sinne, um die restlichen zu sensibilisieren: Verbinden Sie ihm so die Augen, dass der Schal auch eng über den Ohren liegt, fesseln Sie ihn zusätzlich mit Seidenschals. Was immer Sie tun – machen Sie es slow, keine Heiß-kalt-Nummern, das erschrickt und törnt nicht an. Besser: mit Wärmelampen experimentieren, mit verschiedenen Materialien, tiefen Küssen. Machen Sie es sich selbst, während Sie auf seiner Brust sitzen.

Fühlen, tasten, spüren – der Verstand fällt, der Körper folgt

25. Lassen Sie ihn an Ihren Fingerspitzen saugen und lecken, während Sie auf ihm sitzen. Alternativ: Nuckeln Sie an seinen, während Ihre eingeölte Hand an seinen Hoden spielt.
26. Warten Sie nicht, bis er von selbst hart wird – sondern nehmen Sie ihn weich in den Mund, lassen ihn auf Ihrer Zunge groß werden. Gern mitten in der Nacht, wenn er noch schläft.
27. Zwischenstopper: Wie lang sollte man pausieren, wenn es für ihn spannend wird, um ihn auf sinnliche Art beim Blow- oder Handjob zu quälen? Antwort: drei schnelle Herzschläge lang. Um dann noch eins draufzusetzen und bei jedem Minibreak an seiner zweitliebsten Körperstelle zu streicheln (bei jedem Mann anders – mal der Nacken, der Hals, die Lenden, der Damm – lassen Sie es sich vorher genau zeigen!).
28. Schon mal vom »N-Spot« gehört? N kommt von Neck (Hals); dieser erogene Superpunkt liegt zwischen seinem Kinn und dem Adamsapfel und soll direkt mit seinen Genitalien verbunden sein. Küssen, streicheln, bepusten und zupfen Sie doch mal ...
29. Kennen Sie den Sex-Slide? Das ist die feine Haarlinie zwischen Nabel und seinem Schwanz, hochempfindlich, weil sich dort in der Embryophase die Nerven miteinander verbunden haben. Ziehen Sie an den Härchen – mit den Zähnen, den Lippen, so,

dass es ihn nicht schmerzt. Ziehen Sie auch an den Härchen seiner Hoden – feine Stromschläge! Oder knabbern Sie sanft an seiner Haut, falls Ihr Liebster rasiert ist.

30. Kickstarter für alle Nerven: der Punkt an der Wirbelsäule, wo die Pobacken beginnen (und er das erste Mal den Hintern zusammenzieht, wenn er berührt wird). Er liegt auf der Seite, Sie berühren ihn dort federleicht, lecken die Stelle, streicheln gleichzeitig seine Lenden.
31. Übrigens: Sämtliche Körperregionen, die Sie beim Küssen und Streicheln auslassen, werden innerhalb von fünf Minuten durch Ignorieren zehnmal sensibler. Gilt erst recht für seinen Mr. Shaft. Beginnen Sie am Nabel, küssen Sie sich tiefer, aber immer knapp vorbei. Sexgöttinnen beginnen in der Kniekehle, arbeiten sich am Innenschenkel hoch!
32. Geben Sie ihm eine Rückenmassage – mit der Zunge. Pressen Sie Ihre Lippen auf seine Haut, lassen Sie Ihre Zunge fest auf ihm rotieren. Starten Sie im Nacken, schlingern Sie neben der Wirbelsäule abwärts. Brummen Sie dabei – tiefe Töne sorgen für langsame Vibrationen, hohe Töne für schnellere. Bestehen Sie auf Response.
33. Bitten Sie ihn, mit seiner Eichel an Ihrer Klitoris zu reiben – auch wenn er noch nicht hart ist. Entweder kniet er sich zwischen Ihre Beine, oder Sie lehnen sich an ihn, während Sie mit dem Rücken zu ihm auf ihm sitzen (doppelte Kissen im Rücken stützen ihn ab). Auch wenn er erigiert, nicht eindringen, lassen Sie ihn mit dem Daumen weitermachen, bis sein Schwanz wieder weich ist. Wiederholen. Gleitgel auf seiner Spitze hilft gegen Wundreiben!
34. Ignorieren Sie nicht die Hautstelle am Bauch, wo der steife Penis aufliegt. Lecken Sie die Stelle ausgiebig, während Sie sein erhobenes Glied Richtung Hoden biegen und die Eichel zur Spitze hin streicheln.
35. Die Öl-Massage: Mischen Sie in einer Schüssel Öl, Wasser und

duftendes, schäumendes Duschgel Ihrer Wahl an (exotische Noten im Bodyshop). Nehmen Sie einen Kopfkissenbezug, tauchen ihn in das Gemisch, pumpen ihn auf und ab, bis er trieft – und drücken Sie ihn über seinem Körper aus, reiben ihn mit Schaumbergen ein. Der Abschluss gehört einer intensiven Behandlung Ihrer Körpermitten mit soften, schaumigen Waschläppchen.

36. Lieben Sie nach indischem Stil, und kombinieren sexuelle mit zärtlichen Handgriffen: Sitzen Sie ihm auf dem Sofa mit ausgestreckten Beinen gegenüber, streicheln Sie seine Prinzenrolle, und führen zum Beispiel seine Fußsohle über Ihre Brustwarzen oder kneten seine Achillesferse. Pusht ihn noch höher!
37. Deponieren Sie Ihr zartestes, aufregendes Höschen im Tiefkühler. Streicheln Sie ihn damit, wenn er aus der Sonne kommt.
38. Behalten Sie das ultradünne Top an und bitten Sie ihn, Ihre Nippel durch den Stoff hindurch zu lecken, zu berühren, mit warmem Wasser im Mund zu küssen.
39. Bitten Sie ihn, sich mit gekreuzten Beinen neben Sie zu setzen, während Sie liegen, in Höhe Ihrer Hüfte. Dann berührt er gleichzeitig Ihren Kopf mit der einen, Ihre Scham mit der anderen Hand. So wird der Kopf freier für pure Körperlichkeit, da sich die Chakren miteinander verbinden.
40. Seien Sie genauso schmutzig, wie Sex einst gedacht war – und toben Sie mit ihm und der Rasul-Schlammpackung aus der Drogerie in der Wanne herum. Verwenden Sie Rasul-Schlämme mit verschiedenen Texturen von grob bis ultrasoft, wie sie in türkischen Badezeremoniellen verwendet werden. Erst trocknen lassen, dann abwaschen – das Peeling macht Ihre Haut soft, und es kann sehr spannend sein, sich nach und nach vom Schlamm freizulegen ...
41. Die ersten drei Zentimeter am Scheideneingang sind hyperempfindlich, aber haben beim normalen Verkehr nicht viel von dem Spaß. Bitten Sie ihn, nur die Eichel einzutauchen, so dass sich seine Vorhaut hin- und herschiebt. Funktioniert, wenn er breit

zwischen Ihren Schenkeln kniet und mit einer Hand einen Ihrer Innenschenkel umfasst.

42. Lassen Sie die Kleidung an, aber tun Sie, als ob Sie miteinander schlafen würden. Reiben Sie sich aneinander, bis Sie es kaum aushalten können. Ihre Haut wird noch empfindsamer durch die Klamotten, der Druck auf Ihre Klit erhöht.
43. Drehen Sie die Reihenfolge um: Beginnen Sie mit dem Koitus (Gleitgel!), hören kurz vorher auf, gehen über zu Handjobs, enden bei Oralverkehr oder zärtlichem Küssen, während Sie sich gegenseitig den Rest besorgen.
44. Wenn Sie zusammenwohnen, gewöhnen Sie sich an, am Wochenende zum Beispiel in Sarongs herumzulaufen, natürlich mit nichts darunter. Sie können sich bei jeder Gelegenheit berühren. Glauben Sie mir: Ein Mann im Sarong ist heiß!
45. Ziehen Sie einen dünnen Seidenschal durch Ihre Scham, nachdem Sie beim Vorspiel ultrafeucht geworden sind. Legen Sie ihm den Schal locker über sein Gesicht, damit er sich an Ihrem Duft berauschen kann, während Sie miteinander schlafen.
46. Streicheln Sie in Zeitlupe ein reines, kühles Seidentuch über seinen Körper. So eine Gänsehaut haben Sie noch nie gesehen! Nebeneffekt: Durch den Anblick seiner Haut steigern auch Sie sich in einen Streichelrausch hinein.
47. Drehen Sie sich on top um, bis Sie mit dem Gesicht zu seinen Füßen sitzen – während er in Ihnen ist! Streicheln Sie die Innenseiten seiner Oberschenkel, während er Ihren Rücken mit den Fingern beglückt. Beugen Sie sich aber nicht nach vorn, das tut ihm weh.
48. Legen Sie Trauben ins Gefrierfach – 20 Minuten reichen. Nehmen Sie derweil ein Sonnenbad, eine heiße Wanne, heißen Sex. Rollen Sie danach die knackigen Schocker über Ihre Haut, um sich abzukühlen oder für die zweite Runde aufzuheizen.
49. Der seitliche 69er für neue Zungenspiele: Legen Sie sich auf die Seite, stellen ein Bein hoch. Er liegt im 90-Grad-Winkel neben

Ihnen, so dass Sie eine Art T bilden. Der veränderte Zungenwinkel auf Ihrer Klit ist wunderbar, und er hat außerdem den Platz, einen Finger einzuführen und an Ihrer G-Punkt-Zone zu spielen, ohne sich die Hand zu verrenken.

... und, Nummer 50: Konzentrieren Sie sich nicht nur darauf, was Sie wollen, sondern erspüren Sie auch, was Ihr Lover will. Fragen Sie sich gegenseitig, hören Sie gegenseitig darauf, wie der Körper reagiert. Vertrauen Sie auf Ihre Fähigkeit, sich einzufühlen, zu beobachten, wahrzunehmen – anstatt ein Programm runterzuturnen. Nehmen Sie die Tips in diesem Buch als Inspiration, als Anfang – aber wie genau Sie es tun, werde ich Ihnen nicht sagen können; es kommt nur auf Sie beide an, was Sie in dem Moment, in der magischen Spannung nur zwischen Ihnen erspüren. Sie haben die Gabe, wie jeder Mensch, vertrauen Sie auf Ihr Gespür.
Erst diese gegenseitige Intuition wird Ihnen das Geheimnis von sinnlichem, leidenschaftlichem Sex enthüllen: Es braucht zwei, die sich aufeinander einlassen wollen, um gutem Sex eine immer wiederkehrende Chance zu geben. Und wenn es immer in der Missionarsstellung ist – wenn es Ihnen beiden das liebste ist, dann ist das auch völlig in Ordnung.

These:
Auf die Technik kommt es selten an

Ich konnte mich gerade noch zurückhalten. Ich habe nicht sämtliche Ex-Lover (oder zumindest die, die mir noch ihre Telefonnummer mitteilen) angerufen, um zu erfahren, ob ich gut im Bett bin! Denn die Antwort ist klar: Gut im Bett war und bin ich nur, wenn ich ehrlich war. Ehrliche Hingabe, ehrliche Leidenschaft, ehrliches Lachen und nicht mal vorgetäuschte Orgasmen. Kennt man ja: Er juckelt da oben rum, man denkt sich: Boah, bin ich müde, fängt an von 100 rückwärts zu zählen und beginnt bei 38, laut seinen Namen zu stöhnen. Gut ist das nicht.

Denn eine Granate im Bett ist weder Miss-Fake-Orgasm noch die Technik-Trickse vom Dienst: Was wirklich gut im Bett macht, ist die Bereitschaft, sich einzulassen. Zu reagieren. Einen Rhythmus zu finden von Geben und Annehmenkönnen.

Streicheleinheiten annehmen und sich den tastenden Händen entgegendrücken. Es genießen und vor allem es zu zeigen. Nicht wie ein nasses Handtuch stumm daliegen, die Augen schließen und Monsieur machen lassen, hach, ich armes Opfer ... Die Nummer ist genauso abturnend wie das Showgirl, das stöhnt und kratzt und sich windet, als ob es einen Preis zu gewinnen gäbe – aber er genau spürt, irgendwas ist daran nicht echt.

Männer sind sich einig: Eine Frau, die auf sie reagiert, die anwesend ist – mental wie, ach ja, körperlich auch – macht an. Es müssen keine achtzehn Positionen in fünf Minuten sein, keine Blowjobs hochkant, eine Frau muss auch nicht alles mitmachen, um gut im Bett zu sein. Sie muss authentisch sein und sich in ihrem Körper wohl fühlen. Perfekt soll er nicht sein – das interessiert die guten unter den besseren Männern nicht die Bohne. Sie soll nicht den Inhalt aller Stellungsratgeber abturnen, sondern die Bereitschaft haben, sich individuell auf SEINE Bedürfnisse einzulassen – oder zumindest die Neugier besitzen, herauszufinden, was ihm guttut. Deswegen ist nur die gut im Bett, die sich kennt – und ihn kennenlernen will. Viel Spaß dabei ...

Sex

Sex ist sehr unkompliziert, wenn man von keinem Komplex, sondern von einem Bedürfnis geleitet wird.

Georges Simenon, franz. Schriftsteller (1903–1989)

Das Meer erwartet uns. Wir küssen uns, und als er mich auf eine Dekke legt und mit offenen Augen mit mir schläft, fühlt es sich richtig an. Alles wird weich und leicht, und für den Moment liebt er mich. Jetzt schon, obwohl er noch gar nicht weiß, wen er da liebt. Die Art, wie er mich öffnet, Salzluft und seine Zunge an meinen Fjorden, die schimmern, weil er sie mit seiner Spucke nassgemacht hat. Meine Wade auf seiner Schulter, es rieselt Sand herab, über seine Brust. Sein Daumen, der an meinem Verschluss reibt, er muss nur in kleinen Kreisen massieren, dann geht der Verschluss auf und ich komme, schreie mit den Möwen, bekomme einen Krampf in der Wade und muss lachen, von den Vibrationen kommt er auch und macht ein Gesicht, als ob er damit nicht gerechnet hätte. Wir lachen so sehr, dass ich Muskelkater bekommen werde, und dann tun wir es noch mal. Diesmal lege ich mich auf den Bauch und er sich auf mich, schließt meine Beine, seine Lenden sind warm an meinem Arsch. Er beißt mich in den Nacken. Er brummt in mein Ohr. Er berührt mich so zärtlich, als ob er darauf gewartet hat, zu einer Frau zärtlich zu sein. Wir ficken nicht – wir machen Liebe. Und als wir damit fertig sind, bitte ich ihn, mich doch mal zu ficken. Er tut es, hockt sich dazu hin, zieht meinen Po hoch und drückt mein Kreuz nach unten, packt meinen Nacken und sagt, dass ich still sein soll. Ich spüre, wie er sich aus der Hocke etwas aufrichtet und noch weiter von oben in mich eindringt. Es ist reinster Porno. Animalisch. Ich bin in einer Position, in der ich mich nicht rühren kann, auf den Knien, Gesicht im Sand. Ich merke, wie sein Stoßen härter und härter wird. Wie er in den Knien wippt, um tiefer und fester in mich zu dringen. Der Anblick muss gut sein: an sich herabzublicken und dabei den eigenen Schwanz hinein- und hinausgleiten zu sehen, am hellichten Tag. Mit Sonne, Sand und da drüben einem Zuschauer, dem gefällt, was er sieht. Die Frau fest im Griff, von hinten, eine Hand in ihrem Nacken, die andere im unteren Kreuz, es ist eine gemeine, eine geile Stellung, es ist Sex, so wie er mal gedacht war.

Danach hält er mich, während ich das Meer rieche. Die beiden Adern auf seiner Stirn treten hervor. Er strahlt mich an, als ob er glücklich ist, mich zu sehen. »Und, was hast du jetzt so vor?«

»Keine Ahnung. Ist das wichtig?«

»Nein«, sage ich.

Genausowenig wie es DIE Frauen oder DIE Männer gibt, gibt es auch nicht DIE weibliche Sexualität. Sicher, wir wissen viel über das Technische – wie oft, wie lang, in welcher Stellung, das hat die Wissenschaft alles Länge mal Breite untersucht und umgefragt.

Doch das weibliche sexuelle Erleben ist offenbar zu komplex, um es abschließend zu erforschen und in Schublädchen zu packen; es gibt zum Beispiel wenige Studien zu der Frage, wieso Frauen oft mit ihren erotischen Bedürfnissen hinter dem Berg halten und immer noch der stillen Auffassung sind, »so was« habe Frau nicht zu verraten, weil Mann da bitte schön selbst drauf kommen sollte (dann ist er ein guter), sie aber nichts verlauten lassen dürfe (dann ist sie eine schlechte).

Eine Frau, die einem Mann einen Big-O vortäuscht (schließlich haben wir alle Meg Ryan gesehen und wissen seitdem prima, wie es geht) oder ihm konsequent ihre Bedürfnisse vorenthält, selbst wenn er danach fragt, wahrt ihr »kleines Geheimnis« und geht offenen Auges auf innere Distanz zu diesem Mann. Wozu diese Distanz? Um sich vielleicht autark zu halten. Um sich ihm nicht auszuliefern. Um sich weiterhin als Opfer verhalten zu können, das dem Manne nachgibt, und somit keine Verantwortung über die eigene Lust übernehmen will.

Traurig. Denn es gibt etwas beim Sex, das sich großartig anfühlt.

Romantiker bezeichnen es als Seelenverschmelzung, es ist das Gefühl, auf einmal fließende körperliche Grenzen zu besitzen. Wo höre ich auf, wo beginnt er? Ein Gefühl, dass von der Pussy bis zum Herz zieht, berührt, vielleicht sogar traurig macht, so als ob eine Tür aufgestoßen wurde. Eine Tür zu einem Teil des Selbst, was schutzlos ist für diesen Moment, wenn man dem anderen Menschen so nah ist. Ihn so nah an sich heranlässt. So dicht, dass man fürchtet, es wird so weh tun, wenn der andere eines Tages geht, mehr als alles, was man je an Verlustschmerz empfunden hat. Und doch ist es ein Gefühl der Zugehörigkeit, der absoluten Sicherheit, in dem Moment unwiderruflich zueinanderzugehören, dass es einem vor Glück den Atem raubt.
Nein, dieses Gefühl ist nicht das eines gemeinsamen Orgasmus. Es ist das Gefühl, das eintritt, wenn zwei Liebende sich so sehr einander hingeben, dass es nicht mehr allein Sex ist, was die beiden betreiben. Auch nicht Liebe machen – es ist die merkwürdige Magie von Seelenberührung. Die in dem Augenblick passieren kann, wenn beide aufgeben, sich selbst zu beobachten, um zu sehen, ob sie alles richtig machen. Es ist eine totale Vereinigung, für Sekunden.
Kein Wunder, dass sich manche, nein: viele! Frauen davor fürchten. Es hört sich nach Aufgabe an, danach, unrettbar verloren zu sein, weg, nicht mehr existent, abhängig irgendwie und vor allem: sichtbar. All die Ängste, zuviel oder zuwenig zu sein, nicht zu genügen oder zu hässliche Abgründe zu haben, die man dem Kerl hübsch vorenthalten möchte – die würden ja vielleicht fühlbar, sichtbar sein, och nö!
Und außerdem: Soll er sich lieber schön selbst abmühen, wie er mich zum Höhepunkt treiben kann. Ich sag es ihm nicht, dann hätte er mich in der Hand und würde mich sicherlich verlassen, weil er nicht mehr suchen muss, wie langweilig. Nein, nein, lieber verweigere ich ihm Auskunft oder auch mal meinen Körper, damit nicht immer nur er seinen Spaß hat.
Wie doof! Anstatt einem Mann zu zeigen, wie man es gern hätte,

betreiben Frauen eifersüchtige, kleinkarierte Geheimniskrämerei und traditionelle Verweigerungshaltung, nur um ihr armes Ego nicht zu stressen. Manchmal würde ich solche Frauen gern bei der Schulter packen und schütteln: Merkst du es nicht? Frau, DU verlagerst den Machtkampf ins Bett, nicht der Mann, du stellst dich einer Verschmelzung in den Weg, und, Mädele, herzlichen Glückwunsch: Du hinderst dich an einer erfüllten Sexualität, nicht nur der Mann, der in deinen Augen zu blöde ist, deine Knöpfchen richtig zu drücken! Und wofür: Um hinterher bei den Freundinnen mit den Augen zu rollen und tief zu seufzen? Oh, Mann, echt.

Falls ich Sie gerade zu Unrecht angeraunzt habe: Verzeihung. Aber wer weiß, vielleicht kennen Sie ja auch eine dieser Frauen, die sich so in Kompliziertheiten der Sexualität verheddert haben, und regen sich über die Arroganz des Schweigens und vorgeschobener Opferhaltung ebenso auf.

Zurück zur Komplexität der weiblichen Sexualität. Für Frauen ist Sex mehr als Geschlechtsverkehr; dazu gehören alle Arten von Berührungen: küssen, streicheln, Worte, Stimmung (vor allem die), und all diese Vorlieben verändern sich mit dem Alter einer Frau, mit ihren Lebenssituationen, mit den Gefühlen, die sie einem Mann entgegenbringt.

Zumindest scheint es so, als ob Frauen nicht wirklich an rein sexuellen (sprich: genitalen) Beziehungen länger oder öfter interessiert sind als Männer. Die gehen durchaus zu Prostituierten, der Vorgang des Sex ist für sie meist befriedigend. Doch warum nehmen wohl Frauen selten Callboys in Anspruch? Weil etwas fehlt. Ob nun menschliches Interesse, Sympathie, Freiwilligkeit, das Gefühl, ohne Bezahlung begehrt zu werden – dieses gewisse »Etwas«, was Frauen beim Sex genießen und brauchen, ist jedoch bei jeder Frau anders. Und das macht es fast unmöglich, die weibliche Sexualität bis ins kleinste zu erklären.

Was aber offenbar jede Frau antörnt: wenn sich ein Mann dafür interessiert, sie und ihr Begehren zu erforschen und auf die Wechselgefühle einzugehen, anstatt nur ein Programm abzuspulen. Einfühlsam ist deshalb ein so beliebter Begriff, wenn Frauen ihren Wunschmann beschreiben, weil sie so ihre Hoffnung ausdrücken wollen: Er möge sich in meine wechselhafte Sexualität einfühlen. Er soll mich erspüren, soll mit seinem Körper und seinem Herzen fühlen, was mir guttut – weil ich es selbst auch nicht immer beschreiben kann, was ich wünsche. Er soll bereit sein, dafür Zeit, Interesse und Geduld aufzubringen, mich zu erforschen, gemeinsam mit mir herauszufinden, was alles in mir steckt. Er soll fähig sein zu fühlen und nicht routiniert fummeln, seine Finger mögen wie Fragen sein, auf die mein Körper antwortet und den er versteht.

Was Sex gut macht

Eigentlich wünschen wir Frauen uns vom Idealmann oder Idealliebhaber dasselbe, das sich Männer von der Idealfrau wünschen: Er/sie soll Erfüllung darin finden, den Wünschen der Frau/des Mannes nachzukommen (und die Wünsche außerdem in jedem Augenblick vorausahnen).

Wenn wir jetzt mal all das Politische weglassen, was uns bei diesem Hoffnungsseufzer überkommt, und auch sämtliche Pornobilder aus dem Kopf verbannen, wo Frauen schon dann zu multiplen Höhepunkten kommen, wenn er sich auf ihre Nasenflügel ergießt – dann. Ja, dann haben wir sie eigentlich, die absolute, einzige Regel zum Thema guter Sex.

Sie lautet: Beiden sollte es Spaß machen, den anderen zu befriedigen. Und zwar so sehr, dass man von dieser Aufgabe restlos befriedigt ist.

Die Gleichung geht in dem Moment auf, wenn es beide wollen und nicht nur einer.

Ließe man all das komplizierte Zeugs drumherum weg: das Ego-

polishing, die Minderwertigkeitskomplexe, das technische Rumgetue, das überbetonte Drumherum von gespieltem Begehren und überbedeutsamen Blicken und Handlungen – ach, was wäre Sex herrlich! Zwei Menschen, die Freude daran haben, den anderen zu erkunden, zu erforschen, die Punkte zu finden, an denen der andere abgeht, vor Zärtlichkeit erfüllt ist, entspannt, genießt ... seinem Körper lauschen, seine Seufzer hören und lieben, ihn zur Hingabe locken. Sich auf ihn einlassen, schmecken, spüren, riechen, immer wieder, was gibt es Schöneres? Und wie egal sind dann Stellungswechsel, ob gestern ernst und mit schmutzigen Worten, heute zärtlich und sogar ohne Orgasmus, aber so dicht und erfüllend, morgen gar nicht und im Sommer an der Häuserecke, vergnügt kichernd? Aufeinander eingestellt, voller verschwenderischer Neugier, es dem anderen gut gehen zu lassen. Voller Freude die Neugier des anderen annehmen, ihn machen lassen, sich Händen und Küssen hingeben, zerfließen wollen, loslassen, ganz egal ob im Missionar, mit unrasierten Beinen oder gern doch in voller Strapsmontur: Hauptsache, sich in den anderen einfühlen.
Das ist guter Sex.

Solo-Sex: Selbstbefriedigung als Kickstarter

Haben Sie Sex mit jemandem, den Sie mögen – sich selbst. Der Vorteil: Sie lernen sich selbst gut kennen und überwinden Schritt für Schritt Ihre Hemmungen, so dass Sie eines Nachts soweit sind und ihm zeigen können, was Ihnen guttut. Für den Fall, dass Sie befürchten, dann wie eine Schulmeisterin dazustehen, habe ich eine gute Nachricht: Männer lieben es zu erfahren, wie sie eine Frau befriedigen können. Klar, er fühlt sich dann wie ein göttlicher Liebhaber, aber es sei ihm gegönnt, wenn er es mit Ihren Hinweisen tatsächlich werden könnte.

Also, erkunden Sie sich, tun Sie sich gut, niemand sieht zu, Scham ist unbrauchbar, denn Sie sind allein.

Und, ach ja: Machen Sie sich keine Sorgen, ob Sie klitoral, vaginal oder anal kommen, diese technischen Bezeichnungen sagen nichts aus über den Reifegrad Ihrer Sexualität und Persönlichkeit. Nur wenige Frauen unterscheiden überhaupt zwischen einem klitoralen und einem vaginalen Orgasmus, so eine Berliner Studie der dortigen Charité. »Die Erlebnisqualität ist in den Augen der meisten Frauen nur minimal different«, fasst die Diplom-Psychologin Anja Lehmann vom Institut für Medizinische Psychologie zusammen. »Der klitorale Orgasmus wird – wenn überhaupt – als punktueller und daher intensiver erlebt, der vaginale eher ganzheitlich-diffus.« Auch die Intensität des Orgasmus hängt nicht davon ab, ob er durch Selbstbefriedigung, Streicheln oder Geschlechtsverkehr zustande kommt. »Letztlich geht jeder Orgasmus von der Stimulation der Klitoris aus.« Ohne diese sei ein Orgasmus fast nicht möglich.

Na, dann seien Sie mal gut zu Ihrer Perle:

39 Ideen für Ihre One-Woman-Show:

1. Machen Sie sich hübsch für sich! Sexy Unterwäsche, das scharfe Lackkleid, Highheels, dieser Lippenstift ... Bewundern Sie sich im Spiegel zur Lieblingsmusik, bevor Sie zur Tat schreiten. Ob Sie Ihre Brustwarzen und Schamlippen mir rotem Lippenstift nachzeichnen oder das Gefühl von kühlem Schmuck auf der Haut vorziehen, sei Ihnen überlassen. Stellen Sie sich einem neuen Äußeren, seien Sie die Hure, die Diva, die Kurtisane, das Luder, die Geheimnisvolle... nur der Spiegel wird Ihr Zeuge sein.
2. Experimentieren Sie, sich durch die Jeans hindurch zu streicheln – die Nähte sitzen perfekt dafür. Spannen Sie währenddessen die Oberschenkel und den Po an.
3. Massagedüsen im Whirlpool oder im Schwimmbad können sehr effektiv sein. Lassen Sie sich treiben und genießen Sie das Ge-

fühl, sich erregen zu lassen, ohne Gegenleistung. Achtung – lassen Sie nicht allzu viele Luftblasen in die Vagina dringen, davon bekommt sie Schluckauf und revanchiert sich mit Notwehr und späterem Jucken.

4. Wasser-Freuden: Legen Sie sich unter dem Wasserhahn Ihrer Badewanne zurecht. Lassen Sie Tropfen für Tropfen auf Ihre Klitoris plätschern (ein wenig wie chinesische Folter, aber eindeutig lustvoller).
5. Halten Sie den vollen Strahl (vom Duschkopf) über Ihre Klit. Nie in die Vagina zielen, Wasser trocknet sie aus!
6. Nehmen Sie einen Waschhandschuh aus Frottee zum Schubbeln.
7. Auch der Strahl eines Bidets lässt sich gut dafür einrichten.
8. Und wenn Sie schon in der Badewanne entspannen, können Sie gleich ein erotisches Buch oder Heft mitnehmen, um sich inspirieren zu lassen!
9. Ziehen Sie im Augenblick der Erlösung die Füße an oder strekken sie in die Höhe (nicht unbedingt in der Wanne) – fühlt sich an wie Fliegen. Atmen Sie dabei laut ein und aus. Noch lauter!
10. Falls Ihre Waschmaschine freistehend ist: Haben Sie sich im Schleudergang schon mal an die vibrierende Ecke gelehnt? Legen Sie ein Handtuch zwischen die Schubbermaschine und Ihren Venushügel. Oder setzen Sie sich direkt auf die Maschine – mit ein paar Rinnotama-Kugeln inside. Das sind diese murmel- bis golfballgroßen Kugeln, mit einer Schnur verbunden, die ein schönes Gefühl von Ausgefülltsein vermitteln.
11. Für Mutige: Nehmen Sie eine Zucchini in angenehmer Größe. Legen Sie sie für fünf Sekunden in die Mikrowelle. Falls sie noch nicht warm genug ist, im 5-Sekunden-Takt weiter testen. Kondom darüber – und hm. Keine Mikrowelle da? Wasserbad funktioniert auch!
12. Falls Sie ein Helferlein (Dildo, Kerzen, Finger) benutzen – nehmen Sie unbedingt mal zur Abwechslung Gleitmittel dazu! Ja,

schon wieder dieses Zeug, aber Sie werden sich wundern, wie angenehm das sein kann.

13. Tun Sie es im Stehen oder Hocken. Es wird Ihnen die Beine wegreißen. Vorsicht in der Dusche: für Leute mit niedrigem Blutdruck kann das wirklich umwerfend sein ...
14. Ziemlich frech und herrlich egoistisch wäre es, wenn Sie es im Kino tun, an einem Tag, an dem Sie sich besonders sexy fühlen. Ja, ein erotischer Streifen wäre da sicher hilfreich.
15. Nehmen Sie beide Hände dazu. Wärmen Sie die eine an (am Heizkissen oder in warmem Öl), die andere bleibt kühl. Genießen Sie die Abwechslung oder das Gefühl zweier »fremder« Finger.
16. Falls Sie einen Vibrator benutzen (z. B. den legendären »Magic-Wand« von Hitachi, um 60 Euro, einen Natural Contours oder einen dieser neuen kleinen Aufliegevibratoren, die wie ein Mobilfunkgerät aussehen, aber in Sphären vordringen, die kein Nokia je gesehen hat) – legen Sie verschiedene Materialien zwischen sein Köpfchen und Ihren Hotspot – ob Seide, Frottee, Ihren Badeanzug, ein Kissen, auf das Sie sich knien ...
17. Nehmen Sie einen Handspiegel dazu und betrachten Sie Ihre Landkarte der Lust, entblättern Sie Ihre Klit. Vorteil: Sie können Ihren Liebsten besser dorthin lenken, wo's guttut, wenn Sie wissen, wo was ist. Ja, doch, stellen Sie sich Ihrer Vagina! Geben Sie Ihr einen Namen, wenn Sie wollen, nennen sie Kätzchen, Croissant, Madeleine ... Sie sollten ein zärtliches Verhältnis zu Ihrer Kleinen haben, das hat auch Ihre Seele verdient.
18. Testen Sie aus, wie sich ein Rückenmassage-Roller anfühlt (meist aus Holz, sehen aus wie eine Kleiderbürste ohne Griff; in Gesundheits-Shops).
19. Mopsen Sie sich den Rasierschaum Ihres Liebsten. Sie müssen sich nicht rasieren; es reicht, den Schaum eine Minute auf der Vulva zu belassen. Effekt: sie wird empfindlicher und aufgehen wie eine wunderschöne Blume.

20. Natürlich kann man auch die elektrische Zahnbürste benutzen – einfach auf Ihre Finger halten, die auf Ihrem Sweetspot liegen, und dann wie von selbst vibrieren lassen. Oder eben doch die Rückseite des Bürstenkopfes.
21. Viele Frauen haben ein Lieblingskissen, auf das sie sich bäuchlings legen, um sanft auf und ab zu schubbern. Legen Sie zwei Kissen aufeinander, und deponieren Sie einen härteren Gegenstand dazwischen – Tennisbälle, Teigrolle, Teakholz-Schuhlöffel. So liegen Sie weich und haben trotzdem Gegendruck.
22. Wenn Ihr Deoroller (es muss ein Roller sein!) das nächste Mal leer ist – befüllen Sie ihn mit Gleitmittel. Fühlt sich fast wie eine Zunge an.
23. Kaufen Sie sich einen Softdrink in einer kleinen Plastikflasche. Austrinken. Wenn Sie die Öffnung an Ihre Brustwarzen halten und die Flasche zusammenpressen, entsteht ein Vakuum – fast wie ein Mund, der an den Nippeln saugt …
24. Das Yidam-Spiel: Dafür brauchen Sie Ruhe und Zeit. Erschaffen Sie Ihren Traumpartner (= Yidam) nach der tantrischen Sechs-Stufen-Technik: Stellen Sie sich den Typ genau vor, Größe, Haarfarbe, Klamotten, Stimmlage, Duft … riechen Sie sonst an einem Männershirt, eingeduftet mit Ihrem liebsten Männerparfüm. Zweite Stufe: Wie küsst er Sie, wonach schmecken seine Lippen? Suchen Sie eine Stelle an Ihrer Hand, Ihren Armen, die sich so ähnlich anfühlt. Im dritten Teil stellen Sie sich seine Erektion vor – wie groß? Beschnitten? Und die Balls? Wie fühlt er sich an Ihrer Haut an, Ihren Lippen … Erobern Sie dazu neue Toys wie den Jellytwister (sieht wie ein Schraubengewinde aus), oder überziehen Sie Ihren Dildo oder eine Zucchini mit einem Cyberskin-Jelly-Überzug (in Erotikshops, auch Love Clone oder Magix Flesh genannt), dessen Haut wie bei einer echten Eichel vor- und zurückgleitet. Vierte Szene: Was sagt der Kerl eigentlich? Wie nennt er Sie, welche Geräusche macht er, wenn er erregt ist? Atmen Sie lauter! Schwitzt er? Verteilen Sie Gleitcreme auf

Ihrem Busen. Im fünften und sechsten Teil des Phantasiespiels denken Sie das Vorspiel durch, berühren sich selbst, so wie er es tun würde, und lassen ihn dann in Ihrem Kopf das machen, was Sie von ihm wünschen.

25. Rumkugeln auf japanisch. Die Japanischen Liebeskugeln (meist aus marmoriertem Silikon, können Sie sogar in der Spülmaschine reinigen!; sonst bitte mit Latexüberzug oder aus Metall besorgen, die bleiben länger einsatzfähig) sind mit einem Bändchen verbunden und werden nacheinander eingeführt. Wenn Sie sich nach Indianerart hinhocken, dürfen die Kugeln nicht herausgleiten – wunderbares Training für Ihren PC-Liebesmuskel. Machen Sie eine Mutprobe: Gehen Sie einmal um den Block mit den schwingenden Kugeln in sich. Spielen Sie sich selbst vor, Sie seien ein Kerl – dazu brauchen Sie zwei Kugeln, eine Jeans mit Knopfleiste und einen Dildo. Der kann zwischen zwei Knöpfe geklemmt werden – schon haben Sie ein erstaunliches Profil. Bewundern Sie sich selbst im Spiegel, während es in Ihnen schwingt.
26. Der Jasmine Bliss Vibrator (bei www.emotionalbliss.com) liegt in der Hand wie ein Duschkopf und ist nur für die äußere Anwendung an der Klitoris gedacht. Mit aufladbarem Akku. Sehr clever. Sie brauchen also nicht mehr unter die Dusche zu gehen, sondern können kommen, wo Sie wollen. Auch vor dem Spiegel oder an die Wand gelehnt oder die Beine über die Sessellehne geschwungen ... Wenn Sie weniger auf Duschköpfe denn auf Ladyshaver reagieren: »Paulas Liebling« (bei www.lustmittel.de, um 60 Euro) stimuliert G-Spot und Klitoris gleichzeitig und sieht dabei gut aus. Machen Sie das Spiel: Selfservice überall, nur nicht im Schlafzimmer!
27. Was eingeölte Murmeln verschiedener Größen nicht alles können: Sie können Sie um die Brustwarzen rollen oder über die Klitoris, Sie können Sie unter heißem Wasser anwärmen und prüfen, wie sich das denn anfühlt. Packen Sie mehrere Murmeln

in einen Murmelbeutel, nehmen ihn als neuartige Klitorismassage her. Und falls sich mal eine verirrt – kein Problem, Ihre Muskulatur ist so angelegt, dass alles wieder herausgedrückt wird.

28. Sie brauchen: eine Maske mit Augenschlitzen (z. B. von La Perla; sonst tun es auch Zorro-Augenbinden), Musik und einen Spiegel. Setzen Sie die Maske auf, und tanzen Sie für sich selbst vor dem Spiegel. Können Sie sich dabei in die Augen sehen? Versuchen Sie, wie ein Tabledance-Girl zu tanzen: Knicken Sie die Hüfte nach hinten ab, bewegen Sie nur den Po hin und her.
29. Wozu warten, dass Ihr Lover Stoffe auf Ihrer Haut ausprobiert – das geht doch auch selbst: Lederhandschuh, Wollhandschuh, Samt-Abendhandschuh, Latexhandschuh – was fühlt sich besser an? Spielen Sie mindestens fünf Minuten mit jedem Stoff, bevor Sie sich für einen entscheiden, der Sie für heute zum Orgasmus bringt.
30. Schreiben Sie sich selbst einen Liebesbrief, in dem all das steht, was Sie schon immer hören wollten. Schreiben Sie genau das, was Sie anmacht, unter anderem auch aus der Perspektive eines Mannes, der Sie versucht herumzukriegen. Schicken Sie ihn per Post an sich selbst und freuen sich auf die Lesestunde.
31. Das dritte Chakra befindet sich unter Ihrem Nabel und soll dort Ihre sexuelle Persönlichkeit ausdrücken. Um sich der zu stellen, brauchen Sie: ein ultrasoftes Seil (oder einen langen Bademantelgürtel, einen langen Seidenschal oder eine Boa, die Sie nicht mehr tragen), zwei sehr schwere Stühle, zwischen denen Sie das Band locker in Hüfthöhe festbinden, so dass es nicht allzu stramm spannt. Steigen Sie so über das Band, dass es wohlig an Ihren Schamlippen gleitet. Gehen Sie langsam an dem Band auf und ab, atmen dabei tief in den Bauch hinein, und streicheln Ihre Nabelzone.
32. 98 Prozent aller Frauen benutzen den kreisenden Mittelfinger, um allein zu kommen. Geben Sie sich eine neue Spielaufgabe:

Alles außer Finger! Benutzen Sie zusammengerollte Handtücher oder den Rand der Badewanne (mit einem Waschlappen gepolstert), um sich zu schubbern. Nehmen Sie ein Paar Seiden-Stockings, ziehen Sie sie durch die Beine, halten sie hinterm Rükken und vorne am Bauch fest. Ziehen Sie sie sanft hin und her.

33. Legen Sie Ihre Füße übereinander, und fesseln sich die Fußgelenke, legen Sie sich auf den Rücken. Bringen Sie sich bis kurz vor das Ziel – und nehmen Sie Ihre Finger weg, versuchen Sie allein durch den Druck der Beine und Oberschenkel zu kommen. Wenn Sie dieses Spiel öfter machen, werden Sie nach einiger Zeit fähig sein, allein durch diesen Druck zu kommen.
34. Legen Sie sich auf den Bauch – zum Beispiel auf den Teppich. Legen Sie einen Tennisball zwischen Ihre Oberschenkel, halten Sie die Füße gekreuzt. Bewegen Sie sich so hin und her, dass der Ball gegen Ihre Klitoris stößt.
35. Legen Sie sich eine Wärmflasche auf den Bauch oder unter den Po, während Sie onanieren.
36. Benutzen Sie Ihre Füße als Streichelinstrumente. Streichen Sie bei jeder Gelegenheit (beim Date unterm Tisch, bei ihm auf dem Sofa) mit den Zehen an Ihrer Wade oder mit den Ballen an den anderen Zehen entlang. Könnerinnen gewöhnen sich an, so auf dem Sofa zu sitzen, dass ihre Ferse angenehm auf die Vulva oder den Anus drückt.
37. Massieren Sie sich Ihre Füße! Ausgiebig. Fahren Sie kleine Kreise an den Ballen. Schieben Sie feuchte Finger zwischen die Zehen. Sagen Sie ihm später geradeheraus, ob er Sie gleichzeitig lecken könnte und Ihre Zehen massieren.
38. Stellen Sie sich während des Onanierens vor, dass sich die Gefühle von der Klitoris wie ein Feuer ausbreiten – über Ihre Schenkel, den Bauch bis zu den Füßen, Ihren Scheitel. Wenn Sie kommen, lassen Sie das gedankliche Feuer von Ihrer Mitte aus in alle Winkel des Körpers strömen. Je öfter Sie üben, desto mehr wird sich Ihr Höhepunkt über den Körper ausbreiten.

39. Für viele weitere Anregungen – surfen Sie zum Beispiel zu www.clitical.com, die sich (auf englisch) auf den weiblichen Selfservice spezialisiert hat.

... und ein Zusatztip: Sie fragen sich seit Jahren, was eigentlich mit Ihrer Klit los ist – weder seine variantenreichen Bemühungen noch Ihre eigenen führen schnell zur Erregung? Es kann sein, dass das kleine Häutchen über der Klitoris, das alle Frauen besitzen, etwas unflexibel ist. Abhilfe schaffen Sie, indem Sie sehr, sehr vorsichtig mit einem Wattestäbchen, getunkt in natürliches Mineralöl, versuchen, unter das Häutchen zu gleiten und die Region betupfen und nebenbei auch noch pflegen. Machen Sie das zum täglichen Ritual, und bald wird sich das störrische Häutchen leichter bewegen lassen – und so wird auch die Klit besser stimuliert.

Was Phantasien mit uns machen

Wir alle haben sie: erotische Gedanken. Schamlose Phantasien. Immer wiederkehrende sexuelle Träume, die erregen, aber auch verwirren: Denn was hat es bitte zu bedeuten, von einer Horde geölter Straßenarbeiter oder von einer Frau als privatem Lust-Kick zu phantasieren?
Oder wenn so etwas passiert:
Sie kommen meist morgens. Beide. Während ich im Halbschlaf bin, tun sie Dinge, die einer allein nie schaffen könnte. Manchmal haben sie Gesichter, die ich kenne, ausleihe von zufälligen Begegnungen; manchmal bestehen sie nur aus dem Teil vom Hals abwärts, Augen im Schatten, Anweisungen murmelnd. Wenn sie mich besuchen, bin ich bereit. Geschmeidig, biegsam, warm und willig, ihre Berührungen perfekt. Ich sehe uns, mich dazwischen, zoome auf alle Details. Bis es soweit ist.

Ich will die beiden nicht wirklich kennenlernen, denn Mr. X und sein Freund existieren nur in meiner Phantasie. In meiner privaten Pornokammer hinter der Stirn, die ich nach Bedarf aufschließe, um der Hand behilflich zu sein, oder wenn sich das Liebesspiel etwas hinzieht. Dann treten Unbekannte oder Bekannte als Gaststar einer gepflegten sexuellen Gedankenshow auf, ausgefeilt, erotisch, ungehemmt, alle mit dem richtigen Text, und nach zehn Minuten fällt der Vorhang. Applaus.

Ob meine beiden brachialen Besucher, der Fremde in der Gasse, die Ehefrau des Freundes, Will Smith, die Vorstellung von Analverkehr oder Bondage oder eine romantische Erinnerung in Wiederholungsschleife: Jeder – Frauen wie Männer – besitzt sexuelle Phantasien, weit entfernt vom Blümchensex im Schlafzimmer mit dem realen Partner. Sie kommen als heimlicher Wunschtraum daher, Masturbationshilfe oder gedanklicher Lustkick beim Sex: 80 Prozent aller Frauen (und 30 Prozent der Männer) bereichern zum Beispiel eine flaue Liebesnacht durch Phantasie, allerdings schweigt die Hälfte aller Phantasten auch vehement, wenn es um das Bekenntnis des heimlichen Lustspiels geht. Der Grund: Sie stellen sich Praktiken oder Situationen vor, die sie als zu gewagt empfinden, um sie dem Partner mitzuteilen. Und fragen sich selbst: Bin ich noch ganz normal? Müsste ich mich schämen, oder was hat es bitte schön zu bedeuten, wenn ich von Frauen, von mehreren Männern, von Überwältigung phantasiere? Hilft das meiner eigenen Erotik, oder verbergen meine Passionen einen Knick im Charakter? Würde mein Liebster mich noch lieben, wenn ich ihm meine abstrusen Fiktionen beichte? Soviel Spaß Phantasien bringen – sie machen auch angst.
Dabei ist es ein typisches Merkmal von Phantasien und völlig normal, dass sie anders sind als das, was wir innerhalb unserer sagrotangereinigten Wertenorm leben. Phantasien sind der perfekte Ort, wo wir alles andere als rational sein müssen, sondern ohne andere zu tangieren Nachtseiten ausleben können. Den wildesten,

ausuferndsten Sex haben, phantastisch aussehen, Gewalt zulassen, uns quer durch alle Stände vögeln oder romantisch-kitschige Sehnsüchte noch bonbonbunter machen. Solche Gedankenstürme sind alles andere als die Spitze des Eisbergs an gestörter Persönlichkeit – denn letztlich liegt zwischen Vorstellung und Handlung ein großer Graben. Sie müssen auch nicht immer ausgelebt werden, um befriedigend zu sein, sondern sind kontrolliertes Erleben, um die eigene Erotik zu fördern. Auch wenn Sie von zwei Männern träumen, so wissen Sie gleichzeitig, dass das Erlebnis in der Realität ermüdend, demütigend, blöde sein kann. Dann doch lieber den Auftritt mit Regie im Kopf und sich selbst Höhepunkte ohne Reue schenken.

Die meisten »Drehbücher« von Frauen- oder Männerphantasien ähneln sich, bleiben über Jahre gleich und sind vor allem alles andere als pervers-absurd. Frauen haben mehr einen Hang zu homosexuellen Phantasien oder zu dem gesichtslosen Fremden, bei dem sie passiv sein dürfen; während es Männer zum Star oder der Freundin des besten Freundes hinzieht. Und: »Während für Frauen in ihren Phantasien oft im Vordergrund steht, attraktiv und sexuell erregend zu wirken, ist es in den Phantasien der Männer bedeutsamer, eine attraktive Frau zu erobern.

Fazit: Für die erotischen Phantasien der Frauen ist das Begehrtwerden wichtiger, für die Männer dagegen das Begehren«, bringt es Dr. Steffen Flegel (Köln) auf den Punkt.

Sehr schön. Aber was ist mit Ihrem ganz persönlichen Porno? Haben auch Sie eine Lieblingsphantasie?

Sex ist kompliziert

Manche Männer sind verzweifelt. Sie fragen sich seit Jahrtausenden: Was will das Weib? Und wenn ich das nicht leiste, was passiert dann? Muss ich überhaupt das tun, was das Weib will?

Sebastian zum Beispiel, 25, ein Bild von einem jungen Mann, Hirn hat er jede Menge, wütend ist er auch, er erinnert mich ein bisschen an den jungen James Dean, nur mit mehr Piercingmetall im Gesicht. Kommt die Rede auf Sex, seufzt er tief auf und meint (ich zitiere in voller Länge, da ich dankbar bin für jeden Mann, der mal den Mund aufmacht und sich traut, ehrlich zu sein, ohne Rücksicht auf Höflichkeit oder Eindimensionalität):

»Geht's denn nur noch um die Erfüllung der geheimen Wünsche der Frauen? Soll der Mann zum Hobbypsychologen mutieren, immer und immer wieder Verständnis haben, sich zurücknehmen und sie therapieren, oder besser, sich gleich mit? Laut all den Magazinen da draußen soll sich der Mann hinten anstellen ... Ladys first in allen Lebenslagen. Mal so gefragt: UND ICH? Ach ja ... so was fragt der Gentleman nicht. Aber die Bedürfnisse der Frau sind so umfangreich, so unausgesprochen und oft auch noch selbst verleugnet, weil es kann ja gar nicht sein, was nicht sein darf. Ich möchte Sex ohne nachdenken zu müssen, ohne tausend und eine Kerze zu entzünden, das Licht an, 'ne selbstbewusste Frau ficken und gefickt werden. Sie auf Wolken schweben lassen, sie in die Abgründe ihrer selbst werfen. Soft und hart. Aber irgendwie passiert das nie. Selbst schuld? ... wahrscheinlich. Man(n) verliert regelrecht die Lust auf Sex, wenn man weiß, wieviel es zu entdecken, verwöhnen und machen gilt, und das alles wird aus hoffnungsvollen, aber schweigsamen Augen herausgefragt. Soll man da noch Geduld haben oder sich eine suchen, die den Schnabel auseinanderkriegt? Und wo findet man solche in meinem Alter? Man(n) ... besser gesagt ich habe nur Lust auf einen Snack und mir vergeht die Lust auf die Lust mit dem Wissen, dass sie ein Fünf-Gänge-Menü erwartet. Und Schwein sein will man ja auch nicht, also lässt man es lieber. Und ehrlich gesagt hab ich keine Lust zu warten, bis ich 40 bin, nur damit mal Frauen greifbar werden, die endlich mit sich und ihrer Sexualität klarkommen!«

Besser hätte ich es nie zu umschreiben gewagt, was Sex für Männer kompliziert macht. Es ist tatsächlich die Frage: Was will die Frau, wieso sagt sie es nicht – und wieso fragt sie nicht mal auch MICH? Ich befürchte, je mehr ich Männern und Frauen zuhöre und wieviel ich auch noch über Sex schreiben mag – der Vorgang wird sich nicht großartig verändern. Man kann ihn spritziger, virtuoser, spielerischer gestalten und sollte es ruhig tun. Nicht umsonst gebe ich gerne Tips zum Rumspielen, damit auch Sie, wenn Sie mögen, Anregungen erhalten oder vielleicht sogar durch eine Idee auf etwas kommen, was Sie sehr mögen, von dem Sie aber vorher nicht ahnten, dass Sie es mögen könnten.

Doch es geht um weit mehr als darum, den Vorgang aufzupeppen. Die erotischen Innenwelten von Frauen und Männern scheinen sich immens voneinander zu unterscheiden.

Sebastian benutzte die Begriffe Snack und Menü. Das möchte ich aufgreifen und behaupten: Es gibt mehr snackorientierte Männer als Snackfrauen und mehr Menüfrauen als Menümänner.

Gegen scharfe Snacks ist nichts einzuwenden. Wenn er ohne große Vorrede die Klamotten halb runterreißt oder nur die Stellen, die interessant sind, offenlegt, ihr die Pobacken spreizt, damit er mehr sehen kann, um sich dann an ihr zu vergehen, heftig, auf seine Geilheit ausgerichtet, kann das ungemein spannend sein. Wenn er sich gehen lässt, seiner Lust freien Lauf lässt und das Ganze nach zwölf Minuten passé ist.

Genauso geil ist es, den halben Abend umeinander herumzustreichen. Ihn zu verführen, zu fesseln, erst verbal, dann tatsächlich. Immer wieder abzubrechen, lustvoll zu quälen, anzumachen, ein Menü voller Sinneseindrücke zu zelebrieren, bevor es dann mit Schmakkes zur Sache geht.

Was ist nun die »bessere« Variante? Keine. Welche würde auf Dauer etwas öde? Beide.

Während Frauen nicht nur den Vorgang, den Koitus in all seiner Großartigkeit schätzen, lieben Männer das Reinstecken. Ist ja auch gut so, wir kriegen ihn gern reingesteckt. Dazu kommen bei den

Ladies aber, und das auch noch je nach Zyklustag, Stimmung, Inspiration, Liebesbedürftigkeit oder Hormonhaushalt, weitere Bedürfnisse. Mal der Wunsch, sein Begehren anders zu spüren als »nur« in seiner Erektionsfähigkeit. In Worten, Gesten, Berührungen. Mal ist es die Hoffnung, mit etwas Neuem überrascht zu werden, Streicheln mit Pelz, Liebe in der Badewanne, ein Spielzeug, eine gefährlich-gute kleine Unterwerfung ... Die Szenerie will beachtet werden, das Herz soll klopfen, die Seele will sich hingeben, das Hirn will sprungbereit sein und Gedanken verdrängen. Und Mann? Will vögeln.

Verzeihen Sie mir die Reduktion, ich möchte damit versuchen zu erklären, dass es diese erotischen Unterschiede zwar gibt, dass es aber kein Grund ist zu verzweifeln. Frauen hoffen darauf, dass Männer sie erkennen, da Wünsche zu erklären unromantisch ist. Außerdem wollen wir nicht, dass es sich anhört wie ein Drehbuch, das wäre uns auch selbst zu blöde. Wir Frauen wissen ja, dass er nicht nur Erfüllungsgehilfe sein soll, dennoch träumen wir uns gehörig was zusammen. Aus Rücksicht schweigen wir, manchmal aus Vernunft, weil wir ahnen, dass die Phantasie besser sein könnte als die Realität.

Männer indes fragen sich, was so schwer daran ist, ihre Wünsche zu erfüllen. Ihn Mann sein lassen, machen lassen, ohne Menüabfolge, und vor allem: seine Wünsche nicht zu werten. Anstatt sich zu fragen: Was für eine Frau bin ich, wenn ich auf seine Wünsche eingehe?, könnte eine Frau sich auch fragen: Macht das vielleicht sogar Spaß?

Schuld ist offenbar etwas, das beide Geschlechter in Sachen sexueller Präferenzen bewegt. Männer fühlen sich schuldig für ihre Wünsche (haben sie ja auch brav so gelernt), Frauen auch (haben sie ebenfalls so gelernt). Beide schweigen, werfen dem anderen vor, nicht genügend auf ihn einzugehen. Mehr und mehr denken beide nur daran, was für sie gut ist, und beklagen sich lauthals, dass die anderen gar nichts dafür tun.

Wir könnten jetzt munter so weitermachen. Männermagazine erzählen Männern, wie sie Frauen glücklich machen können (und sie damit überreden, etwas für ihn zu tun), und Frauenmagazine ihren Leserinnen, wie sie kriegen, was sie wollen, und, hups, ach ja, ihn hiermit oder damit süchtig nach sich machen können.
Womit wir wieder beim Egoismus angelangt wären: Was kann ich tun, damit ich das oder jenes zurückbekomme?
Verstehen Sie mich nicht falsch, ich vertrete selten eine altruistische Haltung, gerade in Sachen Sex sollte jeder auch darauf schauen, zu seinem Höhepunkt zu kommen. Jedoch: Sich um den anderen zu bemühen (und das gilt für beide!) heißt, den besten Weg zu gehen, um gemeinsam guten Sex zu haben. Dieser Vertrag scheint jedoch hauptsächlich einseitig zu bestehen: Frauen meinen, sie kümmern sich doch dauernd um guten Sex, verwenden Sextips, schreien extra laut oder tragen kurze Röcke. Männer indes meinen, Frauen wollen mit diesem vorgeschobenen Geben nur ihr Wollen etwas verschleiern. Männer befürchten, Frauen wollen selbst für ihre Anstrengungen Lob und Bewunderung. Doch wo ist die Frau, die etwas für einen Mann tut, ohne sich groß darum zu scheren, ob sie im selben Moment etwas zurückbekommt, ganz gleich ob Streicheleinheiten, Lob fürs Ego oder die Garantie, dass er ihr wegen der heißen Nummer mit den Liebesperlen für immer treu ist? Die einfach Lust daran hat, seine Lust zu entfachen, ohne deshalb gleich nach dem Prädikat Sexgöttin zu schielen oder dann energisch drauf zu pochen, dass er jetzt gefälligst auch mal ...
Liebe Frauen, wenn ich jetzt gerade Ihnen unrecht tue, sehen Sie es mir nach. Aber mir fällt immer wieder auf: Frauen erwarten viel, geben nur dann etwas, wenn sie auch etwas Bestimmtes dafür erhalten, und mosern rum, wenn er nicht funktioniert, nicht von selbst auf ihre Wünsche kommt, nicht nach der Klitoris sucht und dann noch will, dass sie ihm einen bläst.
Männer fühlen sich wie Diener, deren Bedürfnisse als uninteressant zur Seite gewischt und deren Aktivitäten bisweilen mehr oder we-

niger gönnerhaft belohnt werden. Sie fühlen sich auf subtile Art und Weise abgewertet, ausgeschlossen, hilflos, dauergeil. Sie haben Angst, eine Szene gemacht zu bekommen, wenn sie ihre Wünsche preisgeben. Und sei es nur: Ich will sie mal kneifen, als Hure beschimpfen, in ihr Gesicht spritzen, will, dass sie schluckt, wünsche mir, sie in einer Gasse kurz anzuficken, wünsche mir, dass sie mich anfeuert, wünsche mir, dass sie an meinen Eiern ganz sanft zieht, wünsche mir, dass ich sie lecken darf, gleich nachdem ich sie gevögelt habe ... aber. Ja, das Aber. Wieso tust du es nicht, will ich stets wissen. »Ach, nein, sie wird das nicht wollen. Nein, bestimmt nicht. Sie wird mich für nicht ganz normal halten. Oder denken, ich will sie abwerten mit so was. Oder sieht sich dann als Sexhäschen, ach, ich weiß nicht. Nein, besser sage ich es ihr nicht, dann muss ich auch nicht diskutieren.«

Ach, du Elend! Gehen uns Frauen solche Gedanken durch den Kopf? Nein, wir haben Angst, dass ER uns abwerten würde, wenn wir IHM solche Dinge vorschlagen würden. Schade. Denn sie passen so gut zueinander.

Vielleicht wäre es für alle eine wohltuende Möglichkeit, dass jeder sich mehr für die erotischen Welten des anderen interessiert. Dass Frauen nicht warten, erkannt zu werden, sondern sich zeigen. Dass Männer nicht Angst vorschützen, sondern einfach machen. Dass Frauen sich auch mal für die Lüste der Männer interessieren sollten, scheint mir ebenso vordringlich. Denn nur jemand, der spürt, dass Sie sich für ihn interessieren, sich einfühlen wollen, ihm Gutes tun, ist auch bereit, sich für Sie hinzugeben.

Sex-Regeln der Venus

- Sie interessiert sich nicht nur für sich, sondern auch für ihn.
- Sie bietet ihm die Dinge, die sie längst auch mal probieren wollte,

offen an. Würdest du gern mal in meinem Gesicht kommen? Auf meine Brüste?

- Sie sagt in dem Moment, wo sie es sich wünscht, was sie sich wünscht. Fester. Langsamer. Beiß mich. Geil, ja, noch mal ... und zwar in einem Ton, der kein Befehl ist, sondern ihrer Sehnsucht Raum zum Klingen gibt.
- Sie wertet weder ihre noch seine Wünsche ab. Sondern fragt sich: Könnte das Spaß machen?, bevor sie es in Werte und Normen der Gesellschaft presst.
- Außerdem weiß eine Venus:

  ... dass »gut im Bett« für jeden Mann etwas anderes bedeutet, was Verhalten, Praktiken oder sonstiges angeht. Sie können noch so bewandert sein in der Kunst von Shiatsu oder Reiki, wenn er nicht in der Lage ist, sich und seinen Empfindungen nachzuspüren, wird das nichts. Sie können noch so emphatisch bei der Sache sein, sich fallen lassen, stöhnen, einmal um die eigene Achse drehen – wenn er sich davon nicht angemacht, sondern eingeschüchtert fühlt, wird das auch eher unlässig. Also: Das Zusammenspiel macht guten Sex aus, nicht herausragende Fähigkeiten und Talente. Fühlen Sie sich ein, lassen Sie zu, dass er sich einfühlt, anstatt auf Performance Wert zu legen.

  ... dass Männer und Frauen beim Sex unterschiedlich ticken. Er naturgemäß schneller dran ist und Sie ihn entsprechend bremsen können. Indem Sie das Vorspiel ausdehnen. Indem Sie ihm zeigen, dass die Klitoris drei Zentimeter von der Stelle entfernt ist, wo er sie vermutet. Dass es Ihnen gefällt, wenn er Sie in den Nacken beißt oder die Halsschlagader mit der Zungenspitze nachzeichnet, es Ihnen aber egal ist, wenn er Ihnen das Ohr nassmacht.

  ... dass der Stellungsterror von acht Positionen in vier Minuten überschätzt wird.

  ... dass sexy Dirty Talk ihn vorher anmacht, ihn aber währenddessen verwirrt (er kann nämlich keinen geraden Satz zusammenbringen, um Ihnen zu antworten. Das macht das männliche

Gehirn nicht mit, während wir ja durchaus gleichzeitig noch den Einkaufszettel durchgehen oder einen Riss in der Zimmerdecke studieren können).

... dass es überhaupt nicht darauf ankommt, wie ihr Bauch dabei aussieht – denn: Wenn er mal dabei ist, nimmt ein Mann das eh nicht mehr wahr, und zweitens findet er Sie mit oder ohne Bauch so lecker, dass er unbedingt mit Ihnen schlafen wollte, also was soll das Baucheinziehen? Schon mal versucht, mit eingezogenem Bauch zu kommen? Wahnsinnig mühsam.

... dass es sowieso weniger darauf ankommt, einen perfekten Körper in perfekten Bewegungen zu simulieren, sondern einen sensitiven Körper zu haben. Einen, der auf Berührungen reagiert und sie genießt, nicht nur hinnimmt und sich ansonsten völlig von seinem Geschlecht abkoppelt.

... dass man über Sex reden kann und sollte, um ihn weiterzuentwickeln.

... dass sie stark genug ist, um schwach zu werden und sich ihm spielerisch zu unterwerfen. Genauso wie sie ihn unterwerfen kann. Im Bett. Und nur dort.

... dass guter Sex keine Sache von Quantität ist und die Frequenz der Akte im Laufe der Zeit abnimmt. Das ist völlig normal. Anderen Leuten geht es nicht besser.

... dass Perversion eine Sache der persönlichen Grenze ist und nicht die fremder Leute. Die einen machen bei Analverkehr Schluss, die nächsten erst bei Kerzenwachs. (Nur nebenbei: Paraffinkerzen sind weit weniger schmerzhaft als Bienenwachskerzen!)

... dass schmutzige Phantasien Phantasien sind und dass es legitim ist, sich Dinge vorzustellen, ohne sie in der Realität genießen zu können. Allein in Gedanken, kontrolliert und in den angenehmsten Farben gezeichnet, sind Wünsche auslebbar, immer wieder, ohne Reue. In der Realität haben sie meist nichts zu suchen.

... dass sich keiner von beiden in Sachen Sex dem anderen zu fügen hat. Keine Erpressung mit/ohne Sex, keine Verweigerung aus Berechnung (na gut, ein bisschen vielleicht, aber nicht böswillig) und vor allem kein Ertragen, wenn ihr nicht danach ist.

... dass es die schönste Nebensache der Welt ist, ein Bonus der Beziehung, aber kein Garant.

... dass schlechter Sex auf Dauer entweder geändert werden sollte oder beide entscheiden müssen, welchen Stellenwert er in der Beziehung einnimmt. Angenommen, er kriegt ihn nicht hoch, und Sie haben ein Trauma, finden beide Sex also eher unspannend und konfliktträchtig – würden Sie sich trennen, wenn Sie sich liebten? Nein. Würden Sie sich trennen, wenn sonst was im argen läge? Ja. Also ist guter wie schlechter Sex in seinem Einfluss auf eine gute Beziehung überschätzt und in einer weniger stabilen nur ein Faktor von vielen, aber nicht der, der die Sache zusammenhält.

... dass echter Sex nichts mit dem zu tun hat, was uns per Porno oder Printmedien suggeriert wird, vor allem nicht in Billigmedien.

... dass Körperflüssigkeiten nicht igitt sind, sondern menschlich. Und lustvoll. Sie schwitzen, Sie werden feucht wie ein Ozean aus Samt und Seide, er auch, verströmt sich, schwitzt, Sie küssen sich, noch mehr Flüssigkeit, hu! Rennen Sie nicht gleich ins Bad, Sie haben sich geliebt, nicht im Schlamm gewälzt.

... dass es normal ist, als Frau voller Widersprüche zu sein: Heute wild und frei und ungestüm und geil den ganzen Tag, morgen maulig und kuschelig und empfindlich und liebebedürftig. Männer sind leider anders, stringenter, aber Sie können es Ihrem Kerl beibiegen, dass Sie in Wellen empfinden. Heute Lust auf Kraft und Härte und Schnelligkeit haben und morgen die Ölmassage, das Streicheln mit der Feder und die Liebkosung durch Worte brauchen. Ach ja, und übermorgen schneiden Sie sich die Unterwäsche selbst vom Körper, bevor Sie ihn mit seinem eigenen Gürtel verhauen. Ist alles drin, und das Beste daran: Es ist so was von normal für eine Frau, in ihren Bedürfnissen zu wechseln. Das kann mehr als aufregend werden, wenn Sie es zulassen und er kapiert, dass Sie so leidenschaftlich wechselhaft sind.

... dass es die Deutschen zwar zweimal die Woche tun, Pärchen wohlgemerkt, aber dass diese Statistiken sehr leicht sehr falsch sein können. Dass eigentlich weniger passiert, aber der Befragte sich schämt. Selten wird mehr gelogen und schöngequatscht als beim Thema Sex und seiner Qualität sowie Quantität. Öfter ist nicht besser, und besser oder gut ist eine Sache, die sich allein auf IHR Empfinden und IHR Bett beschränkt. Und nichts mit dem zu tun hat, was uns da draußen vorgegaukelt wird. Was Sie wollen, was Sie brauchen, ist Ihr Ding. Ekstase total und immer gibt es ohnehin nicht. Jagen Sie dem nicht nach, sondern leben Sie nach dem Lustprinzip: immer dann, wenn Sie wollen. Und wie Sie es wollen. Und, ach ja: Er darf auch wollen, dafür haben Sie ja dieses hinreißende Hobby.

... dass Sie nicht den Bauch einziehen sollten, da kommt es sich so schwer. Männer finden Frauen, die sich ihrer Problemzonen schämen, nicht so spannend wie eine, die sich auf den Hintern klatscht, dass es wippt und kullert, und sagt: »Hey, Lust auf diesem Hintern zu reiten?« Oder etwas Ähnliches ...

69 hübsche Sexideen

Sie wollen nicht reden? Sie wollen handeln, und wozu kauft man überhaupt einen Sexratgeber, wenn erst mal über 300 Seiten über alles mögliche, nur nicht das eine gesprochen wird?

Sie haben recht. Vielleicht ist hier etwas dabei, was Sie inspiriert, amüsiert, auf neue Gedanken bringt und Ihnen hoffentlich die eine oder andere geile Stunde beschert:

Stellungswechsel!

1. Ad-Hock: Er liegt auf dem Rücken, Sie hocken sich über ihn, nehmen seinen Liebsten in die Hand, führen ihn dahin, wo er hingehört, und lassen sich nieder. Durch die Hockstellung wird der Scheidenkanal enger. Spielen Sie mit offenen und geschlossenen Knien im Wechsel – naughty! Die Lust-Hocke funktioniert auch, wenn er auf dem Sofa sitzt und Sie sich an der Lehne festhalten. Rasend wird er, wenn Sie ihm in dieser Stellung den Rücken zukehren: Dieser Anblick der angespannten Pobacken, das Hinein- und Hinausgleiten seines Packages ... sehr geil.
2. Heißes Löffelchen: Schwingen Sie aus der Löffelstellung das obere Bein über seine Oberschenkel, und rücken Sie sich so zurecht, bis Sie sein Gemächt umfassen können. Daumen und Zeigefinger anfeuchten und um seinen Schaft oder dicht an Ihre Virginia legen. Vorteil: Durch den zusätzlichen Fingerring können Sie sich nach Belieben verengen, oder, falls Ihnen der Arm dabei einschläft, lieber doch ein wenig an Ihrer Klitoris spielen.
3. Mit Handschuheffekt für ihn und hocherregender G-Spot-Reizung für Sie: Kauern Sie wie ein Vierbeiner auf dem Boden. Halten Sie die Knie eng beieinander, seine werden rechts und links an Ihrem Oberschenkel plaziert.
4. Zum Niederknien ist dieser einfache Knoten: Er kniet, Sie setzen sich, mit dem Rücken zu ihm, auf seinen Schoß und beugen Ihren Oberkörper nach vorne. Vor dem Spiegel testen.
5. Wenn der Postmann nicht Jack Nicholson ist: Sie legen sich mit dem Rücken auf einen Tisch, heben die Beine senkrecht hoch. Er lehnt sich gegen Ihre geschlossenen Beine, hält Ihre Füße mit beiden Händen zusammen. Bevor er eindringt, sollte er bitte mit der Zunge Vorarbeit leisten, sonst ist es verdammt eng!
6. Der Wringer: Sie legen sich auf den Bauch, drücken den Po mit einem Hohlkreuz oder wahlweise einem stabilen Kissen unter dem Becken hoch, lassen ihn eindringen. Legen Sie nun die Beine eng zusammen, verschränken Ihre Knöchel und spannen die

Oberschenkel an. Bewegen Sie sich kreisend und pumpend, während er stillhält. Kommt gut, weil er Ihre AFE-Zone touchiert, das ist die raue Stelle an der vorderen Scheidewand. Manche suchen dort den G-Punkt und finden ihn tatsächlich, die meisten fühlen sich immerhin wunderbar angeregt und bezeichnen diesen Punkt als »Startknopf fürs Feuchtwerden.«

Der Blowjob – Männer lieben ihn. Sie auch?

7. Ein feuchter oder eingegelter Finger an seinen Hoden wird ihm das Gefühl geben, eine zweite Zunge sei anwesend. Natürlich dürfen Sie auch mal an seinen Balls lecken oder ein Rund-Pakkage ultrasanft in den Mund hineinsaugen.
8. Einige Männer lieben es, wenn sie schluckt, andere, wenn es sprudelt – und viele schwören darauf, dabei zuzusehen, wie es aus dem Mundwinkel läuft. Zeit für einen Test!
9. Er liebt die Vorstellung, ganz und gar in Ihrem Mund aufgenommen zu werden. Problem: Selbst den versiertesten unter uns gelingt dies im erektiven Zustand selten. Alternative: Nehmen Sie ihn bis zum Ansatz des Schaftes zwischen die Lippen, während er noch harmlos und weich ist. Dafür wird er dann nach und nach ziemlich groß...
10. Wozu hat man zwei Hände? Anfeuchten, mitbenutzen! Zum Beispiel in Drehbewegungen auf und ab gleiten lassen, dicht an den eigenen Lippen. Oder, um zwischendrin mal auszuruhen von der nicht immer bequemen Liebkosung: Seinen Penis knapp unter der Eichel mit der Faust festhalten (nicht zu fest), über die Eichel beugen und kräftig ausatmen, so als ob Sie eine vom Winter verkühlte Hand mit dem Atem wieder aufwärmen wollen.
11. Vergessen Sie Fisherman's Friend, wenn Sie seinen Liebsten lekken – Ingwerbonbons, Zimtkaugummi, ein Schluck Champagner oder ein Splitter Strawberry-Cheesecake-Eis vor oder während der Tat kommen besser.
12. Der Maiskolben (dedicated to Hans, der ihn mir mal munter

erklärte): Finden Sie heraus, wo seine Harnröhre ist (meist in der Mitte an der Unterseite des Penis; wenn er erigiert ist, also an der bauchabgewandten Seite). »Knabbern« Sie mit den über die Zähne nach innen gezogenen Lippen an der Röhre auf und ab, wenn er kurz vor dem Höhepunkt taumelt.

13. Herrlich unanständig: Hocken Sie sich vor ihn und in Mundhöhe zur Eichel mit dem Rücken an die Wand, und lassen Sie ihn sanft vor und zurück gleiten. Halten Sie seinen Ladyrocker bei Bedarf mit der Faust zurück, bevor er im Eifer der Lust zu tief in den Mundraum hineinstößt. Aber lassen Sie es zu, dass er seine Hüften bewegt, Ihren Mund fickt, während Sie da einfach nur hocken und ihm währenddessen die Innenseite der Oberschenkel streicheln oder seine Hoden ein klein wenig nach unten strammziehen ...

Und jetzt zu Ihnen: Soll er Sie doch so lecken, wie Sie wollen

14. Er könnte zum Beispiel Ahoi!-Brausepulver erst aus Ihrem Nabel lecken, dann zwischen zarten Lippen kleine Achten züngeln. Nicht so, als ob seine Zungenspitze ein Vibrator ist (da nehmen wir lieber den echten, eine Zunge kann doch so viel mehr und anderes), sondern weich und sanft, auf dass sich alle Hautstellen Ihrer Madeleine entspannen, wach werden, sensitiv ...
15. Bitten Sie ihn, Zeige- und Mittelfinger im »Victory«-Zeichen auf Ihre Schamlippen zu legen, um dann in diesem massierenden »V« seine Zunge kreisen zu lassen. Wenn er die Finger dann auch noch rhythmisch zusammenpresst (selber mal allein ausprobieren!), könnte Ihnen das mehr als nur gefallen.

Handarbeit, nicht gerade traditionell

16. Verreiben Sie Öl oder Massagegel zwischen Ihren Händen, und fassen Sie beherzt nach seinem festen Mitarbeiter. Sie können ihn zart mit gegenläufigen Fäusten auswringen, mit der einen Hand auf und ab gleiten, während die andere die Eichel sanft wie

eine Limone auspresst, oder in der Mitte des Schafts anfangen, die eine Hand wandert nach oben, die andere nach unten ...

17. Der Streichler: ihn wie ein flauschiges Kätzchen von oben nach unten streicheln (zum Beispiel mit 'nem Samthandschuh). Vor allem, wenn er gerade gekommen ist, hilft es seinen Pubonillen-Muskeln, sich ganz zu entspannen – die Voraussetzung, um sich wieder anzuspannen und für die zweite Runde bereit zu sein. Streicheln Sie dazu zusätzlich mit den Fingerspitzen zart, noch zarter, an seinen Innenschenkeln und den Lenden entlang.
18. Die Fromme: Hände gegeneinander legen, Daumen verschränken. Dieses »Zelt« über ihn stülpen, auf und ab streichen, ihn zwischendurch immer mal wieder aus dem »Fenster« zwischen Zeigefingern und Daumen herausschauen lassen.

Bringen Sie seine Finger in Pole-Position – zu Ihrem Vergnügen:

19. Wenn Sie seitlich vor ihm stehen, kann er mit einer Hand von vorne, mit der anderen von hinten liebkosen. Lecken Sie ihm vorher die Finger süffig – und genießen Sie die Macht acht spielender Finger.
20. Fester Griff: Lotsen Sie seinen Daumen in sich hinein, und bitten Sie ihn, mit leicht gekrümmtem Zeigefinger den Damm zu massieren. Der leichte Spannungsschmerz geht bald in wohlige Erwärmung über. Erregende Ergänzung zu einem Cunnilingus.
21. Auch er hat zwei Hände: Schlagen Sie ihm vor, anstatt Zeige- und Mittelfinger hineingleiten zu lassen, beide Zeigefinger zu nehmen! Unschlagbarer Vorteil: er kann sie gegenläufig oder rotierend bewegen.

Sex ist eine ernste Sache. Es sei denn, Sie spielen ein wenig herum:

22. Flaschendrehen für Erwachsene: Champagnerflasche leeren, währenddessen eine erotische »Aufgabenliste« schreiben. Auf

wen die Flasche zeigt, der muss eine Aufgabe erfüllen – drei Minuten Fellatio, 30 Sekunden ein Vibrator zwischen seinen Schenkeln, Bluse ausziehen, 40 Sekunden sich selbst streicheln und den anderen dabei zusehen lassen, zwei Minuten Sex ohne Stoßbewegungen ... was immer Sie wollen.

23. Dinner for two: Jedes Teil aus dem Kühlschrank, dem Obst- und Gemüsekorb oder der Vorratskammer wird auf Erotik-Tauglichkeit untersucht. Kirschen können von Mund zu Mund wandern, Trauben aufgeschnitten und die Hälften als Klitoris-Reizer benutzt werden; ja, selbst Bananenschalen eignen sich zum Handjob (an ihm). Joghurt hält als Blowjob-Gleitmittel her, Whisky, um ihn von Brustwarzen zu lecken, Senf... Senf? Nein, Senf scheidet völlig aus. Was sich nicht eignet, wird gekocht. Übrigens: Honig und Sekt bekommen Ihrer Vagina nicht gut. Aber dafür: Baileys, Chilisoße, Eiscreme, Sambuca, Salinos, Marmelade, Joghurt ...; Obst und Gemüse nur gewaschen oder geschnibbelt und nicht eiskalt hernehmen, bei Frischware mit Schale stets mit Latex-Rolli! Und: Das Naturspielzeug sollte nicht gleich durchbrechen ...
24. Privat-Lesung: Sie lesen sich gegenseitig erotische Literatur vor, während der Zuhörer den Vorleser an den Zehen massiert, die Kniebeugen streichelt, die Brüste liebkost ... Gewechselt wird nach fünf, zehn oder mehr Minuten.
25. Wachsspiele: Paraffinkerzen benutzen, sie schmelzen früher und sind weniger heiß als Bienenwachs. Aus zirka einem Meter Höhe Tröpfchen der Schmerz-Lust genießen – fühlt sich an wie warmes Wasser.
26. Atem-Kontroll-Spielchen? Sie müssen nicht zum Strick und Knebel greifen – aber lassen Sie sich doch einfach mal so eine Hand auf den Hals legen. Beim Küssen. Oder wenn er sich von hinten an Sie schmiegt. Oder wenn Sie auf ihm sitzen. Sie sagen ihm, wie fest.

Spielzeug aus dem Haushalt

Es müssen nicht immer Lovetoys aus dem Shop sein (vor allem, wenn keiner in der Nähe ist oder jeder im Dorf mit Fingern auf einen zeigen würde):

27. Der Duschkopf – während er hinter Ihnen steht, lassen Sie sich mit dem Massagestrahl auf Touren bringen. Funktioniert auch, wenn Sie hintereinander in der Badewanne knien, er eindringt und Sie sich vorne der Behandlung Ihrer Lustperle widmen.
28. Speisefarben – mit Honig mischen und Brustwarzen knallrot einfärben. Dann: mit Champagner in seinem Mund ablecken lassen.
29. Löffel – ob Suppenlöffel oder Holzrührer: damit lässt sich tätscheln oder Liebesnachrichten auf den Rücken malen. Natürlich darf er vorher in »DolceVita-Bacio«-Joghurt stecken!
30. Schmale Gürtel – eignen sich für zarte Schläge oder als sexy Show-Halsband. Vor der Action bitte aber vom Hals abnehmen, bei zu hohem Druck wird die Halsschlagader malträtiert und Sie fallen in Ohnmacht. Und das nicht aus Lust.
31. Kissen, Heizkissen, Wärmflaschen: ab unter den Po. Der Winkel während der Missionarsstellung wird verschärft, die Wärme sorgt für Entspannung und Erregung.
32. Lederhandschuhe – eng anliegend. Kaltes Leder auf nackter Haut, fast wie fremde Hände. Eignen sich auch als zarte Schlaginstrumente für ungehorsame Liebhaber.
33. Haarbürste – universell einsetzbar: die flache Seite der Bürstfläche zum Tätscheln oder leichtem Po-Versohlen, der Griff als alternativer Priap. Nostalgiker nehmen Schildpatt! Immer erst mit zarten Schlägen beginnen; am Übergang zwischen Po und Beinen tut es zunächst mehr weh, später um so lustvoller. Der Hintern ist etwas resistenter, die Oberschenkel sind tabu: autsch!
34. Wasserpistole! Gleitmittel auf Wasserbasis werden auch mal

krümelig, und mit Wasser vermischt gleitet es gleich viel besser. Und das kann ja auch mal aus der schnuckeligen kleinen Spielzeug-Pistole kommen.

35. Seidenslip – ausziehen und seinem besten Stück so überziehen, dass er durch ein Hosenbein hinauslugt, der Stoff auf seinen Hoden liegt. Auf ihn schwingen und losreiten.

Überall, bloß nicht im Schlafzimmer?

36. Für Bergsteiger und Strandläufer. Sie haben es geschafft: Sie sind oben. Oder Sie haben eine Schwimmtour in einsamer Lagune hinter sich und klettern auf einen glatten, von der Sonne angewärmten Felsen. Die Sonne brennt, Sie wollen am liebsten nackt an der Luft trocknen: Er legt sich wie ein Seestern auf den Rücken, alle viere ausgestreckt. Sie setzen sich erst auf ihn und strecken dann die Beine so, dass Ihre Schenkel auf den seinen liegen. Halten Sie ihn an den Handgelenken fest und lassen Sie Ihr Becken rotieren.
37. Endlich auf der Motorhaube: Wagen abkühlen lassen. Legen Sie sich mit dem Rücken halb über die Haube, lassen Sie einen Fuß – mit den höchsten Highheels, die Sie haben – auf dem Boden, das andere Bein schwingt er über seinen Oberarm. Denn wenn der Lack Kratzer abbekäme, machen die meisten Männer dann leider mehr Aufstand, als ein Auto wert ist ...
38. Zwei-Mann-Zelte sind doch eher klein. So geht's trotzdem: er sitzt im Schneidersitz, Sie setzen sich auf ihn, schlingen die Füße um seine Taille, stützen sich hinten mit den Händen ab. Hübsch sind die Schattenrisse für Zuschauer, wenn Sie eine Lampe im Zelt hoch hängen.
39. Doch lieber ohne Publikum? Ab in den Schlafsack – zu zweit, Grundstellung Löffelchen. Winkeln Sie das unten liegende Bein an, als ob Sie eine Treppe steigen wollen. Er schiebt sein unten liegendes Bein zwischen Sie, so dass sein Knie fast Ihre Vulva berührt.

40. Fauler Tag: Sie haben eine Hängematte, wunderbar. Er setzt sich in die Mitte, so dass seine Füße auf einer Seite auf dem Boden stehen. Sie setzen sich mit dem Gesicht zu ihm auf seinen Schoß, lassen Ihre Beine auf der anderen Seite herunterbaumeln und halten sich gaaanz fest. Langsam hochschaukeln.
41. Fauler Abend: Reservieren Sie mit einem Handtuch eine Liege weit abseits vom Pool. Gehen Sie hin, wenn alle beim All-inclusive-Dinner sind. Lehne halbhoch stellen. Er legt sich darauf, stellt die Füße links und rechts auf den Boden. Sie steigen auf ihn, Füße ebenfalls am Boden, und lehnen sich zurück, bis Ihre Hände auf der Liege Halt finden.
42. Auf dem Ruderbötchen: Er rudert in Sitzposition, Knie geschlossen. Sie setzen sich mit dem Rücken zu ihm auf seinen Schoß, schmiegen sich in seine Arme.
43. Im tiefen Schwimmbecken: Ölen Sie vorher Ihre Vulva ein – Wasser trocknet sie sonst aus. Schwimmen Sie an den Rand, legen Sie Ihr Kinn unter die übereinandergelegten Hände, und suchen Sie mit den Füßen Halt an der Wand, spreizen Sie dabei die Beine auseinander. Er kommt von hinten angeschwommen, hält sich am Rand fest und klebt die Füße an die Wand. Vielleicht findet sich ja noch eine schöne Massagedüse in der Wand.

Schmutzige Filme? Warum eigentlich nicht?

Die meisten Pornoseher wissen, dass Sex und Porno nicht dasselbe sind. Ratgeber und Romane sind ja auch nicht ein Abbild des Lebens, aber merkwürdigerweise verbreiteter. Ich möchte hier auch nicht auf den Vorwurf eingehen, Pornos würden Frauen unterdrücken und in entwürdigenden Positionen und Situationen zeigen sowie Jugendlichen ein falsches Bild von Sexualität vermitteln. Da kommen die Teens schon selbst drauf, denn sie wissen meist auch schon, dass selbst Liebesfilme ein falsches Bild von der Liebe zeigen.

Fakt ist: Auch Frauen lassen sich von Hardcorestreifen anregen, auch wenn die Vernunft mit erhobenem Zeigefinger »Du böses Mädchen« flüstert. Doch letztlich kann ein Film mit eindeutigen Sequenzen auch schlicht anturnen, und sich dem zu verweigern ist doch ein wenig eindimensional. Also: Bevor Sie urteilen, sehen Sie selbst erst mal ein paar an.

44. Um zu vermeiden, dass Sie während der Vorstellung eifersüchtig auf die Hauptdarstellerin werden (alles schon passiert!), schauen Sie sich den Film alleine an – so wissen Sie später genau, welche Szene Sie besonders anmacht. Oder eine bestimmte Position, ein kinky Utensil, dass Sie dringend noch besorgen müssen ... Vielleicht erhalten Sie sogar eine neue Masturbationsphantasie?
45. Mit ziemlicher Sicherheit werden Sie währenddessen zur Sache kommen. Seien Sie vorbereitet, und tragen Kleidung, der Sie sich leicht entledigen können.
46. Falls er unvorbereitet in Ihren Kinosaal stolpert: schicken Sie ihm vorher eine SMS mit dem Titel des Films, zum Beispiel *»The Border* wartet auf Dich. Dresscode: sexy!«, oder schmuggeln Sie ihm eine Kopie des Covers (scharfe Stellen geschwärzt) in einem Kuvert in die Tasche.
47. Als erstes genehmigen Sie sich beide einen gehaltvollen Drink. Erzählen Sie ihm dabei, was gleich in dem Film passieren wird und was Sie getan haben, als Sie ihn allein gesehen haben.
48. Setzen Sie sich so, dass beispielsweise Ihre Beine über seinem Schoß liegen und er sehen kann, ob Sie was drunter tragen. Und ob es etwas ist, was er an der Seite öffnen kann, oder doch ein Slip, den Sie ihm erlauben mit zwei kleinen Taschenmesserschnitten an der Seite zu entfernen.
49. Sehen Sie nicht nur zu, sondern lassen Sie Ihre Hände auf die Reise gehen. Falls Sie nicht mehr an sich halten können – wählen Sie Positionen, von denen beide aus noch das Filmgeschehen sehen können; zum Beispiel a tergo, vielleicht knien Sie beide

hintereinander, oder Sie lehnen sich über die Lehne des Sofas hinüber. Es kickt ungemein, anderen beim Sex zuzusehen und es gleichzeitig selbst zu tun.

50. Die Imitation ist besser als die Vorlage: Sie können natürlich auch das nachspielen, was die Akteure vormachen. Synchron. Und er soll den »money shot« dort plazieren, wo's auch der Akteur versprudelt.
51. Sorgen Sie für seine Standfestigkeit – hören Sie zwischendurch einfach auf, um zum Beispiel aphrodisierende Speisen aufzutragen. Ziehen Sie es in die Länge – das Spiel dauert heute mindestens 90 Minuten!
52. Er soll von Anfang an wissen, was Sie vorhaben? Dann schleppen Sie ihn in die nächste große Videothek. Keine Bange: die Leute dort sind das gewöhnt, dass sich Leute erst bei den Trickfilmen herumdrücken, um später dann vor *Hardcore Babes Teil 3* zu stranden. Also keine falsche Scham! Stöbern Sie, und zwar in aller Ruhe. Falls Sie sich dort an ihn drücken müssen – Überwachungskameras nicht vergessen. Aber vielleicht gefällt das ja?
53. Gehen Sie danach aus und halten unterm Tisch Händchen. Oder drücken Sie ihm den Slip in die Hand und hauchen »Zur Erinnerung«.

Achtung, nur in kleinen Dosen einsetzen: leicht abgedrehte Sextips

Es muss nicht ständig etwas Neues sein, um Sex lecker zu gestalten. Aber falls Sie dennoch mal ein wenig herumexperimentieren möchten, um zu schauen, ob Ihnen Methoden gefallen, von denen Sie bisher nicht wussten, dass es Sie gibt ...

54. Nahtstrümpfe mit Hochferse: Bei Halterlosen darauf achten, dass sie nicht einschneiden, und bitte vorher nicht mit Lotion eincremen, sonst ringeln sich die Teile bald um die Knöchel. Behalten

Sie sie beim Hauptgang unbedingt an, nehmen Sie seinen Besten zwischen die bestrumpften Schenkel. Fällt mal 'ne Masche – Stocking nicht wegwerfen, sondern Fuß abschneiden, über die Hand ziehen und ihm einen Handjob verpassen. Mal abgesehen davon finden viele Männer es spannend, wenn die Lady auch einen Hauch Schlampe an sich hat, und sei es nur mit einer Laufmasche, deren Verlauf sie zu gern nachgehen würden.

55. Netzstrümpfe – die Aufforderung Nr. 1. Lassen Sie sich am Po Löcher von ihm reißen, und fesseln ihn hinterher »zur Strafe« mit den Teilen an den Bettpfosten. Achtung, nicht mehr als zwei Knoten, sonst müssen Sie hinterher mit der Schere ran!
56. Highheels – mit Absätzen von acht Zentimetern sehen Sie heiß, aber nicht billig aus. Je schmaler der Absatz, desto höher der Sexy-Faktor. Knöchelriemchen verkürzen optisch das Bein, aber besitzen den visuellen Bondage-Effekt! Was spricht dagegen, sie im Bett anzubehalten? Oder ihm einfach nur in diesen Schuhen und seiner Krawatte die Tür zu öffnen?!
57. Das kleine schwarze Tuch um den Hals: Nehmen Sie es ab, legen es um seinen Liebsten, so dass die beiden Enden links und rechts an seinem Bauchnabel sind. Jetzt sanft hin und her ziehen.
58. Lack – nichts anderes wird Ihren Po jemals besser formen als eine Lackhose! Wenn Sie Mut haben, ist ein Emma-Peel-Catsuit das richtige für Sie. Und dann – Er: nackt. Sie: wie gelackt. Wie es wohl aussieht, wenn er auf Ihren Lackpo kommt ...? Okay, für den Anfang und die Idee, wie Sperma auf schwarzem Lack aussieht, ist ein Lackslip auch sehr in Ordnung.
59. Laden Sie ihn auf einen Badewannentrip ein – und behalten Sie diesen weißen Fummel an, der für draußen eh zu durchsichtig ist.
60. Tragen Sie den Handschellenschlüssel an einer Kette um den Hals, damit er weiß, was ihm heute abend blüht – er darf nämlich mit Ihnen (fast) alles tun ...

61. Der Pfeffer-Trick: Präparieren Sie ein Taschentuch mit schwarzem Pfeffer, und knuddeln es zu einem Ball. Wenn er kurz davor ist, halten Sie es ihm unter die Nase, lassen ihn inhalieren. Mit gutem Timing wird er niesen und gleichzeitig kommen. Vorher aber bitte absprechen – ich hatte Ihnen ja Abgedrehtes versprochen.
62. Der Scarf'n'Sniff-Trick: Streichen Sie mit einem Seidenschal über Ihre Vulva, und verbinden ihm mit diesem Dufttuch die Augen, oder legen es einfach lässig und lose über sein Gesicht. Doch, kann sein, dass er vor Lust an die Decke geht, wenn er diesen herrlichen Duft wahrnimmt.
63. Der Laken-Trick: Geben Sie einige Rosenblätter – oder was immer Sie oder ihn betört – *unter* das Laken. Erst in Action werden die Blätterchen zerkrümelt, es entfaltet sich der Duft.

Entspannte Experimente

64. Machen Sie es sich beide selbst. Lassen Sie ihn über Ihrer Brust knien. Vorteil: Er sieht nicht, was Sie mit Ihrer Hand machen, Sie haben also weniger Hemmungen, als wenn er Ihnen dabei direkt zwischen die Schenkel schaut (obgleich das für ihn wie eine exklusive Fortbildung ist – er versteht nämlich durchs Zusehen, wie er Sie berühren sollte, wenn er mit der Hand zur Sache geht ...). Er darf erst kommen, wenn Sie soweit sind. Dass er sich auf Ihr Dekolleté ergießt, ist nur ein reizender Nebeneffekt.
65. Nachdem sein und Ihr Körper nach der gemeinsamen Wanne über und über mit Öl eingerieben sind – föhnen Sie ihn! Je nach Beschaffenheit des Öls ein wärmender oder kühlender (bei Ölen mit ätherischen Stoffen) Effekt, aber so prickelnd wie tausend kleine Küsse.
66. Die beste Missionarsstellung-Variation seit Entdeckung des klitoralen Orgasmus: Er möge sich nicht mit beiden Beinen zwischen Ihre Schenkel legen, sondern versetzt, so dass ein Bein außen

liegt und Sie wie zwei Scheren ineinander liegen. Jetzt bewegt er sich erst mit kreisenden Rechts-links-Bewegungen in Sie hinein, wie ein Korkenzieher. Liegt alles, wie es soll, rotiert er, anstatt zu stoßen, mit den Hüften und bleibt quasi an Ihrer Klitoris kleben. Ja, es ist anstrengend. Und so was von gut.

67. Lassen Sie ihn Gleitgel oder Öl benutzen – an Ihren Nippeln! Am besten, während er mit der anderen Hand zwischen Ihren Beinen beschäftigt ist, gern im selben Rhythmus! Wenn er den richtigen Druck gefunden hat, reichen die Empfindungen sogar bis in Ihre Klitoris.
68. Die Stellung mit ziemlich hoher Orgasmusgarantie (Ihrer, nicht seiner ...) nennt sich CAT (Coital Alignment Technique) und ist eine Frage des Rhythmus: Er liegt auf Ihnen, stützt sich nicht mit den Händen ab. Sie haben die Beine ausgestreckt. Er rutscht jetzt ein kleines Stück höher, so dass sein Becken mehr auf Ihrer Klit liegt. Sie umfassen seinen Po mit den Händen, er hält sich an Ihren Schultern fest. Die Kunst liegt darin, dass er eine Aufwärtsbewegung macht, wenn Sie abwärts stoßen, und so am speziellen Punkt reibt, anstatt sich immer wieder davon zu entfernen. Es ist ein langsames Lieben, bei dem Sie seinen Rhythmus mit den Händen steuern und er sich auf den Ellenbogen abstützen kann. Da das Ganze ziemlich aufs Schambein drückt, sollten Sie sich so erst lieben, wenn Sie verdammt scharf, feucht und erregt sind.
69. Bitten Sie ihn, sein Tempo nicht zu erhöhen, wenn Sie kurz davor sind zu kommen. Denn es irritiert, Sie müssen sich neu einstellen – für Orgasmen nicht das geschickteste. Während Sie kommen, könnte er langsamere Bewegungen machen: Sie fühlen dann deutlicher, wie Sie innerlich kontrahieren. Und: FÜHLEN SIE. Es gibt nichts, was Sie richtiger oder falsch machen können, es gibt nur den Mut zum Fühlen, Hingeben und Fließenlassen. Versprochen, diese Leichtigkeit des Sex geht mit den Jahren immer besser.

Aber bitte mit Gefühl

Genießen Sie einfach, was nur zwischen zwei Menschen stattfinden kann, wenn Liebe und Lust verschmelzen, sich zwei Seelen küssen, zwei Herzen umarmen, zwei Körper mehr als nur ficken.

Ich schwebe. Ich vergehe. Ich weiß, mit ein bisschen Bauchmuskelarbeit von ihm oder meiner Hand werde ich gleich kommen. Will ich kommen? Wo ist er? Muss ich mich beeilen? Wieso denke ich jetzt soviel? Ob ich dämlich aussehe, wenn ich wimmere? Sieht er mich an? Hey, hallo, sieh mich an! Das ist eine Sache, die wir zu zweit begonnen haben, ich will sie nicht allein beenden. Und ich will nicht, dass wir uns beide nur auf uns selbst konzentrieren, um den letzten Sprung zu machen. Augen auf. Halt mich, sei bei mir, nimm mich wahr! Oh, wo ist meine Geilheit hin? Ah, hier. Wieso sehne ich mich jetzt so nach ihm? Küss mich, Liebster, ich will es in meinem Herzen explodieren spüren, ich will, dass du siehst, dass ich nicht nur komme, sondern mich hingebe, schenke, so sehe ich aus, wenn ich in Lust bin, lass mich nicht allein, fick mich, aber liebe mich ... Oh. Da bist du. Ich fühle dich, alles von dir, dein Wesen, dein Sein, deine Liebe zu mir, und das bei einer Sache, die die meisten so technisch angehen, aber das, was ich jetzt fühle, ist ... auflösen. Bei dir sein. Bei mir sein. Halt mich.

Ich weiß nicht, wie es Ihnen geht, aber kurz davor, das Ziel in greifbarer Nähe, setzt mein Kopf wieder ein. Und mein Herz wird hungrig. Mein Körper ist auf seinem Weg, doch ich will mehr. Ich will spüren, dass er weiß, dass er gemeint ist, wenn ich komme; dass ich gemeint bin, während er mich fickt und liebt. Ich will, dass er kommt und mich ansieht, weil ich es bin, mit der er kommt. Es ist mir egal, wer zuerst kommt, aber es soll so sein, dass niemand das Gefühl hat, der andere onaniert nur mit einem Körper und ergibt sich seinen eigenen Phantasien. Manchmal bringe ich seinen Namen heraus, kurz davor, währenddessen bin ich sprachlos und laut. Manchmal sehe ich an seinen Augen, wenn er sich in mir fallen lässt, und halte ihn fest, damit er nicht allein ist. Manchmal ist es unerträglich, sich in die Augen zu sehen, weil es intimer ist als Körperlichkeit, weil wir so offen sind. Manchmal denke ich daran, ihm gutzutun, ein bisschen seine Eier zu berühren, seinen Po zu kneten, ihm zu zeigen, wie ich meine Brüste streichele. Ich halt seinen Blick fest und flüstere »Ich liebe dich«, was eigentlich heißt: Liebe mich, jetzt erst recht, denn mein Herz hat sein Zuhause gefunden.

These:
Sex ist nie privat

»Die Gesellschaft hat mir die Erfindung Sex geklaut und zu einem beinahe olympiareifen Sport verarbeitet«, beklagte sich einst der Schriftsteller Henry Miller *(Wendekreis des Krebses)*.

Und, zu was? Zu recht. Zumindest die zweite Hälfte der Klage stimmt; denn selbst wir sind nicht immer nur zu zweit, wenn wir uns dem herrlichen Hobby Sex hingeben. Allerlei lauert auf der Bettkante und sieht zu: das Anspruchsdenken, genährt durch eine Legion an Sexbüchern (wie dieses hier), Rat aus Zeitschriften, Werbung, Erzählungen und Beichten von Freunden, Wildfremden in der Talkshow und jede Menge Gerüchte, die all jene Menschen in unser Hirn streuten, denen wir jemals begegneten. Solche, die behaupten, Probleme mit Sex zu haben, die ihn dauernd haben, problemlos kommen und überhaupt eine Frau nach der anderen flachlegen, mit fünfzehn Stellungen in drei Minuten und acht multiplen Orgasmen.

Überspitzt? Leider nur ein wenig. Mit der Sexualität wird in unserer Zeit umgegangen wie mit einer Art Sport, den man nur trainieren muss, damit er aufs Siegertreppchen verhilft. Dagegen sind Dinge wie Erektionsstörungen (er steht nicht) oder Lubrikationsstörungen (sie wird nicht feucht) mit einem Krankheits-Mal behaftet. So als ob

»gesunder« Sex frei wäre von diesen völlig normalen, menschlichen Unperfektheiten!

Sex wurde auseinandergenommen, dekliniert, in Phasen aufgeteilt. Die Klitoris wurde vermessen, der Penis schon längst, und jeder weiß, wo er nachschlagen kann, wenn er mehr über den Hormoncocktail erfahren will, der im Moment des Höhepunktes ausgeschüttet wird.

Unsere Angst vor dem Verlassenwerden ist in einem Berg von Sextip-Ratgebern gegipfelt. Wieso sonst würde ein Mensch das Ansinnen besitzen, »der perfekte Liebhaber« zu werden, wenn nicht aus der Angst, verlassen zu werden? Dabei wissen doch ALLE, und ja, hier stimmt die absolute Verallgemeinerung, es wissen ALLE, dass nicht jeder Tip auf ALLE passt! Und doch verlassen wir uns auf Sextips, jagen dem Prädikat gut im Bett nach, verschlingen vieles, was sich dazu finden lässt – und behaupten dann noch, Sex sei privat.

Auch ich verschlinge Sextips. Ich möchte natürlich meinem Geliebten die beste Bettgefährtin sein, die er je hatte. Und warum? Weil mir die Vorstellung gefällt. Weil ich mich darin sonnen möchte. Und weil ich mir meine Sexualität erobern möchte, ich will erfüllt sein, befriedigt.

Und es ist ja so verführerisch, für dieses Ansinnen, das viele teilen, nach Tips mit Gelinggarantie zu greifen oder uns zu vergleichen mit anderen, die vielleicht schon diese Erfüllung und Befriedigung erfahren haben.

Niemand möchte sich als Benachteiligter empfinden, keiner möchte als Blödi dastehen, der offenbar keine Ahnung hat von Erfüllung. Und so kommt es, dass wir über den sensiblen, hochpersönlichen Bereich Sexualität unglaublich viel von anderen zu wissen scheinen. Das Bombardement mit Beichten, Bekenntnissen, Methoden sagt immer wieder: Vergleiche dein Leben mit dessen, der dir gerade die pikanten Einzelheiten verrät. Ganz gleich ob Frau Glas oder Herr Schmidt von nebenan: Es gehört viel Selbstbewusstsein dazu, all die

Überflutung mit sexuellen Einzelheiten zu ignorieren und weiterhin auf Bauch, Intuition und Instinkt zu setzen.
Die einen machen es stets im Missionar und fragen sich, ob sie langweilig sind. Die nächsten brauchen 30 Minuten bis zum Orgasmus, 18 mehr als der männliche Bundesdurchschnitt. Die übernächste kann nur auf weißen Bettlaken, der andere steht drauf, wenn sie graue Slips trägt. Und alle eint die Frage – mal oft, mal selten gestellt: Bin ich normal?
Allein dass ein Mensch sich schon diese Frage stellt, zeigt, dass Sex nicht privat ist. Normal ist, sich seinen Bedürfnissen entsprechend zu verhalten.
Könnte man jetzt einfach sagen.
Aber: Woher stammen die Bedürfnisse? Wer ist schon fähig zu unterscheiden, was er wirklich braucht und was er nur meint, zu wollen, weil es doch »normal« – sprich: verbreitet oder medial hochgepusht – ist?
Sex ist erst dann privat, wenn man den Rückweg zu sich selbst antritt. Der Weg ist verstellt durch gutgemeinte Hinweise wie »So machen Sie ihn verrückt«, »So kriegen Sie jede Frau auf Touren« und, und, und – denn sobald sich ein Programm von außen einschaltet, wer sollte da noch fähig sein, in sich selbst hineinzuhören?
»Ich wusste nicht mal, dass der Blowjob Blowjob heißt, als ich ihn ausprobiert habe«, sagte mir mal eine 36jährige, und ich hätte sie am liebsten mitgenommen und allen als gutes Beispiel präsentiert: Sie machte einfach, ohne nachzudenken, ob die Masche einen Namen hat, ob es Männer verrückt macht. Nein, sie tat es, weil sie Lust dazu hatte und bemerkte: ihm gefällt es. Wie schön. Erst später im Lauf des Lebens registrierte meine heimliche Vorführfrau, dass man den Vorgang auch technisieren kann, bewerten, perfektionieren, verbessern.
Verbessern!? Etwas, was nur eine Sache von individuellen Gefühlen ist, abhängig von Situation, Moment, Beteiligten, die auch nicht stän-

dig dasselbe wollen, heute müde sind, morgen gestresst, übermorgen geil?

Unsinn. Das Normale ist das Unperfekte. Der Makel ist die Perfektion.

Nachwort

Eine Fehlentscheidung auf Anhieb spart immerhin Zeit.
*Helmar Nahr, dt. Mathematiker & Ökonom (*1931)*

Das Leben ist grundsätzlich anders, als es Ratgeber wiedergeben. Ratgeber erzählen Ihnen zwar, wie es sein könnte, aber letztlich fällen Sie Ihre eigenen Entscheidungen, in jeder Sekunde. Selbst wenn Sie dieses Buch gleich noch einmal lesen oder eben doch zuklappen. Es ist Ihr Leben.

Machen Sie das schönste, prallste, einzigartigste Leben daraus – denn das ist keine Generalprobe, es geht nur einmal.